現代ネパールの政治と社会

民主化とマオイストの影響の拡大

POLITICS AND SOCIETY IN MODERN NEPAL
Democratization and the Expansion of the Maoists' Influence

世界人権問題叢書 92

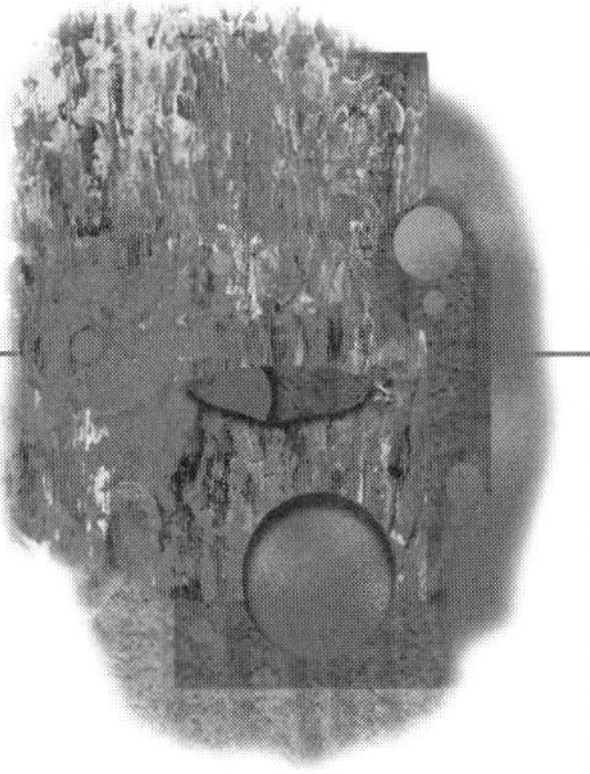

南 真木人 Makito Minami
石井 溥 Hiroshi Ishii
編著

明石書店

はじめに

本書は近年のネパールの政治と社会を主題とし、ネパール共産党（毛沢東派）（以下「マオイスト」と省略）の武装闘争とそこから拡大した内戦、および、それ以後の政治の表舞台へのマオイストの登場の時期に注目するものである。マオイストが力を得た経過・理由、その思想などを把握することは、今日のネパールとその行方を理解するうえで重要であるが、これは、それにできるだけ接近するために行われた国立民族学博物館での共同研究の成果の一部である。

この共同研究は、日本の研究者が中心になって行ったが、ネパール人研究者の参加もみている。分野の面では、文化人類学を専門とする者が多く、政治学、地理学、地域経済学、ジャーナリズムなどからもそれぞれ一～二名が加わった。その全員が、ネパールでかなりの期間にわたってフィールドワークや取材を行ってきた経験をもち、それを踏まえて本書の主題に関連する研究に取り組んできている。本書の各論の関心の所在はさまざまであり、政治過程そのものを扱ったものから、国家論・思想、内戦の社会的影響、地域社会の変化や階層の動向、社会的包摂の議論などに及ぶ。

そのうち、一～三章、および七章は、それぞれ異なる面からマオイストの動きとその影響を論じたものである。四～六章では、内戦の時期を含めつつ特定の地域やグループに焦点をあててネパール社会の変化と人々の行動を分析する。八～十章は、マオイストや民族・地域に注目しつつ、内戦後はじめての選挙（〇八年）をそれぞれ異なる視角から扱っており、十一章は近年のネパール社会を把握するために重要と考えられるジェンダーに関わる問題を論じている。それらはみな近年の政治変化を念頭においた議論となっており、マオイストへの関心を欠かすことはできないが、必ずしもすべての論考がマオイストを主題としているわけではない。大変に多様な社会であるネパールを理解するためには、マオイスト問題やその影響を念頭におきつつ、異なる側面に焦点を当てることが必要で、本書はそれに少しでも接近しようとするものである。

本書各章の理解のためにネパールの近代史の知識が必要なことはいうまでもない。そのために以下の序章においては、ネパールについての概況的情報と政治過程の概略をまず提示し、あわせて各論を軸にしつつ先行研究を参照する形での考察を加え、本書の包括的な理解と展望を目指したい。

編　者

目　次

現代ネパールの政治と社会
——民主化とマオイストの影響の拡大

序章

近現代ネパールの政治と社会
——マオイストの伸長と地域社会

石井　溥

一　ネパールの近世・近代の社会・政治の特徴

一・一　国家統一とイギリス植民地勢力――地政学的条件

ネパールはヒマラヤの南面に位置し、インド、中国に挟まれた、高度差の大きい比較的小さな面積の国である。

ネパールが独立国として存続してきた背景には、その地政学的条件、特にイギリス植民地勢力との関係がある。ネパールが現在の大きさに近い国となったのは比較的新しく、一六世紀後半頃に西ネパールのゴルカ地方から台頭した小勢力が一七六九年にはカトマンドゥを征服し、さらに内外に膨張を続けた。これがゴルカ王朝（シャハ王朝）の始まりであるが、その膨張はチベット（時に清朝）、英領インドとの衝突で行き詰まる。後者との関係は決定的で、一八世紀後半から衝突が始まり、一九世紀前半には、英東インド会社軍との戦争で（条件）降伏し、現況に近い領土に封じ込められた。ただ、ネパールは、ほぼ同時代の南アジアの諸勢力と異なり、敗北しても今日のインドの一部にはならなかった。ネパールは地の利を得て善戦し、一方、英印側は、北方のチベット・清朝（さらにはロシア）に対し、ヒマラヤ地域の国々を緩衝国としておくことに積極的な意義を見出したのである（なお、同時期のブータンも類似の状況にあった）。

以後、ネパールは紆余曲折を経つつ、二〇世紀中葉まで親英、鎖国政策をとる。イギリスの南アジアからの撤退後、その外交関係の多くは独立国となったインドに引き継がれるが、一九五九年のチベット動乱後は、ネパールはインドと中国との等距離外交を図った。

一・二 パンチャーヤット期――国民統合と宗教、経済・社会

近世ネパールを統一した勢力の核は「山地ヒンドゥー」中心のシャハ王朝で、カースト制が統治の軸とされた。そして、つい最近までネパール憲法は自国を「ヒンドゥー王国」と規定していた。ネパールの住民は、言語を目安にすれば、四~五グループに大別し得るが、印欧語系（ネパール語および北インド系諸語）の話者が多数派で、チベット・ビルマ語系諸語がつづき、その他の言葉の話者の比率はごく少ないという分布である。

ネパールの一つの特徴は人口の多さで、二〇一一年の国勢調査では二六四九万人である。二〇世紀前半の全人口は五~六〇〇万人だったので、増加率も高い。これは、農業を含む経済の上昇を打ち消す効果をもち、（傭兵を含む）出稼ぎや国外移住人口も以前から多い。

一九六〇年代初頭から九〇年までのネパールは、「パンチャーヤット制」の下にあった。これは政党が禁止された国王主導の体制で、支配グループの言語と宗教であるネパール語とヒンドゥー教を中心に、「ネパール国民」の形成が目指され、ネパール人意識はかなり浸透した。そこではカースト的な差別は否定されたが、個々のカースト・民族は（変化しつつ）存続してきた。

パンチャーヤット期の約三〇年間、言論の自由は制限され、反政府運動は抑圧されたが、上からの

開発・改革は進められた。ラナ時代（一八四六〜一九五一年）のビルタ（権力者一族などの「荘園」）や強制労働を伴う土地の制度は廃止され、土地保有の上限も設定された。ただ、抜け道も多く、零細農民や土地なし層は（人口増加とも相俟って）増加している。高収量品種や換金作物の導入は一部では成功したものの、農業生産の上昇は鈍かった。一方、建築や製造業の分野は緩やかながら伸び、また出稼ぎ者からの海外送金も既にかなりあった。開発の推進には援助が欠かせず、NGOを含めた国外援助に依存する割合は高い。援助も手伝って教育は徐々に普及し、また、交通・通信の発達もみられた。そのようななか、都市とりわけ首都圏の伸びは大きく、僻地は取り残され地域格差が拡大した。不満の表明は抑えられ、当時は報道されることも少なかったが、暴動や要人襲撃などの事件があったことも近年になって指摘が増えている。一方、政党は非合法であったが、国内（「地下」）やインドで活動を続けるものもあった。

一・三　王制から民主主義へ――政党と民衆

一九九〇年は大きなターニング・ポイントで、反政府運動・「民主化」で新しい憲法ができ、国王の権力が大幅に縮小し、政党が復活して民衆の力が解放された。ただ、政党政治は不安定で、マオイストの台頭、「人民戦争」（一九九六〜二〇〇六年）を招く結果となる（「人民戦争」の前史を含む経過については本書一章で小倉清子が触れている）。

マオイストのゲリラ活動に対する政府の対応は、最初の数年間は警察、武装警察による鎮圧にとどまっていたが、〇一年からは軍隊が投入され内戦が深刻さを増していった。国軍はマオイストの数倍以上の兵力と（外国の支援もある）武器をもっていたが、マオイストの拡大を止めるのは困難であった。一方、この間の国軍の投入は、マオイスト側に武力のみでの勝利の限界を意識させる効果をもった。

二一世紀早々（〇一年）、王宮において王族射殺事件が起こり、国王はじめ王族一〇人が死亡した（本書六章参照）。新国王はマオイストの勢力拡大のなかで強権化を策し、〇二年には首相を交代させ、また、〇五年には首相不在のままの内閣を自ら率い、非常事態宣言を出し、政治家の拘束、言論統制などを行った。これは、国内、国外の批判を招き、主要七政党とマオイストの連携と大衆運動により、国王が逆に実権を剝奪されるという結果になった（〇六年の第二次「民主化」）。

「人民戦争」はマオイストと七政党の包括和平協定で〇六年一一月に終結。翌年早々に暫定憲法が出され、〇八年には選挙を経て制憲議会が発足。そこではマオイストが、当事者の予想さえ裏切って、第一党になった（本書第二部には、この選挙に注目した諸論文（など）を集めてある）。この制憲議会初日に連邦民主共和制への移行・王制廃止が宣言され、約二四〇年続いたシャハ王朝が終焉を迎えた。これは、国王の権力への執着が裏目に出た結果ともいえる。それを実現させたのは、直接にはマオイストと七政党の連携であるが、下支えしたのは国民に浸透した運動の高まりである。人々の政治的覚醒、内戦脱却の調整能力には、この時点で見る限り、瞠目すべきものがあった。

内戦終了により平和構築が課題として浮上した。そこではまず、国軍、マオイスト（人民解放）軍双方の武器の管理、後者の解体と兵士の処遇（一部の国軍への編入と一般社会への復帰）が大問題であったが、このプロセスでは国連が重要な役割を果たした。国連監視団（ＵＮＭＩＮ、国連ネパール政治ミッション）は、〇八年の制憲議会選挙実施のサポートも含めて四年間活動し、二〇一一年初めに、人民解放軍の解体をみる前にネパールを去ったが、同年後半にネパール各党は人民解放軍解体や国軍への編入の人数の上限などを決定している。また、同時にマオイストが没収して貧農などに分配した土地、財産などの地主への返還も決定された。マオイストは第一回制憲議会選挙で第一党になったとはいえ、議席数は三分の一ほどに留まっていた。その連立政権の運営においては、共産党（UML）やネパール会議派、マデシ（南部平野の）諸政党などとの合意を図りつつ進めることが不可欠で、内戦時に人民政府で行った施策も撤回・変更を余儀なくされたのである。

平和構築プロセスにおいては、国、マオイストなどによる内戦中の人権侵害も、国内外のNGO等により大きな問題として取り上げられてきているが、いずれの政権もこの問題に正面から向き合っているとはいえない状況である（Rawski and Sharma 2012）。

政党政治は王制崩壊以後においても混迷し、一二年五月、憲法を決められないまま制憲議会が解散され、無議会状態が続いた。一三年三月には、最高裁判所長官を議長とした暫定選挙管理内閣が発足し、一三年一一月一九日にようやくまた制憲議会選挙が行われた。そこでは、ネパール会議派が第一党、共産党（UML）が僅差で第二党となり、マオイストは大差で第三党に陥落した。〇八年以来、マオイストとUMLはおのおの二人の首相を出したが、有権者の期待は、その間に首相を出していないネパール会議派に向くという結果になったのである。新しい制憲議会は一四年二月二〇日、会議派のスシル・コイララ議長を首相に選出した。新憲法は一年以内に制定されることとなったが、これまでの経過をみれば、期間内に決められるかどうか楽観はできない（一五年三月上旬現在未制定）。また、マオイスト政権下で決められた暫定憲法の精神が、彼らが野党に下った状況下で、継承されるのかどうか、この点も予断をゆるさない。

連邦民主共和国となったネパールの国民統合は、国内の諸カースト・民族、地域集団の権利主張を生かせるかどうか、難しい局面にある。一九九〇年の第一次民主化後の憲法の国家規定ではネパールは「多民族・多言語」国家とされ、二〇〇七年暫定憲法では、それに加えて「世俗的、包摂的」「多宗教、多文化」も盛り込まれ、一方、「ヒンドゥー王国」との規定はなくなった。〇八年の王制廃止と連邦制の宣言は、民族意識とその利害意識を後押しし、多様性の解放、自民族中心的な感情の高まりも招いている。政党、特にマオイストにはそれを利用する姿勢もみられる（本書七章）が、主張・利害の調整は大問題である。諸グループの主張は多様であるが、代表的な方向の一つは、「世俗的」という国家規定に並行して力を得ている反ヒンドゥー的な主張である。これは、多くの民族（ジャナジャーティ）による、従来の主流派である山地ヒンドゥーの高カースト（バフン、チェトリ）批判としてあらわれている。一方、〇七年のタライ（南部平地）のマデシの暴動は、やはり周辺化されてきた層の不満のあらわれであるが、山地ヒンドゥーのみならず山地の諸民族への反発も含む。マオイストもそのターゲットとされたが、マオイストが二度目に政権を担った二〇一一年にはマデシ連合と組むなどの政治的判断もあり事態は単純でない。「包摂」の名のもと、他の地域集団やダリット、女性などの声も大きくなっている。また、ヒンドゥー原理主義の活動も（インドほどではないが）ある。「連邦」の姿は定まっておらず、百家争鳴の状態が続いている。

一・四　ネパールをめぐる国際関係

上記の国連の関与についてはもちろん、マオイストの台頭、平和合意等々、近年のネパールの動きは、世界や関係諸国の動向と密接に関係している。本書では、一章や八章のように、インドとの関係などに言及しているものもあるが、多くは地域社会からの視点をとっており、国際関係にはそれほど注目していない。そこで以下、手短にこの点に触れておくことにしたい。

ネパールの国際関係において、インドの存在は圧倒的である。これはインドによる経済封鎖が一九九〇年の民主化を促した点によく示されている。ネパールは貿易、交通（港湾使用など）の面でインドに大きく依存するほか、政治・文化・社会面での依存度も高い。マオイストに限らず、ネパールの反政府運動の当事者にとってインドはその思想を培うところでもあり、避難場所でもあった。インドで高等教育を受けて政治意識に目覚め、反ネパール政府の活動をインドで行ってきた政治家は少なくないのである。もちろんインドは一枚岩ではなく、政権により時代により、また中央政府と州政府の間でも、政策にはさまざまな相違がある。中央政府に睨まれても特定の州のなかでは比較的安全ということもあり、また中央政府の判断も情勢によって変わり得る。インドの国益、特に（中国、パキスタンやアメリカ等を見据えた）安全保障にとって、ネパールを自陣営に引きつけておくことは不可欠で、そこにはさまざまな政治的駆け引きがあり、そのなかでネパール人の活動の場も生まれる。一方、インドが標榜する民主主義・立憲主義は、自らの言動を縛るものとしても働く。インドは（国内にマオイスト問題を抱えることもあり）、ネパールのマオイストの台頭・伸長時には反マオイストの姿勢をとり、ネパール政府に軍事援助も提供したが、それでも常にネパールのマオイストを弾圧・逮捕するわけではなかった。ネパールのマオイストが内戦中にインドで会議を開いたり、インドの姿勢の変化によってネパールに帰ったりする状況は本書一章（小倉）からもみてとれる。

マオイストはその思想（マルクス・レーニン・毛沢東主義）を世界的な広がりにおいて吸収している。

マオイストの前身であるネパール共産党がインドで結成されたのは、中華人民共和国の成立とほぼ同時期で、そこには中国と独立直後のインドの動きの大きな影響があった。二〇世紀後半以降、ネパールは印中欧米露日などの援助を受けるが、それと並行した主要国からの思想・文化の輸出も（国の名前を冠した図書館の活動をはじめ）盛んであった。中国の文化大革命時の毛沢東思想の宣伝は世界的で、ネパールも例外でなく、思想的に影響された人々もでたが、社会運動は抑えられていた。たとえば東ネパール（ジャパ）での、インドのナクサライトの影響を受けた暴動（一九七一年）はすぐ鎮圧されている。ネパール共産党（マオイスト）の成立は一九九五年であるが、その前身の派閥以来、彼らは毛沢東主義派の国際的な組織およびペルーのマオイストやその他の国のマオイストと一九八〇年代から接触をもち、思想・戦術の多くを吸収している（小倉、本書一章、Nickson 2003, Mikesell 2003, Upreti 2004: 269-71）。ネパールのマオイストの台頭期、ソ連はすでに崩壊しており、中国は開放政策に舵を切っていた。そして中国はネパールのマオイストには冷淡だったのである。

国際社会とネパールとの関係は対インド関係と密接に関連している。

ネパールは二〇世紀中葉以来、国際社会からの多くの援助の対象となってきたが、内戦は援助のあり方をも変え、撤退、削減、方針変更などさまざまな変化がみられた。そのなかで、西・北欧諸国からの政府・民間の援助を中心として、ネパールの組織をも巻き込んだ人権、平和構築関係の活動が盛んになったことは注目される。本書三章（安野）、五章（藤倉）はその一端を伝えている。ネパール政府は、このような国際的な動きを肯定的に受け入れているが、そこにはネパールへの国際的影響力を分散させるという面もある。インドの力の相対化はネパールにとっては望ましい方向であるが、それは対インド問題の種ともなる。

二〇〇一年以降、ネパール王国軍がマオイスト掃討に投入されると、国際社会特にアメリカからの軍事援助も増える。アメリカは九・一一同時多発テロ事件もあり、世界のテロリストのリストにネパールのマオイストを含め、また（中国も含む）関係各国にネパールの平和に向けての働きかけも行った。インドもネパールのマオイストをテロリストに指定し監視を強め逮捕者をネパール政府に引き渡すこともあったが、それは全面的なものではなく、また、ネパールのマオイストへのインド領内からの武器の供給も続いていた（Upreti 2010: 223）。

二〇〇五年の国王の全権掌握は、民主主義・立憲主義を標榜するインドにとって受け入れられるものではなく、ネパールの王制を見はなすきっかけともなった。以前からインドとの接触があったネパールのマオイストの一部を介した関係改善もあり、インドはマオイストと七政党の平和合意の舞台となることを受け入れ、王制廃止に至るプロセスを支えることになる。このプロセスの背後にはインドとアメリカの核問題での融和に基づく連携（アメリカによるこの地域でのインドの主導権承認）があったようであるが、その具体像は機密に属することも多く分かりにくい（Muni 2012, Jha 2012: 332-58, Jha 2014: 69-107、なお、この間のマオイストを中心とする動きについては一章参照）。

ネパール政治へのインドの影響は王制廃止後も続く。王制廃止後、最初に首相となったマオイストのP・K・ダハル（プラチャンダ）は翌年には辞任する。本書八章では、K・L・マハラジャンとP・N・マハラジャンがこの点を扱っているが、そこにネパール軍への影響力を保とうとするインドの意向があったこと、政権を取ったマオイストに接近していた中国がマオイストの降板阻止に動かなかったことなども徐々に明らかになりつつある。内戦後の武器管理や国軍とマオイスト軍との統合に尽力したＵＮＭＩＮの任務完了前の撤退については前節で触れたが、ここにも、国内勢力からの批判に加え、国際社会の影響を懸念するインドの影響があったといわれる（Jha 2012: 348-51, Martin 2012, Muni 2012, Jha 2014: 69-107）。

ネパールとの関係でインドが最も警戒するのは中国の動向である。中国は、唐、元、明、清などの時代にも交易や軍事面でネパールとの断続的関係をもっていたが、二〇世紀後半からは大規模な援助を提供するようになり、また開放政策以降はネパールへの輸出を増やし、近年では最大の投資国になっている。マオイストの武装闘争の期間、中国はマオイストに距離を置く態度をとるのみならず、その活動を毛沢東の名を汚すものと否定していた（Shah 2004: 217）。しかし二〇〇八年、マオイストが政権を取ると中国はネパールと交流を深めるようになる。それは、要人往来や鉄道計画を含む陸空の交通、他のインフラ整備、ビジネス、観光、文化の側面から軍事面での連携強化にまで及んでいる。中国のヒマラヤ地域での大きな関心は、対インド関係とともに、チベット問題にある。中国は、北京オリンピックに合わせてカトマンドゥでも盛り上がった「自由チベット」運動をネパール会議派政府が迅速に抑えなかったことを欧米寄りと非難したが、王制廃止後のマオイスト政府は「一つの中国」をより強く支持し、ひいては独立指向のチベット人を（中国の要求に添って）抑える政策をとった（Jha 2012: 352-5）。ただこれは中国のマオイスト支持に直結したわけでもなかった。上記のようにダハル首相辞任を中国は静観したのである。中国も（当然ながら）自らの国益優先で、自国領の安定に資する国際関係を求めているのである。いずれにせよネパールにとっては、中国の存在はインドの影響を緩和するための大きな要素であり、インドにとっては大いに警戒すべきものとなる。

三方をインドに囲まれ北で中国と接しているネパールは、従来さまざまな面でインドに近かったが、中国に接近してバランスを取る政策も時に応じてみられた。これはネパールの地政学的特徴から生じているものであるが、近年では、それだけではなく（援助の受け入れとも相俟って）世界の趨勢に合わせる面が強まっている。人権、平等、社会的包摂、女性のエンパワーメントなど西欧の影響の強い価値観の受容はその代表的なもので、二〇〇七年の暫定憲法（と関連法制）にはそれがよくあらわれている。グローバルな価値観の受容はネパール社会を新しい方向に変えつつある（本書五章、十一章など）。一方、インドを無視できず、中国の伸長も著しいネパールの国際関係のなかでそれがどのような展開をもたらすかは、微妙な問題で、ネパールの生存戦略が注目されるところである。

なお、本節では、上記の文中で上げた文献以外に、以下の文献も参照した。石井（二〇〇五）、川島（二〇一四）、谷川昌幸（「ネパール評論」）www.wld-peace.com, Anderson 2013, Bhattarai 2003, Karki and Seddon（eds.）2003, Kumar（ed.）2000, Ogura 2008, Pahari 2010, Pandey 2005.

本書の各論部分は、おもにマオイストの「人民戦争」（内戦）とマオイストが勝利した一度目の制憲議会選挙に焦点を合わせた一一の章からなる。

以下、（一）「人民戦争」はなぜ起こり、広がりえたのか、（二）マオイストの「人民戦争」、武装闘争と地域社会への影響、（三）「人民戦争」後のネパールの行方、の三点に関心を絞る形で、本書の各章および他の研究を参照しつつ考えてみたい。

二　内戦（マオイストの「人民戦争」、武装闘争）と地域社会

二・一　「人民戦争」はなぜ起こり、広がりえたのか

ネパールは、ヒマラヤ地域のなかでは人口圧が高く、階層差も存続してきた一方、生産力の面でさまざまな制約を負ってきた。そのようななか、政治権力が統治に用いたカースト制は人々の不満を抑え秩序を維持する役割を果たした。パンチャーヤット時代のネパールでは、カーストによる差別は法的には禁止されたが、一般社会にはカースト的秩序はかなりの程度存続していた（それは現在でも皆無ではない）。しかしその時代（二〇世紀後半）、ネパールは世界に開かれ、援助を伴う開発、教育はそれなりに進み、人々はさまざまな情報に触れ、従来の秩序に疑問を感じるようにもなった。

不満は、限定的ではあるが、いろいろな面で表にあらわれ、時に政権を揺るがした。一九九〇年の民主化は、その一つのピークで、地下やインドに潜伏していた諸政党が民衆と連携した反政府運動がパンチャーヤット制に終止符を打ち、政党政治が復活した。しかし政治は安定せず、以後一五年間に一三の内閣が継起するという状態であった。その間、九四年の総選挙では共産党（UML）がはじめて政権をとったが、政党として公認を受けられずにその選挙をボイコットした左翼政党の一部が翌年マオイストとして結集して九六年に人民戦争を起こすことになる。

マオイストの戦略は毛沢東の「農村部から都市部を包囲する」というものであったが、そこには歴史的またネパール的な特徴もあった。マオイストが本拠地とした地域は山地のチベット・ビルマ語系の民族カム・マガルの故地である。この人々は、ヒンドゥー勢力に征服されその支配下に組み込まれ、兵員の供給源ともなってきたという歴史をもつ。そこには王族のビルタ（荘園）もあり、大地主から

土地を取り上げ貧しい農民に再分配するという「過激な土地改革」（小倉、本書一章）の図式に合う状況もあった。また、ところによっては、特定の理由の存在や特定の人物の出現により反政府思想が培われ、政府側からの抑圧とそれへの抵抗が繰り返された。さらにこの地域はゲリラ戦には格好の山地部でもあり、そのうえ人々は戦いに慣れていたという（小倉 二〇〇七、一二七頁、以下でも触れるタバン村は典型）。そのような地域・人々にリーダーたちが接近し、その思想、組織力と地域社会が結びつくことにより、マオイストの本拠地形成が成功裡になされ、その武装闘争と宣伝活動が広がっていったのである（左翼思想と政府側の弾圧を経験した東ネパールの少数民族地域でも、マオイストは本拠地形成に成功しているが、これは村レベルでの政治的覚醒が地域的・全国的な出来事に結合した例として論じられる（Schneiderman 2012: 60-88）。また、個人中心のネットワークと周辺的地域の結びつきの重要性も指摘されている（Ramirez 2004: 225-42））。そしてマオイストは、最終的段階ではネパール全体の八割の地域を支配下においたといわれるほどに伸長した。その武装闘争は根なし草の段階から始まったのではなく、地域、人などに関わる背景や準備があったのである。

ただ、ネパールの山地がみな右記のような図式に合うわけではない。カム・マガルを共同的・好戦的とする言説を本質主義的と規定する南（本書九章）は、マオイストの影響をほとんど受けなかったマガルの村の事例を提出し、武装闘争などのイメージを相対化する。また同時に多様な政治的信条をもつ人々を含むネパール・マガル協会の活動も追い、同協会がマオイストの人民戦争について賛否の価値判断をくださなかったと指摘する。そして一方で、マオイストの台頭の成功の理由の一端を、民族運動家が構想してきた民族に関する政策を流用し、そのいくつかを実現させつつ支持を増やした点に求める。

藤倉（本書五章）は、「人民戦争」や近年のその他の運動を、開発の遅れや欠如ではなく、国民教育の浸透を含む、開発や近代化のための活動の結果と解釈する可能性を示す。また、マオイストの革命運動が勢いを得る前提条件として、ネパールという国が存在し、自分がネパール人であると想像できる多くの若者たちが存在する必要があったとする。そして、従来の教育では、よき市民は、国王と国と社会に献身するものとされていたが、マオイストの主張では、ネパールとネパール社会への貢献は、国王・支配層を倒すことにあると指摘する。

マオイストは、古い社会構造をひきずりつつ、従来の秩序を疑問視し始めた人々（従属的・周辺的な人々や若者・女性）に、その主張と行動をもってアピールし、彼らを組み込んでいった。ともに〇八年以降のネパール連邦民主共和国の首相になったP・K・ダハル（プラチャンダ）とバブラム・バッタライを含むマオイストの党幹部の多くは高位カーストの男性であり教育程度も高い。一方、戦闘員には山地等の民族出身者が多く、女性も少なくないといわれる（小倉 二〇〇七、一三九頁）、また下位カーストの戦闘員もみられる（安野、本書三章）。ただ、渡辺（本書二章）の分析にみられるように高位カースト・マオイストの犠牲者の多い地域もある。人員構成には地域差も大きく、全体像の把握は難しい。女性の戦闘等への参加については、村の女性の生活状況（ドメスティック・バイオレンスの問題も含む）、マオイスト内での女性の扱い、人員確保（リクルート）の問題など、さまざまな側面からの考察が必要であろうが、ここでは問題の存在を指摘するに留めておきたい。

なお、これらの問題を含むマオイスト運動を扱った研究は多いが、ここでは、単著として、小倉（二〇〇七）、Pettigrew 2013、論文集として、Thapa（ed.）2003; Hutt（ed.）2004; Lawoti and Pahari（eds.）2010; Einsiedel, Malone, and Pradhan（eds.）2012; Shah and Pettigrew（eds.）2012 および

Lecomte-Tilouine（ed.）2013をあげておこう。

二・二　内戦と地域社会

内戦にともなうマオイストの地域掌握と地域社会の人々の動向・受け取り方は本書で扱われている大きなテーマの一つである。そしてそれには、当該地域社会の地理的歴史的特質、村の内部構造とリーダーシップのあり方、その地域にやってきたマオイストの資質、さらに外部の社会（たとえばNGO）との関係などによって大きな相違があらわれる。

マオイスト

本書一章で小倉清子は「武装闘争を通じて政治や社会に変革をもたらすことは、ネパールのコミュニストが夢見てきたことだった」と述べる。その段階から、選挙で第一党となって政権を握るものの短期間で降板するまでの経緯をたどりつつ、小倉は、ネパールの共産党、特にマオイストに焦点を合わせて、ネパール現代史の一面を記述・分析する。その記述・分析は、ネパールに長期間居住する小倉の調査、とりわけ、プラチャンダとバブラム・バッタライその他のマオイストのリーダーに対するインタビューも踏まえたもので、内部の意見対立などの貴重な情報を含むものである。そこからは、マオイストが、党内抗争を抱えつつも、全体としては、大きく変化する状況に柔軟に対処してかなりの成功を収めたことが窺える。

マオイストの組織のコアの部分、戦闘員、あるいはすすんで協力するようになった人々にとっては、

「人民戦争」のプロセスは種々の困難を伴いつつも、（特に拡大期においては）未来への希望をも抱かせるものであったであろう。ただ、マオイスト組織やその本拠地内でも、状況は多様であった。マオイストの本拠地の中心はロルパ郡のタバン村である。タバンは、本書では中心テーマとして扱われてはいないが、小倉の著書（二〇〇七、一一一-三九）その他（Sales 2013）に描かれている。ここは、山地の民族であるカム・マガルが主体の（ダリット――もと不可触民――も含む）村で、全員がマオイストとされ「マオイストの首都」とよばれる。これは反対者排除の結果でもあるが、この本拠地の確保はマオイストの勢力拡大にとっては決定的ともいえる要素であった。

マオイストが支配を固めた地域では、平等性や共同性などマオイストの理想が追求されたが、そのあり方には、地域や責任者の性格によって相当な異なりがみられる。

たとえば、あるマオイストの「モデル村落」は、やはりマガルが中心で、五つの村がイラカとよばれる単位にまとめられて、一人の大きな権限をもつ責任者のもとに置かれた。ヒンドゥー的な祭りやカースト的な慣習の撤廃の方向がとられ、また、収入のある世帯への重い課税や、従来の有力者の共同作業への参加、職人カーストの「工場」での共同作業などが進められる一方、従来なされていた森の共同利用は停止され、森は「閉鎖」された。ただ、必ずしもこの地域の生活の細部に通じていない他地域出身の責任者がとったこれらの急進的施策は、地元の責任者に代わったあとは、かなり緩められたという。村人は、自然・経済資源に関わる事柄には敏感に反応し、一方、宗教・社会面では方針に従いつつ伝統が再び認められるのを待つ姿勢をとっていたのである（Lecomte-Tilouine 2010: 120-32; 2013: 212-57）。

上記ではマオイストとマガルのつながりが印象づけられるが、これは地域的に限定されたもので、マガルすなわちマオイストと捉えることはできない。マガルの国軍兵士も少なくないのである。マガルはネパールのジャナジャーティ中では最大の人口をもち、内部の多様性も大きい。カム・マガルはそのなかでは、言語もかなり異なり、周辺的なところに位置するのである。

山地ヒンドゥー特に高カーストが住民の主体をなす地域をマオイストが支配したところでは、ヒンドゥー寺院の破壊や、祭りや死後儀礼の禁止、ダリットからの食物の受け取り（に象徴されるカースト慣習の撤廃）、あるいは共同労働などがより強制的に行われた例も報告されている。ただ、平和合意後、マオイストが政権を担うようになると、各地域のマオイスト支配は変貌し、解消していく方向もみられる（Shrestha-Schipper 2013: 277-82）。

人民政府が作られて、文化大革命に倣ったとされるほど慣習、宗教・儀礼が抑圧され、村人の不満が鬱積していたところもある。そのようなところで、国軍に殺された新米のマオイストである村人の遺体をマオイストがきちんと弔わなかったことに村人が反発し、それが引き金となって、女性を核とした反マオイスト運動が起こり、近隣の村々にも広がった事件が二〇〇四年に西ネパールで起こり、首都のマスコミも注目した。この事件を分析し、また、大方の思潮が村人にエージェンシーがないとする点を批判しつつ、S・シャハは村人とりわけ女性が、成人識字教育などの自立プログラムを通じて指導力を獲得していたことを指摘する（Shah 2008: 481-99）。この議論は、近代化が人々の政治的覚醒を促すとの点で、本書の藤倉や南の論（本書五、九章）と通じるが、人々の選びとる方向が大きく異なり得ることも示している（なおシャハはこれをカースト・民族との関連では論じていない）。

渡辺和之（本書二章）は、平和合意後の二〇〇八年、制憲議会選挙前後に、東ネパール山地オカルドゥンガ郡の郡マオイスト事務所が内戦中の犠牲者問題にどう関わっているかの聞き取りなどの調査を行い、合わせてマオイストの諸組織も調べ、また郡マオイスト事務所刊行の犠牲者追悼の出版物の分析から、当該地方のマオイスト（など）の死亡者の、カースト・民族帰属や性別、学歴などの特性を確認している。従来、マオイストには山地の民族やダリットに属する人々が多く、また女性の比率も高いとされてきたが、郡内のカースト・民族人口と比べると、犠牲者の比率が最も高いのは高カースト、次が中間カースト（多くの民族を含む）で、最後が下位カーストであるという。また、女性の犠牲者の比率は二割で、これに関しては、党が女性兵士数を抑えたのであろうとの解釈が加えられている。犠牲者の家族からの聞き取りも少数ながら行われており、治安部隊への反発がマオイストに合流する大きな理由となっていたことが指摘されている。この郡はネパール全国のなかで特にマオイスト寄りではないであろうが、そこにおいて平和合意後もこれだけの活動がなされている点には、〇八年の選挙でマオイストが全国的勝利を収めた理由の一端を窺うこともできよう。

マオイストの「敵」

マオイストの対極に位置したのは、マオイストが「敵」とみなした人々である。安野（本書三章）も指摘するように、まず「敵」とみなされたのは、地域で政治的（などの）影響力をもつ人々、すなわちネパール会議派や共産党（ＵＭＬ）などに属する地方政治の役職者や富裕層、伝統的首長など、マオイストが「封建的搾取者」とする人々であった。教員は政治に敏感な層とみなされ、敵か味方か峻別される傾向があった。「敵」とされた人々は土地の接収・略奪や暴力の対象となり、また、直接の暴力などは受けなくとも、恐怖から逃げ出す人も少なくなかった。接収された土地が小作者や零細農民に分配されたケースもある。これは、受ける側からは歓迎されたであろうが、「敵」を増やす結果ともなった。土地の接収については、第二次民主化以降、他の政党との合意もあり、分配された土地の返還の方向が出されたが、作業は滞っている（Pettigrew 2013: 157）。

マオイストの武装闘争の時期（九〇年代後半以降）、ネパール会議派や国民民主党を含むさまざまな政党による連立政権が次々とあらわれた。各政権はまずは警察、後には軍隊を動員してマオイストを抑えようとした。その時期、おもな既成政党はマオイストにとっては「敵」だったのである。敵対関係は国家レベルから地方に至るまでみられた。マオイストが暴力に訴える一方、体制側は警察や裁判所などの権力装置を（時に不正な方法によっても）利用してマオイストと疑われる人々を摘発・抑圧した。これは（たとえばしぶしぶマオイストに食事などを提供した）一般の人々を恐怖に陥れ、マオイスト寄りにさせる効果をもってしまった。「封建的搾取者」にせよ「マオイスト」にせよ、私怨や対立感情も伴う主観的でステレオタイプ的なレッテル貼りで決めつけられることもあったと考えられる。恐怖と警戒心はさまざまな面で増大していたのである。

地域社会の異なる対応

安野（本書三章）の扱う集団避難は、直接にマオイストが「敵」とみなした人々の行動ではなく、マオイストによる二〇〇四年のリクルート・キャンペーンによって引き起こされたものである。安野は、二〇〇六〜〇八年に避難民の避難先や故郷の地域を訪れ、聞き書きを行って事件の再構成と考察を試みている。

マオイストの「人民戦争」は、一万余の犠牲者と数十万ともいわれる避難民を生み出した。避難民となったのは、出身地域で政治的影響力をもちマオイストによって敵とみなされた人々および一般人で、後者には、宿泊・食料提供などを繰り返し要求されたり、マオイスト組織や人民義勇軍への参加を強制されて逃げ出した者が多いという。安野の章で扱われている三つの村からの避難民の研究では、避難の理由、マオイストによる強制の有様、避難の経過、避難民への援助の様子、さまざまな局面での人々の感想などが調査され、それが翻訳・再録される。三つの例はそれぞれ異なるが、どれも、政府・行政およびNGOが関わりマスコミが取り上げる事件となり、マオイストを困惑させるものとなった。また、政府・行政が無策であることへの避難者の不満の大きさや、NGOの関与の重要さ・難しさも窺えるものとなっている。

安野の扱う例では、マオイストは、大局的にみれば味方に組み入れるべき（少なくとも敵にすべきではない）人々を敵に回してしまう結果となったといえる。とりあげられた集団避難に政府・行政およびNGOも関わって、マスコミが取り上げる事件となったことは、マオイストにとっては予想外であったようで、末端の責任として片づけようとする上層部の姿勢も窺われる。マオイストのうち、地域で活動する人々の間では、ヒンドゥー高カーストを支配者側・搾取者側とするステレオタイプ的イメージが作用し、それが上層部との齟齬をもたらしたのかもしれない。

本書四章で名和が扱っている地域は、極西ネパールの北部にあり、国境、軍の駐屯地が近く、マオイストとの遭遇は遅かった。名和は、地域政治を巡る二〇世紀中葉から最近に至る状況の変遷を、全体状況から個人史までを視野に入れて分析する。この地域はインド、チベットと隣接し交易が盛んで、教育程度は高く、村社会内の対立は少なかった。

二〇〇三年、近くの警察署を全滅させて村々を訪れるようになったマオイストは、関税や多額の寄付金を取るようになり、使用人（労働者）の給料引き上げの方針を出したり、自らの軍隊への食事提供を要求したりした。しかし、マオイストへの反感は意外なほど聞かれず、「話すことができる人」という受けとめ方もあったという。一方、マオイストになる人は極めて少数だった。内戦後は、ジャナジャーティ（少数民族）運動の波が及んだことなどの変化はあるが、外部との関係を広く確保し道具的に利用するやり方はそれなりに維持されてきたという。

地理的にも民族的にもマージナルなこの地域の人々は、比較的裕福でも、マオイストが「敵」とみなすことはほとんどなかったようである。

橘（本書十章）が調査してきたチェパンの村でも、マオイストがやって来るようになったのは、政府が国軍を投入するようになった二〇〇一年以降である。この村の場合、マオイストは国軍に追われ武器を隠すために村人の家に預け、また食事を求めるという状態で、人々の同情を買ってもいたようである。マオイストはここでは、落ちていた手榴弾の爆発で指を失った子供の治療費を出したり、さらに近くの地域では開墾地を与える約束をしたともいう。マオイストは、村に時折やってきて食事を求めたりもした。村人の抱く印象はそれほど悪くないが、全体として信頼は希薄であるとされる。

チェパンはネパールのなかでも開発が最も遅れているとみなされている民族の一つである。マオイストにとっては、味方にすべき人々の代表格だったであろう。マオイストの行動はそれを反映しており、村人が抱く印象もそれほど悪くなかったのである。

南（本書九章）の調査するマガルの村にマオイストが大挙してやって来たのはやはり遅く二〇〇三年で、空き家に一週間滞在してトレーニングをしたりしたが、村人にとって驚きだったのは、彼らがオウシを殺して食べたことだったという。マオイストは、時々やってきて食糧を要求する厄介者ではあっても、危害を加える怖い人たちではなく、村人とは距離があり、村にはマオイストの軍に入った人はいなかった。

上記の名和、橘、南による聞き書きでは（内容の相違はあるが）村人のマオイストに対する印象は似通っており、敵対的な面はあまり感じられない。

周辺的あるいは弱者として位置づけられてきた地域社会でも、そのあり方や新しい運動の方向によってマオイストへの見方は異なってくる。

藤倉は、マオイストのマガル女性や西ネパール平野部の農村のタルー人社会活動家たちに注目し、教育を身につけた人々が、マオイスト運動や、識字教育、カマイヤ（債務農業労働者）解放運動、タルー自治州要求運動などに向かったことを述べつつ、彼らが「近代の道具」（地図、人口統計や他の諸概念）をそれぞれの状況のなかでそれぞれの仕方で用いることを示す（連邦制に懐疑的だった人の自治州要求支持への変化はその一環として理解される）。

タルーの人々の動きは、その過程において、マオイストの活動と交錯するが、それは弱者の救済の道としてすんなり合流するものとはなっていない。たとえば解放されたカマイヤ（債務農業労働者）にとって必要なものにネパール政府の発行する土地所有証明書があるが、マオイストの支配地域ではそれは得られない。また、マオイストの完全コントロール下にない村では、元カマイヤなどがマオイストに追い出された地主の家や土地を「占拠」しても、治安部隊に襲われ殺されたりする危険もある。多くの元カマイヤはマオイスト支持を表明しつつ、一方で安定した再定住も望んでいるのである。

なお、タルーの人々からみた場合、マオイスト内部あるいは近年の政治にまでつづく高カースト支配は批判の対象であり、場合によってはマオイスト批判にもつながり得る。

ここで、マオイストの制圧下におかれるようになった村の人々が、息をひそめて状況に対処してきた例を他の著作から一つあげておこう（Pettigrew 2013）。

この村は、ポカラから車と徒歩で一日弱、おもな住民はタム（グルン）でグルカ兵としての出稼ぎも多い。マオイストの影響は内戦初期にはほとんどなかったが、二〇〇一年には党の宣伝や（踊りや劇を含む）文化活動がこの村でも行われ、〇二年にはマオイストが毎日訪れるようになった。一方、国軍はヘリコプターも用いてマオイストを捜索した。村人の語りからは、疑いをかけられた家々に対する国軍の扱いの過酷さが窺える。

人々は、自らの安全を守るために大変に注意深く振舞う。また、人々は子供がマオイストについてあまり話さないように、さらに子供・若者がマオイストにならないように注意する。どこで誰が何を通報するかわからないし、一方、踊りや劇などを含むマオイストの宣伝活動は若者にとって魅力的な面もあるからである。人々はひっそりとマオイストや国軍をやり過ごす術を身に着け、互いを警戒するようにもなっている。そんな人々の家にマオイストは食事、宿泊などを求めて侵入し、時に村人の慣習（たとえばカーストやジェンダーに関する慣習）を壊そうともする。しかし村人の受けとめ方は、ただ踏み込んで去る国軍に対してよりはましである。マオイストに対して村人は単に無力なのではなく、自らに有利な方に向かって交渉し妥協に持ち込む戦略的な行動をとるが、それは国軍に対しては難しいという。

〇六年の平和合意後、村人は村内にも人知れずマオイストになっていた人がいたことに驚く。またマオイストが自分たちとあまり変わらない人間であるという認識ももつようになる。そして〇八年、制憲議会選挙でこの地域で勝ったのはマオイスト（民族帰属はグルン）であった。内戦で村の開発は滞り、家に侵入された屈辱の記憶は残った。しかし内戦が村の生活に与えた影響は意外に少なく、祭りなども再開された。人生には内戦より大変な苦難がたくさんあると語る人もいたという（Pettigrew 2013）。

以上では、武装闘争を行っていたマオイストと地域の人々との関係は何であったのかを、異なる立場の人々の観点からみてみた。そこには、当然のことながら、肯定から否定、また中間に位置する人々のさまざまな判断と行動、相互関係の多様さがある。

マオイストの存在は、しばしば、警察、軍隊との対比で考えられている。たとえば上記のいくつかの例でも、マオイストに強制されて食事や宿泊を提供した人々が、マオイストの味方とみられないように注意を払っている。警察、軍隊は必ずしも人々を守るものとは捉えられておらず、警戒や恐れの対象とされている面が強い。そしてそれは容易に政府批判につながり得るのである。ちなみに、M・ハットは、ある村でネパール政府とマオイストの「政府」のどちらかを選ばなければいけない局面に直面した際に、ある村人たちは心底からマオイストを支持したが、それほどの程度に政府を支持した人はいなかったという例を紹介している（Hutt 2004: 19）。

マオイストへの評価は、その思想、行動のあり方と、受けとめる側の思想・立場の関数といえよう。マオイストは、その思想・理想、実行力、宣伝活動・教育と芸能、対応の柔軟さなどをもって、注目すべき結果を収め、そのアピール対象は、下層の人々、女性、若者などにとどまらず、広い層に及んだ。一方、暴力、殺傷、破壊、脅迫、強制、強引な勧誘などは、人々を離反、あるいは強制的に従属させる要素ともなった。武器に象徴される力の保持は、人々を恐れさせるとともに引き寄せる面ももっていたと考えられる。外部にはわからない指揮系統・組織、また、ゲリラ活動で森・山に潜伏する生活様式は、その秘匿性のために、マオイストを異次元の存在と印象づける効果ももった。従来の慣習の否定を急速に進める姿は、保守的な人々には違和感、一部の人々には可能性をもって受けとめられたであろう。

マオイストはその人員確保において（既にみたように）無理なやり方で大量の避難者を出すケースもあったが、結果的にはかなりの成功を収め、一〇年余の間に大膨張した。そこには、マオイストに魅了された人々、現状よりマオイストの方向の方がましと判断した人々、恐れつつ従った人々などがおり、対極には、敵対者、逃亡者そして犠牲になってしまった人々がいるのである。

二・三　芸術・芸能の役割

マオイストの運動における娯楽・宣伝活動の重要性は、本書のいくつかの章でも触れられている（たとえば五章）。

本書六章では森本が、伝統的楽師カーストの人々が、その歌をもって激動する現代ネパールのなかで人々を動かしてきたことを示している。これは、マオイストの活動を直接分析するわけではないが、芸術が政治に深くかかわり、人々を引きつけ得ることを語るものである。

森本は近年の激動の期間を、ガンダルバの歌を通してたどりなおす。また同時にガンダルバをめぐる社会文化的変化についても考察を加える。ガンダルバとはガイネともよばれ、村々を歩いて弾き語りを行いメッセージを伝える役割を果たしてきた山地ヒンドゥーのカーストである。彼らは従来、不可触の扱いを受け、物乞いや社会的周縁性のネガティブなイメージにつきまとわれてきた。しかし、近年の資本主義、グローバル化、トゥーリズムの進展やナショナリズムの広がりなどの変化のなかで、音楽の多様化、商品化が進み、ガンダルバの音楽は、文化としての高い評価につながっているという。歌は、内容の真偽とは別に、人々の心情・願望に同調することがあり、大きく人を動かし得る。本論で扱われるのはそのような歌と歌い手（作り手）で、二〇〇一年六月一日の王族射殺事件から新国王の権力掌握、それに政党・民衆が反発した民主化運動・王制廃止に至る変動を題材に、背景説明も含め、ガンダルバの歌と歌い手とその政治的効果が論じられる。また、それが、変動への柔軟な対応を伴って、ガンダルバのアイデンティティを状況依存的で可変的なものにしていることが指摘される。

三　内戦後のネパールの行方

二〇〇六年の平和合意後、〇八年の制憲議会選挙では、かなりの数の人々が、疑念は残しつつもマオイストにチャンスを与えるという選択をした。この選挙において、マオイストは、新しい国家像を見据えた公約をもって戦い、自らも驚くほどの勝利を収めるが、その選挙での構想と主張については、谷川が本書七章において詳細に分析している。

谷川はマオイストの国家論を、共和制、民主制、連邦制、新移行期経済の四点から分析する。その要点は以下のようである。

共和制は、一般論としては必ずしも王制を排除しないが、マオイストが目指すのは、いかなる君主も認めない民主主義的共和制である。制憲議会選挙に向けては民主主義も掲げられるが、究極の目標ではなく、目指されるのは社会主義である。ただ社会主義やそこで認められるという複数政党制については、彼らの説明は乏しい。その連邦制論は理論的には正統的かつ州優位の性格をもつが、管轄区分の議論の中心にあるのは「民族」で、彼らは、多民族・多文化的ネパールの民族や地域社会を当然の前提として連邦制論を展開する。その民族定義はスターリンの引き写しである。民族と階級が対立する場合、マルクス主義は結局、階級の立場に立つが、マオイストは「民族や地域に自決権を付与して本当にネパールは国家統一を維持できるのか」との問いには確固たる答えをもたず、切り札として労働者「階級」（という神話）を国家統一の根拠としようとする。その経済政策は社会主義志向である一方、資本主義的面ももつ。このようなマオイストの国家論は、旧体制の破壊には成功したが、新国家の具体的な構築・運用への有効性には疑問符がつけられる。

〇八年、制憲議会で第一党となったマオイストは（議席数は約三分の一であることもあり）大統領の地位はネパール会議派に譲ったが、党首P・K・ダハル（プラチャンダ）を首相とすることに成功した。しかし政権運営は難しく、ダハルは一年足らずで首相を退く。その際にかれが大義名分としたのが「市民の至上権」の概念である。

この概念に注目しつつ、K・L・マハラジャン、P・N・マハラジャンは、本書八章において、ネパールにおける民主主義の構築の必要性を論じる。また、この章では、〇八年の制憲議会選挙の結果について全国レベルの分析を行っている。すなわち、その選挙でマオイストが第一党となった状況が、小選挙区、比例代表、推薦議席の各側面での獲得票、議席数、議員の属性などから分析される。そして選挙直後の政治について、マオイストとネパール会議派の主導権争いのなかで政権が作られていく経過が、マデシ（南ネパール）諸党の台頭やインドの姿勢にも注目しつつ述べられる。執筆者たちは、マオイストが女性や抑圧・差別されてきた人々の包摂に他党より留意した点を評価するが、一方、彼らが自ら国民から完全な負託を受けたと解釈してきた点や「市民の至上権」概念を権力闘争に利用した点には批判的で、結論的には、公正な選挙を通して上記概念が定着し得るような民主主義の構築が必要であると論じる。

同選挙において、小さな山間の村の人々が投票を含めどう行動したかというミクロな調査を行っているのが南（本書九章）および橘（本書十章）である。両者の調査村は隣接した郡にあり、山地の標高一〇〇〇メートルに満たないところに位置するが、南の調査対象はマガル、橘の場合はチェパンという民族面での相違がある。

南は村で実施された制憲議会選挙に準備段階から立ち合い、選挙の実施状況や人々の言動をつぶさに観察・分析し、マオイストが、選挙の公正な実施に大きな役割を果たし、また、文書主義・広義のリテラシーと、権利や公正、正義の追求といった「近代」の価値観を村にもたらしたと指摘する。

南が調査対象とした投票所の開票結果は不明だが、この投票所が含まれる小選挙区ではネパール会議派が勝利した。南の調査村の有権者がマオイストに投票しなかったことは確かで、従来、所帯としてネパール会議派か共産党（UML）を支持し既得権を得てきた村の人々にはマオイストや他の政党（具体的には人民解放党）が入る余地はなかったという。

マオイストとの関係を視野に入れたネパール・マガル協会および人民解放党の活動は南の論のもう一つの焦点で、それは、両組織の中心人物であったG・B・カパンギ・マガルおよび連邦制の問題を巡って分析される。南は共生を謳うカパンギの主張を肯定的に評価しつつ、マオイストの影響で政党化し求心力を失うマガル協会などの方向をマガル民族運動の敗北と捉える。

橘の章の関心は村人の政党支持状況とその変化にある。橘はまずラナ時代（一九世紀後半～二〇世紀中葉）以来のM村（橋の調査対象村）の政治状況の変遷を示し、徴税役、副徴税役とその親族が中心的位置を占めていたことを指摘し、また過去の選挙を含めた人々の政党支持状況を、経済状況、年齢、親族関係、民族帰属などを視野に入れて分析しその変化を考察する。調査は部分的ではあるが、制憲議会選挙において多くの人が共産党（UML）支持からマオイスト支持に変わったことがつきとめられ、その理由が個々人へのインタビューで示される。おもな理由としてあげられるのは、「新しい政権をみるため」という点や、平等や土地取得への期待感、家族親族などへの同調などで、村人はマオイストにとりあえずの期待を託したと解釈されている。また、従来の有力者などへの反発、親や夫への不服従の傾向などが新しくあらわれていることも指摘される。

これらから推測すると、〇八年の制憲議会選挙での多くの人々のマオイストへの支持は、肯定的な面もあったが、内戦中の政府の無策、警察、国軍による一般人への暴力的対応や（特に二〇〇一年以降の）国王の専横などへの批判を踏まえた消極的支持も多かったと考えられる。

制憲議会選挙後、マオイストとUMLの共産党系の四つの内閣による政治は五年弱つづいたが、制憲議会の任期を繰り返し延長しても新憲法は決まらず、一二年の制憲議会解散、一三年の制憲議会選挙、そこでのマオイストの敗北とネパール会議派の復権という経過を経て今日に至っている。

新憲法制定の議論で大きな対立イシューとなったのが、既に触れてきたように、連邦制をめぐる議論で、特に社会的「包摂」をめぐる議論が注目されている（谷川昌幸 二〇一〇、Tamang 2012）。

ジェンダーは社会的包摂に関係する大きな要素の一つで、女性のエンパワーメント（知識・意識、地位や生活の向上）はさまざまな面で目指されている。幅崎（本書十一章）は夫を亡くした女性たちのグループ（NGO）に着目し、寡婦の人々が、社会的に強いられてきた差別的慣習に異を唱え、その社会的地位や生活を自ら向上させ始めたプロセスを描写・分析する。ヒンドゥー社会、特に高位カーストには、寡婦を一般の社会生活から排除する慣習が根深く存在する。寡婦は不吉な存在として、食事や衣服、行動の面で、たとえば儀礼や祭りへの参加が大幅に制限される。幅崎はネパールの女性運動の歴史をたどりつつ、特に一九九〇年以降、寡婦差別問題を含むさまざまな面で女性の社会運動が活発化したこと、マオイストも当初から女性の人権運動を展開していたことなどを指摘する。幅崎の分析の中心は、寡婦の人権運動を全国的に展開する団体（WHR）で、その組織、活動、参加者の経験の記述・分析をとおして、女性たちが人権や財産権などの知識を蓄え、社会に対する恐れを解消し、仲間を得て自らの人生を変えていく様相が示される。ネパールでは法制度上ジェンダー平等や議会などへの女性の進出も進んでいるが、それらへのマオイストの女性政策の影響の存在も示唆される。また一方、女性運動の影響が限定的である点にも注意が払われる。

四　むすび

近年の西欧の思潮の影響を受けて浸透し、マオイストも主張している社会的包摂や民族自治などの概念を伴いつつ展開されているアイデンティティ・ポリティクスは、それぞれの民族や地域の運動家・同調者の自民族・自文化に対するナショナリスティックな意識を高めている。また、それは、それぞれの言語・文化振興運動を活発にし、成果も収めている。ただ、主観的に自明視されがちな民族・地域の境界やまとまりは、必ずしも自明なものではなく、解釈によって異なり、流動性ももち、時には内部対立や分裂も生む。また、自文化・グループの擁護や権利の主張が他グループへの批判あるいは攻撃に転化する現象も既にみられるところである。ダリットや女性の権利なども大きな問題で、当事者の声も高まりつつあるが、山地の民族（ジャナジャーティ）や南部平地の地域集団（マデシ）の要求ほどには力をもち得ていない。利害の対立は不可避でその調整は重要な課題であるが、問題は複雑で、一刀両断の解決法はない。目下、制憲議会をはじめ、これからのネパールのあり方を考える議論は、アイデンティティ・ポリティクスに足をとられているようにみえる。

ネパールの政治家は内戦終結に英知を発揮し、国民は政党政治に大きく期待し、時に運動に参加して社会の変革に寄与してきたが、政権は成果を出せずに次々と変わり、期待を裏切っている。ネパールに議会制民主主義が根づくのか、それとも他の方向に向かうのか、模索はまだつづいている。

本書は、その主題の性格から、経済や社会関係の詳しい分析は含まないが、経済指標面での低さ、人口増加が生産の増加を相殺する傾向、種々の格差の拡大、カースト・民族差の存続などは、所々で指摘されている。これらを国民の不満と結びつけ、マオイストの台頭・膨張や、〇八年の制憲議会選挙での勝利の理由としてあげることは、いわば当然の方向といえよう。しかし、本書が示しているのは、それらが、必ずしも十分な説明にはなっていないという点である。

すなわちそこには、片方で、柔軟性を含めたマオイストの戦略があり、他方で、それを何らかの程度で受け入れ（あるいは拒絶し）た地域や人々のそれまでの背景と時に応じた判断があったのである。内戦時の地域社会の詳しい状況はわかりにくく、本書でも聞き書きの情報が多いが、マオイストの力の行使と体制側の権力行使の両方にさらされた例において、マオイストを警戒しながらも体制批判に傾く言説が少なくない点は注目される。それは〇八年の選挙でのマオイストの勝利を説明するものでもある。ただ、二〇一三年の選挙を経た現在では、それが底の浅いものであったという点も指摘できる。

本書の議論を踏まえれば、意識面での覚醒の進行と経済・生活状況の間にある大きな乖離（あるいは乖離の存在に関する観念）が人々を動かし、それが近年の変革につながったと言い得る。変革は政治面においても、周辺的存在や階級やジェンダーの問題を含む社会面においても緒についたばかりであるが、そこに含まれる可能性は、大いに注目に値すると考えられる。

【付】「民族」「カースト」「カースト・民族」などについて

本書では、多くの章で「民族」「カースト」「カースト・民族」などの用語が使われている。ここではそれらについて若干の説明を加えておきたい。ただ、本書は論文集であり、各執筆者が用いる概念が互いに完全に一致するとは限らない。むしろ異なるところから議論や理論の進歩がでてくるといえるだろう。また、フィールドで日常使われる言葉に多義性はつきものという側面もある。とはいえ同じような用語が説明なしに異なった意味で使われたり、同じような意味あいで異なった語彙が用いられるのは混乱のもとになる。以下は、そのような点を少しでも軽減するための最大公約数的な定義や説明である。

まず、「カースト」であるが、これは「互いに上下に序列づけられた、名前をもった社会範疇で、特定の職業と関係づけられることが多い」と捉えておきたい。具体的には、ネパール山地のヒンドゥー教徒のバフン（ブラーマン、ヒンドゥー教司祭）、チェトリ（戦士）、カミ（鍛冶）、ダマイ（仕立て）、サルキ（皮革職）、ガイネ（楽師）など、および、タライのブラーマン、カーヤスタ（書記）、アヒール（牛飼い）、チャマール（皮革職）、タトマー（農業労働者）等々北インドと連続する諸カーストがあげられる（人々の実際の職業は括弧内のものと異なることも多い）。このうち、従来不可触だった諸カーストを「ダリット」の用語で括り人権を主張する運動がネパールでもあらわれている。

「民族」は、やはり名前をもった社会範疇であるが、言語、文化、地域、場合によっては宗教などを理由として、何らかの契機でわれわれ意識、または、外部からみてのまとまりをもつ（もたされる）ようになったものと考えておきたい。「何らかの契機」とは、政治的な動きが多いが、行政的なプロセス（たとえば国勢調査）も関連する。なお、インドやネパールでは、名前をもつ社会範疇のうちカースト的でないものが（英語では）tribeとかethnic group（場合によってはnation）とよばれる傾向が強い。本書の「民族」は、ほぼこのような非カースト的で名前のある社会範疇を指すのに使われている。

「民族」と「カースト」はインドにおいても、それほど明確に区別できるわけではなく、連続的な面をもつ。ネパールではそれはさらに顕著で、シャハ王朝は被征服諸民族（マガル、グルン等々）をそのカースト序列（の中間）に組み入れる形で国家形成を目指した。その際に用いられたのがネパール語の「ジャート」（ヒンディー語の「ジャーティ」と同根の単語）で、「カースト」を指すのに用いられていた言葉が、カースト的ではない被征服者の人々（民族）にも適用された。そして被征服諸民族も、程度の差はあれ、カースト的になる道をたどったのである。

今日でも、ネパール語の「ジャート」という単語は、「カースト」「民族」の両方をカバーする用法をもつ。チェトリやカミだけでなく、マガルやグルンをもそれぞれ「ジャート」とよぶのは口語では一般的で、また国勢調査の集計報告（英語）では「caste/ethnic group（または年によりethnicity）」という表現のもとにバフン（ブラーマン）、チェトリ、グルン、マガル等々の多数の名前が、カーストや民族の区別なしに並べられその人口が示されている。本書で使われている「カースト・民族」という表現はこのような連続の位相をあらわす用法に対応している。

一方、ネパールには「カースト」と「民族」を区別しようとする分野や動きも存在する。

一つは、法制的な分野である。ネパール憲法はネパール語で書かれているが、一九六二年、一九九〇年の憲法も二〇〇七年の暫定憲法も、「ジャート」と「ジャーティ」の語を使い分けている。公式な英訳では「ジャート」＝「カースト」、「ジャーティ」＝「tribe」となっているが、このtribeは上記の非カースト的で名前のある社会範疇に対応する。すなわち、ここでは「ジャーティ＝民族」と捉え得るが、この用法は、以下の「ジャナジャーティ」の語の広まりも手伝い、それほど一般的にはなっていない。

「カースト」と「民族」を区別しようとする動きは一九九〇年の民主化以降に顕著になっている。一九九〇年の憲法がネパールを多民族・多言語国家と規定した流れと並行して、それまではあまり一般的でなかった「ジャナジャーティ」という言葉が、もともとはカースト的でなかった「民族」に限定した意味で用いられるようになってきた。また、「非カースト的」という定義を超えてより積極的に（たとえば文化的特徴をあげて）区別しようという方向もみられる。さらに「先住（adibasi）」の語を冠して、諸民族の権利主張をより正当化しようとする用法もある。そして二〇〇七年の暫定憲法はマイノリティその他の弱者の人権を保障する項目を含み、「ジャナジャーティ」の語を「マデシ」や「ダリット」などの語とならんで使っている。なお「マデシ」は以前は、山地やカトマンドゥ盆地の人々によるタライ（南部平地）のインド系住民に対する蔑称だったが、近年ではタライの人々が山地住民に対抗する運動のなかで自ら選び取った総称となっている。
英語では「ジャナジャーティ」-ethnic group(s)とするのが一般的であるが、これは（上述のことから）ほぼ「民族」と翻訳できると考えられる。ただ「ジャナジャーティ」にも多義性があり、特定の「民族」を指す場合と「諸民族」を指す場合とがある。本書で「ジャナジャーティ」の訳が執筆者によって少々異なるのはそれも反映している。また、執筆者によっては（おそらく英語を意識し）「民族集団」の語を用いている。それは特定の「ジャナジャーティ」に対応する意味合いが強いものであり、多くの場合、集団性を強調する表現ではない。「エスニック・グループ」「エスニック集団」も同様であるが、本書では（他の関連用語については統一を図ったが）これらを敢えて一つの日本語の表現に統一する方向をとっていない。上記の説明から理解して頂ければ幸いである（なおこれらの点については、石井 二〇〇四、二〇一一も参照）。

参考・引用文献

石井 溥、二〇〇四、「ネパール―カーストと民族の連続」青柳真智子（編）『国勢調査の文化人類学』、古今書院。

石井 溥、二〇〇五、『流動するネパール―地域社会の変容』、東京外国語大学アジア・アフリカ言語文化研究所／東京大学出版会。

石井 溥、二〇一一、「流動するネパール、あふれるカトマンドゥ盆地」鈴木正崇（編）『南アジアの文化と社会を読み解く』、慶應義塾大学東アジア研究所。

小倉清子、二〇〇七、『ネパール王制解体』、日本放送出版協会。

川島　真、二〇一四、「ネパールから見た中国の『周辺外交』」、『中央公論』八月号、一八–一九頁。

谷川昌幸、二〇一〇、「連邦制とネパールの国家再構築」、『社会科学論叢』第七二号（長崎大学教育学部）、一五–三〇頁。

谷川昌幸（「ネパール評論」）www.wld-peace.com

Anderson, Liam, 2013, 'Searching for Security: India's Role in the Post-War Federal Democratic Republic of Nepal', *Himalaya*, vol. 33, no. 1 & 2, pp. 10-24.

Bhattarai, Babu Ram, 2003, 'The Political Economy of the People's War', in Karki and Seddon (eds.), pp.117-64.

Einsiedel, Sebastian von, David M. Malone, and Suman Pradhan, 2012, *Nepal in Transition: From People's War to Fragile Peace*, Cambridge: Cambridge University Press.

Hutt, Michael, (ed.), 2004, *Himalayan People's War: People's Maoist Rebellion*, Bloomington and Indianapolis: Indiana University Press.

Hutt, Michael (ed.), 2004, 'Introduction', in Hutt (ed.), pp. 1-20.

Jha, Prashant, 2012, 'A Nepali Perspective on International Involvement in Nepal', in von Einsiedel, Malone, and Pradhan (eds.), pp. 332-58.

Jha, Prashant, 2014, *Battles of the New Republic: A Contemporary History of Nepal*, New Delhi: Aleph Book Company.

Karki, Arjun and David Seddon (eds.), 2003, *The People's War in Nepal*: Left Perspectives, Delhi: Adroit Publishers.

Kumar, Dhruba (ed.), 2000, *Domestic Conflict and Crisis of Governability in Nepal*, Kathmandu, Centre for Nepal and Asian Studies, Tribhuvan University.

Lawoti, Mahendra and Anup K. Pahari (eds.), 2010, *The Maoist Insurgency in Nepal: Revolution in the Twenty-first Century*, London and New York: Routledge.

Lawoti, Mahendra, 2010, 'Evolution and Growth of the Maoist Insurgency in Nepal', in Lawoti and Pahari (eds.), pp. 3-30.

Lecomte-Tilouine, Marie, 2010, 'Political Change and Cultural Revolution in a Maoist Model Village, Mid-western Nepal', in Lawoti and Pahari (eds.), pp. 115-32.

Lecomte-Tilouine, Marie (ed.), 2013, *Revolution in Nepal: An Anthropological and Historical Approach to the People's War*, Oxford: Oxford University Press.

Lecomte-Tilouine, Marie, 2013, 'Maoist despite Themselves: Amid the People's War in a Maoist Model Village, Northern Gulmi', in Lecomte-Tilouine (ed.), pp. 212-57.

Martin, Ian, 2012, 'The United Nations and Support to Nepal's Peace Process: The Role of the UN Mission in Nepal', in von Einsiedel, Malone, and Pradhan (eds.), pp. 201-31.

Mikesell, Stephen L., 2003, 'The Paradoxical Support of Nepal's Left for Comrade Gonzalo', in Thapa (ed.), pp. 35-41.

Muni, S.D., 2012, 'Bringing the Maoists from the Hills: India's Role', in von Einsiedel, Malone, and Pradhan (eds.), pp. 313-31.

Nickson, R. Andrew, 2003, Democratisation and the Growth of Communism in Nepal: A Peruvian Scenario in the Making?', in Thapa (ed.), pp. 3-33.

Ogura, Kiyoko, 2008, *Seeking State Power: The Communist Party of Nepal (Maoist)* [Berghof Transitions Series No. 3], Berlin: Berghof Research Center for Constructive Conflict Management.

Pahari, Anup K., 2010, 'The Continuum of "People's War" in Nepal and India', in Lawoti and Pahari (eds.), pp. 195-215.

Pandey, Nishchal Nath, 2005, *Nepal's Maoist Movement and Implications for India and China*, Delhi: Manohar.

Pettigrew, Judith, 2013, *Maoists at the Hearth: Everyday Life in Nepal's Civil War*, Philadelphia: University of Pennsylvania Press.

Ramirez, Philippe, 2004, 'Maoism in Nepal: Towards a Comparative Perspective', in M. Hutt（ed.）, pp. 225-42.

Rawski, Frederick and Mandira Sharma, 2012, 'A Comprehensive Peace? Lessons from Human Rights Monitoring in Nepal', in von Einsiedel, Malone, and Pradhan（eds.）, pp. 175-200.

Sales, Anne de, 2013, 'Thabang: The Crucible of Revolution' in Lecomte-Tilouine（ed.）, pp. 164-211.

Schneiderman, Sara, 2012, 'The Formation of Political Consciousness in Rural Nepal', in Shah and Pettigrew（eds.）, pp. 60-88.

Shah, Alpa and Judith Pettigrew（eds.）, 2012, *Windows into a Revolution: Ethnographies of Maoism in India and Nepal*, New Delhi: Social Science Press and Orient Blackswan.

Shah, Saubhagya, 2004, 'A Himalayan Red Herring?: Maoist Revolution in the Shadow of the Legacy Raj', in Hutt（ed.）, pp. 192-224.

Shah, Saubhagya, 2008, 'Revolution and Reaction in the Himalayas: Cultural Resistance and the Maoist "new regime" in Western Nepal', *American Ethnologist*, Vol. 35, No. 3, pp. 481-99.

Sharma, Suman, K., 2000, 'Some Aspects of Dependency Crisis in Nepal' in Kumar（ed.）, pp. 203-35.

Shrestha-Schipper, Satya, 2013, 'The Political Context and the Influence of the People's War in Jumla' in Lecomte-Tilouine（ed.）, pp. 258-97.

Tamang, Mukta S., 2012, *Social Inclusion and Protection of the Rights of Minorities, Indigenous People and Excluded Communities in the NEW CONSTITUTION* [Report Submitted to SPCBN/UNDP Kathmandu], Kathmandu: Support to Participatory Constitution Building in Nepal（SPCBN）/UNDP.

Thapa, Deepak, 2003, *Understanding the Maoist Movement of Nepal*, Kathmandu: Martin Chautari.

Upreti, Bishnu Raj, 2004, *The Price of Neglect: From Resource Conflict to Maoist Insurgency in the Himalayan Kingdom*, Kathmandu, Bhrikuti Academic Publications.

Upreti, Bishnu Raj, 2010, 'External Engagement in Nepal's Armed Conflict', in Lawoti and Pahari (eds.), pp. 219-37.

第一部　マオイストの台頭・伸長と人々の対応

11州を描いた地図と党旗をもってデモをするマオイスト支持者（キルティプル、2008年 撮影 小倉清子）

一章

武装闘争から議会政治へ

小倉清子

一　コミュニストの「夢」だった武装闘争

一九四九年にインドのカルカッタ（現コルカタ）でネパール共産党が設立されて以来、武装闘争を通じて政治や社会に変革をもたらすことは、ネパールのコミュニストが夢見てきたことだった。一九七〇年代前半には中国の文化大革命とインドのナクサライト運動に影響を受けた若いコミュニストのグループが、東ネパールのジャパで地主を殺害するなどの武装闘争を開始したが、リーダーの大半が逮捕されて運動は制圧された。一九八〇年代の後半、三〇年ものあいだつづいたパンチャーヤット制度が終わる直前に、現在のマオイストの母体となったネパール共産党（マシャル）が首都カトマンドゥで交番を襲撃する運動を始めたが、これもまた、大勢のリーダーが逮捕されてつづかなかった。こうした試みが成功しなかったのは、一つには国王が統治するパンチャーヤット政府による厳しい制圧のため、国民からの広範な支持を得ることができなかったため、そして、幾度にも及ぶ党分裂により政党が強い基盤を築けなかったためといえる。

マオイストこと、ネパール共産党（マオイスト）が始めた人民戦争の源も、パンチャーヤット時代にさかのぼることができる。一九八三年に、カリスマ的な極左系リーダーとして知られるモハン・ビクラム・シンがネパール共産党（第四会議）を離れてネパール共産党（マサル）を結成した。翌年、同党は毛沢東主義派の国際的な組織である革命国際運動（RIM, Revolutionary Internationalist Movement）の第一回会議に参加し、ペルーのマオイストである「シャイニング・パス（輝ける道）」

と接触をもった。このとき、彼らから人民戦争の具体的な戦術に関する文献を手に入れている。

ネパール共産党（マサル）は一九八五年、さらに二つの政党に分裂してネパール共産党（マシャル）が結成された。一九九〇年四月に民主化運動が成功してパンチャーヤット制度が崩壊し複数政党制度が復活すると、一〇を超える共産系政党の再編成が行われた。一九九〇年一一月、現在のマオイストの党首プスパ・カマル・ダハルことプラチャンダが率いる「マシャル」とマオイストのトップ・イデオローグであるバブラム・バッタライが率いる「マサル」を含む四つの政党が合併して、地下政党であるネパール共産党（エカタ・ケンドラ）を結成した。同党は議会選挙に参加するために、表の政党である統一人民戦線ネパールを結成して、バッタライが党首となった。[1]

「エカタ・ケンドラ」が結成されて一年後に、党内では人民戦争を始めるか否かに関する論争が始まった。「武装闘争を始めるべき」と主張するプラチャンダ派と、「今はまだ、武装闘争を始める時期ではない」とするニルマル・ラマ派のあいだで三年間におよぶ論争がつづいたあと、一九九四年一一月に二派は正式に分裂した。その数ヵ月後、プラチャンダが率いるエカタ・ケンドラの一派と、バッタライが率いる統一人民戦線ネパールの一派は、総会を開いて党名を「ネパール共産党（マオイスト）」とすることを決定、同時に議会政治の道を捨てて人民戦争のための準備を開始することを正式に決定した。つまり、ネパール共産党（マオイスト）は、人民戦争を始めるために結成された政党であるといっていい。

「ネパールの国民は一九五〇年以来、民主化を求めてたびたび運動を起こしたが、完全な民主化を成し遂げることができなかった。一九九〇年の民主化後も、半封建的な社会が継続し、隣国インドの半植民地的な状態から抜けでることができなかった。これらの問題を解決するには革命的な変化をもたらすことが必要だった。武装闘争を通じて王制を打倒し、過激な土地改革を行い、社会経済的な変化をもたらす必要があったのです」

マオイストの人民戦争戦略を打ち立ててきたおもなイデオローグであるバブラム・バッタライは、二〇世紀も終わりを告げようとしていた時代に、あえて武装闘争を開始した理由を筆者に対してこう話した。[2]

二 人民戦争前半の戦略

農村部から都市部を包囲する。軍事的にはゲリラ戦略をとる。戦略的防衛、戦略的平衡、戦略的攻撃という三つの段階に応じて武装闘争を発展させる。こうした毛沢東の人民戦争戦略の基本にのっとって武装闘争を始めることを決めたマオイストは、中西部ネパールのロルパ、ルクム、ジャジャルコート郡、中部ネパールのゴルカ、ラムジュン郡、東部ネパールのシンドゥリ、シンドゥパルチョーク、カブレパランチョーク郡の三つの地域で準備を始めた。その後、マオイストの本拠地となるロルパ、ルクムの二つの郡では、ララク・ダル（戦闘部隊）、ガウン・スラチャ・ダル（村保安部隊）、スワヤムセワク・ダル（ボランティア部隊）と三種の部隊を結成して武装闘争に備えた。その後、これらの部隊が人民解放軍やジャナ・ミリシア（人民義勇軍）に発展していくことになる。

人民戦争を開始する日は、一九九六年一月末にカトマンドゥで開かれた政治局会議で決められた。開始この会議で、当時のデウバ政府（ネパール会議派）に手渡す「四〇項目の要求」が決められた。開始

写１　マオイストが人民戦争のあいだ、武装闘争と党活動の中心としたロルパ郡タバン村。多くの大規模襲撃がタバン村で計画され、党中央委員会議などが開かれた。

日は党外に極秘とされ、二月四日にバブラム・バッタライの名前で、デウバ首相に対して要求項目が書かれたメモランダムを提出した。そして、マオイストは政府に与えた要求の受け入れ期限の二月一七日を待たずに、二月一三日に人民戦争を開始したのである。

　人民戦争初日の夜、ララク・ダルを中心としたグループがロルパ、ルクム、シンドゥリの三つの郡で警察詰め所を、ゴルカでは農業開発銀行の支所を襲撃した。当時は「マオイスト」という名前すら知られておらず、政治局メンバーであるC・P・ガジュレルによると、[3]全国七五の郡のうち約三五の郡にしか党組織が存在しなかった。しかし、マオイストは本拠地を中心に、計画的な戦略に従って党組織と武装勢力を拡大していった。「象（警察や政府）の目を見えなくする」戦略のもとに、階級闘争の敵とみなされたネパール会議派の支持者や金貸しなどを襲って負傷させたり殺害したりして、敵を村から追い出す方針をとった。人民戦争を開始して半年後には、ララク・ダルからスカッド（分隊）を編成。さらにその一年後にはプラトゥーン（小隊）を編成している。

マオイストの組織と活動が拡大すると、政府側が制圧を試みた。一九九八年五月には、ロルパやルクム郡を含む本拠地で警官隊を動員して、「キロシエラ2」というマオイスト掃討作戦を展開。党員だけでなく、一般人を含めた犠牲者が急増すると、マオイストは同年八月に開かれた第四回拡大会議で、武装闘争を発展させる目的でアダール・イラカ（本拠地）を樹立する方針を決めた。一九九九年初めには、新しい軍事戦略にしたがって、ロルパ、ルクム郡などの本拠地でより大規模な襲撃を決行するためのタスク・フォース（機動部隊）が編成された。この部隊は、移動をしながら各地で警察署の襲撃を続けた。この戦略はマオイストの支配域を拡大するのに非常に効果的だった。警官隊は襲撃を受けた村の警察詰め所から撤退し、その後、村は政府機関が存在しない空白地帯となった。そうした村々でマオイストは人民政府を樹立し、独自の統治を始めたのである。

三　戦略転換をもたらした王宮虐殺事件

二〇〇一年はネパールの歴史にとっても、マオイストの人民戦争にとっても、大きな転換点となった年だった。この年の二月にマオイストはインドで第二回党総会を開き、人民戦争を始めてから五年間の活動の見直しをした。その結果、農村から都市を包囲するという人民戦争の戦略だけでは目的を達成できないと結論づけ、従来の戦略にロシア革命型の都市部における民衆運動を融合した「プラチャンダ・パット（プラチャンダの道）」とよばれる新方針を打ち出した。新憲法を制定する制憲議会選挙の開催を、おもな政治要求として打ち出すことが決められたのもこのときだった。さらに、正式な武装勢力として人民解放軍を結成することを決定し、この年の八月末にロルパ郡北部で開かれた会合で、大隊レベルの人民解放軍の結成式が開かれた。

そして、この年の六月一日、二三四年におよぶネパール王制の歴史を大きく変える出来事が起こった。ナラヤンヒティ王宮のなかで開かれた晩餐会の席で、ディペンドラ皇太子が発砲をして、ビレンドラ国王夫妻を含む王族九人が死亡したのである。事件の直後に、自殺をしたとされる皇太子も亡くなり、この日、晩餐会を欠席していた国王の弟であるギャネンドラが新しい国王となった。多くの国民が「ディペンドラ皇太子犯行説」を信じず、生き残ったギャネンドラ新国王に疑いの目を向けるなか、マオイストはこれまで触れることがなかった国王と王制を直接のターゲットとし、そして、国王の軍ともいえるネパール王国軍に対して攻撃を始めた。攻撃の矛先を国王とその軍に向けたことについて、バブラム・バッタライは次のように説明する。

「王宮事件の前には、（ビレンドラ）国王は政治的に不活発だった。われわれを制圧するために警官を動員したのはネパール会議派の政府だった。当時、（国王が最高指揮官を務める）ネパール王国軍はマオイスト掃討のために発動されておらず、したがって、われわれは王制と国王の軍を直接攻撃はせず、議会が統制する国家権力を攻撃した。しかし、王宮事件後、新しい国王は絶対権力を行使して国を統治しようとした。そのため、私たちは王制をターゲットとすることにしたのです」（二〇〇七年五月インタビュー）

王宮事件から約二ヵ月たった二〇〇一年七月末、新しく首相に就任したシェル・バハドゥル・デウバの政府が一方的に停戦を宣言した。マオイストは停戦に応じ、第一回の和平交渉が始まった。この交渉の席で、マオイストははじめておもな政治要求として、新憲法を制定するための制憲議会選挙を開催することを政府側に突きつけた。この要求は七年後に実現することになる。

一一月末まで続いた最初の停戦の四ヵ月間をマオイストは徹底して利用した。のちに人民解放軍の副指揮官になったバルサ・マン・プンは、「武装組織、訓練、武器と、われわれの武装組織が最も発展したのはこの期間だった」と話す。[4] 武装組織だけでなく、マオイストが全国で人民政府を樹立する活動を最も活発に行ったのもこの停戦期間中だった。停戦が宣言されてまもなく、マオイストはインドのシリグリで開かれた中央委員会議で、人民戦争の最初の戦略的防衛の時期は終了して、戦略的平衡の時期に入ったと結論した。「軍事的にわれわれは警察を敗北させ、政治的には政府よりも優位な立場にいた」(バッタライ談)と判断したためである。

四　ネパール王国軍との全面対決が始まる

政府側との和平交渉が決裂したことを宣言した直後、二〇〇一年一一月二三日、マオイストは最初の停戦を一方的に破棄して、彼らの本拠地に近いダン郡ゴラヒにあるネパール王国軍兵舎などを同時襲撃した。王国軍に対する最初の軍事行動だった。その二日後に国家非常事態宣言が発令されて、ネパール王国軍がマオイスト掃討のために全面発動されると、人民解放軍は西ネパールの山岳地帯を移動しながら、郡庁所在地を次々に襲撃した。政府側とマオイスト側、そして一般人の犠牲者数はこの時期に急増し、文字通りネパールは「内戦」の状況に突入した。

二〇〇二年一〇月四日にギャネンドラ国王が最初の無血クーデターを行い、ネパール会議派の政府を罷免して、自身が任命した首相が率いる政府が発足した約一ヵ月後、マオイストはジュムラ郡の郡庁所在地カランガを襲撃した。しかし、軍兵舎を落とすことができず襲撃は失敗に終わった。その後、マオイストはそれまでの大きな部隊で兵舎や警察署を襲撃する集中型の戦術を変えて、兵舎から外に出た治安部隊を襲撃する戦法をとった。そして翌年一月末、停戦を宣言して国王政府と二度目の和平交渉に入った。しかし、この停戦も七ヵ月で決裂し、マオイストは再び武装闘争に戻った。

この二度目の停戦中の二〇〇三年五月に、本拠地のロルパで開かれた中央委員会議で、マオイストはいくつか重要な決定をしている。一つは、ジャナ・ミリシア[5]（人民義勇軍）の部隊を各地で結成することである。そのために、非武装マオイストや一般の人たちにも武装訓練を始めることになった。この動きは、ほとんどの郡で村・郡レベルの人民政府を樹立したあと、全国で先住民族（アディバシ・ジャナジャーティ）に自治権を与えるための自治州を樹立する動きと連動したものだった。[6]もう一つの重要な決定は、伝統的な一党独裁による共産主義の代わりに、複数政党制を基本方針としたことである。この方針決定の真意について、バブラム・バッタライはこう話す。

「われわれは二〇世紀の共産主義国家の経験から、社会主義がなぜ不成功に終わったかを分析しました。そして、一党独裁制度の誤りを正すためには、社会主義制度のなかにも、政党間の競争があるべきだと結論したのです」（二〇〇七年五月インタビュー）

政治方針に関するこの決定は、この二年半後、反国王のキャンペーンで他の議会政党と協力体制を築く土台となった。

二度目の停戦を破棄してから七ヵ月たった二〇〇四年三月二〇日、人民解放軍は約四五〇〇人の部隊をもってミヤグディ郡の郡庁所在地ベニで最大規模の襲撃を決行した。この襲撃を指揮したパサンことナンダ・キソル・プンは、「それまでの移動しながら襲撃する戦術から発展して、人民戦争の最終段階として、より大きな部隊で敵の陣地を襲撃する戦術に移行する必要があった」[7]と、ベニ襲撃が軍事戦術の移行期に行われた襲撃として重要な意味をもつと説明している。

ベニ襲撃から五ヵ月たった二〇〇四年八月に、ロルパのフンティバンで開かれた中央委員会議では、全国でさまざまなレベルの人民政府を樹立することにより支配域を拡大するとともに、人民解放軍は師団レベルまで拡大することにも成功したことから、人民戦争の最終段階である戦略的攻撃の段階に入ることを決定した。この会議では政治方針に関しても、誰を最大の敵とするかで激しい議論が展開された。「ナショナリズム」をスローガンに反インドの運動を展開すべきと主張するプラチャンダ、そして、「ロクタントラ（民主主義）」をスローガンに国王をおもな敵とすべきと主張するバブラム・バッタライの二派に分かれて議論されたが、会議ではプラチャンダの主張が可決されて終わった。

プラチャンダの主張のもととなったのは、マオイストが二度目の停戦を破棄したあと、リーダーの安全な隠れ場所となっていたインドで、中央委員や政治局メンバーレベルのリーダーが次々と逮捕されたことにあった。中央委員会議では、党本部、つまりプラチャンダ党首とそのスタッフの潜伏場所をインドからネパールに変えることを決め、反インド運動の一環として、「トンネル戦争」（インド軍が攻め込んできたときに備えて防空壕を作る）を始めることを決めた。

後述するように、中央委員会議で否決されたバッタライの方針案が正しかったことが、半年もたたないうちに証明されるのだが、バッタライは指導層の権力が党首プラチャンダに集中していることを批判し、党内の民主化を求めて党首との対立をメディアに暴露したことから、党から処分を受けることになったのである。

五　七政党との協力のきっかけとなった国王クーデター

王制廃止に向かう動きを一気に早めたのは、他でもない、ギャネンドラ国王自身の動きだった。二〇〇五年二月一日、国王は国営メディアを通じて、デウバ首相を罷免して自身が新政府を率いることを明らかにした。同時に、ネパール王国軍を使って大半の政党リーダーを拘束下におき、徹底したメディア統制を開始した。ネパールは一気にパンチャーヤット時代に戻ったことになる。ギャネンドラ国王による第二のクーデターともいえるこの動きは、当然、マオイストの戦略にも大きな影響を与えた。

この前年末ころから、マオイストは「政府の主人である国王」との直接対話を求める方針を公言していた。実際に、国王との会見の段取りが進んでいたことも報道された。その一方で、前年の中央委員会議で表面化したプラチャンダとバブラム・バッタライの党内闘争が深刻化し、当時、政治局メンバーだったバルサ・マン・プンに聞いた話によると、この時期には「党はほとんど分裂しそうな状況にあった」。二月一日の前日、マオイストはルクム郡で政治局会議を開いていたのだが、この会議でバッタライと妻で政治局メンバーのヒシラ・ヤミ、そしてバッタライの側近であるディナナート・シヤルマの三人のリーダーの党内の地位を剥奪し、一般党員にまで降格するという決定が下された。しかし、二月一日の国王の動きにより、インドを最大の敵とするプラチャンダ方針が誤りであり、国王を最大の敵とすべきとするバッタライ方針が正しかったことが証明されたことになる。

もっとも、プラチャンダが自身の過ちを認めて戦略を変えるには、もう一つ別の出来事を経る必要があった。バッタライら三人のリーダーは、政治局会議での処分決定のあと、しばらくのあいだロルパで人民解放軍の監視下に置かれた。二ヵ月後の四月六日、人民解放軍は二つの師団を動員してルク

写2　2003年3月にマオイストの本拠地であるルクム郡チャウリジャハリで、郡の人民政府樹立集会が開かれた。写真はルクム郡人民政府のメンバー。最前列右側が人民政府議長。

写3　2004年9月にマオイストの本拠地であるロルパ郡コルチャバンで開かれたマオイストの「ジャナバディ・メラ（コミュニスト祭り）」で、コミュニストの服を着て踊りを踊る村の男たち。

ム郡カーラ村にあるネパール王国軍の兵舎を襲撃した。二〇〇二年のカーラ襲撃で惨敗しているマオイストにとって、カーラの軍兵舎は鬼門ともいえるターゲットだった。地形的にも軍事的にも、マオイスト側の勝利の可能性が非常に低いカーラを再度襲撃することにした決定の背後には、自身の過ちを埋め合わせるという党首の個人的な野心が見え隠れする。党員がこの襲撃を「プラチャンダの襲撃」とよんでいたことからも、それがわかる。少なくとも、プラチャンダはこの時点までは、武装闘争を通じて変革をもたらす方針を捨てていなかったことが明らかだ。

しかし、マオイストはこの襲撃で大敗北を喫した。その直後、プラチャンダはロルパで軟禁状態に置かれていたバッタライをニューデリーに送り込むことを決めている。インドの政界で顔が広いバッタライを通じて、インドの政治家の協力を得るためのロビー活動と、ネパールの主要政党のリーダーと接触することが目的だった。つまり、プラチャンダはこの時点で「反インド」の方針を捨てて、バッタライが唱えた「反国王」の方針をとることにしたわけだ。

写４　2004年9月にロルパ郡コルチャバンで開かれた「ジャナバディ・メラ（コミュニスト祭り）」で会ったジャナ・ミリシアの女性たち。

二〇〇五年五月になって、ネパール会議派を含めた主要七政党は反国王の平和的街頭運動を開始した。六月半ばには、バッタライらのアレンジで、プラチャンダ党首とネパール会議派のギリジャ・プラサド・コイララ党首が三年ぶりにニューデリーで会見した。バッタライの話によると、この会見のさい、マオイスト側は主要七政党と合同で、王制を打倒するための運動を進めることをコイララ党首に申し入れた。このとき、コイララ党首は明確な返答をしなかったが、この会合がその後のマオイストと七政党との協力関係へとつながることになった。

この年の一〇月にルクム郡チュンバンで開かれた中央委員会議で、マオイストは正式に七政党と協力することを決めた。さらに、降格処分を受けていたバッタライら三人のリーダーの処分を取り消すことも決められた。この決定に基づいて、一一月二二日、インドのニューデリーでマオイストとネパール会議派、ネパール共産党（統一マルクス・レーニン派）（以下、共産党（ＵＭＬ）または単にＵＭＬ）らのトップ会談が開かれ、歴史的な「一二項目の同意」が成立したのである。「独裁王制を倒すことに総力を結集することにより、『完全な民主主義』を確立すること」で合意したとはいえ、その道のりについては、マオイストと主要七政党のあいだで意見が異なった。七政党は二〇〇二年五月に解散された国会を復活させ、全党による連立政府を樹立して、新憲法を制定するための制憲議会選挙を開くことを主張したのに対して、マオイストは民主化勢力の国民会議を通じて暫定政権を発足させ、制憲議会選挙を開くべきだと主張した。会議の際にマオイスト側が譲らざるをえなかったことについて、バッタライはこう話す。

「同意書を作るとき、われわれは『完全な民主主義』の代わりに『民主的共和制』という言葉を使うべきだと主張した。しかし、ネパール会議派が『共和制』という言葉を使うことに合意しなかった。また、われわれは『understanding（同意）』の代わりに『agreement（協約）』を使いたかったのだが、これも受け入れられなかった。王制と闘うためには七政党と共同戦線をはることが最重要と考えて、われわれは譲歩したのです」（二〇〇七年五月のインタビュー）

ネパール会議派側の主張に対して、マオイスト側が譲歩するというパターンは、その後に始まった和平交渉の席でも、何度も繰り返されることになる。

六　「四月革命」から和平プロセスへ

二〇〇五年一〇月にチュンバンで開かれた中央委員会議では、軍事的にも重要な決定が下された。まず、それまで三個あった人民解放軍の師団を七個に増やすことを決めた。武装勢力を倍増することになったわけだが、足りない要員は一般党員を「武装化」する方針がとられた。そして、「背骨（ハイウェー）」を土台に頭（国王がいる首都）を攻撃する」という新戦略により、拡大された人民解放軍と大勢の非武装マオイストが、東の部隊は西へ、西の部隊は東へ、つまり、首都のカトマンドゥに向けて移動を始めたのである。人民解放軍は移動をしながら、各地で郡庁所在地への襲撃や、治安部隊へのアンブッシュ（待ち伏せ攻撃）を決行した。この軍事キャンペーンの背後には、七政党が首都を中心にして展開する民主化運動をサポートする目的もあった。

二〇〇六年二月の市長選挙のあと、効果的な運動を行うことができずにいた七政党を煽る目的で、マオイストは三月一四日からカトマンドゥ盆地を経済封鎖するために、無期限全国ゼネストを開始することを宣言した。四日間ゼネストを決行したあと、ニューデリーでマオイストとネパール会議派、共産党（UML）のリーダーが会合し、マオイストがゼネストを中止する代わりに、四月六日から四日間、七政党の呼びかけで全国ゼネストを実施することが決まった。その三日前、マオイストは七政党のゼネストをサポートする目的で、「カトマンドゥ盆地内ですべての武装活動を中止する」と宣言した。

四月六日から全国で始まったゼネストは結局、一九日間つづいた。首都カトマンドゥを含む都市部を中心に、市民や政党活動家が街頭デモに参加し、外出禁止令が布かれるなか、毎日デモ隊と警官隊の衝突が続いた。政府役人や民間銀行員までもがゼネストに加わり、国家の機能が完全にストップした。この間、マオイストの人民解放軍は首都圏や郡庁所在地の周辺に結集して待機していただけでなく、その一部はデモにまで加わっている。国王政府は運動の制圧を試みたが、日に日に膨れ上がるデモ隊をどうすることもできず、四月二四日夜、国王は国営テレビを通じて、主権を国民に返すとともに、七政党の主要要求だった解散した国会を復活させることを宣言した。

写５　2005年12月にロルパ郡ババンで開かれたマオイストの人民集会に出席した人民解放軍第5師団の部隊。

国王宣言の翌日、七政党はこれを「勝利」と解釈し、ゼネストを終えることを宣言した。しかし、ゼネストがあと数日つづけば、一気に王制を倒して共和制を実現することができると信じる人たちやマオイストは、七政党のこの決定を不服とした。当時のマオイスト側の心情について、バルサ・マン・プンはこう話す。

「七政党はわれわれと相談することなしに国王と妥協した。セレモニアル王制を維持するために国王に譲歩したのではないかと、われわれは疑った。デモに参加したネパール国民は、王制を廃止して共和制を確立したいと思っていた。七政党はそうした国民とマオイストの両者を裏切ったのです。しかし、七政党は復活した国会をすぐに解散し、マオイストを含めた暫定政府を樹立するための円卓会議を開くと約した。そのため、われわれは運動を止めて和平プロセスに入ることにしたのです」（二〇〇七年五月のインタビュー）

四月三〇日、四年ぶりに復活した国会で、新憲法を制定するための制憲議会選挙を開催するとする動議が可決された。五月二日にはネパール会議派のコイララ首相が率いる七政党の新政権が発足、すでに停戦を宣言していたマオイストと和平交渉に入ることになった。

七　国会、武器管理、王制の問題

二〇〇六年五月二六日、マオイストと七政党からなる政府のあいだでの、和平に向けた交渉が正式に始まった。この頃になると、人民戦争を開始してから完全に地下に潜行して活動していたマオイストのリーダーが、公の場に姿をみせるようになった。カトマンドゥを含めた各地で、人民解放軍までをも動員して集会が開かれた。演説やメディア・インタビューのなかで、リーダーたちは武装闘争に戻る意図はないこと、紛争の平和解決を望んでいることをさかんに強調しようと試みた。六月一六日には、首相官邸でマオイストと七政党によるサミット会談が開かれた。会談の後、プラチャンダ党首とバブラム・バッタライが、はじめて報道陣の前に姿をあらわした。和平プロセスに関する「八項目協定」に調印したばかりのプラチャンダは、嬉々とした様子で記者会見に臨んだ。この日を両リーダーの「お披露目」の日としたことに関して、バッタライはこう語る。

「国会解散とわれわれを含めた暫定立法府、暫定政府の樹立に七政党が合意したことから、『八項目協定』がブレークスルーとなると考えて、会談の席でメディアの前に出ることを決めたのです」(二〇〇七年五月のインタビュー)

しかし、その後、和平プロセスはマオイストが考えたようには進まなかった。三つの問題が障害となったためである。一つは復活した国会の問題である。二〇〇五年の「一二項目の同意」でも、マオイストと七政党のあいだで制憲議会選挙にいたるプロセスに関して相違が明らかになったが、その相違は和平交渉に入ったあとも、両者のあいだで対立の原因となった。マオイストは国会が復活してから二週間後に、独自の和平プロセスのロードマップを公にして、国会の即時解散と憲法の廃止を求めたが、七政党は逆に、国会の権力強化と維持に努めた。マオイストのリーダーは政治集会の演説やメディアに対するインタビューで、繰り返し国会の解散を求めたが、一方で、ネパール会議派は七月一三日に開かれた議員会議で、制憲議会選挙が開かれるまでは国会を解散しない方針を決定した。コイララ首相は「マオイストの武器は銃、われわれの武器は国会」とまでコメントしている。

和平プロセスにとっての二つ目の障害はマオイストの武装勢力、つまり人民解放軍とその武器管理のことだった。政府側はマオイストが暫定政府に加わる前に、マオイストの武器管理を完了すべきと主張したが、マオイストはこれをはっきりと拒絶した。七月初めには、政府がマオイストに隠して、国連事務総長にマオイストの軍と武器のみを管理するよう要請する書簡を出したことが発覚。その三週間後に、マオイストはこの政府要請の内容に反対する書簡を国連に宛てて出すという始末となった。

結局、ネパール軍[8]とマオイスト軍の両者を平等に扱うべきだというマオイスト側の主張に従って、両軍の同じ数の武器を国連の監視下に置くことで合意が成立したものの、その後も、コイララ首相は「武器管理が終わるまで、マオイストを暫定政府には加えない。国会を解散することもない」という発言を繰り返した。

和平交渉に際して、七政党の政府は暫定政府へのマオイストの入閣と国会を「武器」に使ったのに対して、マオイストにとっての「武器」は、文字通りその武装勢力である人民解放軍しかなかった。両者が互いの「武器」を使って、自らの要求を通そうと試みたために、和平プロセスは初期の段階で暗礁に乗り上げ、六月のサミット会談のあと、ほぼ四ヵ月間、八政党の党首は会合をもつことができなかった。一〇月八日に二度目のサミット会談が開かれたが、さまざまな問題について合意に達するには、さらに一ヵ月を待たねばならなかった。一一月八日、マオイストと七政党は武器と軍の管理に関わる、暫定憲法の条項に関してなどの「六項目協約」に調印した。一一月二一日、この協定に基づいてマオイストと政府は包括和平協定に調印したのである。

包括和平協定を作成するにあたって、障害となったもう一つの問題について、交渉の席に参加したバッタライはこう話す。

「最も対立した問題は王制の問題だった。われわれは暫定憲法のなかで、王制が終わり共和制が確立したことを宣言すべきと主張した。しかし、特にネパール会議派のリーダーたちは、制憲議会選挙の前に王制の将来を決めたがらなかった。最終的に両者の中間をとり、制憲議会の初日に議席の過半数で共和制に関する採決をとることでわれわれは譲歩したのです」（二〇〇六年五月のインタビュー）

マオイストが譲歩したのは王制の問題だけではなかった。制憲議会選挙の方法に関して、マオイストと共産党（ＵＭＬ）は全議席を比例代表制により選ぶべきと主張したのだが、小選挙区制を主張するネパール会議派に譲歩する形で、マオイストは半分の議席は小選挙区制により選ぶことに合意したのである。一方、ＵＭＬはこれに合意をせず、「異議書」を記している。マオイストはこの後も交渉の席で譲歩を繰り返すのだが、のちに、こうした指導層の態度に対して党内から批判がでることになる。

八　武装勢力から議会政党に

包括和平協定により、マオイストは一〇年間におよぶ反政府武装闘争を正式に終えたことになる。協定に調印した日から、マオイスト軍は全国二八ヵ所にある宿営地に滞在を始めた。協定に従って、マオイスト軍とその武器、そして、ネパール軍の同じ数の武器が国連の監視下に置かれることになった。[9]二〇〇七年一月一五日には暫定憲法を承認した直後に国会が解散され、それまでの議員から国王派議員を除き、マオイスト議員を加えた暫定立法府の議会が発足した。国会が解散されたことに伴って、マオイストは全国で樹立した人民政府と人民裁判所、コミューンを解散することを宣言した。

暫定立法府でマオイストはネパール会議派、共産党（ＵＭＬ）に次ぐ第三の政党となった。発足の際、マオイストは議長か副議長の席を主張したが、暫定政府の副首相の席と引き換えに両方を他党に譲り渡した。しかし、さまざまな理由で暫定政府の発足が遅れ、四月一日にようやくマオイストを含めた政府ができたときには、副首相の席も得ることができなかった。バブラム・バッタライによると、ネパール会議派が副首相はおくべきではないと主張したためだった。マオイスト側は制憲議会選挙を予定どおりに開くために、副首相の席を犠牲にして譲歩したことになる。マオイストを含めた暫定政府が発足すると、二〇〇七年六月二〇日に制憲議会選挙を実施することが決められた。しかし、インドにオリジンをもつマデシの人たちの暴動がインドと国境を接するタライ（平野部）で拡大していたことによる治安の悪化と、準備期間の不足により、選挙は一一月に延期された。

ここにいたるまで、和平交渉の席でマオイスト側は譲歩を繰り返したが、その理由についてバッタライは話す。

「交渉の席で、われわれは和平プロセスを前進させるために、最大限柔軟な姿勢をとってきた。二〇〇七年六月に制憲議会選挙を開くために、必要な譲歩をしてきたのです。特に、保守的なネパール会議派の指導層が革命的な変化を望まず、国王や外国勢力との妥協を欲した。そのため和平プロセスが遅れたのです」（二〇〇七年五月のインタビュー）

制憲議会選挙の開催が困難であることが明らかになると、マオイストは街頭運動を通じて、あるいは暫定立法府で、共和制への移行を宣言すべきだという主張を始めた。四月には、中央委員会議で共和制の宣言を要求して街頭と政府、暫定立法府で運動を始めることが決められた。しかし、マオイストはこれを実行に移すことがなかった。

二〇〇七年八月三日から八日まで、マオイストはカトマンドゥに二〇〇〇〇人を超える党員を集めて第五回拡大会議を開いた。この会議では、和平交渉に入った党方針は正しかったものの、交渉役のリーダーが譲歩をしすぎて、「完全比例代表制」や「連邦民主共和制」といった重要な方針を実現することができなかったことに対して、党員から強い批判の声があがった。カトマンドゥに住むリーダーたちの「ブルジョア的な」生活も批判の対象となった。党始まって以来の厳しい批判に直面した党首プラチャンダは、自身の過ちを認めて党員の前で自己批判さえした。

この拡大会議で、マオイストは制憲議会選挙の開催を最優先とする方針を正式に変更し、共和制の宣言を和平プロセスの最優先事項とする決定をした。「王制が廃止されないかぎり、公正な選挙を開くことはできない。ジャナ・ビドロハ（人民運動）を始める以外にないとわが党は結論した」とプラチャンダ党首は会議後に開かれた記者会見で発言。八月二〇日に共和制宣言を含む二二の要求を政府に突き付けた。その後、政府側と何度も会合をもつが、マオイスト側が最終期限として提示していた九月一八日に政府側との交渉が決裂すると、カトマンドゥで集会を開いて、バッタライがマオイスト閣僚は政府を辞任すること、暫定立法府での共和制の宣言と、完全比例代表制をとることを求めて街頭運動を始めることを宣言した。そして、一一月に予定されていた制憲議会選挙を妨害するための一連の抗議プログラムを公にしたのである。

しかし、共和制に関する問題は、九月二六日にネパール会議派がネパール会議派（民主）との合併後に開いた党総会で、党結成六〇年の歴史のなかではじめて、民主的連邦共和制を党方針とすることを決めたことで状況に変化があらわれるかにみえた。マオイストは共和制の宣言と完全比例代表制の問題について決着をつけるために、暫定立法府の特別議会の召集を求めた。主要三政党はこの二つの問題に関する合意を求めて交渉をつづけたが、またしてもネパール会議派とマオイストの意見の対立により合意は成らず、一一月四日、特別議会で投票が行われた。ぎりぎりまでつづいた交渉で、共和制に関しては、「政府に対して共和制確立のプロセスをすぐに決定するよう指示する」というＵＭＬの動議をマオイストが支持し、対して、「制憲議会選挙の全議席を比例代表制により選ぶ」とするマオイスト動議をUMLが支持することで合意が成立した。ネパール会議派はこの二つの動議に反対票を入れたが、両動議とも過半数の票を得て可決された。

しかし、ネパール会議派のコイララ党首は、この二つの決定が暫定憲法に反するとして、この動議を実行する意図をみせず、同党内では「マオイストの要求は一切受け入れるべきではない」という強硬派の意見が強くなっていた。マオイストはすぐに共和制を宣言することにこだわり、特別議会での決定を実行するようネパール会議派に求めたが、同党は断固として態度を変えなかった。一ヵ月間を超える交渉のあと、一二月二三日、暫定憲法で連邦民主共和国になることを明記して、制憲議会の初日に過半数によりこれを承認すること、制憲議会の議席は六対四の比率で比例代表制と小選挙区制により選ぶことを含む二三項目協定が成立した。共和制宣言に関してはネパール会議派側が譲歩し、比例代表制に関してはマオイスト側が譲歩したことになる。

一度は「選挙よりも共和制」と、街頭運動を始める方針をとっておきながら、再び譲歩して、制憲議会選挙に向かう方針に変更した理由について、プラチャンダ党首は次のように話す。

「われわれにとっては、連邦共和制を確立することが最重要問題だった。一一月の第三週に、共和制が確実に確立する環境ができたと感じた時点で、今度は選挙に向けて動き出すべきだと結論した。われわれが自身の要求に固執して選挙が開かれず、マオイストのために和平プロセスが失敗したと責められることを避けたかった。そのために私たちは譲歩をしたのです」（二〇〇七年一一月二五日のインタビュー）

九　制憲議会選挙における大勝利

二〇〇八年四月一〇日に制憲議会選挙が開かれることになると、マオイストは他党に先駆けて動き出した。一月初めに開かれた中央委員会議で、プラチャンダ党首を筆頭とするトップ・リーダー一二人からなる選挙運動を展開するための委員会が発足。左翼系政党との選挙協力をするための委員会、選挙公報のための委員会、立候補補者を決める委員会が発足し、それぞれ、モハン・バイデャ、バブラム・バッタライ、ラム・バハドゥル・タパが委員長となった。郡委員会やマオイストが独自に設置した一一の州委員会のメンバー数も三倍に増やされた。一月二〇日からは、プラチャンダ党首が全国を回って、党員に政治訓練を行い、「右も左も見ずに制憲議会選挙に専念する」よう指示をだした。

二月一三日には首都カトマンドゥで、数千人の党員を動員して最初の選挙集会を開催した。この集会の演説で、バブラム・バッタライが「プラチャンダをネパール民主共和国最初の大統領とする」と、勝利宣言を先取りする宣言をした。マオイストは演説のなかで「どんな選挙結果も受け入れる用意がある」（プラチャンダ）と誓約しつつ、「われわれが勝たなかったら、闘争を再開する」（バッタライ）と、脅しに近い表現を使って投票を求めた。一方で、マオイストは投票日の直前まで共産党（UML）との選挙協力を試みたが、後者が「独自で戦っても勝利はまちがいない」と判断し協力を拒絶したため、マオイストの立候補補者は演説のなかでUMLへの攻撃を強めただけでなく、各地でマオイストとUMLの活動家の衝突が起こった。日刊紙カンティプルをはじめとする多くのメディアも、毎日

写６　2008年4月に開かれた制憲議会選挙のとき、カトマンドゥの中心にあるアサンに張られたマオイストが提唱した連邦制案の地図。

のように選挙に関連したマオイストの暴力事件を報道。投票日の一週間前に首都で開かれた集会で、プラチャンダは党員に向かって「今後一週間は『ガンジー』になれ」と、暴力を振るわないよう指示する始末だった。

一方で、選挙広報に関してはマオイストが他党に一歩抜きん出ていた。連邦制に関して、他の主要政党が明確な政策を明らかにできないでいるなか、一一の自治州を色分けした独自の「新しいネパール」の地図を描いた選挙ポスターを張り出した。さらに、「経済革命」を通じて、ネパールの国民所得を一〇年の間に一〇倍にすると公約したマニフェストを発表。「皆（ネパール会議派やUML）のことは何度もみてきた。今度はマオイストのことをみてみよう」というスローガンを新聞広告などで広め、有権者に新政党としての印象を植えつけようと試みた。一〇年間の紛争のあいだ、マオイストのコントロール下にあった地方の農村部では、紛争後も他党は以前の組織を復活させることができなかった。一方で、紛争中に村々まで党組織を拡大することに成功したマオイストは、多くの選挙区で最も活発な選挙活動を展開した。

投票日の前まで、大半の関係者が「マオイストはネパール会議派、UMLに次ぐ第三政党になるだろう」と予測していた。マオイスト自身、演説のなかの言葉とは裏腹に、勝利にそれほど自信がなかったことは、投票日の直前までUMLとの選挙協力を試みたことからもわかる。ところが、小選挙区の開票が始まると、予想外の結果が明らかになっていった。「一議席もとれないだろう」といわれていたカトマンドゥ盆地では、一五議席中七議席をマオイストが獲得。ラプティ県など、紛争以来マオイストが強い基盤をもってきた地域では全議席をマオイストが得た。一方で、ネパール会議派やUMLの古参政治家の敗北が次々と伝えられた。UMLのマダブ・クマール・ネパール総書記はカトマンドゥとラウタハトの二つの選挙区で落選。ネパール会議派の「汚職政治家」たちも軒並み落選が決まった。結果は、マオイストが小選挙区で一二〇議席、比例代表で一〇〇議席の合計二二〇議席を獲得して第一政党となった。第二政党となったネパール会議派の獲得議席数はマオイストの半分の一一〇議席である。マオイストの圧勝といえる結果だった。

十　共和制への移行、マオイスト政府の発足

二〇〇八年五月二八日、大勢の警官隊が動員されて警戒態勢が布かれるなか、制憲議会の最初の会

議が開かれた。開会は大幅に遅れ、午後八時過ぎに始まった投票で、ネパールが王制を廃止して連邦共和制に移行する動議が圧倒的多数により可決された。議会の開会が遅れた原因は、新憲法ができるまでの暫定的な政体に関して、意見が対立したためだった。マオイスト側は大統領を置かずに首相が国家元首を務めるべきと主張したが、終日かかった議論のあと、ネパール軍の発動権と非常事態を宣言する権利をもった大統領を置くとするネパール会議派の主張が通った。マオイストは第一政党となったにもかかわらず、再び譲歩を余儀なくされたわけだ。

マオイストが予想外の圧勝をした事実を、特にネパール会議派はなかなか受け入れようとしなかった。新政府を作るためのその後の交渉の席で、マオイストは大統領と首相の両方の席を主張したが、ネパール会議派はまたしても政権政党である有利さを利用して、マオイストがどちらかを譲らないかぎり、コイララ首相は辞めないとの方針を打ち出した。主要政党は大統領と首相を誰にするか合意解決を試みたが合意はならず、ネパール会議派側の圧力により、首相を過半数の議決で解任できるよう暫定憲法を改正することにマオイストが譲歩したあと、コイララ首相はようやく辞任することを承知した。

七月一二日に開かれた中央セクレタリアート会議で、マオイストは大統領選には候補者を出さず、ネパール会議派以外の候補者を支持すると決めた。三日後、マオイストは共産党（UML）の候補者を支持することに合意したものの、同党が制憲議会選挙で落選したあと総書記を辞任したマダブ・クマール・ネパールを候補者として立てると、一九日の大統領選の直前に、マオイストは同党との合意に従わずに独自候補者をだした。両党の票が割れたため、大統領選ではネパール会議派が立てたラム・バラン・ヤダブが当選した。

新大統領は最大政党であるマオイストに「合意の政府」を作ることを指示するが、ネパール会議派がマオイストを除いた、UMLとマデシ・ジャナアディカール・フォーラム・ネパール（以下、マデシ人民権フォーラム）との三党連合主導の政府を発足させることを試みたために失敗。議会で首相を選出することになった。八月一五日、プラチャンダことプスパ・カマル・ダハルは、UMLとマデシ人民権フォーラムの支持を得て首相に選出された。こうして、制憲議会選挙から四ヵ月を経て、ようやくマオイスト主導の連立政権が発足したものの、その旅路は決して穏やかなものではなかった。翌年五月にダハル首相が辞任するまでに、彼らの前にあらわれたさまざまな問題を次の節に記したい。

十一　八ヵ月間で倒れたマオイスト政権

和平交渉の席で繰り返し譲歩をすることを余儀なくされたマオイストの指導層の姿勢は、「譲歩をするよりは、議会や街頭で抗議運動をして主張を通すべき」とする党内「強硬派」から批判を浴びることになった。マオイストが連立政権を主導するようになると、党内における「柔軟派」と「強硬派」の対立がさらに激しくなった。二〇〇八年一〇月から一一月にかけて開かれた中央委員会議では、「連邦民主共和制を経て、人民共和国にいたることを党方針とする」というプラチャンダ提案が大半のメンバーの支持を受けた。しかし、この提案の解釈の仕方は二派で異なった。強硬派を率いるモハン・バイデャは民主的共和制はすでに達成されたとして、「すぐにも制憲議会で人民共和制に移行することを求めるべき」と主張したが、現実派であり柔軟派の筆頭ともいえるバブラム・バッタライは、

「制憲議会を通じて『人民のための憲法』を制定すべき」とし、現在の民主的共和制を制度的に完成させて継続させるべきだと主張した。この直後にバクタプルのカリパティで開かれた全国党員会議では、プラチャンダの方針案にバイデャの提案書を含めた「人民のための連邦共和制」の政治方針が採択された。

「カリパティ会議」で強硬派からの批判の的となったのは政治方針だけではなかった。ダハル首相を含む、首都に住む幹部の贅沢な生活様式も党内で問題となり、「党内に階級ができた」として批判された。このため、中央委員会メンバーの行動を改善する目的で、「行動規範」まで作られた。さらに二〇〇九年一月に、かつては人民戦争の開始に反対したために袂を分かったネパール共産党（エカタケンドラ・マサル）と党合併して、党名を「統一ネパール共産党（マオ派）」に変えると、強硬派のリーダーで政治局メンバーであるマトリカ・ヤダブは「指導層は革命を捨てて、ブルジョアになった」と批判して離党した。ヤダブはその後、マオイストの元の党名であるネパール共産党（マオ派）を名乗る新党を結成している。

党内分裂のほかに、マオイスト主導政権にとって最大の障害となったのは、マオイスト軍とネパール軍の問題だった。マオイスト側は、国連の監視下に宿営地に滞在する約二万人の人民解放軍兵士を、ネパール軍に統合することが包括和平協定のスピリッツであると主張してきた。しかし、ネパール軍のルクマンガトゥ・カトワル参謀長は「特定の政治思想をもった人物を国軍に入れるわけにはいかない」と、マオイストを受け入れない意向を繰り返し公言した。ネパール会議派や共産党（UML）のなかにも同様の意見を公言するリーダーが少なからずいた。連立政権はマオイスト軍の統合を半年以内に終了すると公約したにもかかわらず、そのプロセスを決める特別委員会が発足したのは新政権ができてから二ヵ月半後のことだった。しかも、委員会はその構成をめぐって他党からクレームがあり、なかなか機能することができなかった。当初、マオイストは武装組織温存のために、統合問題の解決を先延ばしにしようと考え、包括和平協定を含む関連合意書にも、統合の方法を明確に記すことを強調しなかった。こうした合意書のあいまいな表現が、のちに統合の解釈をめぐって、統合反対派に利用され、マオイストの立場を弱くすることになった。

さらに、二〇〇九年一月に表面化したマオイストの国防大臣ラム・バハドゥル・タパとネパール軍の対立は、四ヵ月後、ダハル首相の辞任を招く結果となった。発端はネパール軍が新兵募集を始めたことだった。マオイスト側はこれが政府とマオイスト、国連のあいだで交わされた三者協定をはじめとする合意に反する行為であるとし、タパ国防大臣はネパール軍に募集のプロセスを止めるよう指示を出した。しかし、ネパール軍側はこの指示に従わなかった。その後、准将八人の退役延期に関しても、国防大臣がネパール軍側の延期要請を拒絶したことから、両者の関係はさらに悪化した。野党のネパール会議派は、こうした大臣の動きを「国軍を弱体化するためのマオイストの陰謀」と結論づけて、ネパール軍側に与する姿勢をとった。

カトワル参謀長に対して、マオイスト主導政府が具体的な動きに出たのは四月一九日のことだった。カトワル参謀長の罷免を前提に、参謀長に対して期限付きで政府の指示に従わなかったことに関する公式説明を求めたのである。この動きに対して、与党であるUMLを含めた大半の政党が素早い反応を示した。ネパール会議派とUMLを含めた一七の政党がヤダブ大統領に会い、マオイストの動きを阻止するよう政治介入を求めたのである。大統領はダハル首相に会い、カトワルを解任しないよう求めた。さらに、ネパール駐在のインド大使ラケシュ・スードも水面下で、参謀長解任を阻止するために活発に動いた。しかし、マオイストは幹部会議でカトワル解任を決行することを決定。五月三日、政府はカトワル参謀長に対して「引退」を指示する書簡を渡した。ところが、その夜、ヤダブ大統領はカトワルに対して、与党内の他党の反対にもかかわらず解任を決定したことは違憲であるとして、政府の引退指示に従わず、参謀長の席にとどまるよう指示を出したのである。

その翌日の五月四日、ダハル首相は国営テレビを通じて、首相を辞任することを国民に伝えた。ヤダブ大統領の動きが暫定憲法と国軍の文民統制に反する行為であると批判しただけでなく、隣国インドを示唆しながら、外国勢力がネパールの政治に干渉していると主張した。そして、危機に瀕しているネパールの民主主義と和平プロセスを解決に導くのを容易にさせるために、辞任することを明らかにしたのである。

写７　2009年2月にナワルパラシのマオイスト軍宿営地で開かれた人民戦争記念日の式典で、整列する人民解放軍の女性戦闘員。マオイストの元武装勢力は、和平プロセスに入ってから、宿営地に滞在していた。

和平プロセスに入ってからの二年のあいだに、包括和平協定の調印、制憲議会選挙の開催、共和制への移行と、ネパールは歴史上最大の変化を経験した。紆余曲折はありながらも、この国の和平プロセスがここまでたどり着くことができたのは、マオイストがさまざまな局面で譲歩をしてきたためである。途中、暗礁に乗り上げながらも、それを乗り越えることができたのは、マオイストと他の主要政党が「合意の政治」を通じて問題解決を試みたからだった。しかし、制憲議会選挙で大方の予測に反してマオイストが大勝すると、この体制にひびが入り、国家権力を求めて政党が両極化する「過半数の政治」へと移行していった。それまでは譲歩を重ねてきたマオイストが、ネパール軍の問題に関しては譲らず、その結果、ダハル首相は辞任を余儀なくされた。「人民のための連邦共和国」をつくるためのマオイストの模索はまだ続いている。

後記

二〇〇九年五月にマオイストのプラチャンダことダハル党首が首相を辞任したあと、ネパールの政界は混乱を極めた。主要政党は和平プロセスと新憲法の制定という新生ネパールの誕生に不可欠な仕事よりも、政権をめぐる権力闘争に明け暮れ、二〇一一年八月末までに三度の政権交代が行われた。二〇一一年八月二八日には、マオイストのバブラム・バッタライ副議長が首相に選出された。バッタライ首相は就任直後に、和平プロセスのおもな作業であるマオイスト軍をネパール軍に統合させる作業と、新憲法の制定を自身が率いる政府が終了させることを公約した。マオイスト軍については、二〇一二年四月までに一万三〇〇〇人を超える元戦闘員が政府からの支給金を受け取って引退し、四月一〇日にはネパール軍の部隊がマオイスト軍の宿営地に入って、マオイスト軍の武器と元戦闘員をその指揮下に置き、マオイスト軍は正式に武装解除された。

一方、二〇〇八年五月二八日に二年間の任期をもって樹立されたネパールの制憲議会は、その後、四回任期を延長したものの新憲法を制定することができずに、二〇一二年五月二七日に解散となった。

新憲法の制定に失敗したおもな理由は、連邦制に関して主要政党間で合意に達することができなかったことである。バッタライ首相は同年一一月二二日に新たな制憲議会選挙を行うことを宣言したが、野党の反対にあい、この日に選挙を開催することは不可能となった。二〇一二年八月末現在、マオイストとネパール会議派、UMLの主要三党は、制憲議会の解散によって生じた政治危機を打開するために話し合いを進めている。

注

1 統一人民戦線ネパールは一九九一年に開かれた民主化後初の総選挙で、九議席を獲得して第三政党となった。
2 二〇〇七年五月に三回にわたって筆者が行ったインタビューに基づく。
3 二〇〇七年五月と八月に二回にわたって筆者が行ったインタビューに基づく。
4 二〇〇七年五月から六月にかけて三回にわたって筆者が行ったインタビューに基づく。
5 「ジャナ・ミリシア」はメンバーが自分のコミュニティにとどまって、村や村人を守ることを任務とする固定部隊である。これに対して、マオイストの正規部隊である「人民解放軍」は一ヵ所にとどまらず、つねに移動している。前者は後者の予備部隊ともいえる。
6 マオイストは全国を一一の自治州に分け、二〇〇四年一月から二月にかけて、カトマンドゥ盆地のネワール人の自治州を除く一〇の自治州で人民政府を樹立した。
7 紛争中の二〇〇六年三月二〇日にマオイストの本拠地ロルパ郡で筆者がパサンに行ったインタビューに基づく。

8　二〇〇六年五月一八日に、国会で承認された「国会宣言二〇〇六」により、国軍の名前は「ネパール王国軍」から「ネパール軍」に変わった。

9　ネパール政府とマオイスト、国連のあいだの三者協定にしたがって、二〇〇七年一月から国連ネパール政治ミッション（ＵＮＭＩＮ）がマオイスト軍の戦闘員と武器、宿営地を監視した。ＵＮＭＩＮは制憲議会選挙の監視も行ったが、「マオイスト寄りである」というネパール会議派やＵＭＬからの批判が高まり、二〇一一年一月一五日にネパールを離れた。

参考文献

小倉清子、一九九九、『王国を揺るがした六〇日』、亜紀書房。

小倉清子、二〇〇七、『ネパール王制解体』、日本放送出版協会。

Ogura, Kiyoko, 2004, 'Realities and Images of Nepal's Maoists after the Attack on Beni', *European Bulletin of Himalayan Research*, 27, Kathmandu: Social Science Baha, pp. 67-125.

Ogura, Kiyoko, 2007, 'Maoist People's Governments, 2001-05: The Power in Wartime', in D.N. Gellner & K. Hachhethu（eds.）, *Local Democracy in South Asia: Microprocesses of Democratization in Nepal and its Neighbours*, New Delhi: Sage, pp. 175-231.

Ogura, Kiyoko, 2007, 'Maoists, People, and the State as Seen from Rolpa and Rukum', in H. Ishii, D.N. Gellner, & K. Nawa（eds.）, *Political and Social Transformations in North India and Nepal* [*Social Dynamics in Northern South Asia*, Vol. 2], Delhi: Manohar, pp. 435-75.

Ogura, Kiyoko, 2008, *Seeking State Power: The Communist Party of Nepal*（*Maoist*）[*Berghof Transition Series*, No. 3], Berlin: Berghof Research Center for Constructive Conflict Management.

Ogura, Kiyoko, Deepak Thapa, and Judith Pettigrew, 2009, 'The Social Fabrics of the Jelbang Killings, Nepal', *Dialectical Anthropology*, 33, pp. 461–78.

Ogura, Kiyoko, 2011, 'Challenges of Combatants' Rehabilitation and Army Integration: Perspectives from Maoist Cantonments in Nepal', in V. Dudouet, H.J. Giessmann, & K. Planta (eds.), *Post-War Security Transitions: Participatory Peacebuilding after Asymmetric Conflicts*, London and New York: Routledge, pp. 217-28.

二章

マオイストの犠牲者問題
——東ネパール・オカルドゥンガ郡の事例から

渡辺和之

一　はじめに

一九九六年、ネパール共産党の毛沢東派（以下ではマオイスト）は、政府に対して人民戦争を開始した。以来、二〇〇六年の停戦に至るまでの一〇年間で民間人を含め、一万三〇〇〇人を超える犠牲者が出た（小倉 二〇〇七、二九八、三〇三）。

しかしながら、誰がどのように亡くなったのかという点はいまだによくわかっていない。襲撃事件を伝える報道の多くは政府発表の情報をもとにしており、マオイスト側の情報は限られていた。マオイストの支持者には女性、マガルなどの民族集団、ダリットなど元不可触カーストが多いというが、実際にどれくらいの割合なのかは不明である。また、そのなかには、治安部隊により暴力を受けたり、親族を殺されたりした恨みからマオイストになる人が多いことも知られるが、彼らがいつ頃からマオイストになり、場合によっては亡くなっていったのか、詳しいことはほとんど知られていない。さらに、犠牲者をどう追悼し、補償するかは、共和制に移行したネパール政府の抱える大きな問題である。政府は、警察や国軍など治安部隊側の犠牲者には人民戦争の期間中から補償金を出していたが、マオイスト側への補償は二〇〇八年に制憲議会が発足するまで行われていなかった。

筆者は二〇〇八年三月と九月に東ネパールのオカルドゥンガを訪れ、郡マオイスト事務所が犠牲者問題にどのように関わっているのかを聞き取りした。その過程で、同年三月には、マオイストの犠牲者追悼集会を観察した。また、二〇〇八年五月には同郡のマオイスト事務所が出版した『オカルドゥ

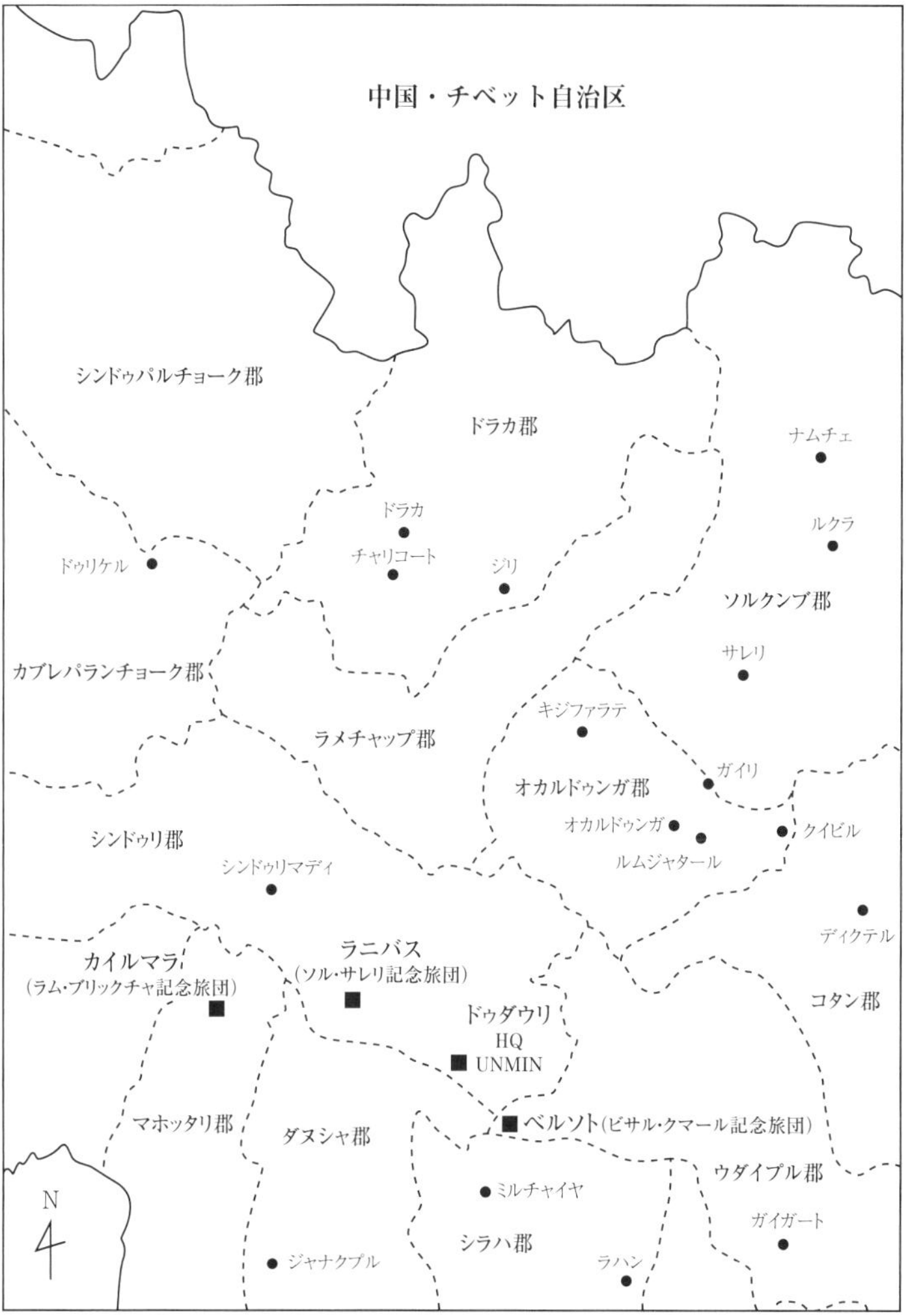

図1　オカルドゥンガ郡と人民解放軍（第2師団）の駐屯地

ンガの戦士たち』（Katwal 2008）という本を入手し、どのような人がマオイストになり、犠牲者になったのかを知ることができた。調査は、ちょうど二〇〇八年四月一〇日の制憲議会選挙をはさんで行った。このため、郡マオイスト事務所が選挙にむけて犠牲者問題をどう訴えたのか、その概要を把握した。また、選挙後に共和制が成立し、P・K・ダハル首相（プラチャンダ）によるマオイスト政権が発足したあとに、郡マオイスト事務所において犠牲者の家族に聞き取りを行うことができた。

以下では、まずオカルドゥンガ郡のマオイスト事務所を例に、彼らの組織構成を概説する。次に犠牲者の追悼集会と本の出版を通じて郡マオイスト事務所が選挙にどのように関わったかを述べる。また、本の記述と犠牲者の家族に対する聞き取りをもとに誰が犠牲者となったのかを分析する。

なお、本稿では人民戦争の死者、行方不明者を「犠牲者」と記すが、マオイストは彼らを「殉教者・殉国者」という意味で「サヒッド」（shahid）とよんでいる。マオイストが「サヒッド」と語る際には、「革命に殉じて亡くなった人々」を祀りあげるイデオロギーが込められていることをお断りしておきたい。

二　オカルドゥンガ郡にみるマオイストの組織構成

まず、マオイストの組織構成について述べておきたい。オカルドゥンガ郡における彼らの組織を大きく分けると、党組織、人民解放軍、青年組織（ＹＣＬ）の三つに分かれる（図2）。

1．党組織		(sangathan)
	中央委員会	kendriya samiti
	郡委員会	jilla samiti
	エリア委員会	eriya samiti
	村人民政府	gau janasarkar
2．人民解放軍　PLA		（People's Liberation Army, jana mukti sena）
3．青年組織　YCL		（Young Communist League）
	中央委員会	kendriya samiti
	郡委員会	jilla samiti
	エリア委員会	eriya samiti
	村委員会	gau samiti

・オカルドゥンガ郡マオイスト事務所書記H氏より聞き取り。
・村人民政府は2008年3月まであった。
・YCLは2006年以前に人民解放軍が国連査察下に入る以前はミリシア（Militia・民兵・義勇軍）とよばれていた。
・2006年以降、郡の中心地には郡マオイスト事務所（jilla parti karyalaya）がおかれ、郡委員会の下に戦線（morcha）が組織されている。

図2　マオイストの組織構成

二・一　政党

このうち、党組織は、上位組織から順に中央委員会、郡委員会、エリア委員会、村人民政府に分かれている。

郡の中心地であるオカルドゥンガには郡マオイスト事務所がおかれ、郡委員会の下位に戦線が組織されている。たとえば、オカルドゥンガ郡の場合、教師、農民、民族、ダリット、商業、知識人などによる戦線がある。また、各民族も戦線を組織しており、キランティ（ライ・リンブー）、マガランティ（マガル）、タマン、タム（グルン）、ネワ（ネワール）、シェルパ、マデシ（タライのマイティリ語やボジプリ語などを母語とする人々）などのものがある。これらの各民族戦線はマオイストによって構成された民族協会であり、全国的な組織の下で郡レベルでも活動している。

郡マオイスト事務所は商店街の一角にあり、民家を間借りしたものである。なかに入ると、共産党関係者の写真が並ぶ（写1）。左より、マルクス、エンゲルス、レーニン、スターリン、毛沢東の写真があり、その下にマオイスト党首プラチャンダの大きな写真がある。また、毛沢東の脇には郡内出身の犠牲者の写真が飾られている（写2）。ちなみに犠牲者の写真の下にある赤い横断幕には、「団結せよ。万国の労働者。新しい考えを発展させ、新しい革命運動を始めるため、一団となろう。ネパール共産党（マオイスト）」とある。[1] また、入口には制憲議会選挙のポスターが貼ってあり、党の公認を得た二人の候補者の名前が写真入りで出ている。事務所のなかには机がいくつかならび、本棚には選

写1　マオイスト政党事務所（撮影：2008年3月4日。オカルドゥンガ）

写2　毛沢東の右には犠牲者の写真がならぶ（撮影：2008年3月4日。オカルドゥンガ）

表１　人民解放軍の駐屯地

師団	駐屯者数(1)	駐屯地(2)		ヘッドクウォーター	その他駐屯地
第１師団	1933人	イラム郡	Ilam	Chulachuli	Tandi, Yangshila, Danabari
第２師団	1656人	シンドゥリ郡	Sindhuli	Dudhauli	Khayarmara, Belshot, Ranibas
第３師団	3912人	チトワン郡	Chitwan	Shaktikhor	Gairabari, Bhutaha, Rasauli
第４師団	3074人	ナワルパラシ郡	Nawalparasi	Jhyaltungdada	Hatikhor, Sainamaina, Ramnagar
第５師団	2430人	ロルパ郡	Rolpa	Bijauri	Dahaban, Masina, Gairigau
第６師団	3109人	スルケット郡	Surkhet	Dasrathpur	Lekparsa, Gumi, Kholtepani
第７師団	3335人	カイラリ郡	Kailali	Talband	Badhaipur, Gorangee, Sahajpur
その他	135人	カトマンドゥ	Kathmandu		
計	19602人				

・出典・（1）The Kathmandu Post. 2012.8.23.（2）The Kathmandu Post 2012.2.13.

・注・各駐屯地(Cantonment)の駐屯者数は国連ネパール政治ミッション(UNMIN:United Nations Mission in Nepal)による査察時の数をさす。
・ヘッドクウォーターはUNMINの駐屯地（武器保管庫）の隣にある師団本部をさす。
・駐屯地は近隣の郡にまたがることがあるが、ヘッドクウォーターのある郡名を示しておいた。

挙用のポスターやビラのほかに、カトマンドゥの党本部で出版した広報誌や各民族戦線が作成した雑誌がいくつかならんでいる。

二・二　人民解放軍

次にマオイストの正規軍である人民解放軍の構成について簡単に述べておきたい。二〇〇六年秋に国連ネパール政治ミッションの査察下に入って以来、マオイストの人民解放軍は七つの師団ごとに全国二八の駐屯地に分かれている。なお、表1には国連ネパール政治ミッションが確認した人民解放軍の各師団の戦闘員数と駐屯地を示した。[2]各師団の駐屯地は、イラム郡（第

表2　人民解放軍の編成

隊の規模	現地名	構成原理	推定兵力
師団	division	3～4個旅団で構成	2673～11264
旅団	brigade	3～4個大隊で構成	891～2816
大隊	battalion	3～4個中隊で構成	297～704
中隊	company	3～4個小隊で構成	99～176
小隊	platoon	3～4個分隊で構成	33～44
分隊	section	11人で構成	11

・出典：第2師団長から聞き取り（2007年3月）

一師団）、シンドゥリ郡（第二師団）、チトワン郡（第三師団）、ナワルパラシ郡（第四師団）、ロルパ郡（第五師団）、スルケット郡（第六師団）、カイラリ郡（第七師団）にある。

このうち、オカルドゥンガ郡出身の兵士が所属するのは第二師団である。この師団はサガルマータ県、ジャナクプル県の出身者で構成し、一六五六人いる。彼らは四つの旅団（brigade）に分かれ、国連査察下で駐屯している。各旅団の駐屯地は先の図の通りである（図1）。シンドゥリ郡ドゥダウリのカルタには国連駐屯地があり、マオイスト側はここをヘッドクウォーターとか、アンミン・キャンプとよんでいる。[3]また、シンドゥリ郡のラニバスのチャンダンプルにはソル・サレリ記念旅団、ウダイプル郡のベルソトには、ビサル・クマール記念旅団、マホッタリ郡のカイルマラにはラム・ブリックチャ記念旅団がそれぞれ駐屯する。[4]なお、旅団の名前になっているソル・サレリは、二〇〇一年のソルクンブ郡サレリ襲撃事件にちなんでつけられた。また、ラム・ブリックチャとビサル・クマールはマオイストの犠牲者の名前を取って旅団名にしたという。

表2には人民解放軍の編成を記した。人民解放軍では、一一人で構成する分隊が三つないし四つで一個小隊を編成する。以下、同様に、三個ないし四個小隊で一個中隊を編成していく。ただし、このやり方

で単純に四倍していくと、師団の人数が国連査察時の兵力を大幅に上まわってしまう。大隊と旅団が同じ規模か、あるいは四個ではなく三個以下で編成するか、もしくは三個旅団で一つの師団を形成し、ヘッドクウォーターには幹部をはじめとする少数の部隊のみ常駐する場合もあるかと思われる。

その背景には、人民解放軍が増大していくなかで大隊や旅団を作り上げていった経緯があるのだろう。マオイストが大隊をはじめて形成したのは、第一回停戦の終わった二〇〇一年一一月に起きた西ネパールのダン郡ゴラヒ襲撃事件の頃である（小倉 二〇〇七、六五）。最初の旅団ができたのは二〇〇二年九月頃である。このとき、彼らは一〇〇〇人規模からなる旅団を結成し、東ネパールに二個大隊を配置した（小倉 二〇〇七、七七）。最初の師団は、第二回停戦中の二〇〇三年六月頃に西ネパールで結成された（小倉 二〇〇七、八二）。二〇〇五年頃には全国で三個師団があり、各師団には三個旅団、全国で九個旅団二九個大隊があったという（Mehta and Lawoti 2010: 180）[5]。推定兵力は分隊一一人をもとに、三〜四個分隊で小隊を構成するとして、順に三〜四倍していく形で算出した。国連査察時の兵力から推測すると、実際には、最小値に近い形だったものと思われる。

二・三　ＹＣＬとミリシア

ＹＣＬはマオイストの青年組織である。内戦中は、「民兵・義勇軍」という意味でミリシアとよばれ、正規軍である人民解放軍とは区別されていた。当時、人民解放軍とともに従軍した党員によると、党組織やミリシアのメンバーも、戦闘員である人民解放軍とともに中隊ごとに行軍したという。ミリシアのメンバーは、特に負傷兵や物資を運ぶ仕事など、人民解放軍兵士の補佐的な仕事に従事したという。また、ミリシアのなかから有望な人を選んで人民解放軍の戦闘員にすることもあった。給与はなかったが、服や生活道具を買う経費はミリシアを含めた全員に支給していた。違いといえば、食事の内容で、戦闘員は体力を使うので、肉を多く支給した程度であったという。

停戦後、ミリシアはYCLとなり、国連の査察で認定されなかった兵士もYCLに組み込まれた。YCLも中央、郡、エリア、村などの組織に分かれており、郡の場合、郡マオイスト事務所を本部としている。オカルドゥンガ郡のYCL幹部によると、二〇〇八年七月時点で、全国で二万三〇〇〇人から二万五〇〇〇人のメンバーがいるという。オカルドゥンガ郡のYCLには五一人の郡委員会のメンバーがいる。郡内には、彼らが率いるエリアや村や学校のYCLに属するメンバーがいるという。

三　犠牲者追悼集会

マオイストはビクラム暦のファグン月一四日から二一日までをサヒッド週間（shahid saptaha）とよび、毎年全国各地で追悼集会を開催している。西暦では二月下旬から三月上旬に相当する。オカルドゥンガ郡のマオイスト事務所の場合、二〇〇八年には二月二六日と三月四日（ファグン月一四日と二一日）に二回に分けて、犠牲者の家族をオカルドゥンガに招き、追悼集会を開催した。このうち、筆者は三月四日の集会を観察することができた。

会場となった行政村役場には、三〇人程度の犠牲者の家族が集まった。のちに述べるように郡内の犠牲者の数は死者・行方不明者をあわせ九一人なので、一世帯一人が参加したとすると、一回に約三分の一の家族が集まったことになる。会場には前方の壁に金槌と鎌をかたどったマオイストの赤い旗が飾られた。演壇には司会をする郡マオイスト事務所の関係者が並び、彼らと対面する形で参加した犠牲者の家族が椅子に着席した。

　式典では司会が挨拶をしたあと、列席者全員で起立し、黙祷をした。つづいて会場にノートがまわされ、列席者はこれに自分の氏名を記入し、サインをした。その後、司会は列席者を一人ずつ紹介し、犠牲者の家族が立ち上がり挨拶をした。また、犠牲者の家族には、マオイスト党首プラチャンダのメッセージカードが一人ずつ配られ、赤い布のマントが肩にかけられた（写３）。このとき、犠牲者の家族のなかには、マオイスト式にラル・サラームと右腕を上げる人もいれば、ネパール式にナマステと合掌する人もいて、彼らのなかにマオイストになった人とそうでない人の差がみられた。

写３　犠牲者の家族（撮影：2008年3月4日）

　次に、参列した犠牲者の家族からスピーチがあった。犠牲者の家族であり、党員でもある女性は「サヒッド（殉教者・殉国者）の血の上で泳ぐ愚行はすまい」といいながら、次の選挙でうまくいかねば、「われわれは再び鉄砲をとる用意がある」といった。この「サヒッドの血の上で泳ぐ愚行」とは意味不明だが、おそらくは彼らが流した血を無駄にすることを戒めるものと思われる。なお、この発言のあと、参列者のなかの数人が拍手をした。

次に「先生」とよばれている男性が登壇し、雄弁に演説を始めた。彼は来賓である犠牲者の家族に参列の礼を述べると、追悼集会の来歴について語った。一九九六年、人民戦争が始まった年、中部ネパールのゴルカで最初の犠牲者が出た。その名をディル・バハドゥル・ルイテルという。彼の追悼からこのサヒッド週間が始まったとのことである。

会議派の国会議員が犠牲者の家族のために支給された金を横領した話も出た。「サヒッドの血を売るような輩には、一インチたりともくれてやるものか！　人民戦争ではたくさんの血が流れた。サヒッドの夢をかなえるために今度の選挙は必ず成功させよう」と「先生」とよばれる男性は訴え、会場から拍手が出た。

さらに「先生」は「次の戦い」にも言及した。「もし、選挙に勝てなかったら、われわれには戦う用意がある。次の戦いは村ではない。カトマンドゥでだ。シンガダルバール（政府庁舎）の前、ナラヤンヒティ（王宮）の前となるだろう」という。

演説の最後で「先生」は「サヒッドの本」についてふれた。「三月一九日に（マオイスト・ナンバー2の）バブラム・バッタライを招き、式典をするから、ぜひ出席して欲しい。われわれはサヒッド（殉教者・殉国者）を紹介した本を作った。サヒッド一人ずつ写真入りで、彼らをしのぶ文章をのせた。式典の場で、サヒッドの家族の一人ひとりに本を渡す。式典に来られなかった人には、家まで送り届ける。だから三月一九日にはぜひとも来て欲しい」と彼は演説を結んだ。

その後、郡マオイスト事務所の書記が閉会の挨拶をし、お茶とビスケットを参加者に配り、二時間ほどで集会は終わった。

ここにみる追悼集会は、ネパールでよくある集会の形式を踏襲したものである。すなわち、最初に来賓を紹介し、彼らから挨拶を受け、お茶とお菓子が配られて散会となる。ただし、いくつかの相違点もある。オカルドゥンガ郡で行われる一般の集会の場合、開会の黙禱の前後にヒンドゥー教徒の場合は灯明台、仏教徒の場合は仏前にロウソクを灯す儀礼をすることが多い。これに対し、この追悼集会では宗教的な行為は全くみられなかった。また、同様に一般の集会の場合、来賓の胸に花をかたどったバッジを付け、首には花輪（ヒンドゥー教徒）やカタ（仏教徒）をかけるのに対し、この追悼集会の場合、党首プラチャンダのメッセージカードが手渡され、赤いマントが肩にかけられた。さらに、一般の集会の場合、来賓とするのは参列者のごく一部であるのに対し、この追悼集会の場合、犠牲者の家族全員が来賓となっていた。

また、演説では「サヒッドの血と夢」という点がさかんに強調されていた。これは「犠牲者の死を無駄にしない」という文脈で述べられており、おそらく戦争被害者の遺族が共通してもつ心情なのであろう。だが、この言説がマオイストの集会で発言されると、政治的な色彩を帯びることになる。この日の集会は政府に対して補償を求めていくことを目的としており、参加者は運動に直結している。しかも、集会は制憲議会選挙直前にマオイストが主催した点で、マオイストにならなかった犠牲者の家族をマオイストへの投票に向けることにもつながっている。実際、「サヒッドの血と夢」という発言のあとには「次の戦い」と続いており、「サヒッドの戦いはまだ終わっていない」との主張にたどり着く。

ちなみに、ここでいう「次の戦い」は、かなり政治的に微妙な表現である。筆者はこの発言を聞き、いよいよマオイストは選挙に負けたら首都攻防戦に出るのかと勘違いした。実際、この発言の一〇日後、党中央のナンバー2であるバブラム・バッタライは次のように発言している。「もしわれわれが制憲議会選挙で負けたら一〇年以上におよぶ紛争はその正統性を失うだろう。それゆえ、われわれはリーダーシップを取らねばならない。さもなくば、われわれは望まないが、不満をもつ勢力が再び武力闘争を始めるだろう」（The Kathmandu Post 2008-03-17, ekantipur 2008-03-16）[6]。しかし、その翌日には、党首のプラチャンダがロルパ郡で「もしマオイストが制憲議会選挙で多数を取れなくても、党の戦いは続くだろう。ただし、それは平和的な戦いとなる」と演説している（The Kathmandu Post 2008-03-17, ekantipur 2008-03-18）。

制憲議会選挙の公示が始まったばかりのこの頃には、選挙でマオイストが大勝すると考える人は一般民衆の間にほとんどいなかった。また、マオイストが選挙で負けた場合、再び武力闘争に戻るのではないかとの懸念はぬぐいきれなかった。しかし、党首プラチャンダの発言のように、現実的に、国連査察下で武器を倉庫に収め、政党として活動していた党執行部が本気で武力闘争を再開しようと考えていたとは思えない。おそらく、党執行部も、郡マオイスト事務所の「先生」も、「次の戦い」という言葉を「平和闘争」と「武力闘争」のどちらでも取れる意味で用いながら、再び武力闘争になるかもしれないとの一般民衆の懸念に訴えかけ、演説を盛りあげようと、発言したのであろう[7]。

ただし、列席者のなかには、このような演説についていけない人もいる。集会で使用される言葉が難しく、理解できずに退屈する人もいるからである。筆者の前に座った老夫婦は、「先生」の演説の最中、「もう帰ろうよ」「いやもうじきお茶が出るからもうちょっと待ってなさい」とささやいていた。それでも、老夫婦が何時間も山道を歩いて集会に来たことはかわらない。人民戦争終結後、二年がたち、マオイストに従わなければ何をされるかわからないという民衆の恐怖はやわらいだ。遠方の村から来た人には、宿や食事が提供されたというが、日当は支給されなかったという。にもかかわらず、

写４　マオイストの選挙活動。左側が国会議員になったK氏。ちなみに横断幕のタイトルには「なぜネパール共産党（マオイスト）に勝利をなのか？」とある。（撮影：2008年2月15日　オカルドゥンガ郡ニシンケ村）

彼らが参加した背景には、おそらく何らかの形で遺族が集まる場に来たかったという心情もあったのだろう。

追悼集会で触れられたバブラム・バッタライを招く試みは、その後、予定通り、選挙前に実行された。彼をみたという話はマオイスト以外の一般民衆の間でも話題になっていた。このためとはいえないが、選挙の結果、オカルドゥンガ郡でもマオイストが大勝し、小選挙区では定員である二議席すべてをマオイストが取った（写４）[8]。

また、追悼集会で話題になった「サヒッドの本」とは、冒頭で紹介した『オカルドゥンガの戦士たち』のことである。筆者は追悼集会のあとに帰国したため、郡マオイスト事務所の人に頼んでこの本を郵送してもらった。[9] そこで、次にその本をもとに誰がマオイストになり、犠牲者になったのかを分析する。

四　誰が犠牲者になったのか？

『オカルドゥンガの戦士たち』には、マオイストに関係する死亡者の履歴（氏名、党での呼称、両親の氏名、出身地、生年月日、学歴、入党年月日、党での役職、死亡時期、死亡場所など）が、一人一～二ページを割いて示されている。たとえば、その記述例を示すと次のようになる。

事例1　サヒッド・サンジーブ・ライ（同志トゥパン）は二〇三四年チャイト月六日［訳注―一九七八年三月中旬］に父ラクダン・ライと母アイティ・マヤ・ライの間にオカルドゥンガ郡ラトマテ行政村六区で生まれた。彼は二人兄弟の弟だった。ＳＬＣ［訳注―高等学校卒業資格試験。小学校から通算して一〇年生の最後に受験する］まで勉強したあと、政治的な人生の始まりとしてネパール共産党（マオイスト）に二〇五五年［訳注―一九九八年四月～一九九九年三月］から合流して、仕事をしてきた。二〇五七年カルティク月一三日［訳注―二〇〇〇年一一月下旬］になってから、党や革命に関わるいかなるカリキュラムや計画を成功させるのにも巧みで、同志ビダン［訳注―ポカレ村人民政府の代表を務めた人］からも民衆の間からもたいへん愛された。[10] ネパール共産党（マオイスト）郡メンバーの役職を務めながら、二〇五九年マーグ月七日［訳注―二〇〇三年一月下旬］にオカルドゥンガ郡とソルクンブ郡の境界にあるガイリ村に着いたときに敵方の国軍のパトロール隊に包囲され、残酷な暴行を受けた。党の計画やカリキュラムを明かすよう、さまざまに強要されながらも、一つの言葉も明かさず、彼は革命に忠実な姿をみせた。その後、彼は胸に銃弾を受け殺害された。同じ日のまさに同じ場所で郡委員会メンバーの同志プラバ［訳注―彼の妻］もまた国軍の銃弾を受けて殺害された（Katwal 2008: 17-18）。

事例2　サヒッド・チェットクマリ・ライ（同志プラバ）の生まれは二〇四〇年チャイト月三〇日

［訳注―一九八四年四月中旬］オカルドゥンガ郡のクイビル行政村六区の一中下流家族だった。父ビン・バハドゥル・ライと母ジュキ・マヤ・ライの間に生まれた。同志プラバは幼い頃からものごとに没頭し、努力する人だった。クイビル高校で一〇年生の会長をしながら、二〇五八年プース月一九日［訳注―二〇〇二年一月上旬］にネパール共産党（マオイスト）の正メンバーとなった。ネパール共産党（マオイスト）郡委員会メンバーの重要な役割を果たしながら、翌年ソルクンブ郡とオカルドゥンガ郡の境界にあるガイリ村に着いた同志プラバは、敵方の国軍と警察の集団に取り囲まれ、二〇五九年マーグ月九日［訳注―二〇〇三年一月下旬］に銃弾を受けて殺害された（Katwal 2008: 14）。

この本は、郡内の犠牲者のリストを作成し、それをもとにつくったという。このため、リストをそのまま文章にしたような所があり、事務的につくった文章であることがうかがえる。逆にいうと、そのために誰がどのようにマオイストになり、犠牲者になったのか、量的に比較することができる。そこで、以下ではこの本の記述をもとに、犠牲者のカースト・民族、男女比、死亡時の年齢、学歴、犠牲者の入党年と死亡・行方不明の年、死亡地などを分析してみたい。なお、本の記述は死亡者のみを対象としており、行方不明者については、郡マオイスト事務所から聞き取りをした。また、犠牲者の所属を示すため、党組織、人民解放軍、民衆の区別を郡マオイスト事務所の書記であるH氏に区別してもらった。[11] なお、本には、「党組織」や「人民解放軍」に所属する人の場合、入党年月日と党内での呼称（事例1や2では「同志トゥパン」や「同志プラバ」がこれに相当する）が記されており、マオイストの党員であることが確認できる。だが、「民衆」に属する人の場合、入党年月日が記されている人は一人もおらず、名前に「同志〇〇」と党での呼称が付いているのは一六人のうち一人だけである。

また、党での呼称は付いていなかったが、「党を支持する農民」と書かれている人が「民衆」のなかに一人いた[12]。その他には、「治安部隊の仕掛けた地雷を踏んで亡くなった」とあるなど、誤って殺された一般人と思われる人も「民衆」のなかに含まれている。このため、「民衆」とは、おそらく治安部隊に殺されたマオイスト・シンパを含む一般人のことで、マオイストによる犠牲者は含まないものと思われる。

まず、犠牲者のカースト・民族集団をみると、死者・行方不明者を含む犠牲者全体のなかでは、中間カーストに位置する民族がもっとも多く四三人（四七%）、次いで高カーストが四〇人（四四%）、低カーストは五人（五%）とあまり多くなかった（表3）。マオイストはよく、中間カーストの民族や低カーストに属する人が多いといわれるが、たしかに犠牲者の人数でみる限り、前者はその通りであったが、後者は少なかった。特に人民解放軍の死者では中間カーストの民族（一九人）が最も多く、次いで高カースト（一三人）、低カースト（三人）である。また、民衆でも同様の順番で、中間カーストの民族（八人）が最も多く、次いで高カースト（五人）、低カースト（二人）である。これに対し、党組織でみると、高カースト（一四人）がもっとも多く、次いで、中間カーストの民族（一一人）であり、低カーストは皆無である。カーストの論理を否定するマオイストにおいても、人民解放軍では高カーストよりも中間カーストの民族に犠牲者が多く出て、党組織からは高カーストの犠牲者が多く出たことになる。

個々のカースト・民族ごとにみると、死者・行方不明者をあわせた犠牲者全体ではバフン（二二人）、チェトリ（一八人）と高カーストが上位を占め、ライ（一五人）、タマン（一〇人）、シェルパ（五人）、マガル（四人）、ネワール（四人）などの民族が続き、低カーストのカミ（三人）がそれにつ

表３　犠牲者の民族集団・カースト

	死亡				行方不明	合計		郡全体の人口	
	人民解放軍	党組織	民衆	小計	（人）	（人）	（%）	（人）	（%）
バフン	7	7	2	16	6	22	24%	18623	12%
チェトリ	6	7	3	16	2	18	20%	38488	25%
小計	13	14	5	32	8	40	44%	57111	37%
ライ	8	4	0	12	3	15	17%	18701	12%
タマン	4	3	3	10	0	10	11%	14371	9%
シェルパ	5	0	0	5	0	5	6%	9443	6%
マガル	1	0	3	4	0	4	4%	16252	10%
ネワール	1	1	0	2	2	4	4%	2990	2%
グルン	0	1	1	2	0	2	2%	3260	2%
ブジェル	0	1	0	1	0	1	1%	3260	2%
スヌワール	0	1	1	2	0	2	2%	5598	4%
小計	19	11	8	38	5	43	47%	73875	47%
カミ	3	0	0	3	0	3	3%	5986	4%
ダマイ	0	0	1	1	0	1	1%	4466	3%
サルキ	0	0	1	1	0	1	1%	3714	2%
小計	3	0	2	5	0	5	5%	14166	9%
その他	1	1	1	3	0	3	3%	11550	7%
合計	36	26	16	78	13	91	99%	156702	100%

出典
・死亡・行方不明者はKatwal 2008をもとに筆者集計。
・郡全体の人口はC.B.S.2003 Population Census 2001を参照。
・パーセントは小数点以下第一位を四捨五入した。

づく。これに対し、所属別の死者をみると、人民解放軍兵士で最も多いのは中間カーストのライ（八人）であり、次いで高カーストのバフン（七人）、チェトリ（六人）がつづく。一方で、党組織で最も多いのはバフン（七人）とチェトリ（七人）である。また、犠牲者の所属でみると、ライ、タマン、シェルパ、カミ、マガルでは人民解放軍が党組織よりも多いのに対し、バフン、ネワールでは人民解放軍と党組織が同数である。チェトリ、グルン、ブジェル、スヌ

表4　犠牲者の男女比

	男性	(%)	女性	(%)	合計	(%)
人民解放軍	31	86%	5	14%	36	100%
党組織	19	73%	7	27%	26	100%
民衆	12	75%	4	25%	16	100%
行方不明	11	85%	2	15%	13	100%
合計	73	80%	18	20%	91	100%

・出典：Katwal 2008をもとに筆者集計。

ワールでは逆に党組織の方が人民解放軍より多く、ダマイ、サルキでは民衆にしか犠牲者はいなかった。

ただし、郡内の人口では、中間カーストの民族がもっとも多く（四七%）、高カーストは三七%、低カーストは九%の順である（二〇〇一年時点）。このため、（A）郡内人口に占めるカースト別人口比率と（B）犠牲者に占めるカーストの割合を比べると、犠牲者の率が最も高いのが高カーストでA対B＝三七%対四四%である。つまり、郡内の人口比率が少ない割に犠牲者が多く出ていることになる。次いで中間カースト（四七%対四七%）であり、郡内の人口比率と同じ割合の犠牲者が出ている。最後が低カースト（九%対五%）で、郡内の人口比率ほどの犠牲者は出ていなかった。各カースト・民族別にみると、バフン、ライ、タマン、ネワールでは、郡内の人口比率よりも犠牲者が占める比率が高く、郡内の人口比率の割に多くの犠牲者が出ている。グルンとシェルパの場合は郡内の人口比率と犠牲者の占める比率が同じである。カミの場合、郡内の人口比率よりも犠牲者の占める比率が若干低く、チェトリ、マガル、ブジェル、スヌワール、ダマイ、サルキの場合はさらに低い。つまり、郡内の人口比率の割に犠牲者が出ていないことがわかる。

次に、犠牲者の男女比は、男性八割に対し、女性が二割だった（表4）。犠牲者全体に占める女性の割合は党組織で二七%、人民解放軍で一四%だ

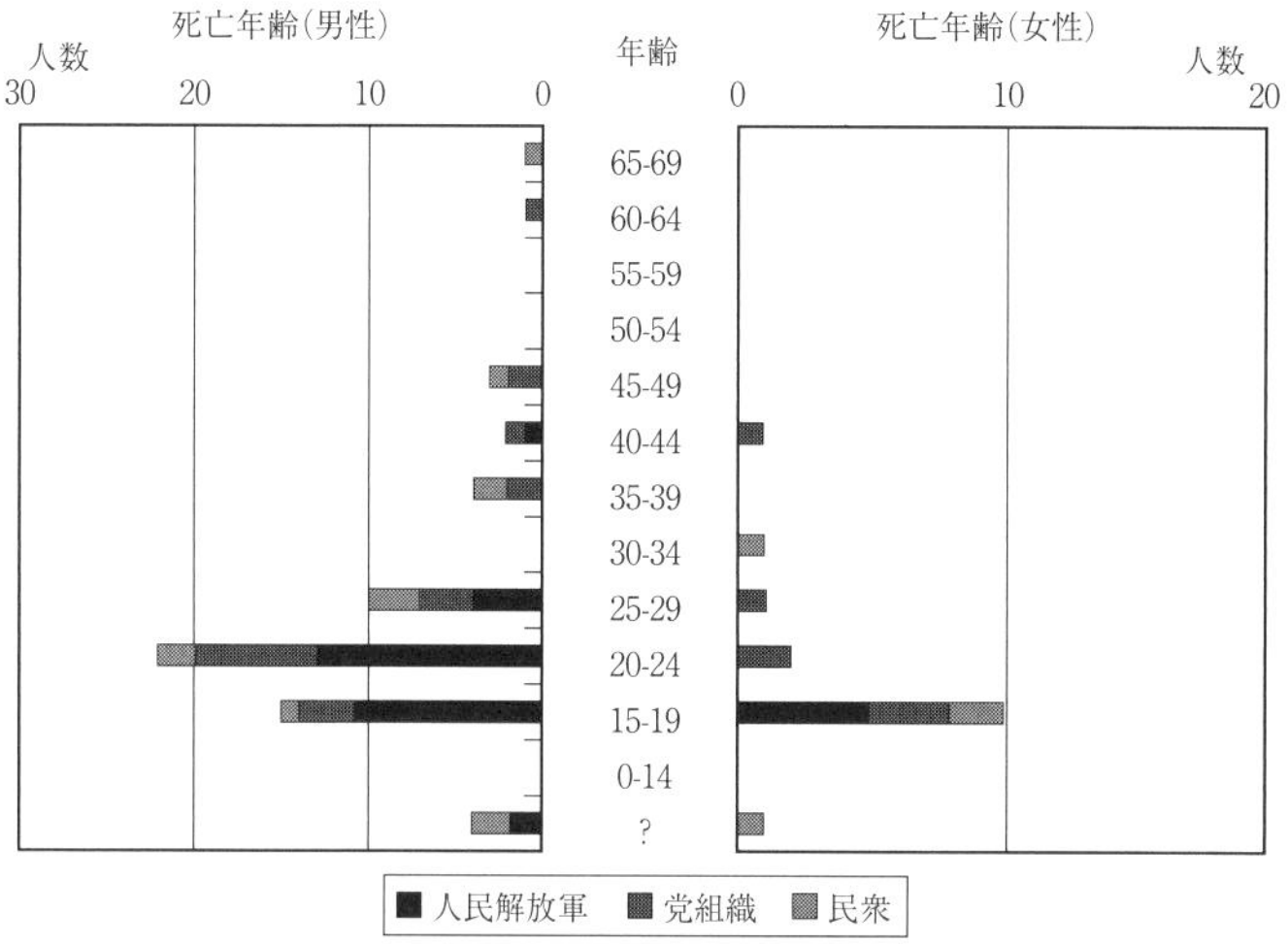

・出典：Katwal 2008をもとに筆者集計。
・生年月日と死亡月日をもとに産出した。

図３　死亡時の年齢

った。おそらくこれには党の側で女性を危険な兵士とせず、党組織に採用した配慮も反映しているものと思われる。ただし、女性を含む割合が一四％から二〇％というのは、ネパールの官公庁や政党においては決して低い数字とは思われない。ネパールの国軍や警察官にどれだけ女性職員が含まれるのかは不明だが、マオイスト掃討作戦に従事した治安部隊やネパールにおける政党組織ではおそらくここまで女性は含まれていないだろう。

死亡時の年齢では、男性の場合は二〇歳から二四歳、女性の場合、一五歳から一九歳が最も多かった（図３）。所属別にみると、男女ともに党組織、民衆の場合は広範な年齢層に犠牲者がみられるのに対し、人民解放軍の場合、男性は一五歳から二九歳、女性は一五歳から一九歳に集中している。もっとも党組織においても、一五歳から二九歳までの世代はそれ以上の世代よりもはるかに多い。男女

表５　死亡者の学歴

学歴	大学	高卒（SLC）	10年生	7～9年生	5～6年生	1～4年生	未就学・不明	合計
人民解放軍：将校（男性）	1	1	2	7	2	0	1	14
人民解放軍：将校（女性）	0	0	2	2	0	0	0	4
人民解放軍：兵士（男性）	0	2	0	3	1	1	10	17
人民解放軍：兵士（女性）	0	0	0	1	0	0	0	1
党組織（男性）	2	5	4	4	2	0	2	19
党組織（女性）	1	0	4	2	0	0	0	7
合計	4	8	12	19	5	1	13	62

・出典：Katwal 2008をもとに筆者集計。
・将校の内訳。中隊長（company commander）が男性2人。小隊長（platoon commander）が7人（うち1人が女性）。分隊長（section commander）が9人（うち女性3人）。
・民衆16人については記載がなかった。

含めた全死者数七八名のうち、実に六〇人が一〇代（二五人）と二〇代（三五人）の若者で占められている。

なお、一四歳以下は男女ともに死者がゼロであった。これが本当にゼロなのか、あるいは若年者の死亡を少なくみせるために改ざんしたものか、現時点ではわからない。死亡時の年齢は死亡時期から生年月日を差し引いて筆者が算出した。このため、記述を改ざんしたとすれば、かなり周到にリストを操作したことになる。

行方不明者を除く死亡者の学歴では、小学校から数えて七年生から九年生がもっとも多い（表５）。特に人民解放軍の兵士には未就学（ないし学歴不明）の人が多くみられる。一方で人民解放軍の将校（コマンダー）や党組織の人には一〇年生以上や高卒（ＳＬＣ）、大学（ＩＡ）卒業者も含まれていた。なお、一〇年生以下の場合、高校を卒業できなかったのではなく、卒業をまたずにマオイストになり、死亡した可能性が高い。実際、死亡している七八人中、一五歳から一九歳の間に死亡した人が二五人いる。また、のちにみるように、高校在学中からマオイストになった人もいる。

マオイストに入党した年は、二〇〇一年以降に急増した

表6　犠牲者の入党年と死亡年・行方不明になった年

西暦	入党年 人民解放軍	入党年 党組織	死亡年 人民解放軍	死亡年 党組織	死亡年 民衆	死亡年 合計	行方不明になった年
1997	0	2	0	0	0	0	0
1998	0	0	0	0	0	0	0
1999	0	0	0	0	0	0	0
2000	4	2	1	1	0	2	0
2001	13	11	0	3	0	3	4
2002	6	3	7	11	11	29	1
2003	6	2	5	3	2	10	4
2004	5	3	14	7	1	22	1
2005	0	1	8	1	1	10	0
2006	0	0	1	0	1	2	0
不明	2	2	0	0	0	0	3
Total	36	26	36	26	16	78	13

・出典：Katwal 2008をもとに筆者集計。
・行方不明者の入党年は数に含まれていない。

（表6）。これは全国的にマオイスト運動が展開してきた時期と一致している。二〇〇一年は、六月一日に王宮虐殺事件が起き、一一月二五日のサレリ襲撃事件を契機に東ネパールにマオイストが拡大した時期である。その頃からマオイストへの入党者が急激に増えている。ただ、二〇〇一年以前にもオカルドゥンガ郡にマオイストが存在しなかったのではない。犠牲者のなかで最も早い入党者は人民戦争が始まった一九九六年の翌年に出ており、党組織に所属している。二〇〇〇年になると、人民解放軍所属の入党者もあらわれ、党組織所属の入党者も増えている。

ただし、人によっては、実際にマオイスト運動を開始したのは、入党年よりも早い可能性がある。たとえば、事例1のトゥパンは「マオイストに合流」してから「正メンバー」になるまで二年かかっている。いっぽうで事例2のプラバのようにすぐに正メンバーになっている人もいる。また、のちにキジファラテ村のS氏の例でみるように、村でミリシア（民兵・義勇軍）を作ってから党の正式なメンバーになるまでに二年を要している人たちもいる。これが正式な党員として信頼に値するか判断するための試用期間なのか、それとも村人民政府メンバーから郡委員会のメンバーに昇進するまでに要する時間なのか、さだかではない。いずれにせよ、入党年となっている年よりも数年前にマオイストとともに政治活動を始めていた可能性はある。

また、死亡した年については、一九九九年まではゼロで、二〇〇〇年以降急増している。党組織では二〇〇〇年にはじめて死者が出て、二〇〇二年に最大の死者が出ている。また、人民解放軍では二〇〇〇年にはじめて死者が出た点では党組織と同じだが、最大の死者が出たのは二〇〇四年と党組織よりも遅くなっている。民衆では、死者が出たのは二〇〇二年と最も遅く、同じ年に最大の死者を出している。

なお、二〇〇一年、二〇〇三年、二〇〇五年の死者が若干少ないのは、第一回停戦（二〇〇一年七月二三日から一一月二一日）、第二回停戦（二〇〇三年一月二九日から八月二七日）、第三回停戦（二〇〇五年九月三日から二〇〇六年一月二日）の影響もあるものと思われる。

死亡場所では郡内が最も多い（表7）。党組織では、郡外で亡くなっているのはソルクンブ郡、ラメチャップ郡、ウダイプル郡など、いずれもオカルドゥンガ郡と隣接する郡である。また、民衆では、不明の一人、カトマンドゥで治安部隊に通報されて死亡した一例を除くと、みな郡内で亡くなっている。

これに対し、人民解放軍の場合、郡外各地に死亡地が広がっている。その範囲は、第二師団の出身地であるサガルマータ県内（ソルクンブ郡、オカルドゥンガ郡、コタン郡、ウダイプル郡、シラハ郡、ス

表7　犠牲者の死亡年と死亡地

	2000	2001	2002	2003	2004	2005	2006	合計
人民解放軍								
オカルドゥンガ郡			4	2	4	2		12
ソルクンブ郡	1		2		1			4
コタン郡					1			1
ウダイプル郡								0
シラハ郡				2		2		4
スンサリ郡					1			1
ダヌシャ郡				1				1
ラメチャップ郡			1					1
ドラカ郡					2			2
ボジプル郡					3	3		6
ダンクタ郡							1	1
マクワンプル郡						1		1
カリコート郡					2			2
小計	1	0	7	5	14	8	1	36
党組織								
オカルドゥンガ郡	1	3	10	2	5	1		22
ソルクンブ郡			1					1
ウダイプル郡				1	1			2
ラメチャップ郡					1			1
小計	1	3	11	3	7	1	0	26
民衆								
オカルドゥンガ郡			11	2			1	14
カトマンドゥ					1			1
不明						1		1
小計	0	0	11	2	1	1	1	16
合計	2	3	29	10	22	10	2	78

・出典：Katwal 2008をもとに筆者集計。

ンサリ郡）とジャナクプル県（ダヌシャ郡、ラメチャップ郡、ドラカ郡など）にくわえ、東はボジプル郡やダンクタ郡、西はマクワンプル郡や西ネパールのカリコート郡まで及んでいる。これは、人民解放軍が広域を移動しながら行軍していたことと関係するものと思われる。

ただし、数でみると、人民解放軍、党組織、民衆のいずれも郡内で死亡した人が圧倒的に多い。特に党組織と民衆の死者はそのほとんどが郡内で死亡している。また、人民解放軍でも、死者三六人中一二人は郡内での死亡である。

次に、死亡時期と死亡場所の対応をみると、最初に犠牲者が出た二〇〇〇年には、人民解放軍、党組織ともにオカルドゥンガ郡内と隣接するソルクンブ郡に限られていた。最大の死者を出した二〇〇二年でも、隣接する郡内（ソルクンブ郡とラメチャップ郡）までに留まっていた。ところが二〇〇三年頃からウダイプル郡、シラハ郡、ダヌシャ郡など、タライにまで死亡地が拡大した。そして、二〇〇四年になると、東はダンクタ郡から西はカリコート郡まで全国に拡大し、死者の数も急増するのである。この点で人民解放軍が二〇〇三年から二〇〇四年頃よりその行軍エリアを拡大していったことがうかがえる。

そこで、確認できるおもな襲撃事件と郡内出身者の死亡地との対応を示してみた（表8）。たとえば、二〇〇一年ソルクンブ郡で起きたサレリ襲撃事件では、オカルドゥンガ郡出身のマオイストも参加していたと思われるが、『オカルドゥンガの戦士たち』を見る限り、同郡出身者に死者は出ていない。また、二〇〇二年にオカルドゥンガ郡のルムジャタールで起きた襲撃事件では、郡内出身者からは人民解放軍兵士一名しか死者は出ておらず、表7にある二〇〇二年に郡内で死亡した二五人（人民解放軍四人、党組織一〇人、民衆一一人）のうち二四人は、ルムジャタール以外の郡内各地で起きた襲

表8　東ネパールにおけるおもな襲撃事件と
オカルドゥンガ郡出身の犠牲者との対応

おもな襲撃事件			オカルドゥンガ郡出身
年月日	郡	地名	マオイストの死者
2001年11月25日	ソルクンブ郡	サレリ	0
2002年10月27日	オカルドゥンガ郡	ルムジャタール	1
2004年 3月 3日	ボジプル郡	ボジプル・バザール	3
2004年 6月 9日	ドラカ郡	チャリコート	0
2005年 5月 9日	シラハ郡	バンディプル、ミルチャイヤ	2
2005年 6月19日	コタン郡	ディクテル	3
2006年 2月 7日	ダンクタ郡	ダンクタ	1
2006年 3月 5日	イラム郡	イラム	0
2006年 4月23日	シンドゥパルチョーク郡	チャウタラ	0
合計			10

出典
・おもな襲撃事件はMehta and Lawoti 2010: 177を参照した。
・オカルドゥンガ郡出身マオイストの死者はKatwal 2008をもとに筆者集計。
・コタン郡ディクテル襲撃事件での死者3名はアサール月5〜7日にボジプル郡で死亡している。

撃事件で亡くなっていることがわかる。[13]

郡内出身者に死者が出た襲撃事件をみると、二〇〇四年のボジプル郡での戦闘で三人、二〇〇五年のシラハ郡での戦闘で二人、二〇〇六年ダンクタ郡での戦闘で一人である。なお、二〇〇五年コタン郡での戦闘ではオカルドゥンガ郡出身者に死者は出ていないが、同じ頃にボジプル郡でオカルドゥンガ郡出身の人民解放軍兵士に死者が出ており、行軍中に戦闘で亡くなったものと思われる。[14]結局、関連する戦いでの死者を含めても、おもな襲撃事件での郡内出身者の死者は一〇人にすぎず、全死者数七八人の八分の一前後にすぎない。

ここから推測するに、大規模な襲撃事件や戦闘中に亡くなった人よりも、平時に巡回中の治安部隊と遭遇して死んだ人の方がかなり多かったことがうかがわれる。

『オカルドゥンガの戦士たち』には死亡時

の状況についても、簡潔な説明がついている。たとえば、「治安部隊と遭遇し、銃弾を受けてなくなった」や「暴行を受けたあとに殺害された」との記述が多くあった。また、女性のなかには、「精神的、身体的暴行を受け、殺害された」との記述が何ヵ所かみられた。ここから推察するに治安部隊による暴行やレイプが行われていた可能性もある。

ちなみに、民衆（一六名）はみな治安部隊に殺されており、マオイストに誤って殺されたと書かれた例はなかった。死亡時の記述では、農作業や草刈り中に治安部隊がやってきて捕まり、殺された例がある（三名）。また、治安部隊が仕掛けた地雷を誤って踏んで爆死したり（二名）、家の庭で治安部隊が撃った銃弾にあたり死亡する（一名）など、明らかに不慮の事故に巻き込まれたとわかる例もある。さらに、家で治安部隊に捕まり死亡した人が八名おり、このうち「森へ連行され、精神的・身体的暴行の末、銃弾を受けて死亡」した人が五名（うち三名が女性）いる。この他に、カトマンドゥで治安部隊に密告されて捕まって死亡した人が一名（男性）、オカルドゥンガで治安部隊に暴行を受けて死亡した人が一名（女性）いる。

五　犠牲者の家族の経験

次に、郡マオイスト事務所で活動する幹部から、彼らがどのような理由でマオイストになったのか話を聞くことができた。また、インタビューをした二人はいずれも犠牲者の家族でもある。この点で、彼らの家族がいかに亡くなり、マオイストの立場から犠牲者問題にどう関わろうとしているのかも、聞き取りをした。

五・一　夫を亡くした女性S氏の例

S氏は一九七八年生まれで、二〇〇八年九月時点で二九歳である。民族はシェルパに属す。学校は五年生まで学んだ。夫とは一九九七年に結婚した。以来、郡内のキジファラテ村に住んでいる。

彼女が政治活動を始めたのは、二〇〇〇〜二〇〇一年頃からである。マオイストになったきっかけは軍隊や警察が村を巡回するようになってからだという。彼女の村では二〇〇〇年より武装警察が家宅捜査にきて、村人を拷問した。住民は森に逃げたが、夫の下の兄は治安部隊に捕まってしまった。このため、彼はオカルドゥンガの刑務所に一八ヵ月入れられ、その後マオイストになった。この事件をきっかけに夫と上の兄もマオイストに入り、S氏もマオイストになった。入党に際しては夫や上の兄の影響はあるが、みずから考え、自分の意思で決めたという。

『オカルドゥンガの戦士たち』によると、S氏の夫はビクラム暦二〇五八年（二〇〇一〜二〇〇二年）頃から村で人民政府を結成し、その代表になった。また、一一人のメンバーでミリシア（民兵・義勇軍）を結成し、彼女の夫が指揮官（コマンダー）になった。二〇〇三年九月、夫はネパール共産党（マオイスト）の正式なメンバーになり、翌二〇〇四年に人民解放軍に入ったとある。

S氏によると、入党後、仕事は党が決めたという。以来、彼女は党でおもに戦線を作る仕事をしている。党組織のなかで戦線は、政党における委員会の役割をはたしている。今まで彼女が関わっているのは、女性、シェルパ、犠牲者（サヒッド）、郡委員会の四つの戦線である。政党活動には緊張もある。停戦以前は活動中に捕まる心配があった。最も苦労したのは、集会をしながら民衆に話を理解してもらえないことである。それでどうしたらうまく聞いてもらえるか試行錯誤した。人民戦争終結後、誰も自分たちのことを怖がらなくなったが、集会をしていて民衆に話を理解してもらえない心配は今でもある。

ちなみに、彼女の村からマオイストになった一一人のうち、六人が犠牲者になっている。二人は二〇〇二年に村で治安部隊に銃で撃たれて死んだ。別の二人は二〇〇二年と二〇〇四年に隣のラメチャップ郡で死亡した。一人の女性は二〇〇三年に郡内のムルカルカ村で彼女と一緒にいたときに治安部隊と出くわして、逃げ遅れて殺された。夫は二〇〇五年にタライ平原のシラハ郡バンディプルで交戦中に死亡した。S氏によると、この戦いでは五八人の犠牲者が出たという。彼女はそのときにオカルドゥンガ郡にいたが、知らせを受けたのは一ヵ月後だった。

なお、S氏は、犠牲者追悼集会の際、「今度の選挙で負けたら再び鉄砲を取る用意がある」と発言した女性である。なお、S氏の党での呼称は、夫のものを引き継いだのだという。

五・二　妹をなくしたK氏の例

次に紹介するのは、妹を亡くしたK氏（四〇歳代）である。彼は民主化以前から政治活動を始めた。郡内のマオイストのなかでも、草分け的な存在である。このため、二〇〇八年の制憲議会選挙では、彼はマオイストから公認を得て国会議員に出馬し、当選した。

彼は郡内で最も東にあるクイビル村の出身である。民族はライに属す。両親は農業をしていた。幼少時は、草刈りや家畜の世話をしながら、高校で学び、SLCにも合格した。

政治活動との出会いは七年生のときだった。高校に共産党のリーダーが来た。演説をするだけでなく、歌を歌ったりもしたという。それをみて、こんな世界があるのかと知り、驚きだった。当時はまだパンチャーヤット時代だった。一九九〇年の民主化以前、共産党の活動に対しては、厳しい取り締まりがあった。警察に銃で撃たれた人もいる。K氏は一緒にいただけなのに、政治活動をしたとして、オカルドゥンガの刑務所へ入れられ、殴られた。その後、彼はネパール共産党（CPN-UML）に入り、政治活動を始めた。

一九九四年より、彼は共産党UMLを抜けた。共産党UMLが政権を取り、共産党員のなかにも賄賂をとる者もいた。それで共産党マレ（CPN-ML）に移った。だが、一九九〇年代後半の連立政権時代に、党が政権を取るために全く考え方の違う王政を支持する政党と連立政権を組むのに耐えられなかった。それでマオイストになった。オカルドゥンガ郡では共産党UMLから多くの人がマオイストに移ってきた。入党者が最も多かったのは二〇〇二年とのことである。弾圧が厳しくなり、マオイストになる人が増えた。政府は貧しい人を苦しめたのだという。

内戦中、党組織は人民解放軍の後方支援をしていた。だが、党組織がないと人民解放軍もない。内戦の間は党組織の人も人民解放軍と一緒に中隊の単位で歩いていた。戦いとなれば、党組織のメンバーも銃を取って戦う。また、オカルドゥンガ郡東部では、クイビルなど、周辺の村に人民政府があった。これは毛沢東の遊撃論にならい、中心を包囲するために、本拠地（ベースエリア）をクイビルにおいたためだそうだ。

ちなみに、K氏の妹は事例2で紹介したプラバである。彼女は二〇〇〇年に一〇年生で入党し、郡の党組織に入った。彼女が亡くなったのは二〇〇三年のことである。お茶を飲みたくなって、ガイリ村の茶店に寄ったところ、巡回にきた警官に銃で撃たれ死んだ。当時、彼女は四人で行動していた。このうち、二人は逃げることができたが、彼女のほかに一緒にいた妹婿（事例1のトゥパン）も死んだ。妹婿は当時、一五万ルピー（二二・五万円）の党の金を運んでいた。彼は、警官から尋問されたが、拷問されても口を割らず殺された。二人は一〇月に結婚して、一月に亡くなったとのことである。

国会議員になったK氏は犠牲者への補償問題についても語ってくれた。マオイストは暫定政府に対し、治安部隊の家族と同じく、犠牲者一人につき一〇〇万ルピーを要求した[15]。二〇〇八年九月一四日の制憲議会では、犠牲者一人につき、一時金として一〇万ルピーの補償金を出すことが決まった。まもなく予算として提出されるはずである。遺族の教育や健康に対する支援もするつもりであるという。

だが、実際、二〇〇八年に決まった予算（英語版）では、遺族への補償について「マオイストの戦闘員の調査が始まった。犠牲者の家族や紛争の影響を受けた人の名誉回復や支援などに関するプログラムにも着手している」とあるが[16]、具体的な金額の記載はない。また、その後、一時金として、政府は犠牲者一人につき一〇万ルピーを支給したが、それ以上の支給はまだ受けていないとK氏はいう。翌二〇〇九年には、マオイストが軍統合問題を契機に政権を下りた。このため、「これ以上の補償はマオイストがもう一度政権を取らない限り、無理かもしれない」と、二〇〇九年にK氏は語っていた。

その後、二〇一一年八月、政府はマオイストの犠牲者の家族に対し総額二〇億ルピー、一世帯あたり二〇万ルピーの補償を出すことを決める方針を示した（Nepali Times 2011）。しかし、納得しない遺族の申し立ても起きている（Gurung 2012）。

六　誰がなぜどのように犠牲者になったのか？

本稿では、誰がなぜどのようにマオイストになり、誰がどのように亡くなったのかを、オカルドゥンガ郡の例から可能な限り明らかにした。この結果、オカルドゥンガ郡の事例に限定していえば、マオイスト運動が全国展開する二〇〇〇年から二〇〇一年頃からマオイストと疑われた人々に対する弾圧が厳しくなり、マオイストに転向する人が増えたこと、また政治とは全く無縁だった一般人のなかに、政府の治安部隊の弾圧が厳しくなり、家族や親族を殺されてマオイストになった人がいたことがわかった。

結果として、本稿では「民衆」が治安部隊への私怨からマオイストに合流していく話をみてきたことになる。本稿の事例でわかるだけでも、既成政党への失望、肉親や親族の影響、治安部隊による暴力行為に対する恨み、特に村人や親族を失った恨みなどからマオイストになっており、その経験が彼らの政治活動に大きな影響を与えていることがうかがえる。本稿のなかでインタビューできた二人はまさにそのようにしてマオイストになったわけである。また、人民戦争が長引くにつれ、「民衆」に犠牲者が出るようになり、その遺族を迎え入れることで、オカルドゥンガ郡においてマオイストはその勢力を拡大してきたともいえるのだろう。

ただし、犠牲者の家族については、党員となった二人の事例をインタビューできたに過ぎない。このため、さまざまな事実を蓄積し、検証することが重要であることはいうまでもない。おそらく、

『オカルドゥンガの戦士たち』にある「民衆」には多様な人々が含まれていたはずである。マオイスト運動に共感し、そのシンパになった人も一部含まれていたが、その他大多数はもともとマオイストとは縁もゆかりもなかった一般人であった可能性が高い。また、犠牲者の家族のうち、どれだけの人々がマオイストになったのかは定かではない。治安部隊に家族や親族を殺されたり、暴行を受けた人のなかにも、復讐をしたい気持ちはあっても、実際にマオイストとなって戦闘行為に及ぶことにはためらいをもつ人も少なからずいたと思われる。

だからこそ、マオイストは犠牲者を「サヒッド」(殉教者・殉国者)として弔う際に、その家族を来賓として招いたのであろう。つまり、二〇〇八年の追悼集会に限っていうならば、犠牲者を「サヒッド」として弔う行為には、当然、犠牲者の家族のなかでまだマオイストのシンパになっていない人々を自陣営に取り込み、制憲議会選挙においてマオイストへの投票につなげようとの政治的な思惑が働いていたとみるべきだろう。実際、犠牲者の家族に対する補償問題は、政治的な問題に関してはマオイストとは距離を置きたいと思う遺族にとっても、一致して関心のある事柄である。もともと彼らの家族は治安部隊という国家権力に殺されたわけであり、その補償を認めさせることは容易なことではない。したがって、この問題を解決するためには、政権を取って政府や司法機関に対して団結して訴えていこうとのマオイストの主張は、犠牲者の家族にとってみれば、王制廃止や共和制などの抽象的な話よりも、おそらく具体的な説得力をもったことだろう。

また、マオイストにしてみれば、犠牲者を「サヒッド」として弔い、彼らを革命に殉じた英霊として祀り上げることで、「彼らの夢をかなえるためにも」政権を取らねばならないとの主張を正当化することができる。それが肉親を失った遺族の心にどれだけ響いたかは定かではないが、少なくともマオイスト側に立ち、ともに人民戦争を戦った党員や兵士に関する限り、届いていたことだろう。彼らは、肉親を失った出来事を「サヒッドの血を無駄にはしない」という物語に読み替え、結晶させることで、その死を受け入れ、前に進む支えとしてきたものと思われる。これらの点で、これからはじめての選挙に挑もうとするマオイストにとっては、「サヒッド」の追悼と遺族への補償問題はまさに格好の旗印の一つであったといえるだろう。

さらに、本稿で資料とした『オカルドゥンガの戦士たち』が成立した過程には、「サヒッド」問題に関するマオイスト党中央の思惑があったものと思われる。郡マオイスト事務所の書記によると、このような形の本ができあがったのはオカルドゥンガ郡だけだが、本のもとになったリストは党中央の指示で全国的に作られたという。

以上のような政治的な思惑があるにせよ、本書で対象とした『オカルドゥンガの戦士たち』が人民戦争の歴史を知る上で貴重な資料であることはいうまでもない。また、このような資料が全国的に作られたのだとすると、全国での比較が可能になるばかりか、さまざまな資料やインタビューなどと照合することで、将来において人民戦争の期間中にどこでどんな事件が起き、誰がどのようになくなったのかを知る手がかりになり得る。

表9には、オカルドゥンガの犠牲者の事例と比較するために、全国規模での犠牲者の数を示した。ここでいう「国家による死者」とは、治安部隊に殺されたマオイストの犠牲者に加え、マオイストと間違えられて治安部隊に殺された一般人を含んでいる。また、「マオイストによる死者」にはマオイストによって殺された治安部隊の犠牲者に加え、マオイストによって殺された一般人も含んでいる(Lawoti and Pahari 2010: 309)。

表９　死者数の推移：全国とオカルドゥンガ郡

西暦	マオイストによる死者（全国）	国家による死者（全国）	国家による死者（オカルドゥンガ郡）	行方不明者（オカルドゥンガ郡）
1997	32	16	0	0
1998	75	334	0	0
1999	141	328	0	0
2000	219	180	2	0
2001	390	243	3	4
2002	1337	3266	29	1
2003	646	1217	10	4
2004	1113	1616	22	1
2005	709	815	10	0
2006	286	313	2	0
2007	15	37	?	?
不明	—	—	0	3
合計	4963	8365	78	13

出典
・全国の死者数はLawoti and Pahari 2010: 309を参照。
・オカルドゥンガ郡出身の死者はKatwal 2008をもとに筆者集計。

まず、全国の動向をみると、圧倒的に国家による死者が多かったことがわかるであろう。年別にみると、一九九七年、二〇〇〇年、二〇〇一年でマオイストによる死者の方が国家による死者よりも多くなっているが、その他の年には国家による死者の方がはるかに多いのである。特に一九九八年、一九九九年には国家による死者はマオイストによる死者の二倍以上となっており、二〇〇二年と二〇〇三年は二倍前後となっている。また、双方の死者は、一九九八年から増え始めた。そして、第一回停戦が終わった翌年の二〇〇二年にピークに達し、第二回停戦が終わった翌年の二〇〇四年まで毎年全国で一〇〇〇人以上の死者が出ている。二〇〇一年一一月の国家非常事態宣言の発令に伴い、それまで武装警察のみで対応していたマオイストとの戦いに国軍が投入されたことで、その後いかに双方に多くの犠牲者を出すに至ったのかがわかるであろう。

オカルドゥンガ郡の事例では、マオイストによる死者を調べることはできなかったが、国家による犠牲者は、死者、行方不明者を含め、二〇〇二年にピークに達し、二〇〇五年まで毎年一〇人以上の死者が出ていた。この点で全国的な動向と類似の傾向をみることができる。異なるのは、オカルドゥンガ郡の場合、国家による犠牲者が出るのは二〇〇〇年以降と遅く、一九九〇年代には一人の犠牲者もいなかった。これは西ネパールで始まったマオイスト運動が東ネパールに拡大したのが遅かったからというのが大きな理由だと思われる。また、オカルドゥンガ郡でマオイスト運動が活発化したのも二〇〇〇年頃からという事情もあったのだろう。

つまり、東ネパールに属するオカルドゥンガ郡は遅れて人民戦争が始まったにもかかわらず、二〇〇二年以降は国家による死者の増加が全国的な動向と同様に急増するに至ったのである。歴史に「もし」を述べることが許されるのならば、国軍の投入が決まる国家非常事態宣言発令前、すなわち二〇〇一年一一月までの第一回停戦で和平交渉が成立していれば、犠牲者の数は全国では六分の一から八分の一、オカルドゥンガ郡では一〇分の一前後で済んでいた可能性がある。

また、補償問題が進展しても問題は残る。予算不足から、誰が犠牲者なのかという基準が問われれば、犠牲者の家族のなかに補償を受けることができる人とできない人の格差が生じ、分断される可能性もある。実際、似たような問題は、人民解放軍を治安部隊に統合する問題にその兆しをみせている。[17]

将来的には、メディアや研究者のあり方も問われるだろう。犠牲者の物語が遺族の意図しない消費をされる可能性も残る。たとえば、上杉は日本の戦争未亡人の例からいかにメディアが戦前・戦後の歴史意識と結びつき、彼女たちの物語を消費したのかを分析している（上杉 二〇〇七）。それゆえ、われわれは歴史を伝える上で遺族に対し慎重な姿勢が求められる。

このようななかで、もっとも重要なことは、遺族の集まる公共の場の確保であろう。犠牲者の家族のなかには、語りたくないこと、語りえないことがあるのは当然である。しかし、それを個人の問題として、遺族が心のうちに抱えるにまかすのは、逆に彼らの孤立や分断を促進することにもなる。この点で同じような境遇の人たちが集まれる場があることは遺族の支えになるであろう。現在のネパールでは、そうした人たちが集まり、その権利や補償を訴えていくことができる場は、筆者の知る限り、マオイストのなかにしかない。

それゆえ、マオイストに対しても一定の理解を示すと同時に、補償問題を遺族が納得する形で解決し、マオイストだけに頼らない遺族が集まることのできる公共の場を用意していくことが、今まさに求められているといえる。

注

1 原文は以下の通り。samsarka majdur ek holau. naya vicharko vikas gardai naya krantikari andolan sristi garna ek juta holau. ne.ka.pa (maobadi)

2 筆者が二〇〇七年三月に第二師団の師団長であるラジェス氏から聞いたところ、全国で約二万三〇〇〇人の人民解放軍兵士がいたが、国連ネパール政治ミッションの査察で年齢などの条件にあわずに認定されなかった人が約四〇〇〇人いたという。

3 小倉によると、マオイストは主要部隊の本部がある場所をヘッドクウォーター（Headquarters）とよんでいる（小倉 二〇〇七、二二）。HQと略すこともよくある。

4 各旅団と駐屯地の表記は下記の通りである。Headquarters（HQ），またはUNMIN Camp（Karta, Dudhauli），Solu-Salleri brigade（Chandanpur, Ranibas），Bishal-Kumar brigade（Belsoto），Ram-Briksha brigade（Khayarmara）。

5 二〇〇三年における各師団と旅団の構成は以下の通り。西部師団（Western Division）には、Ghorahi-Satbariya Second Brigade, Lisne-Gam Third Brigade, Bahubir-Yoddha Eighth Brigadeの三個旅団、中部師団（Mid Division）には、Mangalsen First Brigade, Basu Memorial Fourth Brigade, Parivartan Memorial Ninth Brigadeの三個旅団、東部師団（Eastern Division）には、Bethan Memorial Fifth Brigade, Solu-Salleri Sixth Brigade, Mechi-Koshi Seventh Brigadeの三個旅団があった（Mehta and Lawoti 2010: 180）。

6 ただし、二〇〇八年三月一六日のThe Himalayan Times紙では「人心を掌握し、非暴力的な運動で革命を成功させるのが次の戦いであるとバブラム・バッタライ博士は述べた」と報道している。実際には、かなり紛らわしい言い方をしていたのだろう。

7 この集会のあと、筆者は第二師団駐屯地を訪れ、師団長（division commander）のラジェス氏から話を伺うことができた。彼は開口一番、「取材でどんなことを聞いてきたのか」と筆者に聞いたので、オカルドゥンガの郡マオイスト事務所では、「選挙に負けたら次の戦いに出ると演説していました。次の戦いはナラヤンヒティ王宮の前、シンガダルバールの前でするそうです」と答えた。すると、周囲にいた若い兵士はみな一様に「おう」とどよめいたが、師団長は冷静で、肯定も否定もせず、次のように答えた。「政治をする人はそういう言い方をするのだよ。マオイストは森林に住み戦ったというけど、俺たちは森の中で野宿をしていたわけじゃない。移動中だってちゃんと民家に泊まっていたんだ。それにわれわれは政治をするのだよ。われわれは国王を殺そうと思えばできた。だがそうしなかったのは政治をするためだ」。そして、しばらく沈黙したあとで次のように述べた。「実際、（人民戦争では）たくさんの人が亡くなった。もう戦いをしないでもいいように話をまとめなければならん。だから（選挙に負けたとしても）われわれ（人民解放軍）は、しばらくは駐屯地のなかに留まることになるだろうね」と、状況を分析していた。

8　選挙そのものは平和裏に行われたが、選挙期間中には、オカルドゥンガ郡でもマオイストの青年組織ＹＣＬ活動家がネパール会議派の候補者を襲うなどの暴力事件があった（The Kathmandu Post 2008-3-18）。

9　本の入手経緯について記しておきたい。正直、筆者はこの本が本当に届くとは思ってもいなかった。ネパールの山地は郵便事情が悪く、途中で紛失することもある。ところが、郡マオイスト事務所の書記はその場で郵便局に電話をかけ、日本まで〇〇グラムの本を航空便で書留にするといくらになるのかと確認し、本の代金と郵送料を筆者に要求した。その手際のよさをみて、筆者は、もしかしたら、本当に届くかもしれないと驚いた。また、下手な役人より、彼らの方がまともな仕事をするのではと考えさせられた。

10　それぞれ、正メンバー（purnakalin sadasya）、代表（pramukh）とよばれていた。

11　それぞれ、党組織（sangathan）、人民解放軍（janamukti sena）、民衆（janta）とよばれていた。

12　samarthak kisanと記されていた。

13　郡マオイスト事務所によると、ルムジャタール襲撃事件でマオイスト側から出た犠牲者数は計二四人とのことである。これは、オカルドゥンガ郡以外から戦闘に参加した犠牲者も含めたマオイスト全体の犠牲数であり、実際に『オカルドゥンガの戦士たち』には、二四人の犠牲者名（党での呼称のみ）が記されている（Katwal 2008: 107）。

14　この他に二〇〇三年九月にシラハ郡のラハン襲撃事件（バドウ月一三日）とシラハ襲撃事件（バドウ月二五日）で郡出身の人民解放軍兵士二人の死者が出ている。

15　治安部隊側の犠牲者に対してどれだけの補償金が出ているのか、まだ確認できていない。おそらく警察や国軍での階級によっても補償の額が異なると思われる。

16　原文は次の通り。Verification of Maoist combatants has commenced. Programs such as honoring and supporting the martyr's families and providing relief to those affected by conflict are being launched（Government of Nepal, Ministry of Finance 2008）.

17　二〇一〇年二月、政府は軍統合の基準として、一つの武器に対し、一人の兵士を治安部隊に統合することを検討していた。国連査察下でのマオイストの武器は三四七三個あり、駐屯地のマオイスト兵士の数は一万九六〇二人いた。この基準が適用されると一万六〇〇〇人あまりの兵士が脱落することになり、マオイストは駐屯地にいる兵士全員の統合を求めていた（The Kathmandu Post 2010-2-23）。その後、二〇一一年八月にバブラム・バッタライが首相に就任して以来、軍統合問題は解決に進んだ。二〇一一年一一月三日に主要三政党は和平プロセスを完結させるための七項目の合意に調印し、マオイストの元戦闘員のうち、六五〇〇人がネパール軍に統合されることになった。また、統合を希望しない戦闘員には五〇万から八〇万ルピーが支給されることが決まった（小倉 二〇一一年一一月三日）。ただし、その後も軍への統合を望み、除隊を希望しない九七〇〇人の戦闘員が全国で一五ある駐屯地（二八のうち一四が閉鎖された）に残っていた（小倉 二〇一二年四月一一日）。だが、最終的には、二〇一三年の八月二七日にはマオイストが武装解除してネパール軍の管理下に入った。当初の人数を大幅に下回る約一四〇〇人がネパール軍へ統合となり、残りの約一万五〇〇〇人は五〇万から八〇万ルピーを得て、除隊した（小倉 二〇一三年八月二七日）。

参考・引用文献

上杉妙子、二〇〇七、「戦争未亡人の物語と社会の軍事化・脱軍事化」椎野若菜（編）『やもめぐらし』、明石書店、二三三―二六〇頁。

小倉清子、二〇〇七、『ネパール王制解体―国王と民衆の確執が生んだマオイスト』、NHKブックス。

小倉清子、二〇〇九、「マオイストの人民戦争とカーム・マガール」、『人権と部落問題』、六一巻一〇号、六二―八頁。
C.B.S. (Central Bureau of Statistics), 2003, '*Population Census 2001*', Kathmandu: Central Bureau of

Statistics.

Katwal, Ekindraraj（ed.), 2008（2068 v.s.), *okhaldhungaka yoddhaharu*（*shahid sagalo*）. nepal kamyunist parti（maobadi）okhaldhungaka, jilla sangathan samiti, okhaldhungaka, jana krantika shahid pariwar samaj jilla samiti, okhaldhunga.（『オカルドゥンガの戦士たち（サヒッド集)』（ネパール共産党（マオイスト）オカルドゥンガ郡マオイスト事務所・人民革命犠牲者家族協会郡委員会）（ネパール語）

Lawoti, Mahendra and Anup K. Pahari, 2010, 'Violent Conflict and Change: Costs and Benefits of the Maoist Rebellion in Nepal', in Mahendra Lawoti and Anup K. Pahari（eds.), *The Maoist Insurgency in Nepal: Revolution in the Twenty-first Century*, Abingdon and New York: Routledge, pp. 304-26.

Mehta, Ashok K. and Mahendra Lawoti, 2010, 'Military Dimensions of the "People's War"', in Mahendra Lawoti and Anup K. Pahari（eds.), *The Maoist Insurgency in Nepal: Revolution in the Twenty-First Century*, Abingdon and New York: Routledge, pp. 175-94.

新聞記事・報道記事

小倉清子、二〇一一年一一月三日、「和平プロセスで、歴史的な合意が成立」、『アジアプレス・インターナショナル』、http://www.asiapress.org/apn/archives/2011/11/03111109.php（二〇一四年五月二四日にダウンロード)。

小倉清子、二〇一二年四月一一日、「毛派が突然の武装解除」、『アジアプレス・インターナショナル』、http://www.asiapress.org/apn/archives/2012/04/11160539.php（二〇一四年五月二四日にダウンロード)。

小倉清子、二〇一三年八月二七日、「国軍とマオイスト軍の統合が終了」、『アジアプレス・インターナショナル』、http://www.asiapress.org/apn/archives/2013/08/27103846.php（二〇一四年五月二四日にダウンロード)。

Government of Nepal, Ministry of Finance, 2008, *Budget Speech of Fiscal Year 2008-09*（*English*）, Kathmandu: Government of Nepal, Ministry of Finance 2008, http://www.mof.gov.np/uploads/document/file/Final%20Translation%20Bud%202008-09%20（1）_20130812025501.pdf（二〇〇八年一一月一三日にダウンロード）.

Gurung, Anand, 2012, 'Writ against Government Decision to Provide Financial Compensation to Disqualified Maoist Combatants', *Nepal News com*. 01 November 2012, http://www.nepalnews.com/index.php/politics-archive/22481-writ-against-govt-decision-to-provide-financial-compensation-to-disqualified-maoist-combatants（二〇一四年五月二四日にダウンロード）.

Nepalitimes, 2011, 'Compensation, Nagarik', *Nepalitimes* 565（2011-08-05~2011-08-11）. http://nepalitimes.com/news.php?id－18441（二〇一四年五月二四日にダウンロード）.

The Kathmandu Post, 2010-02-23, 'Fighter's Number Bone of Contention', http://www.ekantipur.com/the-kathmandu-post/2010/02/22/top-story/fighters-number-bone-of-contention/205419.html（二〇一四年五月二四日にダウンロード）.

The Kathmandu Post, 2011-11-09, 'PLA Regrouping: PM Dahal to Visit Cantonments to Boost Morale of PLA Combatants', http://www.ekantipur.com/2011/11/09/editorial/pla-regrouping-pm-dahal-to-visit-cantonments-to-boost-morale-of-pla-combatants/343488.html（二〇一四年五月二四日にダウンロード）.

The Kathmandu Post, 2012-08-22, 'PLA Integration: PM Steps Up Talks to Resume Process', http://www.ekantipur.com/the-kathmandu-post/2012/08/22/nation/pla-integration-pm-steps-up-talks-to-resume-process/238709.html（二〇一四年五月二四日にダウンロード）.

The Kathmandu Post, 2012-02-13, 'Special Committee to Close 14 PLA Camps', http://www.ekantipur.com/the-kathmandu-post/2012/02/12/top-story/special-committee-to-close-14-pla-

camps/231497.html（二〇一四年五月二四日にダウンロード）.
The Kathmandu Post, 2008-03-16, ekantipur 2008-03-15, 'Conflict will Continue if Maoists Lose: Dr Bhattarai', http://www.ekantipur.com/the-kathmandu-post/2008/03/15/top-story/conflict-Will-continue-if-maoists-lose-dr-bhattarai/140759.html（二〇一四年五月二四日にダウンロード）.
The Kathmandu Post, 2008-03-17, ekantipur 2008-03-16（a）, 'Peaceful War if No Maoist Majority: Prachanda', http://www.ekantipur.com/the-kathmandu-post/2008/03/16/top-story/peaceful-war-if-no-maoist-majority-prachanda/140834.html（二〇一四年五月二四日にダウンロード）.
The Kathmandu Post, 2008-03-18, 'Maoist Activists Fire at NC Candidate in Okhaldhunga', http://www.ekantipur.com/the-kathmandu-post/2008/03/17/top-story/maoists-attack-nc-candidate-in-okhaldhunga/140960.html（二〇一四年五月二四日にダウンロード）.

三章

西ネパールにおける集団避難二〇〇四年

安野早己

一　ビスタピットとは

一〇年に及ぶマオイスト人民戦争（一九九六〜二〇〇六年）は、一万三〇〇〇人の犠牲者のみならず数十万ともいわれる避難民を生み出した。二〇〇六年五月の停戦ならびに一一月の和平協定を経て避難民の大半は帰郷したものの、現在も多くの人が故郷に帰れぬままだといわれる。[1] 避難民の数が茫漠としているのは、政府もＮＧＯもこれを正確に把握していないからである。ネパール語でこうした人々をビスタピット（bisthapit）というが、自分の家のある土地から強制的に離された者というニュアンスがある。またマオイストからの被害者をビスタピットとよぶことが多いが、政府側からの暴力によってビスタピットになる人もあることは指摘するまでもない。政府は、二〇〇六年に初めて両側からの被害者をビスタピットとみなすようになった。

援助関係者はビスタピットとＩＤＰｓ[2]（国内避難民）とを同義に使ってきた。ＩＤＰｓという語は、国連のガイドラインによると、「武装闘争、恒常化した暴力的状況、人権侵害または自然的・人為的災害の影響の結果、もしくはそうした影響を避けるために自分の家ないし住み慣れた地を逃げるか離れざるを得なかった人または集団で、国際的に認知されている国境を越えていない者」という意味で用いられる。

ビスタピットになる理由は多様であるが、その理由が政治的か否かによって大きく二つのグループに分けられるだろう。まず、出身地域でなんらかの政治的影響力をもつ者は、人民戦争の初期からマオイストによって敵とみなされ、攻撃された。具体的には、ネパール会議派や共産党（UML）など既存の政党の地方党員で地方政治の役職すなわちVDC[3]（村落開発委員会）議長やDDC[4]（郡開発委員会）議長などについていた者、また富裕層やムキヤ（伝統的首長）である。これらの多くはマオイストにより「封建的搾取者」とよばれ、家財の略奪や暴力の対象となり、避難を余儀なくされた。[5] 知識層である教員[6]もこのグループに近い。一方でこうした人々は伝統的な政治的コネにより、政府から被害補償を受けやすい立場にあった。[7]

次に、政治家ではない一般人の場合は、村へやってくるマオイストへの宿泊・食料提供などを繰り返し要求されたり、人民戦争の中・後期にマオイスト組織やミリシア（人民義勇軍）へのリクルートを強制されて逃げ出した者が多い。リクルートの強制は、当該の若者だけがターゲットではなく、その家族ごと、また村ごとに行われるのが常であり、それを避けて村をあげて逃げ出すこともあった。そのような集団避難の場合、既存の施設では収容できず、いわゆる難民キャンプが生まれるが、それらはタライの都市の郊外に出現することになった。彼らは集団という注目されやすい存在であるがゆえにメディアに取り上げられ、NGOによる支援の対象となり、結果として帰還を促されることになった。

避難に際し、どちらのタイプのビスタピットもまず目指したのは、郡庁所在地（DHQ）[8]であった。そこは国軍や警察が駐屯するゆえにマオイストの暴力から身を守ることができ、政府に支援を要請できる場所だった。富裕な避難者はそこから縁故をたどって次の避難先であるタライの都市や首都カトマンドゥへ向かう場合が多かった。もともと西ネパールの丘陵地の人々は、ダンやタライの住民と伝統的に交易を繰り返しており、両者のあいだに家畜取引や土地取得などのネットワークが形成されて

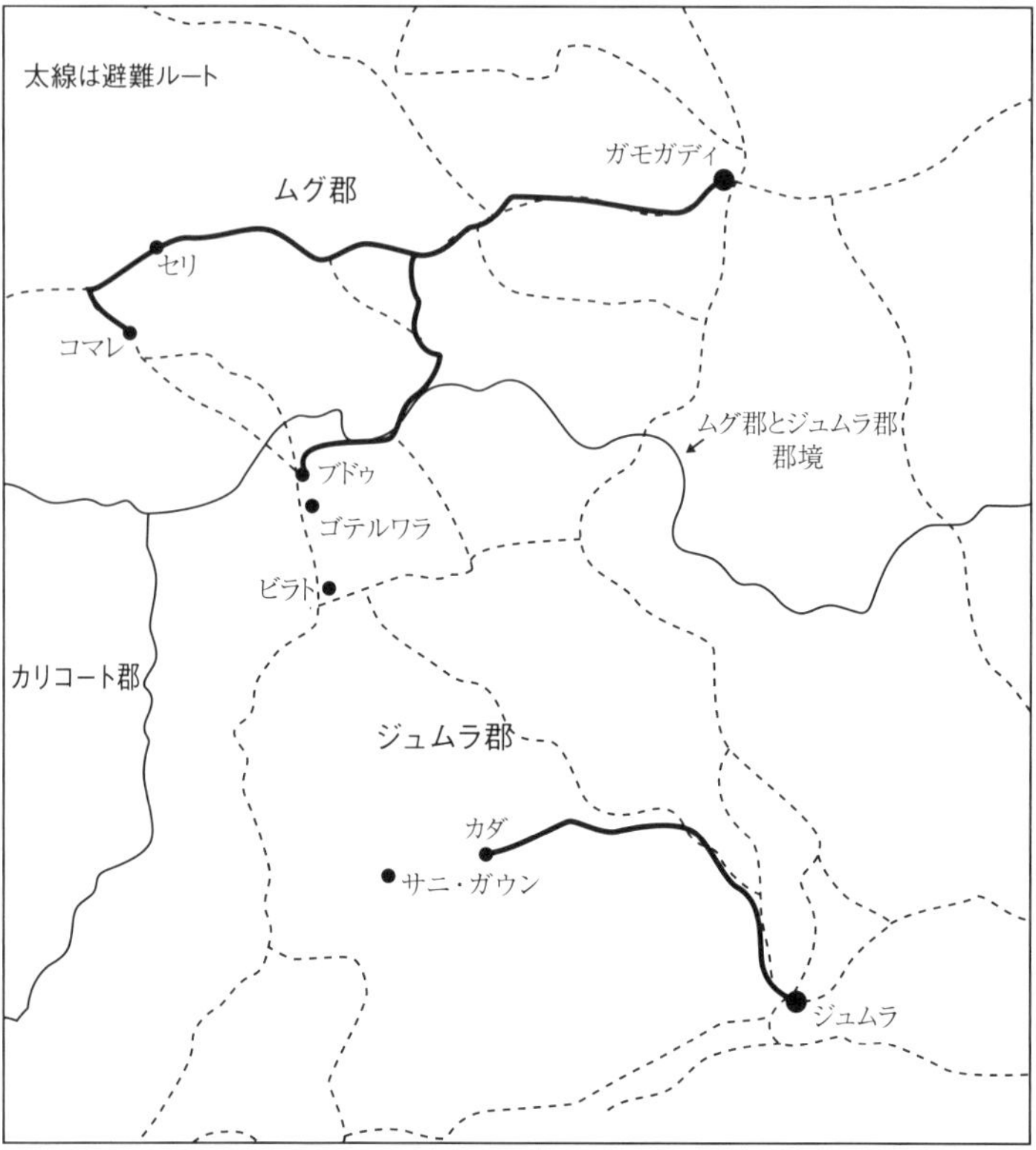

図1　ジュムラ郡とムグ郡

いる。さらに冬季にインドへ出稼ぎに行くことも珍しくない。人民戦争は、中西部の丘陵地（パハール）に生じ、その周辺の丘陵地に拡大したがゆえに、丘陵地からタライへ、さらにインドへ、また首都カトマンドゥへ避難する人々を急増せしめた。人々は、伝統的な生活戦略に基づいて移動したのである。

　私はジュムラ郡シンジャ峡谷のブラーマンの村で一九八三年から人類学的調査を行ってきた[9]。その最後の現地調査は一九九四年で、一九九六年の人民戦争勃発以降は調査地を再訪することは不可能であった。ジュムラの人々と再会できたのは、二〇〇六年夏、ジュムラを遠く離れたネパールガンジやダンの避難先においてであった。ジュムラ郡自体を訪問できたのは二〇〇七年と二〇〇八年の夏である。

本稿では、二〇〇四年（ビクラム暦二〇六一年）にムグ郡からジュムラ郡にかけて行われたマオイストによるリクルート・キャンペーンについて述べ、それによって引き起こされた三つの村の集団避難事例を取り上げる。三つの村とは、カダ村、ブドゥ村とコマレ村である（図1）。集団避難は一見特異にみえるが、三つの村が受けた強制は例外的なものではなく、他の多くの村が被ったものと同じであった[10]。ここでは、それぞれの村が集団で避難するにいたった経緯と、避難生活ならびに帰還への道のりを、上記三回にわたる現地調査での聞き書きにより再構成する。

二　シュズ・カス・アビヤン（マオイスト補充キャンペーン）

二〇〇四年（ビクラム暦二〇六一年）、ムグ郡からジュムラ郡にかけて、マオイストによる強制的な兵士補充キャンペーンが行われた。キャンペーンを主導するマオイストは地元出身の人間ではなく、カリコート郡出身の者が多かった[11]。私はマオイスト側の資料を確認していないので、このキャンペーンが党の正式な方針であったか否か、方針であったとしてどのような指揮命令系統でなされたかは承知していない。このキャンペーンは、シュズ・カス・アビヤンといわれ、文字どおりは、シュズ・ラガイ（布靴を履き）、タナ・カス（紐を結び）、バンドゥック・サマイ（銃をもち）、バナ・パス（森に行く）、テソ・ナガリ（そうしなければ）、ガルマ・バスダイ・ナバス（家には住むな）というものであった。[12] 具体的には一戸から一人マオイストになるか、さもなければ一〇万ルピー払えというものである。[13]

ここに「森に行く」という表現があるのは、マオイストたちは、当初、警察や村人の目を避けて森に隠れて戦闘訓練をしていたことから、「森」とマオイストが同義語になったものである。ほかに、「地下に潜行する」という表現もあるが、マオイスト活動は非合法であるがゆえに文字どおり、マオイストに入党することを指す。「シンドゥールを塗る」や「ティカをつける」という表現もあるが、これは入隊時に実際に行われる、額にシンドゥール（朱色の辰砂粉末）を塗ったり、眉間に赤いティカをつけるという伝統的な祝福の行為を意味する。赤い色は、共産主義イデオロギーを象徴するものと解されている。

さて、上述の三つの村の人々が、また他の村の人々が避難しようとしたのは、マオイストになりたくない（なって死にたくない）が、一方でマオイストの要求する額の金銭も払えないという事情からであった。なりたくない理由は、政治的イデオロギーからというより、家で労働力として働かねばならない事情があり、マオイストになれば、警察や国軍との戦闘で戦死する可能性が大であると認識していたからである。しかし、いくら反対であっても、マオイストは武装しており、集団でやってきて「シンドゥールをつけろ」「地下に潜れ」「森に行け」という形で、組織に入ることをせまるとき、有無を言わさぬ強制力があった。[14] 結果、ある種の衝突は避けられなかった。

ＯＣＨＡ／ＯＨＣＨＲ[15]（二〇〇六年）の報告によると、「武装闘争のあいだに三七〇〇を超える人々がジュムラから流出した。二〇〇四年六月に重要な流出が起こった。ＣＰＮ-Ｍ（マオイスト）がSuujiキャンペーン[16]を導入して、一戸から一人ＣＰＮ-Ｍ（マオイスト）に入党すべしという強制を行った。キャンペーンの結果、シンジャから二五〇〇人が逃げ出したと見積もられる。IDPsの大半は当初ジュムラの郡庁所在地に住んだが、のちにはスルケットやネパールガンジに流出した」。

シュズ・カス・アビヤンは、上流地域より下流地域のほうがひどく強制されたと、シンジャ峡谷の下流ダパ村落開発委員会に住むある小学校教員はいう。「二つの村から（一人ではなく）一〇人ずつ出なければならないといわれた。シュズ・カス・アビヤンのため男はタライのどこかに逃げた。女だけが家を切り盛りした。これはわれわれの誤りである。女性たちは苦難（ドゥッカ）を被るだけ被った。われわれ男性は生きることができれば十分とばかりに逃げ出した」という。強制の具体的なやり方は次のようであった。「マオイストは村人を一人部屋のなかに連れて行き、お前はシュズ・カス・アビヤンに行くのか、行かないのかと訊く。訊かれた者は、『父母は年老いている。姉妹は小さい。私は行かない』といって叫ぶ。その叫び声が外に聞こえる。外の人間がなかへ行けば、同じ手続きが用意されている。殴られるよりはシュズ・カス・アビヤンに行く方が良いという状況を作り出すのである」。

一方、シンジャ峡谷の上流の村ボタでは、そこに住むネパール会議派支持の二〇戸が荷物をまとめて逃げ出す準備をしていたという。荷物はすでに森のなかに集めて隠していた。うち九戸は実際に逃げ出した。するとあるネパール会議派党員によると、「隣村オカルパタのマオイストが行かないでください、私が責任をもちますからといって、村に手を合わせに来た」という。そして、ブドゥ村の人間（後述）とボタ村の九戸が避難すると、残りのネパール会議派支持者たちは避難する必要がなくなった。というのは、二つの村から人々が避難民になって出て以降、マオイストたちのシュズ・カス・アビヤンが中止になったからである。その党員は、「政治は人の上にするものである。人がいなくなれば何の政治をするのかとキャンセルになった。ブドゥ村とボタ村から避難した人は自分で困難な目にあうことによって、我々を生かしてくれた」と逃げ出した人々に感謝している。

シンジャ峡谷の中流に位置するビラト開発委員会のルルク村――筆者はここで調査をしてきた――のブラーマンの老人は、隣村のサルキ・カーストのマオイスト（人民委員会の委員長）がやってきたときの様子を次のようにいう。「ドゥム（不浄）・カーストは、女性もマオイストに行かなければならない、行かなければ各戸から五〇〇〇ルピー出さなければならないといってひどく苦しみ（ドゥッカ）を与えた」。一年中来たが、とりわけサウン月の初めの日（七月中旬）には、一戸から一人マオイストに行かなければならない、息子を送らなければならぬといった。年寄りは要らない、若者を送れといわれ、「若者は生きて帰ってくるのか」と老人は不安になった。夜になると、男たちは袋に必要な物をいれて家から逃げ出した。逃げ出すとき、家の人間も、逃げる人間も涙を流したという。その当時、村には若い男女の姿はなかった。

このシュズ・カス・アビヤンが、ルルク村の隣のラハルジャ村まで近づいていたころ、マオイストの「アラム」という人物が、ルルク村に朝やってきた。村人たちは逃げ出す準備をしていた。アラムは「もう行く必要はない。怖がるな」といった。どうしたのかというと、ブドゥ村の、カダ村の、ボタの村人全部が逃げ出して郡庁所在地に行ったので、マオイストは恥ずかしくなって、行くなといったのである。[17]行った者は仕方ないが、まだ行っていない者全部に、「行かないでくれ」と頼んだという。

ビラト村落開発委員会のほぼ全部の村が、その翌日には村を離れる協議をしていたのである。多くの村々が恐怖から集団で逃げ出す準備を進めていたが、カダ村とブドゥ村が先駆的に逃げ出し、社会に大きな波紋を投げかけたおかげで、他の村々は避難せずに済んだ。

二〇〇四年に実際に避難した人々のあいだで、最も短期間の避難生活に終わったのはジュムラ郡サニ・ガウン村落開発委員会カダ村の人々であった。一方、ジュムラ郡ビラト村落開発委員会のブドゥ村の人々は、故郷を離れたスルケットで長期の避難生活を余儀なくされたが、二〇〇五年五月には帰還した。最後に、ムグ郡コマレ村[18]の人々の避難生活は長く、人民戦争が終息した後も滞在し続け、私はネパールガンジ近郊の避難民キャンプで彼らに一日だけ会うことができた。

三　カダ村の集団避難（二〇〇四年）

二〇〇四年九月八日に奇しくも、シンジャ峡谷の二つのチェトリ・カーストの村、カダ村とブドゥ村で集団的避難が起こった。その原因は、既に述べたように、ともにマオイストによるリクルート・キャンペーンであったが、二つの村は遠く離れており、共謀して逃避したわけではない。

カダ村はシンジャ川から非常に奥まった丘陵地に位置する。現地踏査をあきらめた私は、シンジャへの道中で出会うことのできる同村出身者にインタビューすることにした。カランガで国軍への食糧調達をしている男性、チャラチョウル峠で茶店と宿泊所を経営する男性と、ナラコートのレストランで働く少年の三人である。

三人の話を総合すると、二〇〇四年、それまで多少の寄付[19]は強制されてもマオイストになった者はいなかった村に、そのキャンペーンがやって来たとき、「夜も昼も、寝ることも、食べることも、仕事をすることも許さない、それほどの困難にあった」という。カダ村は、谷を挟んで彼岸と此岸とに集落がある。両岸の村で相談をして、村全部が出て行くという合意がなったが、全八五戸のうち此岸の村の二五戸[20]が、怯えて予定の前日に歩き出してしまった。彼岸の村の六〇戸は行かなかった。夏ゆえ、家を離れて放牧小屋に出かけている人も多かったのである。避難した人々は、家畜はすべて放置して出かけた。避難行のリーダーシップを取ったのは、一人の学校の先生であったという指摘もある。

人々が具体的に目指したのは、ジュムラ郡庁所在地のカランガであった。そこになにか期待するところがあったわけではなく、当事者にとっては、苦しみの土地を去るということが目的だった。サルカール（政府）がなにか助けてくれるというアス（希望）があったわけではないという。「政府さえ、何人を助けることができるだろう。この土地を捨てたら楽だろう、むしろ物乞いをして生きていこうと考えた」のである。しかし、少年の証言によると、「この村には住まない。インドに行って、クーリーの仕事をする。われわれの村の合意は、ここから全員インドへ行くというものであった」という。

実際に逃避行に参加した少年によると、「夜一二時に歩き出した。……家の鍵はかけず、雌牛のいる納屋の扉も閉めず、すべて捨てて行った」。途中でマオイストにみつかり、殴られるか、殺されるのではと不安だったという。「われわれは大人数だ。殴り合いになってもかまわない」と歩き出した。チャラチョウル峠を通って、ジュムラへ行った。

郡庁所在地に着くと、バザールのはずれにある軍隊の演習場に隣接した、学校の広場に落ち着くことになった。「ジュムラ・バザールに着いてから、その広場に宿泊した。われわれは二〜三日間その広場に住んだ。そこに着くと、郡長、郡警察署長、赤十字社、人権擁護団体などすべての組織の人間が来て会った。われわれの手元には、鍋も飲食物もなかった。一枚の布だけあった。労働者農民党などの地元の政治家数名がやってきて、役人と一緒に座って、われわれに、鍋、ダル（豆）、米、衣服、布、テントをくれた。学校の広場にテントを張って、一五家族が住んだ。二〜三日後、そこから場所を移して、バザールの反対側へ移り、二週間過ごした。その間、NGOなどはマオイストと交渉した。ネパールテレビほか、新聞雑誌すべてに私たちのニュースが出た」。

人権擁護団体の代表が、「お前たちはインドへ行く必要はない。われわれが一緒に行って、お前たちの家に住まわせて、戻る。マオイストと話をする。これからマオイストは何もしない。したら、われわれがいる」といった。

マオイストに対し、すべての人が罵詈雑言を浴びせた。それでマオイストも、家へ送り返さなければならないといって、すべてのNGOに要請した。「われわれはもう、寄付をもって来い、ともいわない。アビヤンに行かなくてはならないともいわない。これからはなにもしない」とマオイストがいった。人権擁護団体、村人、マオイストの三者が座って、村で今後こんなことはしないと、ドゥボ（草の芽）、ダヒ（ヨーグルト）、チャーマル（米粒）を互いにつけあうという伝統的な、和解の儀式を行った。

こうして人権擁護団体に付き添われて村へ帰ったが、人権擁護団体の人間がカダ村からジュムラへ戻ると、カダ村の三人のムキヤ（伝統的首長）をマオイストが殴ったという。行くべきではなかった、行ったら戻ってくるべきではないといって殴ったそうだ。その後はなにもしなかった。

避難していた人たちの家や、雌牛、牡牛は、彼岸の村の人間がみてくれていた。もし、彼らがいなかったら、ひどい害を受けていたことだろう。

カダ村の人々の行為については、すでに述べたように、他の村の流出を食い止めたという効果があったと評価される一方、「カダ村の人々は、政府が、プラササン（郡庁）が、保護してくれるといって、村を捨て、家を捨て、穀物・財産、土地を捨てて、郡庁所在地に行った、マオイストにはならぬといって。郡庁所在地に着くと、人権擁護団体、NGOたちが会議を開いて説得して、郡庁所在地から村へ連れてかえった。郡庁所在地に逃げていっても、当局は彼らのために何もすることはできなかった。むしろ彼らは自分の家にいたほうがよかった」（ダパ村の村人）という声もある。

流出の原因を作ったマオイストに、和平後の二〇〇七年夏、なぜ彼らは逃げ出したかと訊ねる機会を得た。カランガにある、ジュムラ地域のマオイスト事務所で、マオイスト党員のラム・バクタ・サヒは、「彼らは自分たちで怖がって逃げ出したのである」と答えた。彼は、当時、村人の流出を知ると、馬を駆って、村々へ行き、「だれも行く必要はない、行かないでくれ」と手を合わせて頼んだという。「一人の党員がシュズ・カス・アビヤンをしたのである、みんなマオイストに行かなければならないという話が来ると。郡の党組織からは、マオイストにならなければ一〇万ルピー出さなければならないというような指示はなかった。これは党がしたことではない、これは個人的行為である。われわれの党に不名誉を与えるために一党員がしたのである」と証言した。

四　ブドゥ村の集団避難（二〇〇四年）

カダ村流出と同じ二〇〇四年九月八日（ビクラム暦二〇六一年バドラ月二四日）、ビラト開発委員会ブドゥ村から三八戸二五〇人[21]がムグの郡庁所在地ガモガディへ避難し、二週間のちに大半がムグからスルケットへ移動した。スルケットで避難生活を送り、二〇〇五年五月二七日（ビクラム暦二〇六二年ジェット月一三日）にＩＮＳＥＣ（Informal Sector Service Centre ネパールの人権擁護団体、ＮＧＯ）の仲介で帰還した。[22] スルケットでの避難生活は、多くの人の関心を集め、以下のＣＳＷＳ（Community Study and Welfare Centre コミュニティの調査と福祉センター）のモニタリングにあらわれたブドゥ村からの集団流出者の状況は、集団的自殺を企てるほどに事態が深刻であったことをうかがわせる。

「二〇〇四年一〇月八日、ジュムラのビラト開発委員会からの流民は繰り返し地方行政府に助けを求めてきた。何の助けのしるしもないので、流民は集団自殺を行う脅威にさらされている。新生児、その母親、老人はマオイストの脅威から家を離れざるを得ず、過去二週間大空のもとで生活している。彼ら全員、宝石その他を売り払い、航空券を購入して、スルケット郡庁所在地に飛んできた。スルケットで三度目に地方行政府にアプローチしたとき、行政長官は、そんな人々は何千人といるので、自分で自分の面倒はみるべきだといい、おかげで流民は集団自殺の危機にさらされている。彼ら全員がスルケットのネパール赤十字事務所前の地面に寝ている」（CSWS 2004）

ブドゥ村は、私が調査してきたルルク村と同じビラト村落開発委員会に属し、私自身何度かマスト神[23]の調査のために訪れたことがある。ブドゥ村は、三つの集落からなる。マティ・ブドゥ、マジ・ブドゥ、ゴテル・ワラである。マティ・ブドゥにはマスト神の社があり、多くの信仰を集めている。避難民になった人のほとんどはマジ・ブドゥ出身で、ゴテル・ワラから避難民になったのはビナ・ブダという人物とその家族だけであった。マオイストが特にビナを懲らしめたのは、彼の息子たちが警察と軍隊にいっているからだという。二〇〇六年夏、ネパールガンジの一角で、ルルク村出身者と一緒に歩いていた私は、偶然、もと避難民であったビナに会い、流出の経緯と帰還のありさまを聞くことができた。それは次のような長い物語であった。

「ビラト村落開発委員会で最初にマオイストになった者の一部がマジ・ブドゥ村の青年たちである。マオイストたちは、マジ・ブドゥにやってきて、食べたり、寝たり、訓練したりしていた。そして強大になって、影響力をもつようになった。ビラト村落開発委員会にはかつて警察詰め所があって、マオイストを取り締まっていたので、マオイストたちは、ジュムラ郡とムグ郡のあいだの草地に行ってキャンプをしていた。マオイストになったマジ・ブドゥの青年たちは、内側と外側を上手に使い分けて、知らぬ間に村人のあいだに浸透していた。

二人の人の家がマオイストに略奪されたが、彼らはマスト神のダングリ（司祭）であった。この二人が家を新しく建て、バーマン（ブラーマン）司祭を招いて儀礼をしようとしたところ、マオイストはそれを許さなかった。マオイストはバーマンは不要で、自分たちがやってあげようといった。二人のダングリは、『儀礼のやり方を知らないおまえたちは、カミ、ダマイ、サルキなのか』と応じた。そのマオイストは実際にカミだったのである。そこで、ブドゥの人間と、マオイストとのあいだで喧嘩になり、殴り合いになった。二〜三日後、二〇〇〜二五〇人のマオイストがやってきたので、村人は防ぐことができなかった。マオイストは村人を殴る、蹴る、はては略奪するなど、ひどく苦しめた。村人はひどく怯えた。マスト神の社が焼かれ、その中の銅、金、銀の祭具はすべて奪われた。

マティ・ブドゥの青年二五人が、恐怖からマオイストになってしまうと、ゴテル・ワラの人々にも『一戸から一人マオイストにならなければならない、ならないなら、息子のモル（徴募補償金に相当する額）を支払わなければならない』というようになった。そのようなことをいわれ、人々は苦境に立たされた。一七人のマオイストがいた。彼らに米飯や肉を用意して『食べてくださいと食べさせようとしたが、食べない。マオイストは『各戸からシンドゥールを塗らねばならない』というので、三人の青年がマオイストになった。なってから『他の家からマオイストになる話はあとでしよう、三人は今連れていってください。今は食事をしてください』と頼むと、彼らは食事をした。彼らマオイストは思うままにふるまっていた。

二〜三日後、マオイストがゴテル・ワラの一一〜一二戸を略奪し、人を連れて行く準備をしているということをビナは耳にした。家を略奪するだけではなく、拷問もする、という話を聞いた。そしてビナたちのもとへマオイストから手紙がきた。『マティ・ガウンは二五人がマオイストになった。マジ・ブドゥは二人がなっただけ。ゴテル・ワラは会合を開かなければならない。ゴテル・ワラ四〇戸、マジ・ブドゥ四〇戸、計八〇戸から一〇人か二〇人はマオイストとして送ってこなければならない』という手紙が。しかし、一体誰を行かせるのか、誰の息子を行かせるのか、みなで話し合いをした。八〇戸から八万ルピー支払え、一〇人か一五人の青年をマオイストに送れと要求されて、七日間会議を開いたが、誰も自分の息子や娘を送る気はなかった。逃げだしてインドへ行こう、河に身投げしよう、マオイストにはならない。期限はバドラ月二七日までであった。その七日間は家の仕事もできなかった。食事ものどを通らなかった。ひどく困った。二四日までマオイストになるというものはなかった。もう残っているのは二〜三日のみだった。どうするか。そこでゴテル・ワラから一一人がマオイストになった。

ゴテル・ワラでマオイストになることを拒否したビナだけに外出禁止令が出された。マジ・ブドゥには全員に外出禁止令が出された。ビナには『お前の息子がマオイストになるか、お前自身がマオイストになるか。二七日までに二人の息子がマオイストになるか、二〇万ルピーをそろえてテーブルの上に置かなければならない。二〇万ルピーを払わなければ、お前の手と足を切る』といわれた。ビナは『われわれの手元には二〇〇ルピーさえない。二〇万ルピーがどこで手に入るだろうか。自分は逃げる。お前はどうする』とマジ・ブドゥの人間に聞いた。マジ・ブドゥの人間は『われわれの息子や娘は逃げてインドへ行った。われわれも逃げる』と答えた。

バドラ月の二四日、夜九時、老若男女、食べながら、歩きながら、逃げだした。食欲はなかった。炊いた飯は捨てた。雌牛雄牛、羊、山羊すべて放して行った。命だけが大事であった。命が長らえばそれでよし。その日はひどく雨が降った。衣服はすべて濡れた。

ララ[24]に着いたら安心した。ララには軍隊がいる。避難した村人は二五〇人ほどいた。ゴテル・ワラとマジ・ブドゥの三八戸全員。老若男女をみると、軍隊は驚愕した。軍隊はビナたちを止めて『どうした。なぜ来たのか。どうやって来たのか』と聞いた。『われわれはこの国の流離人となった』と、ビナはマオイストがブドゥの三つの村に加えた苦しみをすべて述べた。彼らが加えた苦しみ——略奪、殴打、蹴る——には耐えることができないといった。

すると隊長は、『ここに泊まりなさい。村に残っている人も連れてきなさい。あなたたちをわれわれのヘリコプターでタライに連れていってあげよう』といった。そして、隊長は郡長に電話して、避難してきた人間に食べ物と住居を与えてくれと頼み、一万ルピーくださった。その一万ルピーで食事をすることができた。

ところが、ＬＤＯ[25]（地方開発長）は、『みんながシンドゥールを塗るようになったのだから、あなたたちもマオイストに行きなさい。家に戻りなさい』といった。ビナは怒って、『シンドゥールを塗るなんて、たいしたことではない。しかし、シンドゥールを塗ったらすぐ、マオイストはわれわれに銃をもたしてくれる。われわれは銃をもったら、まず一番に地方開発長サヒーヴと郡長サヒーヴを撃ち殺す』と反論した。郡長は地方開発長をたしなめ、『ブドゥの人間に何をしなくてはならないか、それをしよう』とおっしゃった。警視、郡警察署長、軍隊など重要人物が揃う会議が開かれ、ブドゥの村人の希望を聞かれた。ビナたちは、自分たちの郡であるジュムラの郡庁所在地カランガ・バザールに、送り届けてほしいと訴えた。着くには四日かかるが、軍隊と警察で守って送ってくれと頼んだ。ジュムラに着けば、そこの郡長や地方開発長やNGOなどが助けてくれるだろうという目算であった。

ムグに着いてからマオイストは、もう何もしないから戻って来いと二回連絡してきた。そこでビナは、仲間や郡長などの制止をふりはらって、家に戻った。家に着くと、家は略奪されて何もなかった。ビナが戻って来たのを知って、村人やマオイストがたくさんやってきた。マオイストは『誰がお前たちに行けといった？　誰もお前たちに行けといっていない』といった。ビナは『お前は、一人あたり一〇万ルピーほど出せ、一戸から一人マオイストにならなければならないといった。だからわれわれは行った。われわれはそんなお金を払うことはできない。行ってすぐ死のうとも、われわれはお前たちの銃を担ぐ意思はない』と答えた。マオイストは恥じて何もいうことができなかった。ビナは『あんたがいったことはムグの人々に伝える。私はここに住まない。私は行く。希望があれば、誰でも行けるし、行かないこともできる』と他の村人を誘った。翌日、ビナはムグに戻った。

すると、四人のINSECのメンバーが自分たちの目で確かめにブドゥへ行くと郡長にいった。もう一度、ビナは人権擁護団体の人々と一緒にブドゥに行った。学校で大きな会合が開かれ、マオイストも村人も参加した。そのとき、一人の高位のマオイストが、『一〇万ルピー出せ、一戸から一人マオイストにならなければならない、といったのは誰か』と訊ねたので、ビナは、指さしてブドゥ出身のマオイストもいったし、他村出身のマオイストもそういったと答えた。その高位のマオイストは、『われわれの責務にそのようなことはない』といった。ビナは『われわれは頼まれても村に戻らない。われわれはマオイストの上部の命令を聞くまでは戻らない。カトマンドゥの上部はどうなっているのか、われわれは考える。そのあとで、自分で決めて帰ってくる。あなたが帰って来いという必要はない』と答えた。

郡長やＩＮＳＥＣが協議して、ムグに援助米を運ぶヘリコプターを利用して人々を運ぶことになった。チケット代を払った人もいれば、払わない人もいた。郡長は、ヘリコプターの操縦士に代金を取らぬよう手紙を書いて渡した。みなでヘリコプターの帰着するスルケットにやってきた。二〇～二五日間ムグの郡庁所在地ガモガディに滞在したわけである。その間、住居や食料は郡長が手配してくれた。テントや鍋釜なども。ビナは先にヘリコプターでスルケットへ派遣され、住むところを確保することになった。一二人だけがガモガディに残ることにして別れた。他は全員がやってきた[26]。

スルケットにやってきたら、住むところがもらえない。最後に郡長のところへ行った。郡長にいった。『われわれは寝るところがない。寝る場所をください。われわれは明日歩いてインドへ行く』。郡長がいった。『明日来てくれ（話は明日しよう）』『われわれは全部で二〇〇から三〇〇人もいる。一二人はムグで別れたが』と郡長にいうと、郡長は『私は明日一〇時か一一時に事務所にくる。あなたはどこか今滞在しているところに滞在しなさい』といった。ビナは答えた。『われわれにとって今夜の一晩は六ヵ月に相当するくらい長い。あなたは明日来いとおっしゃる。明日にはわれわれは歩いて出て行く。今寝るところを作ってください』。すると『赤十字の事務所の前に寝たらよい』ということになった。

赤十字の前にキャンプしたビナたちをみに、珍しいものをみるように、さまざまな人がやってきた。女性や、青年男女、外国人が写真を撮りにきた。大きな群集ができた。

郡長がビナたちにどうするつもりかと聞いた。ビナは答えた。『われわれはインドへ行く。政府はなにも考えてくれない。マオイストの党首プラチャンダもなにも考えてくれない。東のメチから西のマハカリまでネパールの人が平和に暮らせますように。われわれはインドへ行きます。ここから歩いて、インドのルパイディヤに行きます。あなた方に何か考えがあるかと思って、われわれは来た。当局とプラチャンダとともに何の考えもないことが判明した。われわれはインドに行って働いてお金を得、家族を養う。ネパールに戻ったら、政治はどうなったかみることにしましょう。マオイストと向き合うのに軍隊の銃弾も必要ない。警察の銃弾も必要ない。われわれは自分で闘う。夜、火をつける。昼はジャングルに住む。政治というのは、風見鶏のように変わる。われわれがカルナリ・アンチャル（県）のマオイストを自分で終わらせてあげよう。あなたからの援助は必要ありません』。

郡長は、『あなたのいわれたことに感心した。もうあなた方をインドへは行かせません』といって、テント、鍋釜、布団など全部くれた。避難民の生活条件はよくなった。家族ごとにテントを張って、別々に暮らした。

プス月にビナたちが住んでいるキャンプで、マオイストが爆弾を破裂させた。しかし、ビナたちに怪我はなかった。マオイストは、こうした人間が丘陵地からやってきたことを恥ずかしく思っていたのである。郡開発委員会にも爆弾をしかけるとビナたちを脅した。しかし、そうさせなかった。次の日、マオイストの大物指導者がキャンプ住民に次のようにいった。『あなたはわれわれの政党に大きな侮辱を与えた。どうやって来たのか。なぜ来たのか』と。ビナは答えた。『事情を話せば長くなるが、あなた方マオイスト政党と、村のマオイストとが、われわれに煮え湯を飲ませ、冷水を浴びせたのです。彼らブドゥのマオイストがいれば、話してもいいが、あなたと話すことはない』というと、そのマオイストは『わかった。マオイストの事情もわかった。ブドゥには行かないほうがよい』といって去った。

その後、マグ月に、マオイストはスルケットの郡長や警察に、もうブドゥの村人に援助しないでほしい、援助すればあなた方にとってよくない、といった。すると、郡長たちは避難民に援助しなくなった。政府筋も怖くなったのである。避難民のなかでお金がある者は食糧を買って食べたが、お金のない者は空腹を抱えていた。困ったことになった。スルケットではまったく車が動かなくなった。大規模ストライキの時期のことである。ビナはスルケットから歩いて八日間でカトマンドゥへ着いた。自動車道を、スルケットからネパールガンジ、ブトワール、ナラヤンガート、カトマンドゥと歩いて行った。靴の底はなくなり、足の裏は皮が剝けた。カトマンドゥに着いて、同郷人を頼り、その人が働いているNGOで所長の外国人にすべてを話したところ、所長は一二万ルピーを差し出した。ビナはそのお金を受け取らず、所長に自分の目で避難民キャンプの困窮のさまをみてほしいと頼んだ。その後、その外国人はスルケットに来て、キャンプの全員に、布団、石鹸、米、あらゆる物をくれた。

さらに国民民主党（ネパール）の国会議員パシュパティ・シャムシェルが四万ルピーくれた。ビナは『私にお金をみせないでください。自分で行って与えてください』といった。彼は、代理人を派遣し、そのお金で米を買って渡すよう命じた。その後はだれかお金をくれる、その人がみに行くという具合で、ビナはカトマンドゥからブドゥの人間に電話し続けた。ブッダニールカンタのジョギも五万一〇〇〇ルピーくれた。結局、ビナはカトマンドゥに五二日滞在して、五万一〇〇〇ルピーをもってスルケットに帰った。

ビナがスルケットに戻ると、一二日後、人権擁護団体の人たちが、カトマンドゥから六人、ネパールガンジから二人、スルケットから二人、ジュムラから二人の計一二人が、ビナたちを飛行機に乗せて、ジュムラへ送り届けてくれた。一二人のグループがビナたちをジュムラからブドゥの家まで送り届けてくれたのである。

人権擁護団体の人間はジュムラに二日間滞在した。三八戸の人間が全員、自分の家に落ち着くことになった。マオイストは、三八戸の衣服、穀物、お金、鍋釜すべて奪い去っていたが。

人権擁護団体[27]はもう一度、カトマンドゥからルルクまでやってきて、ブドゥの若者たちにマオイストはどうしているか訊ねた。何もいえない者もいたが、二～四人の若者が『彼らは間違ったことをしている』といった。その発言をした若者は、人権擁護団体が去ったあと、マオイストから痛い目にあった。その若者は、ブドゥから逃げだして軍隊に入った。

その後、ＩＮＳＥＣは、折に触れてブドゥにやって来る。再び、マオイストが、アソジ月（九～一〇月）某日、ビナを拉致して三日間ジャングルに留め置いた。その理由は、ビナが村人をスルケットへ連れて行き、いろんなところからお金を乞うて、みんなを養い、政治家になったというものである。またＩＮＳＥＣのプスカル・パンデーがやってきて『ビナはどうしていなくなった』と訊くと、マオイストは『自分の意思でいなくなった』と答えたという。ビナの身になにかあったら、国際社会が注目するだろうといったという。

ビナはバドラ月（八～九月）まで、ジュムラの郡庁所在地に滞在した。ＩＮＳＥＣから二五〇〇キロの米を貰った。水田の作業をやる時期を過ぎて、村に戻ったので、家には食べるものがないといって、ＩＮＳＥＣから米を乞うたのである。二五〇〇キロの米を郡開発委員会から貰って、計五〇〇〇～六〇〇〇キロの米を、ブドゥの人間にもっていった。

昨今、援助してくれるのはＮＧＯで、政府がこうした仕事をしなければならないのに、してくれない。村や家で被害があったり、病気になったり、困窮したら、ＮＧＯがすぐに援助してくれる。

ＩＮＳＥＣが、避難した人を連れ戻してから、今まで、ブドゥの人間に寄付を強制したり、苦しみを与えることは少なくなった。マオイストたちは、あなた方も私達に協力してくれという。それにはブドゥのマスト神の社から盗っていったものを返してくれなければならない。マオイストは、いま、村より町のほうで、寄付を集めている。村は昨今少し平安である。

今まで、マティ・ブドゥから二四人、マジ・ブドゥから一〇人、ゴテル・ワラから六人がマオイストになった。現在マオイストの仕事をしているのは、二人だけである。他は逃げ出して、軍隊に入ったり、インドへ行ったりしている」

以上がビナの語りである。彼は識字能力をもたないが、マオイストと対等にわたりあい、無力な政府にもの申し、村人を統率して、帰還に向けＮＧＯの援助を勝ち取ったのである。

五　ＩＮＳＥＣによる帰還援助

ＩＮＳＥＣの機関紙『インフォーマル』一九（二・三）号は、ビナを含む難民の帰還の様子を「とうとう彼らは家に帰った」と題して写真入りで報じている。彼らの一〇ヵ月ぶりの帰還はINSECのイニシアティブとDFID[28]の財政援助で実現した。この記事によると、二〇〇四年九月の雨の夜に逃げ出したのは、ビラトとボタマリカの村落開発委員会の五二戸の二八〇人であった。そして、スルケットの赤十字の建物の前の空き地のテントに住んでいたとき、一二家族八〇人は他の場所へ行くか、家へ帰った。残ったのはマジ・ブドゥの二四家族八七人、ボタマリカの四家族の二一人、その他一家族の三人で、この計一一一人が帰還作業の対象となったのである。記事は帰還のさまを次のように伝えている。

「彼らは屋根のないところに暮らさなければならなかったので、スルケットで冬の寒い日や、雨期、夏の暑さのために、さまざまな病気に苦しんだ。最初の頃は、政府の無策ゆえに餓死しそうになった。初期には、和平交渉が始まる前は、家に帰るよりは一緒に自殺をした方がましだという脅威にさらされた。ビクラム暦二〇六二年（二〇〇五年）の始まりとともに、彼らはINSEC、他の人権団体や報道関係者に、家に戻れるようイニシアティブを取ってくれるようアピールした。人権団体は、彼らがここにやってきたときから、この点に関してイニシアティブを取らなかったわけではない。INSECは彼らが故郷に戻れるようずっとイニシアティブをとってきた。しかし、彼らどうしの意見の食い違いとディレンマと財政的資源の不足が彼らをひきとめた。

マオイストとの話し合いと、財政的準備のあと、INSECは、二〇〇五年五月二七日からジュムラの三つの村落開発委員会の一一一人[29]を戻し始めた。……五月二七、二八日にイェティ航空のヘリコプターで、ジュムラの郡庁所在地に彼らを運んだ後で、人権活動家とジャーナリストの一団（計八人）が彼らを家へ案内した。

五月二九日に、ジュムラの郡庁所在地であるカランガから険しい道を二日間、ＩＮＳＥＣの旗を掲げて歩いて、これらの難民は家に送り返され、ビラト村落開発委員会第二区のマジ・ブドゥのクン・ブダの家でプログラム（式典）が開かれた。この式典で、ＩＮＳＥＣ中西部地域オフィスのプスカル・パンデーは、マオイストは国際的人道上の法を守ることを表明しているのだから、それに反する行為は止めるべきだと強調した。

幹部が党の政策に反してしまう弱さをもっていたこと、他の地域の人々もマジ・ブドゥのように苦しまなければならなかったことを述べて、エリア№８のマオイスト代表『パワー』は、マオイストは帰還した人々が恐怖なく村で住めるように努力すると述べた。

式典のあと、人権活動家とジャーナリストの一団は、彼らのいるところで、家の鍵を開けた。家を開けると、財産すなわち什器、衣類、ベッドさえ、略奪されているのがわかった。しかし、物理的な財産が略奪されても、また家に帰れて幸せであった」（Thapa 2005）

ＩＮＳＥＣが、避難民と話したとき、当初の彼らの反応は否定的だったという。避難民はマオイストへの不信をぬぐえなかったからである。彼らは、「マオイストは、その娘を丁重に扱うと義理の母親に繰り返し約束するが、いつも妻を殴る、素行の悪い義理の息子のようだ」とさえいったという。また、避難民は、国家の完全な無視と、マオイストの圧力との間のディレンマに苦しんだことを訴え、スルケットに滞在した一〇ヵ月間の政府の無策について、「われわれはこの国の市民ではないと宣言されたからには、家を捨てて避難民として生きる意味はない」というほどであった。

ＩＮＳＥＣは自らの役割として、マオイストに人権の価値を気づかせ、帰還後の避難民が安心して暮らせるようモニタリングをしなければならないと主張している。「避難民は最も脆弱な人々であるので、彼らを故郷に再定住させるためには、その権利を擁護する必要がある。ビラト、ボタマリカ、カナカスンダリの人々は、ジュムラの西部に位置し、最もマオイストの影響を受けた地域である」から、マオイストに人権教育を施し、定期的に村をモニタリングすることは、政党と村人との間に調和を生み出すのに役立つだろうという。

避難民が帰還したとき、その土地のほとんどは耕されないまま、耕作の時期は終わっていた。そこで、INSECは三ヵ月分の食糧援助、子供たちへの教育支援、来るべき冬への暖かい衣類の援助をすべきだとした。また、ほとんどの避難民は、家を離れるとき家畜を失っていたので、土地を耕すための家畜を買う財政援助をすべきだとした。必要な三ヵ月間の食糧として、二〇〇五年六月八日、避難民は一人あたり二一キログラムの米、食油、塩を、DFIDと郡村落開発委員会スルケットの援助で受け取った。

六　キラナラ（ラジェナ）避難民キャンプ（二〇〇六年）

二〇〇六年夏、暑い日差しのなか、私はネパールガンジからバスに乗ってコールプルに向かい、その郊外のキラナラという河原にある避難民キャンプ[30]をめざした。そこにはジュムラ郡出身の人はいないので、旧知の人に会うというわけではなかった。隣のムグ郡出身の人が多いということであった。コールプル郊外にはスクンバシとよばれる不法占拠者が青色のテントをたてて暮らしている。しかし、キラナラは不法占拠地ではなく、ムグ郡のジッラ・サバーパティ（郡開発委員会議長）、共産党（UM

L）党員、モハン・バニヤ[31]によってつくられ、現在はＩＮＳＥＣコールプル事務所によって管理されている。

現地を訪れる前に立ち寄ったＩＮＳＥＣコールプル事務所では、三〇代前半と思われる、移動してきたばかりの担当者と会った。キャンプはラジャナ・キャンプともよばれ、二〇〇二年（ビクラム暦二〇五九年）頃つくられ、当初は、二一六戸が住んでいたが、現在は五〇～六〇戸が住むという。ここにはさまざまな郡[32]の人間がいるが、一番多いのがムグ郡の人間で、ムグ郡のうち、コマレ出身者が一四～一五戸いる。

ＩＮＳＥＣ担当者は、避難民たちの帰還に向けて努力しているが、目下、キャンプにいる人たちに食べさせる主食の米を求めて奔走しているという。「帰還について政府も努力しているが、われわれも準備してきた。われわれはマオイストと話し合いをしてきた。しかし、今は、食料米が必要だ。Action Aid（ＮＧＯ）に、二〇〇〇キロの米を無償供与してくれという話をしている。彼らが自分たちの家へ帰るのは、後のこと。今はとにかく生きなければならない」という。さまざまなＮＧＯ以外に赤十字や郡開発委員会に援助を求めている。しかし、必ずしも十分な食料を供給してもらえるわけではない。

避難民たち自身もキャンプ内での援助物資に頼っていては生きていけないので、自分で稼いでいる。したがってキャンプには「全員が住んでいるわけではない。住むのは困難である。お金を儲けて食べなければならない。（ネパールとインドとの国境を）あちこちしながら、食べている」と担当者はいう。地の利を生かして、避難民たちは軽々と国境を越え、一定期間インドで働いてはキャンプに戻ってくるらしい。

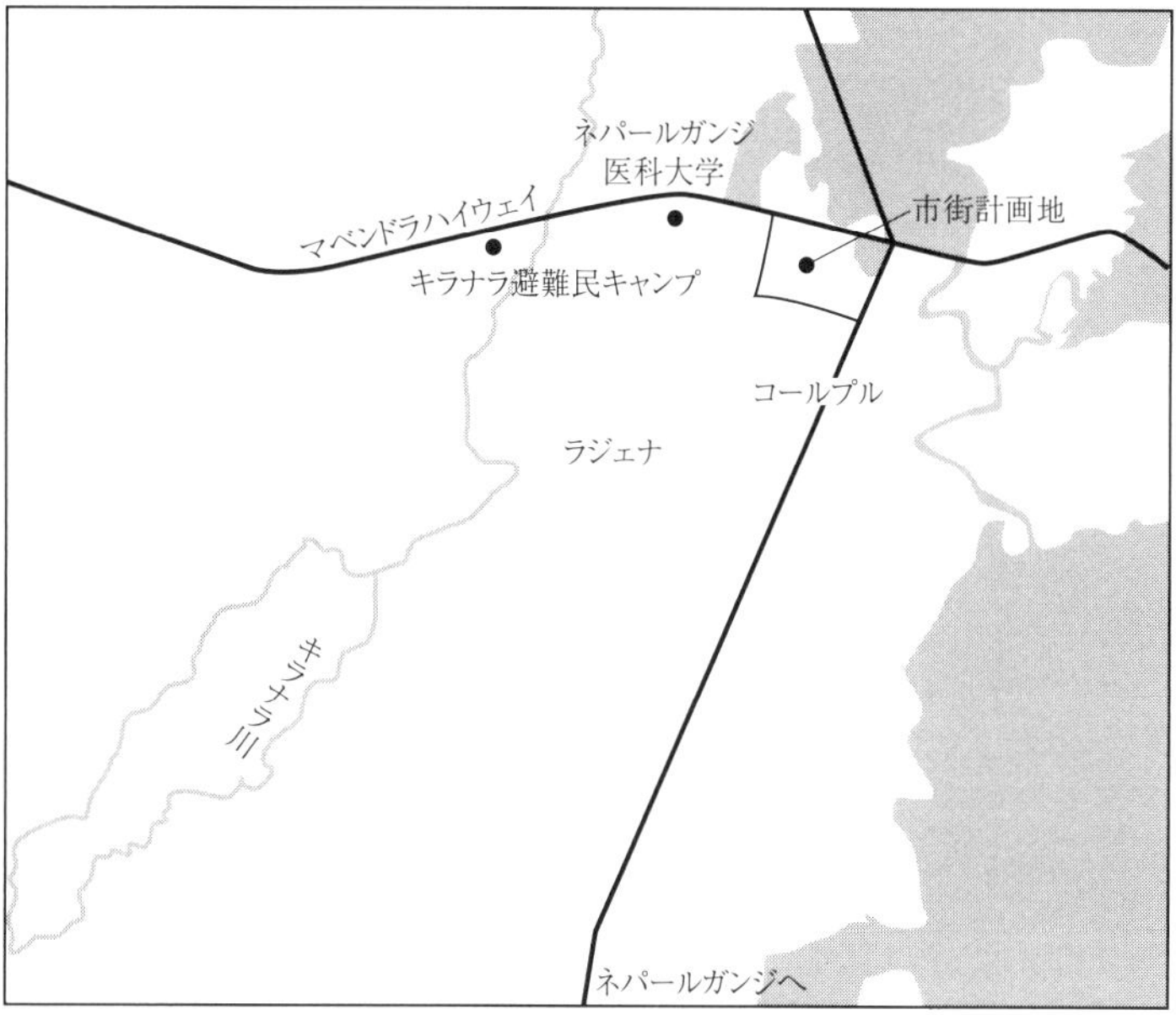

図２　キラナラ避難民キャンプ

ＩＮＳＥＣは一貫してマオイストと交渉しながら、避難民の帰還を促している。帰還する際には、食糧代として一人あたり三〇〇〇ルピーを渡している。五人家族なら、一万五〇〇〇ルピーを与えることになる。それは他のＮＧＯに乞うて集めたものである。ＩＮＳＥＣ事務所は別途バス代を与えているという。ＩＮＳＥＣは、避難民キャンプ以外に住む避難民にも送還の支援をしているが、その人がコールプルに家をもっている場合は、お金は渡してはいない。

私はコールプルの中心からリキシャで西の郊外に向かった。二〇分ばかり行くと、キラナラ（ラジェナ）・キャンプがある（図2）。私が、木の柵で囲った入口から入ると、人々が集まってきたが、まず、入口の左手にあるクリニック（薬局）に案内された。ムグ出身の二〇代の青年が経営しており、薬は有料で処方しているという。彼は、カルナリ・テクニカル・スクール[33]在学時のビクラム暦二〇五八（二〇〇一）年、実家が略奪され、以来、出身村には帰っていない。ビクラム暦二〇六一（二〇〇四）年からクリニック（薬局）を開いている。キャンプでは一日に二〜三人は下痢になるという。当初は援助物資の薬があったが、それが底をついたとき、自分で訴えて某政治家より数週間分の薬を、またヒマラヤ・ファンデーション（NGO）から一年分の薬を援助してもらったという。薬は無償ではなく、代金を取っている。しかし、その代金は、重病人が病院へ行く費用や、若者がインドへ出稼ぎに行く交通費に充てるなど、避難民のために使っている。

キャンプ内の草ぶきの集会場のようなところに人が集まったので、私は小銭を出して煙草を買ってきてもらい、みんなに差し出す。人々は身動きできないくらい、ひしめきあって座り、口々に話し出す。私は国際NGOの人間と受け取られている風であったので、私はどのNGOにも属しておらず、ジュムラで長く調査してきた人間だと自己紹介をした。「NGOの人間は写真を撮るが、何もくれない」という苦情が繰り返され、その勢いに飲まれ、私はカメラを取り出す勇気がなく、結局キャンプの写真を撮ることはできなかった。

まず口火を切ったのは、コマレ村落開発委員会出身の元村落開発委員会議長であった。「マオイストがわれわれを家から追い出した。そこからわれわれはすべてを捨ててここにやって来た」という。村を離れた経緯は、「私には六人の家族がいる。六人ともマオイスト党員にならなければならないという。今私は六二歳である。マオイストになって何ができるだろう。目も見えない、歩くこともできないというと、マオイストは『政党に入らないなら、この財産はお前の子供のものではなく、われわれマオイストのものである。おまえたちはここに住むことはできない』といって、われわれの家に鍵をかけてしまった」からである。一戸から一人どころか、家中の者がマオイストにならねばというのは、従える話ではなく、いやだといったら閉め出されて家に鍵をかけられた。

同じくコマレ村落開発委員会出身の老人（六〇代）によると、やはり一戸から一人ではなく、家族全員がマオイストになるよう強制されたという。「マオイストがわれわれに『おまえの息子は人民義勇軍へ行かなければならない、お前の娘や息子はマオイストに入らねばならない、おまえは、われわれのセナ（軍）が来たら、食事を出さねばならない』という。『われわれ民衆すべてがマオイストに行くことはできない。最大、一戸から一人行くことができるだけ。他は仕事をして家族を養わなければならない』というと、『おまえの息子の財産はここにはない。お前たちはララ湖畔の（駐屯する）国軍のところへ行け。インドへ行け。ここに住むことはできない』といって脅した」という。脅してから、村人の一人二人と殴りあいになったりした。

セラ村落開発委員会出身の共産党（UML）党員で、元郡開発委員会副議長の男性は、マオイストの攻撃を、順を追って次のように述べる。「一番最初、マオイストは（マオイスト以外の）コミュニストに復讐することから始めた。その後、ほかの人にももみ搗き棒を押し付け拷問するようになった。この人間はムキヤ（伝統的首長）だ、この人間を滅ぼそう[34]、他の人間は自分たちの味方、というのが彼らの考え。マオイストの政党に入らなければならないと宣伝し、マオイストになる意思があるかないかは関係なく、無理やり赤いティカを塗りつける。ティカを塗って、宣誓をすればよい。自分はティカをつけない、意思がない、田畑を耕して家にいるというと、政府の側の人間だろう、まだ政府への愛着があるのかという」。

このように、今キャンプにいる人々は、マオイストから、老若男女全部マオイストにならなければならないと命令されるようになって、逃走したという。コマレ村の一五戸の家族は、一緒に村を離れたわけではないが、ほぼ同時期にそれぞれ家から追い出されて郡庁所在地ガモガディを目指した。郡庁舎で避難民であるという申請をして証明書をもらい、一人あたり五〇〇ルピーを得て、郡庁所在地から飛行機でここにやってきたのである。

キラナラに住むと、避難民のキャンプができたというニュースがメディアに出た。その後、赤十字、国際機関、NGOが知ることになった。彼らは自分の担当にしたがって、ある者は米を、ある者は木材を支援してくれ、布、調理具は全部が援助してくれた。

ところが、最初は有り余るほどの援助物資をくれたが、すぐに途絶えるようになった。そこで人々は生活のため、キャンプに籍を置いたままインドへの出稼ぎを繰り返すようになった。もちろんずっとインドに住みついて稼ぐほうが儲けは大きいことはいうまでもない。コマレ村落開発委員会議長はいう。「NGOはわれわれをして、ネパールに住むべきか、インドに行くべきか、迷わせた。ネパールのNGOは少々の物をくれて、家に戻してやるという。（だから）インドへ行くことができない。インドへ行って、家族全員が仕事をしていれば、われわれはお金を貯めていただろう。われわれをインドへは行かせてくれない。NGOはあなた方に食糧や衣服は与えるという。昨今は、犬が骨を放り出すように、われわれを放り出している。ここの人間は二～三ヵ月ここに住み、インドへ行くことを繰り返している」。

コマレ村落開発委員会の隣のセリ村落開発委員会出身の男性も、「キャンプに来ると、石鹸、歯磨きから薬までNGOがくれた。われわれを援助してくれたことをわれわれは忘れない。しかし、最初はくれたが、途中からくれなくなった。そうするなら、最初からくれなければよかった。くれなかったら、われわれは自分の考えで、インドへ行くとか動くことができた」。

薬局を運営する青年も、「もし援助してくれるなら、必要なときにくれなければならない。これだけ食糧を与えるというなら、必要なときに早く与えなければならない。はじめの頃は、（夜炊いても）朝まで余るほどたくさん米をくれたのに、昨今は、助けてくれない。キラナラに住む若い衆はインドへ行って、二〜四〇〇〇ルピーを貯めて帰り、家族を養っている」という。ＮＧＯ[35]たちは人々を身動きできないようにしてしまったと断じる。

一方、マオイストはどのように対応したかというと、ここにキャンプした後、三ヵ月の停戦になったとき、難民に「家に戻りなさい。何も起こらない」といったという。ＩＮＳＥＣ、マオイストと避難民の三者が一緒に座って、話し合いをしたが、人々を避難民にした当事者であるマオイストがそのようにいっても信じることはできなかった。

キャンプの人々は、戻ることについては、何度も話をした。人々が驚いたことに、あるマオイストは、「避難民は家になんか帰らない。避難民はここで生活費を捻出している」といったという。避難民の一人は「われわれが一体どこからお金をもらっているというのだろう。ＮＧＯから生活費をもらっているとでもいうのだろうか。生活費という名目でひと粒の豆ももらっていない」と立腹すらしてみせる。

マオイストは、二〇〇六年、避難民たちに、チャイトラ月二四日からバイサク月一日（西暦の四月中旬）までにこのキャンプを離れないなら、ここは戦場になると告げたという。このことを警察や国軍や郡長が知ることになった。国軍の幹部は、避難民の代表者三名を軍隊のキャンプに呼んで、「マオイストと取り引きするなら、おまえたちもマオイストである。キラナラ・キャンプから離れるなら、おまえたちを撃つ。戻ってはならない」といった。避難民たちは、マオイストの軍隊からも、サルカールの軍隊からも撃つといわれて、途方に暮れた。なかには気丈に「軍隊のキャンプで撃ち殺してほしい」と訴えた人もあった。

ところが、同時期に、第二次民主化運動[36]が始まった。すると、マオイストによって戦場にするという話はなくなった。キャンプ内の人々もそれぞれ支持政党のデモをしに行った。この運動は成功し、民主化した政府になった。その政府が来たら、平和になり、避難民は自分の家へ帰れると期待するところ大であったが、帰れるどころか、今日まで政府から何の支援の動きもない。

マオイストは強力なＮＧＯに「避難民たちを家々に戻してくれ。われわれも戻す手伝いをする。われわれは彼らを村に住まわせ、われわれの家を略奪すべきではない。その後は何も危害を与えない」といっているらしい。「マオイストは恥じるべき、われわれの家を略奪すべきではない。マオイストがいい仕事をしたか、悪い仕事をしたかは、選挙[37]がきたら、知ることができる。バザールの人間の考えは知らない（支持する人があるかもしれない）。しかし、故郷のパハール（丘陵地）の人間はマオイストを良く思っていない。武器を置いたら、彼らは無力である。人々は怖がらないだろう」。

帰還については、「マオイストが追い出したからここにやって来たのだから、これを返す責任はマオイストにある。マオイストがしないというのなら、政府がしなくてはならない」という人がいる一方、ＮＧＯに期待する人もいる。「もうわれわれはここに住むつもりはない。誰かＮＧＯに家まで連れて帰ってもらいたい。秋のダサインの祭りが来る。われわれは自分の故郷で祝いたい。われわれに一片の土地をくれても、ここに住む気はない。自分の故郷で、冷たい風や水を味わいたいと思う。ただし、その土地で何ヵ月で作物が実るか、ということを理解して、次の作物が実るまでの食糧代を与え、飛行機代を与えて送り出してほしい」。

避難民になった人々にとって、国の援助が受けられなかったことは大きな失望であった。「国王のサラナルティ（sharanarthi）、すなわち難民がくれれば、政府が世話をしなければならない。軍や警察が世話をしてくれなければならない。ところが、実際にはモハン・バニヤが個人的に世話をしてくれた」と村落開発委員会議長は嘆く。

七　結びにかえて

二〇〇七年夏、ネパールガンジに降り立った私は、キラナラ（ラジェナ）避難民キャンプはすでに撤収され、その地に麦が植えられていると聞いた。前年、ダサイン祭には村に帰りたいと訴えていた人々は、実際には、二〇〇六年一二月に、NGOのBEEグループ[38]の援助でヘリコプターで帰還したという。赤十字から什器や衣服を、郡の人権擁護団体から米を貰って村に帰ったという。コマレ村落開発委員会では議長を含め多くの人の家が破壊されていた。同村落開発委員会の書記の話によると、村人で家を破壊されていない者は、破壊された者に四～五パティ（二〇リットル前後）の大麦、小麦、ジャガイモ、蕎麦、豆、穀物を与えたという。

私はネパールガンジからジュムラへ飛び、カランガやシンジャで懐かしい人々に再会したが、その多くは、政治的理由で避難民になり、二〇〇六年の八月に、スルケットから帰ってきたばかりの人々であった。この帰還を援助して実現させたのも、BEEグループであった（安野 二〇〇八参照）。

翌二〇〇八年夏、ネパールガンジで、私はなかなか会うことができなかったINSEC中西部事務所のプスカル・パンデー氏と会うことができた。帰還作業を振り返り、彼は次のように語った。「シュズ・カス・アビヤンのためスルケットにやってきた避難民を、われわれは当時、帰そうとした。しかし、うまくいかなかった。いろんなやり方で避難民たちはスルケットにやってきた。ある者は歩いて、ある者は飛行機で。スルケットに到着すると、彼らに食べるもの、住むためのものを用意した。食住を助けたことは、最終的な解決ではない。解決は、避難民たちが来たところへ送って行って住まわせることである。自分の家に住むということは人民の大事な権利である。さあ彼らをどのように家に送り返すか、彼らに家に帰る気があるかないか。彼らに問わなければならない。誰かのせいで避難民になったのなら、その人と交渉しなければならない。避難民のあいだでもひどく議論した。避難民たちからわれわれが何を得たかというと、家に帰る希望があるが、家に帰るには、家に住むには、われわれの保護がなければならないということであった。マオイストたちともさまざまに議論した。マオイストの人間と話をするには、隠れた場所で誰にも知られないように話をしなければならなかった。知られれば、警察はわれわれを撃っただろうし、殺していただろう。逮捕していただろう。刑務所に収監していたであろう。そうであっても、自分の責任を果たして、リスクを負いながら、人民のために仕事をしなければならない。……自分が困難になっても……人民に困難がふりかかったとき、人民のために助ける準備をしなければならない。王の政府があったとき、政党が政権をとったときにも、INSECは仕事をし続けてきた。人民が困難なとき仕事をするのは、われわれにとってうれしい。困難なときに仕事をするのはわれわれの本望である」

政府は、政治家やその縁者以外で避難民になった人々には無関心で、援助とよべるものをしなかった。政府は、人民戦争下、避難民になった人々には、一日につき一人あたり一〇〇ルピーの援助を一家族三人まで与え、私有財産損害基金から、破壊された財産に現金の援助を行うとした。[39] これらの基金は、二〇〇一～二〇〇二予算年度が終わらぬうちに底をついたという。私が出会った避難民のうちでも、私有財産損害基金に申請した人は、もと政治家であった人々であり、二〇〇四年にシュズ・カス・アビヤンのため避難民化した人々にはこの基金は残っておらず、申請するすべもなかった。

避難民化し政府から見放された村人に実際に手を差し伸べたのは、ネパールに新たに生まれた人権擁護思想に立つNGOであった。もっとも、NGOも持続的に避難民を養っていくことはできず、村人はキャンプにいながら自力で生活手段を確保せざるを得ず、当初の目論見通りインドへ行って働くこともあった。こうした困難のなかで、村人もまた人権概念を体得し、キラナラ（ラジェナ）避難民キャンプの薬局の青年や、スルケット避難民キャンプのビナのように自ら援助を求めて行動する人物が出現するにいたった。こうした人々は、村に帰っても、マオイストを恐れることなく、対等にわたりあっていけるだろう。

人権擁護NGOにとって、二〇〇五年のブドゥの村人の帰還の成功は、「人権擁護団体の小さな努力で、数百から数千の避難民を送還することができる」という自信を、そこで働く職員にもたせた。そのことが、その後の一連の避難民の帰還を可能にしたといえよう。

注

1 IDMC（Internal Displacement Monitoring Center）のネパールに関する二〇〇六年一〇月一六日の報告。

2 Internally Displaced Personsの略。

3 Village Development Committeの略。

4 District Development Committeeの略。

5 実際に攻撃されて逃げ出すというより、攻撃されるという恐怖から逃げ出す場合が多い。ネパール会議派党員への家財の略奪事例については、安野 二〇〇八参照。

6 教員のほとんどは郡庁所在地か首都か、他の郡に逃げ出し、学校は運営不能となった。それ以前に、マオイストが学校の生徒をあらゆるマオイストのプログラムに連れていくので、学校は空っぽになったと証言する教員もいる。

7 政府からの補償については、Martinez 2002ならびにGnyawali 2005参照。

8 District Head Quartersの略。

9 その成果については、安野 二〇〇〇参照。

10 二〇〇四年に起こった集団避難の事例としては、ダイレク（五〇〇世帯）、バグルン（一五〇人）、ダヌシャ（三〇〇人）、イラム（八〇〇世帯）などがあげられる（INSEC 2005: 4）。

11 ジュムラ、ムグなどカルナリ上流に住む人々は、下流に位置するカリコートにいい印象を抱いていない。タライやインドへ行く途中に位置するカリコートで、略奪にあうことも多かったという。

12 Shuj lagai, tana kas, banduk samai, bana pas, teso nagare ghar ma basdai nabas.

13 このアビヤン（キャンペーン）の名称について、マオイストを含む現地の人々のあいだに大きな誤解があった（また今もある）ことが、二〇一一年八月から九月の現地調査で明らかになった。ある若いマオイスト（学校は一〇学年まで行ったが、SLCに失敗してマオイストになったらしい）によると、当時マオイスト政党から指令されたキャンペーンの本来の名称は、ジャナ・スッディ・カラン・アビヤン（jana suddi karan

abhiyan 人民啓発キャンペーン）であった。この、人民を前へという意味合いから、当該キャンペーンは、彼によれば、頭文字のジャ（ja）とス（su）とを入れ替えて、スージ（suuji）とよばれたという。もっとも、このような頭文字の入れ替えがネパール語にふつうにみられるか否かは、筆者のフィールド経験からは判断できない。ともあれ、スージという音と、補充を求められているという意識から、村レベルでシュズ・カス・アビヤンと誤解されて広まったと思われる。

14　村人もマオイストになることを全面的に否定していたわけではなく、当人の意志でマオイストになるのなら問題ではなく、強制されるものではないと考えていた。

15　ＯＣＨＡはOffice for the Coordination of Humanitarian Affairsの略。ＯＨＣＨＲはOffice of the High Commissioner for Human Rights（人権高等弁務官事務所）の略。

16　報告書にある表記のまま。「シュズ・カス・アビヤン」を指す。

17　後日談ではあるが、二〇〇七年夏に、ジュムラでマオイスト事務所を訪ねた際、マオイストにより、この強硬な補充作戦は、一部の者が「暴走」した結果だという釈明がなされた。

18　二〇〇七年夏に、コマレ開発委員会の書記に聞いたところ、このキャンペーンによって、マオイストになることを承諾しない三〇戸から四〇戸の家が破壊された。そのほとんどは、共産党（ＵＭＬ）か、その支持者であった。

19　裕福な家から二五〇〇ルピー、貧乏な家から一五〇ルピーの寄付を取ったという。

20　OCHA/OHCHR（2006）は、「サニ・ガウン村開発委員会の二二家族一四一人が、人民義勇軍へ入れとのＣＰＮ-Ｍ（マオイスト）の圧力のためジュムラの郡庁所在地に流出した」と報じている。

21　三五家族一九〇人という報告もある（OCHA/OHCHR 2006）。

22　このとき帰還した者の数は、他の地域も含め一一一人であった。

23　西ネパールのカルナリ河流域に固有の神々は「一二兄弟マスト神と九ドゥルガ姉妹神」と総称され、各村の祠に祀られている。その特徴は人に憑依することである。

24 ビラト開発委員会の郡庁所在地はカランガであるが、ムグの郡庁所在地ガモガディよりはるかに遠い。ララ湖はガモガディに隣接している。
25 Local Development Officerの略。地方開発省から任命される。
26 マジ・ブドゥ村の総戸数は二六戸で、すべてがガモガディに逃げ出したが、スルケットに行ったのは一〇戸のみで、残り一六戸は一四日後に村へ帰ったという記述もある（Shrestha-Schipper 2013: 283）。
27 OCHA／OHCHRの二〇〇六年八月二日から八月六日までのミッションを指すと思われる。
28 Department of International Developmentの略。イギリスの開発援助機関。
29 避難民のうち八人は、ビラト村落開発委員会の出身であった。二一人はボタマリカ村落開発委員会の人間であった。三人はジュムラ郡のカナカスンダリ村落開発委員会に属していた。四八人が一五歳以下の子供で、六人が六〇歳以上であった。避難民のうち女性は二八人、男性は三五人、少年は二八人、少女は二〇人であったとされる。
30 キラナラは、もともとキャンプのある河原の地名であり、そばを流れる川の名前でもある。しかし、ジャーナリストの報告などでは、当該キャンプはラジェナ（Rajena）・キャンプと記されている事例がある。ラジェナは、キャンプのある村落開発委員会の名称である。どちらが正しい名称か、判断しかねるので、括弧に入れて併記することにしたい。
31 彼は、キラナラに自前の立派な家を構えている。政府所有の空き地を、政府に交渉して借り受け、同郷から避難してやってくる人々に提供してきた。
32 中西部の九郡は、ムグ、ジュムラ、フムラ、バジュラ、サリヤン、ジャジャルコート、ダイレク、スルケット、カリコートである。このキャンプには、実際にはこのうちの六郡の人々が住んでいるという。
33 ミッションが経営する職業訓練校、所在地はジュムラ。
34 地域に影響力をもつ人間が活動すれば、マオイストの組織が大きくなれないと考えているのがわかる。
35 薬局の青年は、さらに、NGOのなかには、いい服を着、きちんと生活をしているビスタピットを批判的にみる者がいるという。

36 カトマンドゥを中心とする、七政党とマオイストとの連携による国王親政への抗議デモ。

37 憲法制定議会選挙をさす。二度延期されて、二〇〇八年四月に実施され、マオイストが勝利した。

38 Bheri Enviromental Excellence の略。ベリ流域の環境保護団体だが、この時点では人権擁護活動も行っていた。

39 その要求は、被害額が算定された後、郡長によって承認されなければならない。その手続きには数ヵ月を要する。政治的にコネのある人々のみがこれらの資金にアクセスできた。

参考・引用文献

安野早己、二〇〇〇、『西ネパールの憑依カルト―ポピュラー・ヒンドゥーイズムにおける不幸と紛争』、勁草書房。

安野早己、二〇〇七、「ガル・ルトネ（ghar lutne）：家財の略奪―ネパール・マオイストによる地方名望家への襲撃」、『山口県立大学大学院論集』、第八号、二一―三八頁。

安野早己、二〇〇八、「西ネパールの村落社会からみる人民戦争―二〇〇一年と二〇〇四年の国内避難民流出」、『民博通信』、一二二号、八―一〇頁。

CSWC, 2004, *Conflict & IDP's Monitoring in Nepal*. Kathmandu.

Gnyawali, Prakash, 2005, 'State of Statelessness: A Critical Observation on Government Responsibility for Conflict-induced IDPs in Nepal', *INFORMAL*, 19 (2 & 3), Kathmandu: INSEC.

IDMC, 2006, Nepal: IDP Return still a Trickle despite Ceasefire: A Profile of the Internal Displacement

Situation. 16 October, 2006.
URL http://www.internal-displacement.org
INSEC, 2005, Conflict Induced Internal Displacement in Nepal.
URL http://www.insec.org.np
Martinez, Esperanza, 2002, *Conflict-Related Displacement in Nepal*. Kathmandu: USAID.
OCHA/OHCHR, 2006, *IDP Mission to Jumla and Mugu Districts, 2-10 August, 2006*. Mission Report.
Shrestha-Schipper, Satya, 2013, 'The Political Context and the Influence of the People's War in Jumla', in Lecomte-Tilouine, Marie (ed), *Revolution in Nepal: An Anthropological and Historical Approach to the People's War*, pp. 258-297, Oxford University Press.
Thapa, Durga, 2005, 'Finally They Are at Home', *INFORMAL*, 19 (2 & 3), Kathmandu: INSEC.

四章

ネパール領ビャンスにおける「政治」の変遷
——村、パンチャーヤット、議会政党、マオイスト

名和克郎

一　はじめに

本稿は、極西部ネパールのビャンス地域出身の人々にとっての政治を巡る状況と実践の変遷を、パンチャーヤット期以前から制憲議会選挙後の二〇〇九年まで、通時的に概観するものである。ここで「政治」という語で問題にされるのは、たとえば「政治人類学」という語が通常想定する幅広い領域と、国家の制度枠組みに直接規定されたより限定された領域、および両者の関係である。記述の焦点は、一九九四年時点で人口約五〇〇人であったチャングル村を故地とする人々に当てられている[1]。

ネパールにおける民族誌的研究において、政治を巡る問題の比重はここ四半世紀ほどの間明らかに増加してきた。もちろんパンチャーヤット体制期にも、一方で、「カースト間関係」「カースト・トライブ間関係」といった枠組みで集団間関係を巡る諸問題が、他方で村内における派閥の問題が、いずれも時にラナ期及びパンチャーヤット期のネパール国家の制度的枠組みとの関係において断続的に検討されてきた。だが、政党政治の復活と多民族多言語のヒンドゥー王国ネパールをもたらした一九九〇年の民主化以降、この領域での研究は、恐らくは英語圏の人類学における「政治」の強調とも相俟って、質量ともに充実していった。さらに、外部への情報伝達が困難になるなかで「人民戦争」が調査地の日常の一部になると、多くの民族誌家がその状況を批判的に報告するようになった。一つの典型的な図式は、マオイストと軍・警察という二つの武器をもった外部勢力の間に立つ村人というものである。さらに近年の研究は、地域的にも、また視点によっても大きく異なってみえる状況の展開を具体的に解明しつつある。またマオイストの運動と、さまざまな帰属範疇を基盤とした権利主張、さらには人権や先住民といった全球的（グローバル）に流通する概念との間の微妙な関係についても注目が集まっている。現在進行中の諸問題をより長いタイムスパンのなかに位置づけつつ国家および村レベルの政治の問題との関係で捉え直す作業により、村レベルの派閥の問題と国家制度の枠組みの変化の関係や、「（先住）ジャナジャーティ」といった用語の定着過程といった問題と、内戦期、ポスト内戦期の具体的な事件・出来事の連鎖とが結び付けられつつあるのである。[2]

本稿ではそうした作業の一環として、極西部ネパールのビャンス地方を故地とする人々にとっての「政治」のあり方の変遷を、政党政治の導入や「人民戦争」の影響も含めて概観してみたい。その際、状況をより立体的に捉えるために、限られた紙幅のなかでではあるが、できるだけ個々人の語りに立ち戻りつつ議論を進めたい。同時に、ポスト内戦期における人々自身にとっての「政治」のイメージを把握するために、「ラージニティ（rajniti 政治）」や「アンドーラン（andolan 運動）」といった語の現地での用法にも注目したい。

ビャンスは、極西部ネパールとインドのウッタラーカンド州を分かつ国境の川マハカリ（カーリー）の最上流域を指す地方名である。ビャンスの主な住民は、ネパールではビャンシーの名でよばれる場合が多く、またマハカリ川流域では「ソウカ（シャウカー）」という名でも知られる。人々自身の母語による自民族範疇は「ラン」であるが、この名はビャンスのみならず、インド領のチョウダンス、ダルマ両地域の主要な住民をも含むものである。ビャンスのランはチベット・ビルマ語族の言語を伝統的母語とし、生業として農耕牧畜のほかヒマラヤ越えの交易を行う者が多い。夏はビャンスの村からチベットへ、冬は越冬地である国境のバザール、ダルチュラをおもな起点にマハカリ流域の山地部から平原部へというのが、伝統的な季節移動のパターンであった。チベット仏教徒説は基本的に誤りで、ヒンドゥー教、チベット仏教双方の影響を受けつつ独自の儀礼体系を保持しているといい得るが、一九九三年時点ではほぼ全員がヒンドゥー教徒だと主張していた（名和 二〇〇二）。

ビャンスは国境により二分されており、インド領ビャンスに七つの村、ネパール領にはチャングルとティンカルの二村が存在する。ネパール領ビャンスは、行政的にはマハカリ県ダルチュラ郡に属し、この二村で独立したビャンス村落開発委員会（旧ビャンス・パンチャーヤット）を構成する。ただし、住民自身の季節移動に伴い、村落開発委員会自体も冬にはダルチュラのバザールに移動する。ビャンスの村々には、チベット難民やヒマラヤ南麓を故地とする鍛冶屋など、必ずしも自らをランだと主張しない人々も住んでいるが、本稿では、ネパール領ビャンスの村を代々自分達の村だと考えてきた人々に議論を限定し、とりわけ筆者が中心的にフィールドワークを行った村チャングルの出身者に焦点を当てる。なお、出身者という言い方をするのは、これらの人々が必ずしも毎年の半分をネパール領ビャンスで過ごしてはいないためである。

二　政党政治以前

ネパール、インド、チベットの三国の周縁に位置していたビャンス地方、とりわけネパール領ビャンスの住民にとって、国境が近代国家の排他的な領域を画するものとして本格的に機能し出すのは、二〇世紀中葉以降である（名和 n.d.）。ラン内部において、それ以前から存続してきた、最も明示的で、恐らく最大の凝集力をもつ政治的単位は村である。ビャンスの村はいずれも集村で、多くは川面から数十メートル上がった段丘上の比較的平坦な土地にある。個々の村は名前をもつ複数の親族集団（婚入した女性を含み、婚出した女性を含まない）からなっている。たとえばチャングルはボハラ、アイトワール、ララという三つの親族集団からなる。村々は姻族関係のネットワーク等により結ばれているが、村を越えたラン内部の恒常的な組織は、伝統的には存在しなかったようである。

ビャンスの村々には、ビャンシー語でブダーとよばれる伝統的村長が存在してきた。ブダーの地位は、基本的には代々親から子へと世襲されていたようであり、たとえばチャングルでは、ボハラ内部の特定の家系の長男が継いできたという。二〇世紀前半およびそれ以前におけるブダーの役割は必ずしもはっきりしないが、明らかなのは、村内において一定の儀礼的、政治的役割を担ったこと、および対外的に徴税請負の仕事を行ったことである。[3] ブダーのなかには、ビャンス最大の村ガルビャンのブダーであったゴブリヤ・パンディットのように、植民地インド、ネパール双方の政府との関係を構築し大商人として活躍する者もいたが、少なくともネパール領ビャンスについては、ブダー家あるいはブダー家を含む親族集団のみが、村内で政治的経済的に卓越していたという証拠はない。

チャングル村は、一般の人々への近代教育が極端に制限されていた二〇世紀半ばまでのネパールでは例外的に、徒歩で数十分のインド領の隣村ガルビャンでヒンディー語による初等学校教育を受けた村人がまとまった数存在していた。一九四〇年代にはインド領で中等教育に進む者もあらわれ、そのなかから、インド独立とネパールにおける政治体制の変化を目の当たりにして、自分達はネパール国民なのだという強烈な意識をもって政治活動に身を投ずる若者があらわれた。その代表が、国政レベルの政治家として活躍することになるバハドゥル・シン・アイトワールである。

バハドゥル・シンは一九三三年チャングルに生まれた。インドで初等・中等教育を受けた彼は、一九五〇年代にチベットのプランに赴き、従来行われていたネパール領ビャンスへの課税をやめさせる交渉を成功させるなどして頭角をあらわし、パンチャーヤット制が敷かれるとビャンス・パンチャーヤットのプラダーン・パンチャ（行政村の村長）となる一方、郡パンチャーヤットの議長も務め、一九六四年には国家パンチャーヤットのメンバーに選出された（Aryal et al. (eds.) 1974: 9-10）。以降、癌により五〇代半ばで亡くなるまでほぼパンチャーヤット期を通して国政レベルの政治家として活躍、林業副大臣等を歴任した。強烈なネパール主義者であった彼は、私設図書館の設置、儀礼の改革・簡素化等さまざまな方策によりビャンスとりわけチャングル村の近代化、ネパール化、また「ヒンドゥー化」を促進するとともに、ビャンスのみならずマハカリ県北部を代表する政治家の一人として、地域全体の開発をも推進した。その代表的な成果が、ダルチュラの一つ南の郡バイタディの郡庁所在地からマハカリ川沿いに北進し、ダルチュラのバザールを通ってビャンスまでを結ぶ、バイタディ・ビャンス道路である。この道路は車の通行こそできないものの、馬やラバが楽にすれ違えるだけの道幅をもち、従来のルートに比べ上り下りも少ないため、マハカリ郡北部の交通の容易化と拡大に大いに貢献した。

ここで重要なのは、チャングル最初の近代的な政治家が伝統的村長ブダーではなかったという事実である。バハドゥル・シンはブダーとは別の親族集団に属している。チャングルの先代ブダーであったタンジャン・シン・ボハラは、バハドゥル・シンと同世代で、チャングルで最初に（インド領の）中学校を卒業した二人の内の一人であったが、制度的な政治に本格的に参画することなく、ヒマラヤ越えの交易で成功を収めつつ、あくまでも村のブダーとして、ブダーの職掌でなくなった徴税を除き、村のファンドの管理から村内の決まり事に関する決定にいたる仕事を行った。他方、チャングル、ティンカル二村からなるビャンス・パンチャーヤットのプラダーン・パンチャは、その後バハドゥル・シンやタンジャンより若い世代、就任当時二〇代から四〇代の有能な男性によって、順次務められていった。ランの間で「〇〇プラダーン」として知られるこれらの男性は、ネパール領ビャンスの村々と、新たなネパール国家の政治・行政制度とのインターフェイスとしての役割を果たしたが、いずれも専業の政治家にはならず、中には交易で大成功を収めた者も多い。たとえば、今もソーブン・プラダーンとよばれるソーブン・シン・ティンカリは、ティンカルではじめて高等学校を卒業した人物で、二度プラダーン・パンチャを務めるなどティンカルを代表する政治家として活躍する一方、商人、起業家としても成功を収めた。当時彼はバハドゥル・シンと協力してバイタディ・ビャンス道路の建設をはじめとする公共事業の成功のために尽力し、中央から来た役人や技術者をバイタディからビャンスまで何度も連れて歩いたという。なお、交易で大成功した者が皆政治への参画を試みた訳でも、またプラダーン・パンチャの全てが経済的に大成功を収めた訳でもない。また、これらのプラダーン達はいずれもローカルな政治に留まり、国政にまで進出した者はパンチャーヤット期を通じてあらわれなかった。他方チャングルでは、一九四〇年代生まれの世代から、高等学校、さらには大学を卒業する者が出始め、その一部は主に一九六〇年代にカトマンドゥに出て政府関係機関に就職、テクノクラートとしての道を歩んだ。彼らは国政レベルの政治家とのさまざまな関係をもつに至ったが、そのなかからパンチャーヤット期に政治の世界に直接参入する者はあらわれなかった。

パンチャーヤット期のネパール領ビャンスは、その内実を変質させつつも住民の多くにとって主要な収入源であり続けたヒマラヤ越えの交易に支えられて、経済的に繁栄した（名和 二〇一一、二〇一二)。その交易を支えるインフラとしても機能したバイタディ・ビャンス道路の存在と、それがビャンス出身の政治家の尽力で完成したという事実は、「ビカス」(vikas 開発・発展)という当時の国是が、自分達の生活に直接関わる形で着々と進行しつつあるという感覚を、人々に与えたようである。

他方チャングルの内部では、伝統的村長ブダーと、パンチャーヤット体制の末端を担う村レベルの政治家とが職掌的に分離し、両者が対立することなく併存する状況が続いた。当時プラダーン・パンチャの地位を巡るあからさまな競争、軋轢等があったという話は聞かない。実体はむしろ、外部との交渉に長けているとみなされた若い村人が、村人の総意により順次プラダーン・パンチャを務めてきたという図式に近かったようである。

三　政党政治初期

一九九〇年民主化を受けて、ネパール領ビャンスは、ビャンス・パンチャーヤットからビャンス村落開発委員会へと再組織された[4]。この新たな制度に乗って村レベルの政治に携わったのは、従来プラダーン・パンチャを務めていた人々よりもさらに若い、主に当時二〇代から三〇代の人々であった。チャングルに関する限り、「〇〇プラダーン」とよばれる人物は誰も一九九〇年以降の制度的な政治に参加していない。村落開発委員会の議員はそれぞれ特定の政党に所属しており、時に村の広場で各々の政党の立場や主張を語り合うといったことはあったが、彼らの政党帰属は、親族集団の帰属とも、また友人関係のネットワークとも相関しておらず、ネパールの他の地域で報告されてきた、村内が明確な派閥に分かれそれぞれが特定の政党と結びつくという図式はみられなかった。聞かれたのは、さまざまな政党の人間が村落開発委員会に入っているのがわれわれにとってよいことなのだ、という語りである。比較的若く、才覚と一定程度の学歴のある村人が行政村の制度的な政治に参入し、外部との交渉により全体の利益獲得を目指すというやり方は、政治制度が変更された後も、少なくとも結果として維持されたのである。

ビャンス村落開発委員会議長ジャヘンドラ・シン・アイトワールは、こうした若き政治家の典型であった。チャングルではそれほど裕福とはいえない家に生まれた彼は、チャングルの中学校で教育を受けた後、ダルチュラの高校を卒業、極西部ネパール平野部の町マヘンドラナガルでインター（大学二年次修了に相当）の学位を取った。その後ダルチュラに戻り交易等に従事していたが、才覚を買われて三〇歳未満で議長に就任した。政府系の仕事の請負なども行う彼が村落開発委員会議長として村人からみえる形で行っていたのは、村に流れてくるさまざまな資金や機会を捉えて、集会等でそれがいかなるものかを村人に説明し、合意を取りつつ制度的に妥当な形で最大限獲得し活用することであった。彼は基本的にはビャンスの代表として振る舞い、政党の枠組みに基づく政治的主張を村人に向けて行うことは少なかったため、一九九三年時点で彼の政党帰属を知らない村人が一人ならずいた程である。

他方、チャングルの伝統的村長としてのブダーは、政治制度の変化とかかわりなく、引き続きタンジャンが務めた。彼は、チャングル村のファンド（行政単位としての村落開発委員会とは無関係の村独自のものである）を管理するとともに、とりわけ伝統的儀礼的側面において村の代表という役割を、主として村内において果たしていた。たとえば幾つかの主要な村の儀礼では、最後に主要な参加者がブダーの家の前庭に集まり、ブダーの用意した酒を神に捧げることが行われていたのである。[5]

ただし、ブダーが村の儀礼一般を実際に取り仕切っていた訳ではない。婚姻儀礼など村を越える儀礼が行われる場合、実際に村を代表して交渉にあたったのは、当時五〇代の男性、ジャスワ・シン・ボハラであった。長年インドの国境警備隊に勤め、一九九三年当時既に退職してインド側のダルチュラのバザールに店を開いていた彼は、ネパール国内の制度的政治との関わりはほとんどない人物であるが、反面ランのしきたりに関する広汎な知識をもち、またヒンディー語の高い運用能力やインド領のランとの広汎な人間関係もあって、村同士の関係が問題になる儀礼において、具体的な手順等を決める際の交渉役を務めていたのである。

村レベルの政治的意志決定に際してもう一つ極めて重要なのが、ビャンシー語でクティシャーマン（語の本来の意味は「既婚女性達」）、ネパール語でマヒラ・サンガとよばれる女性組織である（名和 二〇〇二、八二-四）。チャングルにはほぼ親族集団ごとに組織された三つの女性組織が存在し、各々が自前の資金等をもち、儀礼の際に互助組織として機能する他、意志決定が求められる場面等に不定期に会合を開いている。さらに一九九三年には、チャングルとティンカルの全ての女性組織が連合して遠隔地の女性組織としてカトマンドゥに陳情団を送り、上述のカトマンドゥ在住のテクノクラート達の尽力もあって、大臣や高級官僚との面会も実現させた。ただ、女性組織の存在は、ネパール領ビャンスにおいて一般に男性の領域と女性の領域が別個のものとして存在していることも意味する。実際、ネパール領ビャンスの既婚女性の多くがインド領出身であることも相俟って、特定の女性が個人として制度的政治の領域に参入する例はなかったのである。

以上のように、一九九〇年代前半のチャングルにおいて、行政村の枠組みを前提として外部と関係する政治と、村というラン内部の単位を前提とした政治とは機能的に分化しており、前者はジャヘンドラを代表する村レベルの政治家によって、後者は、ブダー、村間の交渉役、女性組織、また儀礼的な側面に関わる話題では儀礼的職能者等により重層的に担われていた。両者が重なる領域、とりわけ外側からの資金等が問題になる場合、村落開発委員会の議員等が制度的な政治や行政の論理に基づき資金等の性質を説明し、その後彼らに加えてブダーや村の顔役、女性組織の代表、また村で働く村出身の公務員（教員、ヘルスポストの事務員等）等が集まって対応策を協議する、という形で物事が進むことが多いようであった。この過程が比較的円滑に作動していたのは、村落開発委員会の議員たちが、中央にまで繋がる政党を通じた関係性を確保しつつも、ビャンス内部において、政党のために村人を動員しようとするよりは、第一にランの村人として行動していたからである。

ビャンス村落開発委員会出身で、この時期行政村（旧村パンチャーヤット）より上の水準で制度的な政治に関わっていった人も存在する。タンジャンの長男であるバルワント・シン・ボハラは、インドのピトラガルで大学を卒業した後、一九八〇年代から地方政治に参画し、一九九三年当時、郡開発委員会（「行政郡」）議員となっていた。伝統的村長としての職責に忠実であった父とは対照的に、彼はチャングルにはほとんど行かずにダルチュラに定住し、もっぱら郡レベルの政治家として活躍していた。ただ彼は、中央政界にまで進出することはなく、政治家としてバハドゥル・シン程には成功していないという声が当時から漏れ聞こえてきていた。このことの背景については後に述べる。

もう一つこの時期のネパール領ビャンスに特徴的なことは、ネパールの各地で盛り上がりをみせていたジャナジャーティ（少数民族）運動の影響が、ほぼ皆無であったことである（名和 二〇〇七b）。これはネパール領ビャンスの人々の学歴の高さを考えると驚くべきことだが、パンチャーヤット期を通じて自らをヒンドゥーだと主張していたことに加え、ジャナジャーティ運動を中心的に担っていた人々との距離、および、ランの大部分がネパール国民でなくインド国民であり、ネパール領ビャンスからはデリーよりカトマンドゥの方が距離的にも時間的にも遠いという、地理的要因が背景にあるものと思われる。

四　内戦期

ネパール領ビャンスの地理的特性は、内戦期にこの地域の人々がマオイストの軍と本格的に遭遇するのを遅らせる主要な要因ともなった。ネパール領ビャンスは、マオイストの中核地帯から遠い上、ヒマラヤ山脈によりネパールの他の地域から隔てられており、中国ないしインドの領土を通らない限り、マハカリ川に沿って上っていく以外アクセスルートは存在しない。一方、冬の住居があるダルチュラは、インドとの吊り橋のある国境のバザールで、インド側にもネパール側にも軍の駐屯地が存在している。実際、二〇〇一年三月にダルチュラでネパール領ビャンスの人々と再会したとき、マオイストと軍、警察との戦闘は、いまだ彼ら自身が直接的に関わる問題となっていなかった。この遅れにより、ビャンスの人々は、それなりの予備情報をもって、マオイストのゲリラと対峙することになった。

雑誌等の報道と人々の話を総合すると、マオイストの兵士達がビャンスの村々にやって来たのは二〇〇三年のようである。彼らはチャングル村のすぐ近くにあった警察署を襲って警官を全滅させた。

政府の決定により警官やその他多くの公務員が郡庁所在地に引き上げると、マオイストはしばしば村を訪れるようになった。ヒマラヤ越えの交易が中断されることはなかったが、関税はマオイストに支払うことになり、加えて村人はマオイストに多額の寄付金を支払わされたという。マオイストをあらわすビャンシー語の隠語ができ、人々はその動静に神経質になっていた（名和 二〇〇七ａ）。しかし、警察と入れ替わりにマオイストが来る形になったため村内での本格的な戦闘はなく、またダルチュラ郡内で内戦により死亡し、あるいは重傷を負ったランは、幸いにして皆無であったという。[6]

村にマオイストが来たとき、村にいた数少ない男性の一人として交渉にあたることになった初老の男性は、二〇〇八年の時点で当時を振り返って概略次のように語っている。マオイストは、村のことについて直接何か命令するのではなく、「こうしたらどうだ」といって話し合いを行わせた。ところが、マオイストが来たとき、有力で弁の立つ人々はほとんどチベットに行ってしまっていた。[7]そこで、今は老人ばかりで話すことができる人がいないから少し待ってくれといったが、村人皆で議論することが重要だということで、待ってくれなかった。この話し合いで、マオイストはまず「この村では酒を禁止してはどうか」といってきた。われわれは、「確かにあなた方のいうように、若者が仕事もせずに酒を飲んでいるのはいけないことだ。しかしわれわれは長年働き既に年老いていて、一日仕事をして疲れた後で酒を飲まないでいることは非常に辛い。また、客が来たら酒を振る舞わなければならない。それにわれわれは神に酒を捧げるので、酒を禁止されると儀礼が全くできなくなってしまう」といった。すると、「判った。あなたたち老人が夜に酒を飲むのはいいだろう。だが、若者が酒を飲んで喧嘩をしたりしているようだと、われわれも考え直さなければいけない」ということだった。この男性によると、マオイスト達は村人に対し「ブワ」「アマ」（お父さん、お母さん）とよびかけ、自分達の話もよく聞いてくれたという。

二〇〇八年の調査時に人々に聞いた話を総合すると、当時村にいた人々は、家ごとの寄付に加え、マオイストの軍隊が来たときに食事の提供を要求された。村人が食べるものと同じものでよいということではあったが、家ごとに何人という割当があり、裕福な家の場合問題なく用意できたが、貧しい家だったり人が少なかったりといった場合、無理だと断ると殴られる場合もあったという。またチャングルには数人のマオイストが常駐することとなったが、交渉の結果、以前の政府の役人や警官達同様、村の下にあるホテルに住んで貰うことになった。経済面では、「政府の役人に払っていたものをマオイストに払うようになったのだ」といった説明も聞かれたが、多額の寄付のほか、労働者を保護するマオイストの方針により従来より高額で使用人を雇わなければならなくなったため、大規模な交易を行う商人を中心にそれなりの影響があったようである。また、個人レベルでは、政府の支援米の運送を請け負っていた人物がそれをマオイストに奪われて自力で弁済せざるを得なくなったり、政治的ないし個人的理由でマオイストから脅迫を受けて、ダルチュラの自宅でなく軍の駐屯地の近くで寝泊まりしたり、一時国外に脱出したりといった例もある。だが全体としては、二〇〇八年一二月の時点で、マオイストに対する反感は意外なほど聞かれなかった。とはいえ、村人の大多数は、マオイストを積極的に支持した訳でもない。確かにマオイストの主張にそれなりの理解を示す村人はいた。内戦中カトマンドゥで、「マオイストは口ではいいことをいっている。それを本当にやるかどうかは判らないが」といっていたビャンス出身の若者もいる。だが、一〇代から二〇代前半の若者が教育や就職のためそもそもあまり村にいないという事情もあり、実際にマオイストになるランは極めて少数であった。

チャングルにおいて、内戦終結前にマオイストとして村人に知られていたランは、私の知る限り一人だけである。当時四〇代後半でヒマラヤ越えの交易等で生計を立てていた彼は、通常のマオイストのイメージとは大いに異なり、酒を愛する儀礼的職能者であった。複数の村人の語ったところでは、彼が村人に知られる形でマオイストでいられたのは、日常的に酒の臭いを漂わせる人物であったからなのだという。「われわれが夜道を歩いていて軍や警察の人に会うと、彼らはまずわれわれの臭いを嗅ぐ。もし酒の臭いがすれば「行け」といわれるが、しなければマオイストだと疑われ、大変なことになるかも知れない」。マオイストから脅迫を受け国外に避難したこともある人物により内戦中になされたこの説明は、同時に村人から軍、警察がどのようにみえるかを伝える証言でもある。

ネパール領ビャンスの人々は、全体としては、マオイストのゲリラを警戒すべきだが敵対することはできない外部者として遇し、直接的な関係や影響を可能な限り少なくする方向で交渉を行ったようにみえる。この点は、警察官や役人に対する従来の対応と基本的に変わるところはない。マオイストと直接折衝した村人が発した「話すことができる人」という何気ない一言は、ビャンスの人々が外部との関係を構築する際の一つのモデルの存在を示唆している。外部の論理に精通した者が交渉により外部との最適な関係を確定させるというそのモデルは、適切な交渉者の不在により機能不全に陥るかにみえたが、マオイストの民主的な主張により交渉は進行した。その結果、酒に関する大幅な改革は回避され、またチャングルに常駐したマオイストは、実は村内にも余裕はあったにもかかわらず、村から一〇〇メートル近く坂を下った、かつて警察官や政府の役人が住んでいた「ホテル」に住むことになった。逆に、マオイストの村人を警察に密告するといった事態も生じなかった。とはいえ、ビャンスのランが、単純に排他的である訳ではない。外来の客がランの家に泊まるのはよくあることだし、チベット難民をはじめ外から流れてきて村内に定着している人もかなりの数存在するからだ。他方、権力や武力をもった外部の匿名の人間に対しては、少なくとも二〇世紀後半以降、それなりの関係性を維持しつつも、村の日常生活との接触を可能な限り少なくする形で、結果的に対応がとられてきた。この方向性は、今回の内戦で村人に大いにプラスに働いたといえる。チャングル村内で戦闘が生じなかったこと自体、従来から警官を村外に住まわせていたからでもあるのだから。

五　内戦後

二〇〇八年一二月、ほぼ八年ぶりに訪れたダルチュラで再会したチャングルの村人の政治を巡る状況は、一見一五年前とほとんど変化がないようにみえた。村落開発委員会レベルの制度的な政治は、既に村落開発委員会の任期は切れ、新たな選挙は行われていないという状況において、ジャヘンドラをはじめ一九九〇年代に台頭した人々が、引き続き実質上担っていた。ブダーは二〇〇一年時点から引き続きバルワントが務めており、他村との伝統的行事の調整にあたるジャスワをはじめとする顔役にも大きな変化はなかった。

だが、長期にわたる変化の乏しさは、それ自体説明されるべき事態である。第一に、村レベルの制度的な政治を順次若い世代へと受け継ぐというパンチャーヤット期から一九九〇年代にかけての流れが、その後停滞しているという問題がある。この点は第一に、欧米の大学への留学を含む高等教育のさらなる普及と、郡外での就職の増加により、かつてローカルな政治に参入した層を含むますます多くの若者が、ダルチュラを離れていることと関係していよう（名和二〇一二）。また、ポストや人員の継続性は、実際の仕事の継続性を必ずしも意味しない。当代ブダーは先代ブダーと全く同じように活動している訳ではないし、複数政党制が二〇年近くにわたりまがりなりにも存続したことは、ネパール領ビャンスのランの政治にもそれなりの影響を及ぼしているのである。

たとえばブダーの仕事について、元郡開発委員会議員で、チャングルの当代ブダーでもあるバルワントは、私に次のように説明した。「ブダーの仕事は、村の伝統（トゥムチャールー）をみるということだ。ある種のソーシャル・ワーカーだ。このことは新しい政府云々とは関係ない。われわれのジャナジャーティのために必要なことだ」。この語りは、近年のネパールにおける広義、狭義双方の政治における流行語を巧みに用いてブダーの仕事と制度的な政治の領域を再定義している点で、それ自体興味深いものである。だがこの理念的な説明は、郡開発委員会議員として一年を通してダルチュラに住み、夏期のチャングルにおけるブダーの仕事の多くは弟に代行させるという実体と、若干の乖離をもみせている。他方パンチャーヤット末期に地方政治に参画した彼は、パンチャーヤット期に構築した関係を生かす形で一九九〇年以降国民民主党に所属してきたが、恐らく彼にとっての誤算は、パンチャーヤット期の人脈が、複数政党制になって以降ネパール政府との直接的な関係を何ら保障するものでは無くなってしまったことである。政党政治においては、中央に繋がる人のネットワークは政党ごとに分断される。そして国民民主党は、一九九〇年以降中央政界では常に少数派であった。政治家として十分な能力をもち、赤十字をはじめ幾つかのNGOの郡レベルの役員を歴任した彼が、より上位の政治に進出できなかった要因の一つは、恐らくここにある。

他方、比較的若い世代からは、より明確に政党の立場に立った政治家が登場しつつある。たとえば、ジャヘンドラらとほぼ同世代ながらやや遅れて政治の世界に参入し、内戦期に国民民主党の郡レベルの活動家であったサントシュは、私に対して次のように語った。「現在ネパールで真っ当な政党とよべるのは国民民主党とマオイストだけだ。この二つの政党のみが、自らの主張をはっきりと表明している。対して、コングレス（ネパール会議派）とUML（ネパール共産党統一マルクス・レーニン派）には一貫した主張がない。マオイストが共和制を主張するのに対し、われわれは立憲王制多党制民主主義を主張する。われわれは国の統合のシンボルとしてネパールには国王が必要だと主張しているのであって、それが前の国王や皇太子である必要はない」。彼が内戦期にマオイストから脅迫を受けていたことを考えれば、政治的理念に基づいて自らの主張を選び取っていることが理解されよう。もっとも彼は「現在も国民民主党（ネパール）に所属しているが、現状では政治家であり続けるにはあまりに金がかかりすぎるので、これまでのような政治活動はしない」とも語っており、実際英語で授業を行う「パブリックスクール」の経営で生計を立てていた。また、ジャヘンドラよりさらに若い世代に属する世代からは、共産党（UML）の活動家としてダルチュラ各地の村を遊説して回り、地域FMで演説を行うことも多いティンカルのナゲンドラ・シン・ティンカリのような政党政治家があらわれている。

二一世紀初頭の一つの大きな変化は、ジャナジャーティ運動の波がビャンスに及んだことである（名和 二〇〇七b）。従来ネパールの他の地域のジャナジャーティ運動との結びつきをもたなかったダルチュラ郡を故地とするランの人々が、自らの民族組織ビャンシー・ソウカ協会を結成し、ネパールのジャナジャーティ団体の連合体であるネパール先住民連合（NEFIN）に加盟するのは、二〇〇一年のことである。設立当初はNEFINからの働きかけによる組織作りが先行した感のあった協会であるが、一度中央との関係が確立した後は、ほぼ毎年各種集会を開催し、またランのさまざまな伝統に関するトレーニング・プログラムを行うなど活発な活動を展開しており、さらには外部のNGOとのタイアップによるダルチュラ全体に関わる幾つかの開発プロジェクトの管理をも請け負っている。

ビャンシー・ソウカ協会の議長（当時）ラリト・シン・ボハラは、ジャヘンドラらと同世代で、コングレスに所属し、一九九〇年代初頭から村落開発委員会で活躍を続けてきた人物である。他にこの組織には、チャングルからはブダーで国民民主党のバルワント、村落開発委員会議長でUMLのジャヘンドラ、また国民民主党（ネパール）のサントシュ、さらにランのしきたりに関する膨大な知識を有するがネパールの政党政治とは没交渉なジャスワ、女性組織の代表らが幹部として名を連ね、他村からもティンカルのナゲンドラをはじめ各世代の有力な村人が参加している。だが、これらの人々のうち、一九九三年の時点でジャナジャーティ運動に近い主張を積極的に行っていた者は私の知る限り誰もいない。このことは、協会が各政党の枠組みとは独立した新たな外部とのインターフェイスとして設立されたことを示唆するが、他方、より若い世代を中心に、「われわれはヒンドゥーである」という従来の主張への疑問を語ったり、ビャンシー語中の借用語の増大に警鐘を鳴らすなど、ジャナジャーティ運動の文化的主張を積極的に引き受けようという動きもみられる。

一方、内戦後の最大の変化は、マオイストが議会政党として活動するようになったことだろう。といっても、ネパール領ビャンスに限っては、内戦後、さらには制憲議会選挙後にも、マオイストになる人はごく少数にとどまっており、チャングル出身で公然とマオイストとなった人物は、「ごく最近金に釣られてマオイストになったらしい」と噂されていた若者を除くと二人だけであった。二人とも酒を愛する五〇歳前後の男性であり、かつ神が憑依する儀礼的職能者でもある点で通常のマオイスト活動家のイメージからは遠いが、中等以上の教育を受け、かつ経済的には裕福といい難い人物という共通点がある。彼らがマオイストであることは村人に広く知られており、村の重要な決定が行われるときには、他のリーダーたちとともに、彼らのどちらかをよぶことになっているとのことであった。他方、日常生活のなかでは、彼らが表立って何か特別なことをしたり、また他の村人から特別な扱いを受けたりといった場面はみられなかった。ただ、彼らがマオイストとして活動をする姿をみたことがない現状では、この点に関して強い結論を出すことはできない。

チャングルのマオイストの一人（四で述べた男性とは別人）は、高校卒業後マヘンドラナガルのキャンパスに学び、二〇〇八年現在、ダルチュラのホテルの管理人として働く、チャングルのランには珍しい賃金労働者である。彼は以前から人生について演説調で語り出すことが多かったが、以前と違って貧困と階級対立のレトリックが頻出するので、「あなたは共産主義者になったのか」と聞くと「そうだ」という。そこでどの共産党かと聞くと「鎌に丸のやつだ」というので、彼が公然たるマオイストだと確認することができたのだった。彼が問わず語りに語ったところでは、ネパールにおける最大の問題は貧富の格差、多数の農民労働者を搾取している人々の存在であり、この状況を変えるために自分は共産主義者になったのだという。またかつて学生時代の先生が共産主義者でこうした話を教えてくれたので、自分はその影響を受けているとも語っていた。さらに彼は、「こうしたことについてはジャヘンドラなども同じ考えだ。共産主義の目標は同一で、政党が違うといっても、そこにいたる違う道を通っているに過ぎない」とも語った。彼がいつ誰に対してもこのように語る訳ではないにしても、政党の戦略の違いよりは共産主義の大義を強調しつつ、それを村の有力な政治家に結び付けることで馴化させるレトリックを用いていることは、内外の論理のずれを調和させる試みとして示唆的である。

二〇〇八年末のチャングルにおいて、結婚式の日取りから村に入ってきそうなファンドの使い道に至る意志決定の場に集まっていたのは、ブダーであるバルワント、前村落開発委員会議長（任期満了後に選挙が行われていないため正式には議長は空席）のジャヘンドラをはじめとする何人かの政治家、ジャスワなど村内外のしきたりの知識をもつ男性、さらにチャングル出身の地方公務員、女性組織の代表、また案件によっては神が憑依する儀礼的職能者、若者組織の代表等であった。経済的に富裕な大商人がこうした場に必ずしもあらわれないのも、以前と同様であった。マオイストの村人がこうした場によばれるようになったのは新たな変化であるが、ビャンシー・ソウカ協会に関しては、そもそもチャングル出身の主要な成員はいずれもかつてからこうした意志決定の場にいた人々であり、参加者の構成の変化には結びついていない。外部とのチャンネルをもつ比較的若い政治家と、村のしきたりをよく知る者との合議により意志決定が行われるという図式も基本的に変わっておらず、むしろ外部とのチャンネルはさらに多様化していた。だが、既に指摘したように、大きく変化した政治状況と、新たな政治文化の浸透のなかでこうした継続性がみられることは、それ自体説明されるべき事柄である。

六　「政治」と政治の間

既成政党、マオイスト、そして軍・警察が三つ巴の対立を繰り広げた内戦の一〇年は、ネパールに新たな政治文化ともいうべきものを根づかせた。交通を遮断し商店を閉めさせて自分たちの怒りと主張を強制的に広く伝える「バンダ（banda）」に象徴されるそうした政治文化は、ネパール領ビャンスの人々の間にも及んでいる。

たとえば、チャングルで最も成功した商人の一人である五〇代の男性は、二〇〇八年に次のように語った。「この間、われわれもアンドーラン（運動）をしようという話がまわってきた。中西部に比べて極西部は開発が進まず、来る金も少なく道路整備等も遅れている。そこで、ダルチュラのバザールをバンダして、国境の橋も何日か封鎖すれば、全国的に報道されて、大臣や議員がみに来て状況がよくなるのではないか、という話だった。しかし、その後実際にどうするという話になっていない」。歴史学の修士号をもち、政党政治の世界には参画していないこの成功した商人にとって、「アンドーラン」は自分たちの主張を中央の政治家に知らせ資金を引き出すための、一つのパッケージ化された手法として意識されていたのである。

こうした政治文化は、必ずしも狭義の政治運動を媒介に広がるとは限らない。たとえば、上記男性が撮影したビャンシー・ソウカ協会主催の集会のビデオには、ネパール領のランたちが、あたかも政党の組織したデモのようにダルチュラのバザールを行進する姿が写っている。ランは以前から、結婚式や祠の落成式などの際、村抱えの鍛冶屋カーストの太鼓の演奏を先頭に、村ごとに刀と盾をもって踊りながらダルチュラの町を練り歩くことがあった。だが、協会の集会に際しては、プラカードをもち、「ジャナジャーティ団結」「万歳、万歳」というスローガンをリズミカルに叫びつつ行進するスタイルが新たに加わっていた。ネパール領ビャンスの多くの人々は、デモができる身体を、部分的にはジャナジャーティの運動を通じて構築していったのである。

こうした新たな政治文化の浸透に対する違和感を表明する者も、年配者を中心に存在する。たとえばかつてのプラダーン・パンチャの一人ソーブンは、「われわれがパンチャだったときには自分のためでなく全ての人のために働いた。バイタディ・ビャンス道路は決してランのためだけのものではなく、マハカリに住む全ての人々のためになるものだった。ところが、民主化して以降発展が止まっている。皆自分のためにのみ仕事をしている。バイタディ・ビャンス道路も十分な整備が行われていないために、人々は皆インドを経由してビャンスに行かなければならなくなっている」といった主張を繰り返し語った。この主張の強みは、かつてビャンスの発展を体感させてくれた筈の道の状態が、一九九〇年以降悪化の一途を辿り、大型家畜が通行不可能な状態で実質上放置されているという現実に裏打ちされている点にある。実際、二〇〇八年時点において、ネパール領ビャンス出身者の間では年配層を中心にパンチャーヤット時代の発展を高く評価する声はあっても、パンチャーヤット期のビャンスの状況を否定的に語る声は聞かれなかったのである。

それでは、ビャンスの人々にとって「政治（ラージニティ）」とはいかなる領域として捉えられているのだろうか。ビャンシー・ソウカ協会の議長でコングレスの政治家でもあるラリトの次の発言は示唆的である。「ジャナジャーティの仕事は金のためにしているのではないし、政治も非常に偉くならない限り金にならない」。それ故彼はダルチュラのバザールでのケーブルテレビ会社の共同経営で生計を立てているというのだが、問題はここで、政治がある限定された領域を構成するものと捉えられていることである。たとえばジャナジャーティの仕事は政治活動とは別の領域にあるとみなされる。実際、政治家でない村人は「この問題についてはラージニティに行く」といったいい方をすることがある。これは具体的には政治家に陳情することであるが、村落開発委員会の人間に相談すること自体はこれに含まれず、彼らを通じてラン外部の上位の政治家を動かそうとしてはじめて、ラージニティに行ったことになるようだ。政治は、ラン外部に国家の枠組みと関係しつつ存在し、媒介者を通じて出入り可能な、人間のネットワークからなる世界とみなされている。一九九〇年以降基本的には政党ごとに区切られたこの世界に人々が「行く」理由は、非常にしばしば、そこから何らかの資金や便宜を引き出すためであり、行政村レベルでそのためのインターフェイスを担うのが、かつてのパンチャーヤット、現在の村落開発委員会レベルの政治家であった。そして、こうした政治家の多くは必ずしも政党政治の枠組みでのみ外部との関係の構築を目指す訳ではなく、たとえばジャナジャーティ団体のような、狭義の政治とは異なった領域でのチャンネルをも維持強化しようとしてきたのである。

だが他方、既に述べたように、若い世代の政治家のなかには、各政党の政治的イデオロギー的主張により忠実な形で政治活動を行う者があらわれており、ジャナジャーティ運動についても、本格的な文化運動を志向する動きが、若い世代を中心に起こりつつある。かつてバハドゥル・シンらは、強烈な信念をもってビャンスのネパール化、近代化を推進したが、パンチャーヤット体制下においては、国家中央に対して、長期的に安定したチャンネルを築くことが可能であった。対して政党政治においては、どの立場から出発しても、政治という領域の内外での関係性の構築は、より部分的で不安定なものにとどまらざるを得ない。この点を考慮するとき、より正面から政治的大義を語る人々がネパール領ビャンスの制度的政治を中核的に担うようになったとき、全体として全方位外交的にみえる現在のやり方が、将来どう維持されあるいは変容していくかは、予断を許さない。

チャングルは、こうしたローカルな「政治」を巡る枠組みを越えたところで国政レベルの政治に参画する人物をも生み出した。一九四三年生まれのゴパール・シン・ボハラは、インドの高等学校を卒業後、ネパール王国軍で士官コースを歩み、准将で退役後はジャナジャナジャーティの運動に接近しビャンシー語の辞書を出版する等の活動を展開したが、その後政治に転じ、二〇〇八年制憲議会選挙ではUMLから比例区で当選して制憲議会議員となった。だが、彼のような政治家と、村レベルでの政治への期待との関係は存外微妙である。たとえば私は、退役後ジャナジャーティ運動と政党政治の間で進路を明確に決めていなかった彼が、二〇〇一年チャングルの村人の集会で行った生活改善と伝統の見直しについての演説を聴いたことがあるが、カトマンドゥでは自明に思えるアジェンダを提示したはずのこの演説は、とりわけ村の女性たちにそもそもあまり理解されず、双方にフラストレーションを残す結果となった。当時彼は「クティシャーマンはこちらが話したことをねじ曲げて理解してしまう」と嘆いていたが、今後こうした距離の調整がどのような形で行われていくかも、また未知数である。

七　おわりに

本稿を書くにあたって、しばしば想起した二つの光景がある。一つは一九九三年初夏のチャングルの広場での出来事で、チベットに交易に行く前の男性たちがゲームに興じていたとき、そのなかの二人の雑談が議論に発展し、ついには広場に居並ぶ人々を前に互いの主張を交互に語る、立合演説会の様相を呈したのである。当時の私のビャンシー語力では内容を十分に理解することはできなかったが、内容が各政党の政策の評価に関わるものであることは、頻出するネパール語の借用語と固有名詞から明白であった。決して敵対的にならずに自分の主張を展開する二人のローカルな政治家とその演説を聴く村人の姿に、当時の私はネパールの辺境における民主主義の到来を読み込んだものだった。もう一つは、二〇〇八年末、上述のマオイストの活動家が勤めるダルチュラのホテルの屋上での光景である。チャングルの人々が集住する一角の近くにあるこのホテルは、経済的状況も生業もさまざまな、各世代の村の男性たちが入れ替わり立ち寄る溜まり場の一つになっていた。そのなかにはコングレス、UML、国民民主党、そしてマオイストの主要な政治家、支持者が含まれていたが、彼らはあいかわらず政党帰属とは関係なく車座のなかに入ってゲームに興じ、あるいはそれを見物していた。政治が表立って語られることはなかったが、場の雰囲気は一五年前のチャングルの広場とほとんど変わっていないように感じられた。内戦の一〇年を間に挟んだこの二つの光景は、たとえば派閥と政党の結びつきによる村内対立といったネパールの民族誌によく登場する図式では捉え切れないもののように思われた。本稿は全体として、このずれを生み出した経緯と要因を、時系列に沿って説明しようとするものであった。

誤解を避けるために付言すると、ネパール領ビャンスの人々が内部対立なき調和的な共同体に生きている訳ではない。当然個人間の親疎や対立はあるが、それが明確な派閥を形成してはいないということである。また、ネパール領ビャンスの人々が、国家という新たな外部に対して対応したという図式も不正確である。民族範疇としてのランや、地域、村といった単位は従来存在していたが、本来行政的な枠組みである「ネパール領ビャンス」（パンチャーヤット、村落開発委員会）は、人々にとっても国家の存在を前提としてはじめて成立し、その限りで意味をもつ新しいものであったからだ。チャングルで過去数十年にわたり、異なる形で政治に関わる人々による合議が行われてきたのは、両者の間を調整する必要が恒常的に生じるからであり、逆にいうと、この調整が、「われわれ」と外部との分割を再規定し、制度的な地方政治を、「われわれ」が外部からより多くの資源を獲得するための主要な領域とみなす認識を担保してきたのである。この分割を前提として外部から観察者の目でみると、ネパール領ビャンスの人々は、行政村レベルの役職を利権化させることなく、外部とのバランスの取れた関係を構築することに、長期にわたり成功してきたといい得る。内外の分割線は、さまざまな実践の積み重ねにより、内戦期に従来の交渉者が不在であってもマオイストのゲリラに対して村外に住むことを納得させられるほどに強固なものとなった。だがここで、外部の政治制度に対するネパール領ビャンスの人々の対応を、全体として計算された戦略的かつ一枚岩的なものと捉えることはできない。制度的な政治への参画は最終的には個人の意志に委ねられており、外部との交渉を行うに十分な内外双方の知識と能力をもった若者が、政党政治初期に都合良く各政党に分かれて地方政治に参画したのは、むしろ僥倖であった[8]。またその後、ネパールの政治文化全体が大きく変化するなかで、にもかかわらず外部との関係を広く確保し道具的に利用するこのやり方がそれなりに維持されてきた一因は、若年層の流出のために世代交代自体があまり進んでいないことにある、と論ずることができる。だがこの説明は同時に、一方で村内に留まる次世代の人材不足を、他方では近い将来、政党等の主張により忠実な新世代の政治家により村のなかに「政治」が本格的にもち込まれる可能性を、示唆するものである。

本稿は、特定の行政村の住民の側から政治を分析したものである。地域的な差異に加え、たとえば政党の側から記述を行えば、同じ登場人物により大幅に異なる像が描ける筈だ。だがそのためには別個の調査と分析が必要となる。本稿が行ったのは、ネパール全体のなかでも幾つかの点で例外的なビヤンスという地域における政治を巡る状況の変遷を、その例外的な諸要素との関連をも含めて、それなりに論理づけつつ通時的に再構成する作業である。

附記

本稿脱稿後、二〇一〇年秋にダルチュラで短期の調査を行ったが、本稿の議論を根本的に修正すべきほどの変化は生じていなかった。ただ、制憲議会成立後の国政の停滞を反映して、村レベルの政党政治家のなかにも、ジャナジャーティ運動やそれに付随する各種活動に力を注ぐ者が増えているようであった。内戦期からマオイストとして村人に知られていたチャンドラ・シン・ボハラが亡くなったが、その葬儀は、他のチャングルの村人のものと同様な形で、同様の参列者によって行われた。唯一新たな事態といえたのは、マオイストの村人から差し出された「パーティ・ボトル」をどのように扱うかが議論されたことだった。これは、本文でも触れた生前の彼の生き方と社会的位置を想起させると同時に、ネパール領ビャンスの人々の制度的な「政治」との込み入った関係の最新局面を示す出来事でもある。なお、ランの葬儀では、特定の親族・姻族関係にある者が瓶等に入れた酒をもち寄るが、政党の名前で酒瓶が出されるのをみたのは初めてである。

注

1　本論文の基盤になったネパールでの調査の一部は、以下の科学研究費補助金により行われた。課題番号一四〇八三二〇一（二〇〇三年度）、一九四〇一〇四七（二〇〇七、二〇〇八年度）、二一五二〇八八一（二〇〇九年度）。

2　*Studies in Nepali History and Society*, *Himalaya*（旧*Himalayan Research Bulletin*）等の専門誌掲載の諸論考の他、パンチャーヤット期までの代表的論考としてBorgström 1980, Burghart 1996, L. Caplan 1970, 1975, P. Caplan 1972, Höfer 1979、政党政治初期の代表的論集としてGellner et al.（eds.）1997、二一世紀初頭の状況を示した論集としてLecomte-Tilouine and Dollfus（eds.）2003, Gellner（ed.）2003, Ishii et al.（eds.）2007a, 2007b、その後の議論としてはShah 2008, Gellner and Hachhethu（eds.）2008, Gellner（ed.）2009等をまずは参照されたい。詳細な研究史については序論を参照。

3　インド領ビャンスの村ブディの村人が保管している、ラナ時代のネパール政府が発行した手書きの文書には、ビャンス地方の九村のうち七村のブダーの名がみえ、彼らがネパール政府の徴税請負の仕事を行っていること、その地位が世襲されていたことが読み取れる。

4　村落開発委員会という単位は実質上「行政村」とよべるものであり、その「議長」は行政村長に相当する。なお、この再組織により各村の地理的範囲は変わっていない。

5　こうした役割分担が常に明確なものであった訳ではない。たとえば一九九三年のお宮参りの儀礼では、ブダーの家だけでなく村落開発委員会議長のジャヘンドラの家（ジャヘンドラ自身は村にいなかったが）でも酒を神に捧げるべきではないかという主張があり、参加者は少なかったが実際に儀礼が行われた。

6　チャングルにおける内戦の唯一の犠牲者は、移動先の東ネパールでマオイストのゲリラに襲撃され亡くなった、警察で幹部コースを歩いていた当時三〇代の男性であるという。

7　チャングルでは畑の種まきが終わると、男性の多くは、主要な儀礼の期間を除きチベットに交易に出かけてしまう。そのため、当時村にはブダーも、ジャヘンドラらの政治家も、またジャスワのようなラン内部での交渉を行う人物もいなかったという。なお、この語り手自身は、一九九三年には成功した商人だったが、マオイストが来た当時既にヒマラヤ交易から撤退し、農耕の他ラバを使い小規模の運送業等を行っていた人物である。子供時代、チャングルの住民としては例外的に一年を通してチャングルで過ごしたため、学歴は小学校四年までとのことである。

8　個人の立場からみれば、バルワントに典型的にみられるように、特定時点での選択は逆に当人の可能性を拘束してしまうことになる。ネパール領ビャンスにおける職業としての政治の位置の変遷については、生業との関わりにおいて別稿で論じる（名和 二〇一一、二〇一二）。

参考・引用文献

名和克郎、二〇〇二、『ネパール、ビャンスおよび周辺地域における儀礼と社会範疇に関する民族誌的研究―もう一つの〈近代〉の布置』、三元社。

名和克郎、二〇〇七a、「『赤』と『緑』と『森の人びと』」、『月刊みんぱく』、三一巻一号、一四頁。

名和克郎、二〇〇七b、「資源としての知識、資源化される伝統―ネパール、ビャンスのメイファルをめぐって」、山下晋司（編）『資源人類学　第二巻　資源化する文化』、弘文堂、一五一―八〇頁。

名和克郎、二〇一一、「ランの『生業』と『生産』を巡って」、松井健・名和克郎・野林厚志（編）『グローバリゼーションと〈生きる世界〉―生業からみた人類学的現在』、東京大学東洋文化研究所／昭和堂、九七―一三四頁。

名和克郎、二〇一二、「チャングリヤール達の百年―ネパール、ビャンスにおける生業と生産の展開と変容」、松井健・野林厚志・名和克郎（編）『生業と生産の社会的布置―グローバリゼーションの民族誌のために』、岩田書院、二九-五六頁。
名和克郎、n.d.「ビャンスにおける国境の意味とその変遷」、日本南アジア学会第一七回全国大会（二〇〇四年一〇月三日、一橋大学）発表原稿。
Aryal, Deepak Kumar, Sudarshan Chakra Lohani, Rabindra Nath Regmi, and Nirmal Nath Rimal (eds.), 1974, *Who Is Who-Nepal 1972-74*, Kathmandu: Kathmandu School of Journalism.
Borgström, Bengt-Eric, 1980, *The Patron and the Panca: Village Values and Panchayat Democracy in Nepal*, New Delhi: Vikas Publishing House.
Burghart, Richard, 1996, *The Conditions of Listening: Essays on Religion, History and Politics in South Asia*, Delhi: Oxford University Press.
Caplan, Lionel, 1970, *Land and Social Change in East Nepal: A Study of Hindu-Tribal Relations*, Berkeley and Los Angeles: University of California Press.
Caplan, Lionel, 1975, *Administration and Politics in a Nepalese Town: The Study of a District Capital and its Environs*, London: Oxford University Press.
Caplan, Patricia, 1972, *Priests and Cobblers: A Study of Social Change in a Hindu Village in Western Nepal*, London: Intertext Books.
Gellner, David N. (ed.), 2003, *Resistance and the State: Nepalese Experiences*, New Delhi: Social Science Press.
Gellner, David N. (ed.), 2009, *Ethnic Activism and Civil Society in South Asia*, Los Angeles, London, New Delhi and Singapore: Sage.
Gellner, David N., Joanna Pfaff-Czarnecka, and John Whelpton (eds.), 1997, *Nationalism and Ethnicity in a Hindu Kingdom: The Politics of Culture in Contemporary Nepal*, Amsterdam: Harwood Academic Publishers.
Gellner, David N., and Krishna Hachhethu (eds.), 2008, *Local Democracy in South Asia: Microprocesses of*

Democratization in Nepal and its Neighbours, Los Angeles, London, New Delhi and Singapore: Sage.

Höfer, András, 1979, *The Caste Hierarchy and the State in Nepal: A Study of the Muluki Ain of 1854*, Innsbruck: Universitätsverlag Wagner.

Ishii, Hiroshi, David N. Gellner, and Katsuo Nawa (eds.), 2007, *Nepalis Inside and Outside Nepal* [*Social Dynamics in Northern South Asia*, Vol. 1], Delhi: Manohar.

Ishii, Hiroshi, David N. Gellner, and Katsuo Nawa (eds.), 2007, *Political and Social Transformations in North India and Nepal* [*Social Dynamics in Northern South Asia*, Vol. 2], Delhi: Manohar.

Lecomte-Tilouine, Marie, and Pascale Dollfus (eds.), *2003, Ethnic Revival and Religious Turmoil: Identities and Representations in the Himalayas*, New Delhi: Oxford University Press.

Shah, Saubhagya, 2008, Revolution and Reaction in the Himalayas: Cultural Resistance and the Maoist "New Regime" in Western Nepal, *American Ethnologist*, 35-3, pp. 481-499.

五章

開発、人民戦争、連邦制
——西ネパール農村部での経験から

藤倉達郎

一　はじめに

冷戦終結から五年以上も経った一九九六年、ネパール共産党（マオイスト）（以下、「マオイスト」と省略）は「人民戦争」を開始した。このニュースを聞いた外国人たちの多くの反応は、「なんと時代錯誤な」というものだった。そして、世界の潮流からかけ離れているかにみえるそのような現象を可能にする、ネパールの特殊事情を探そうとした。その疑問に対する答えの多くは、「開発の遅れ」、あるいは「開発の失敗」、というものだった。このような答えのかたちは、実は、人民戦争が始まる前から用意されていた。たとえば、ニクソン（A. Nickson）は、ネパールの民主化と共産主義の興隆について分析した一九九二年の論文で、次のように論じている。ネパールでは一九五〇年代以降の学校教育によって、「よりよい生活の可能性」に気づかされた若者たちの数が激増した。しかし経済発展は遅れており、実際によい職業を得てよりよい生活ができる若者は限られている。期待を裏切られた多くの若者たちが、共産主義に引き寄せられている（Nickson 1992）。

人民戦争の初期からマオイスト運動が強い勢力をもっていた西ネパールの中間山地部で一九九七年から一九九九年までフィールドワークをしていた私は、上述のような解釈に違和感をもった。たとえば、マオイスト運動に参加していた当時三〇代の女性は、「就職がないのが不満で運動を起こしたのならば、わたしたちは『マオ主義者』ではなくて『就職主義者』になっていただろう」といった。就職がないことへの不満だけで、マオイスト運動に参加する人たちの動機を説明することはできない、とこの女性はいっているのだと私は解釈した。マイクセル（S. Mikesell）が一九九三年に発表した論文は、ネパールの国民教育がもたらした影響について、より踏み込んだ議論を展開している。

「ネパールで行われている教育の内容は、官僚的・管理職的な仕事をするような技能を習得させることを目的としている。しかし学校を卒業してこのような職につくことができる生徒はごく僅かである。……教育は、西洋由来の異質な知識体系、優先順位、価値観と方法論を、農村社会に押し付けるものである。教室での規律や、試験や、証書は、なにが『正しい知識』であるかを権威的に定義し、村の人々の知識と実践と言葉の価値を貶めるのである……現在ネパールで大量の人々が自分自身の農村での生い立ちを嫌悪するように教え込まれているのである」（Mikesell 1993: 32）

マイクセルの分析は正しい。しかし、前述の女性マオイストの言葉が示すように、学校教育が、若者を農村の生活実践や価値観と近代的な職業の両方から疎外しているというだけでは、マオイストの動機を十分に説明したことにはならない。マオイストは、現状に対する不満や反発のみによって行動していたのではなく、その現状とは違うような未来を築くというプロジェクトに参加していたからだ。ネパールにおける国民教育は、疎外をもたらした。しかし同時にそれはある新しいかたちの想像力をももたらした。それはネパールという国を想像する力であり、自分をその共同体の一部であると想像する力である（アンダーソン 二〇〇七）。人民戦争を始めるにあたってネパール共産党（マオイスト）は、ネパールを現在の封建的支配者と買弁資本家の手から解放し、真に平等な社会を実現するのだと宣伝していた。この呼びかけに答えるには、まず、解放されるべきネパールという国が存在し、自分はその一員であると考えることのできる想像力が必要である。一九九〇年代までに、ネパールの国民教育はそのような若者たちを大量に生産していた。その意味で、人民戦争は、開発の失敗や欠如から生まれたのではなく、開発実践の重要な部分を占めてきた国民教育の効果の一つのあらわれとしてとらえるべきである。マオイストになった若者たちは、開発教育を真剣に受けとめたものたちであって、真の開発を実現するために運動に参加したものたちであるともいえるのである（Fujikura 2003）。

二　西ネパール中部山地の村から

一九九七年から一九九九年にかけて、私は西ネパール中部山地に位置するサリヤン郡に住み込んで臨地調査を行っていた。サリヤンはそれと隣接するロルパ、ルクム、ジャジャルコートとともに、人民戦争の初期からマオイストが活発に活動し、最初に運動の「根拠地」であると宣言した四つの郡の内の一つである。一九九八年の秋、ダサインという大祭の時期に、私は山を一つ越えたところに住んでいるマオイストの家を訪ねていた。ここで仮に「ナラヤニ」という名でよぶ彼女は、マガル人で当時三〇代だった。彼女の家にはもう一人、見知らぬ訪問者がいた。彼は村の外から来たマオイストである、と私は見当をつけた。その頃、そのあたりでは、村人の家を訪れて脅迫したり金銭を要求したりするのは、村の人に顔の知られていない外来のマオイストであるというのが通例だった。その男も夕方、同じ村のなかの別の家に「金の話」をしに行った様子だった。

ナラヤニと見知らぬ男と一緒に食べた夕食のあとの部屋のなかで、ラジオからはダサインについて説明する国営放送のアナウンサーの声が響いていた。アナウンサーはダサインが「真理が闇に打ち勝ったことを祝う」祭りであると繰り返していた。しかし説明の最後に、ダサインは伝統的に、ドゥルガという女神が水牛のかたちをした悪魔に勝利したことを祝って行われると付け加えた。二人のマオイストは同時にため息をついた。それは、アナウンサーが最後に本当のことをいった、というため息だった。マオイストでありマガルであるナラヤニの説明によると、神話に出てくる水牛の悪魔は、実はマガルを含む、ヒンドゥー教徒にとっての異民族を象徴しているのである。彼女によると、マガルはもともと仏教徒であった。仏教徒であるため殺生を嫌うマガルたちに、ヒンドゥーの支配者たちは、大規模な動物供犠を伴うダサインへの参加を強要した。マガルたちは殺生を避けるため、動物の代わりに、動物に見立てたかぼちゃ等を切ってささげていた。しかしそれを知った支配者たちは、実際に動物を生け贄にすることを命じ、その証拠に屠った動物の血に手を浸し、その血の手形を自宅の壁につけるように命じた。いつしか多くのマガルたちはヒンドゥー化されていき、そのような血塗られた歴史を忘れてしまった。しかしいまこそそれを思い出さなければいけない。

もちろん、マガルが昔は不殺生を重んじた民族であるということを含め、この話は多分に「歴史の創造」を含む。しかし、類似の話はネパールのさまざまな民族主義活動家によって語られ、ある程度の説得力をもって人々に受け入れられ、一九九〇年代後半には、各地でダサインをボイコットする運動が起きていた（Hangen 2005）。サリヤンのマオイストたちも、ダサインをボイコットしていた。公式の説明は、マオイスト運動は唯物論に立っているので、神々を崇拝しないというものであった。しかし上述の例のように、マオイスト運動参加者のダサイン・ボイコットには、民族運動によって構築されたヒンドゥー／非ヒンドゥー対立の図式が強い動機づけを与えていた場合も多いと考えられる。

ラジオ放送を聞いてダサインの「本当の意味」を私に説明した翌朝、ナラヤニは「私たちはダサインを祝わないから今日もなにもしない」といっていた。しかし彼女の、マオイストではない年老いた母は、「ダサインに壁の塗り替えと飾り付けをしないでどうする！」といって叱りつけ、彼女は妹たちと一緒に、しぶしぶ、例年のように壁の塗り直しと飾り付けをすることになった。

マオイストの革命運動が勢いを得る前提条件として、ネパールという国が存在し、自分がネパール人であると想像できる多くの若者たちが存在する必要があったと、先に書いた。ナラヤニの村の女性のなかで、一番はじめに小学校に通ったのが彼女だった（それまで小学校には男子生徒しかいなかった）。その頃、村長であったナラヤニの父親は、彼女が女子一人の小学校で居づらさを感じていることに気づくと、娘を学校に通わせない家には罰金を課すことに決めた。村長は、家々を巡って、娘を学校に通わせるように「説得」する際、鉄砲をもった警官を同伴したこともしばしばあったそうである。ナラヤニが学校の一〇年生を終えると、村のリーダーたちは娘を学校に行かせると良い事があるという見本として、ナラヤニをその小学校の教師に就職させた。ナラヤニは小学校で国民教育を受け、またそれを教えていた人だ。

ネパールで国民教育の制度が整えられたのは、一九五〇年代以降である。それ以前のラナ一族による支配の時代にも少数の学校は存在した。しかし、たとえば、ラナ家をはじめとするエリートの子弟を教育していたダルバール・ハイスクールでは、世界地理やイギリスとインドの歴史の授業はあったが、ネパールの歴史は全く教えられていなかった（Onta 1997）。ラナ体制崩壊後、一九六〇年代に国王を頂点とするパンチャーヤット体制が確立するのと同時に、王室と、国教としてのヒンドゥー教と、国語としてのネパール語を柱としたナショナリズムが学校教育を通して浸透し始める（Burghart 1994）。新しく教えられ始めたネパールの歴史においては、一八世紀中盤にカトマンドゥ攻略に成功し、広域支配を確立したプリトゥビ・ナラヤン・シャハ王が、「建国の祖」とされた。またネパールは、中国と英領インドという巨大な勢力の間にはさまれながら、他国からの侵攻を跳ね返し、独立を貫いてきた「勇敢な」人々の国であるとされた。国王の名にちなんで『マヘンドラマラ』と題された小学四年生のネパール語の教科書には、一九世紀初頭にイギリス軍と戦ったネパールの武将バル・バドラの物語が掲載される。そこでは、バル・バドラは祖国ネパールのために命を賭した猛将であり、ネパール史に永遠にその名を記されるべき人物であると称えられている。しかし、その物語には、バル・バドラがイギリス軍との戦いのあとまもなくインド・パンジャブ地方のシク王ランジット・シンの軍隊に採用され、アフガン軍との戦いで死んだという事実は書かれていない（Onta 1996）。バル・バドラの生涯はネパールという閉じた空間のなかで、その国を守るために命を捧げた人の物語へと編集され、生徒たちに教えられたのである。また、日本の「道徳」にあたるような科目で使われた『わたしたちのパンチャーヤットと市民生活』という教科書には「良い市民」の特徴は次の三つにまとめられると書かれていた――「国への献身（デスバクティ）、国王への献身（ラージャバクティ）、社会への献身（サマージバクティ）」（Onta-Bhatta 2000: 108-9）。

パンチャーヤット時代（一九六〇〜九〇年）にこのような歴史や道徳を教える立場にあったナラヤニは、一九九〇年代半ばにマオイストになった。では、マオイストたちはどのようなネパールやネパール人を想像していたのだろう。私が暮らしていた地域では一九九〇年の多党制民主主義の復活後最初の総選挙と地方選挙でネパール会議派が圧勝した。重要な役職を独占した地元の会議派政治家たちは、利権の独占やネポティズムで評判を落としていった。一九九七年の地方選挙でネパール会議派の候補者は軒並み落選し、勝ったのは共産党（ＵＭＬ）や、パンチャーヤット政治の継承者である国民民主党の候補者たちだった。これらの政党の支持者たちは、ネパール会議派がインドの言いなりで、ネパールの国益を大きく損ねていると批判していた。私が親しくしてもらっていた老人は、「いまのネパールで真に愛国的な党は国民民主党とマオイストの二つだけだ」といっていた。この老人は国民民主党の支持者であったが、マオイストが（ネパール会議派と違って）大国インドを怖れない愛国者であるということは認めていたのである。

マオイストは暴力や脅迫だけではなく、歌や踊りや芝居を通じた宣伝にも力を入れていた。「今夕、小学校の校庭でカルチュラル・プログラム（文化的催し）がある」という話を聞いて行くと、途中からマオイストたちが登場して政治的メッセージを込めた演し物《だしもの》を披露するということが何度かあった。そのようなプログラムに使うのであろうカシオの電子ピアノを担いで、見知らぬ男がさらに山奥の村へと旅していくのに、出会ったこともある。マオイスト支持者ではなくても、マオイストの歌の歌詞をノートに書き写している村の若者たちもいた。そのうちの一つの歌詞は次のようなものだった。

たいまつを手に立ち上がれ、若人よ！
ヒマラヤのように勇敢に、雄大な岩の壁となって
いま国の命運は、わたしたちの腕に、かかっている
いまわたしたちの胸に、国への愛が鳴り響いている
国は沈む、わたしたちが臆病ならば
国は立つ、わたしたちが意識を高く持てば
目覚めよ、立ち上がれ、若人よ！　鎌を手に

槌をたずさえた星となり

「勇敢さ」や「ヒマラヤ」といった公式ナショナリズムと同様のテーマをちりばめながら、この歌は若者たちに訴えかける。ネパールの命運はあなたたちにかかっていると。

人民戦争を開始した一九九六年二月一三日にマオイストが発表した声明文は、国家がネパールを開発しなかったことへの批判から始まっていた。「ネパールの現在の支配者たちは、過去五〇年ものあいだ、開発と国づくりの話ばかりしながら、ネパールを世界のなかでエチオピアの次に貧しい国の地位にとどめおいた」。ネパールという国の真の開発は王室をはじめとする現在の支配者たちではなく、マオイストを含む真のネパール国民が権力を掌握したときにのみ可能になる、とマオイストはいっていたのである。パンチャーヤット時代の道徳の教科書に、よき市民は、国王と国と社会に献身すると書かれていたことを紹介した。マオイストは国王を含む支配層を倒すことが、ネパールとネパール社会に真に献身することであると主張していたことになる。

しかしネパールの開発実践がつくりだしたのはこのような愛国主義的な革命家たちだけではない。人民戦争と同じ時期、西ネパール農村部で、開発という理念にコミットしながらも、国という枠組みを絶対的なものとみなさないような人たちも活動していた。次にその人たちの履歴について述べたい。

三　西ネパール平野部のタルー人社会活動家たちの履歴と「紙」の重要性

タルーとはネパールのタライ平野に住み、水稲耕作をおもな生業としてきた民族である。タライ平野にはマラリアがあり、タルーはマラリアへの耐性をもつといわれていた。逆に中間山地部や山岳部の住民はマラリアへの耐性をもたなかったため、一年中タライに住み、耕作に従事することはできなかった。しかし一九五〇年代以降に世界保健機関（WHO）や米国国際開発局（USAID）が中心になってマラリア撲滅プログラムが行われると、山地部からタライへの移住が激増した。山地部からの移住者（パハーリー）はネパール語話者がほとんどで、かれらは読み書きもできた。これに対して、タルーたちはタルー語を話し、文字を知らないものたちが多かった。このような状況で、パハーリーたちが土地を獲得し、多くのタルーたちが土地を失うということが起こった。

ディリ・バハドゥル・チョーダリの祖父もそうやって土地を失った。ディリ・チョーダリの父親はその後、別の土地を購入し、選挙で村長（プラダーン・パンチャ）にまでなったが、祖父が失った土地を、裁判を通しても奪還することはできなかった。一九七〇年代末から一九八〇年代にかけて学校に通ったディリ・チョーダリは、学校で他の生徒たちはおろか、教師からも、「なぜタルーが学校に来るのだ」といわれた経験をもつという。そして彼は、「なぜ同じネパール人なのに、タルー人が蔑まれなければいけないのだ」と感じたという。つまりこの時期に、自分を「タルー人である」と同時に「ネパール人」であると強く感じるタルー人の若者が存在していたのである。ディリ・チョーダリはタルーが低い位置におかれている原因は、彼らが「文字を知らず、紙（カーガジ）の重要性も知らなかった」ことにあると考えたという。彼の祖父は文字を知らず、紙がどのような力をもつかも知らなかったため、紙に拇印を押し、土地を失った。タルーは文字を覚え、紙の重要性を知らなければならない。ディリ・チョーダリは一五歳の頃、同年代の仲間たちと一緒に、タルーの農業労働者のための夜間識字教室を始めた。この活動を行うにあたって、ディリ・チョーダリは公式の地方自治体ではなく、伝統的な自治組織であるキャーラという寄り合いのネットワークを使って情報を流し、人を集めたという。彼によると、父は公式の村（ガウン・パンチャーヤット）の村長にまでなったが、何も変えることはできなかった。そのような制度のなかではパハーリーの力があまりに強くて、タルーにできることはとても限られている。彼の活動はダン郡を中心に大きく広まり、一九九〇年の民主化によって集会・結社の自由が認められるようになると、NGOとして公式に登録し、デンマーク政府や国際NGOであるセーブ・ザ・チルドレンUSから資金援助を受けられるようになった。NGOとして登録する際の組織の名前は Backward Society Education（BASE「遅れた人々のための教育」、略称「ベース」）である。西ネパールの草の根タルー人組織の名前が英語である理由について、彼は、英語の名称をつけることによって外国人への認知を高めるためであると説明した。彼らはネパールの支配層とのコネクションをほとんどもっていない。国際援助に関わる外国の組織や個人との関係を構築することによって、ネパール政府や権力者たちに対する相対的な力を高め、彼らの活動に対する弾圧の可能性を減らそうということである。前述のマオイストがネパールを解放するために国の統治制度自体を奪取しようとしたのに対し、ディリ・チョーダリは国境を超えたネットワークとつながることによって、彼らの組織が公式の目標として掲げる「搾取のない社会」を実現しようとしたといっているのである。その社会とは、必ずしも国や国境によって定義づけられない広がりをもったものであるともいえる。

ヨゲラージ・チョーダリはカイラリ郡出身のタルーである。彼は一九九〇年にベースの活動に加わり、二〇〇〇年のカマイヤ（債務農業労働者）解放運動を先導した。「カマイヤ」というのは、もともとタルー語で、大家族のなかで一番大変な力仕事をして家族を支える若い男性のことを指す言葉だった。それがいつのまにか、他人の土地で、他人に命令されるまま重労働をさせられる人を指すようになった。カマイヤというかたちで働くタルーたちはずいぶん昔からいたと考えられる。しかし、多くのタルーがカマイヤとして働くようになったのは「マラリア撲滅プログラム」以降である。

ヨゲラージの父親であるティカラーム・チョーダリはダン郡で育った。タルーにはもともと土地を法的に「所有」しなければならないと考える人が少なかったと彼はいう。ティカラームは土地をもたないタルーの家族に生まれ、山に住む地主たちのためにいつも盆地から山へと「荷物をかつぐ仕事」をしていたという。一九五〇年頃にティカラームは山から離れたカイラリ郡に移って、「自分の土地」をもつようになった。

一九五九年に息子のヨゲラージが生まれたが、父親はヨゲラージを学校に通わせようとは思わなかった。一九六〇年代に子供を学校に通わせようというタルーはまだ少なかったという。しかしヨゲラージは近所に住むカーストの高い子供たちと遊びながら読み書きができるようになった。それをみた近所の大人たちが、父親を説得し、とうに一〇代になっていたヨゲラージは小学校に入学した。ヨゲラージが一六歳で四年生だったとき、家族はやりくりが苦しくなって借金をし、そのかわりにヨゲラージは地主のところでカマイヤとして働くことになった。それまで学校に通い、友達と遊んでいたヨゲラージは、朝早くから夜遅くまで、ひたすら地主にいわれるままに働かなければならなかった。ヨゲラージの負った債務は五〇〇〇ルピー（当時の為替レートで約一一万円）で、ヨゲラージのカマイヤとしての報酬は一年間で六〇〇ルピーだった。カマイヤというのは形式上、一年契約だが、一年の終わりに借金が返せていなければ、同じ地主のもとで働くか、その借金ごと買い取ってくれるべつの地主のもとに行くことになる。この仕組みでは一生カマイヤとして暮らすことになると考えたヨゲラージは、二年間地主のもとで働いたあと、知合いにかけあって保証人になってもらい、カマイヤではない別の仕事をして借金を返すということをなんとか地主に認めてもらった。

カマイヤとして働いているあいだに「とても苦いものが心のなかに住みついた」とヨゲラージはいう。「人間がほかの人間を水牛かなにかのように扱うのはよくない」。そのようなことの起こるカマイヤという仕組み自体をなくしてしまわなければいけない、とヨゲラージは思った。仲間さえいればカマイヤ制度自体をなくすために戦いたい、と。カマイヤでなくなってからヨゲラージは懸命に働き、ある程度の土地をもって村の小学校の運営委員会の委員長にもなった。一九九〇年のネパール民主化のあと、ダン郡の若いタルーたちが、タルーのための識字教育や権利運動をするベースという組織をつくったと聞いてヨゲラージはその活動を見学に行き、カイラリ郡にもベースの支部をつくった。民主化以降に数多くのNGOが組織されたが、貧しいタルーたちから大きな支持を得たベースは、外国政府や国際NGOからも多くの支援を得て、西ネパールで急速に規模を拡大していった。ヨゲラージはベースの全体会合で生まれてはじめて何千人ものタルーが一場に会しているところをみたという。

自分にはこんなに多くの仲間がいる。これまで見下され差別されてきたタルーが集まって、自分たちの向上の必要について語っている。そのときの感動は忘れられるものではない。

　しかしベースの活動をつづけていくにつれ、ヨゲラージは疑問も感じ始めていた。一九九〇年代半ばにベースが行った調査では、当時、西ネパールで三万五〇〇〇人以上がカマイヤとして働いていた。その九割以上がタルーだった。一方、ベースの活動のほとんどは外国政府や援助団体の資金で運営されるようになっていた。援助団体が支援するのは、貧困層の教育や貯蓄奨励・小規模金融などのプロジェクトだった。カマイヤに対しても識字教室や、子女への奨学金の支給、現金収入向上のための家畜の支給や、貯蓄の奨励が行われた。ヨゲラージはカマイヤたちに貯蓄の重要性を説き、一日一ルピーずつでも蓄えるように勧めながらも、満足に食事もとれない人たちに貯金をしろということの矛盾を強く感じていた。問題はカマイヤたち自身の生活態度ではなくて、カマイヤ労働という仕組みそのものなのではなかったのか？　国際法の「奴隷に似た労働形態の禁止」やネパールの民主憲法にも明らかに違反しているカマイヤという制度をそのままにしていて、教育や貯蓄プログラムを運営するベースをはじめとするＮＧＯや援助団体の職員が給料をもらいつづけるというのはおかしいではないか？

　ヨゲラージの村には一九人のカマイヤとその家族を使っている大地主がいた。ヨゲラージは大地主に「カマイヤたちに読み書きを教えさせてほしい」といって許可をとり、カマイヤたちと接触を始めた。「夜間教室」でヨゲラージはカマイヤたちに、地主に対して待遇改善を要求し、地主が要求に応じなければ政府に身柄の救出を訴え出るように、と説得し始めた。カマイヤたちがヨゲラージを信頼して、村役場に訴え出るまで二年かかった。二〇〇〇年五月一日に一九人のカマイヤたちは「一、最

低賃金法の執行　二、債務無効の確認　三、身柄の保護　四、解放後の再定住支援」を求める訴状を提出した。同時にベースをはじめとする組織が村役場の前、そして郡役場の前で、毎日数千人規模のデモを行った。訴えが出て二週間後、郡役場の前庭での話し合いで地主は「カマイヤたちはもう借金を返さなくていいし、どこにでも好きなところへ行けばいい」といった。このあと、さまざまな郡で二〇〇人近いカマイヤが役場に訴え出た。郡役場ではどこでも法律は国レベルで決めることだという対応だったので、ヨゲラージたちはカマイヤたちを率いて、カトマンドゥに訴え出ることにした。カトマンドゥの真ん中でのデモは四日間つづいた。そして四日目にネパール政府は、債務労働は禁止されており、だれも人をカマイヤとして雇ってはいけないし、カマイヤたちの負っている債務は無効だという宣言を出した。

政府の「解放宣言」のあと、多くのカマイヤが自分の意思で地主のもとを離れたり、地主に追い出されたりした。新しい生活を始めるため、土地の分配をはじめとする再定住支援策をもとめる闘争が始まった。ネパール政府は援助機関の支援をうけながら、ゆっくりと、少しずつ元カマイヤにたいする支援を始めた。しかし二〇〇一年末にはネパール共産党（マオイスト）とネパール王国軍とのあいだの戦闘が始まり、政府による非常事態宣言が発令された。マオイストはタライの農村部での影響力も強め、政府の役人は村に入れなくなり、カマイヤの再定住プログラムも進まなくなった。マオイストは村々から役人や地主たちを追い出し、元カマイヤや農業労働者、小作農たちに追い出された地主の家に住み土地を耕すようにすすめた。しかしマオイストは農村部を完全にコントロールしていたわけではなく、治安部隊はしばしば農村に入り、そのたびにマオイスト戦闘員はジャングルへと退却し、地主の財産を「占拠」していた元カマイヤや小作農たちが治安部隊に拘束され拷問されまた殺されるということも起こった。多くの元カマイヤはマオイストに対しては支持を表明しつつも、ネパール政府の発行する土地所有証明書を求めていた。この時点で、元カマイヤであるタルーたちは、紙を、ネパール政府の発行する公式書類を第一に求めていたのである。ヨゲラージは元カマイヤたちの要求を満たすために暴力に訴える必要はないのだ、といっていた。政府が、そして外国の援助機関が、権利について本気になれば、必要な書類が整えられ、元カマイヤたちの問題はすぐにでも解決する。

四　連邦制とタルー自治州の要求

タルーの若者であるラクシュマン・チョーダリは人民解放軍で戦っていたが、途中からマオイストがタルーの権利実現に真剣ではないとして、多くの兵士と武器とともにマオイストを離れ「タルー解放戦線」を組織した。マオイストは「諸民族の解放」をうたっていながらも、その実態は高カーストによって支配されており、西タライで多くの功績をあげた彼自身をさしおいて、高カースト出身者たちばかりを組織内で昇進させた、と彼はいう。武力紛争がつづくあいだ、ヨゲラージは一方で武装闘争に走るタルーの若者たちを諭しながらも、時によっては、それらの若者たちが政府軍に殺されないように支援していた。マオイストと民主派政党の共闘によって二〇〇六年に王制が倒れ、停戦協約が結ばれると、ネパールでは「連邦共和制」に向けた憲法作りが行われることになった。ラクシュマン・チョーダリらは西ネパールの平野部を「タルーハット」という名のタルー自治州にすることを主張した。民族集団などのアイデンティティを根拠とした連邦制はマオイストの主張するところでもある。マオイストはタライ西部にタルーの名を冠した「タルーワン」という自治州をつくるべきであると主張している。しかしそのタルーワン組織の責任者に党から任命されたのは、バラモンであった。

二〇〇八年にラクシュマン・チョーダリたちの演説集会に出席したとき、ヨゲラージはたちあがって、タルー語で、次のような意見を述べた。「自分たちはラクシュマンが多くのタルーを連れてマオイストに加わって戦っているときも陰日向に助力したし、いまタルーの権利を主張しているときにも手助けしようとしている。タルーはもちろんもっと強くならなければならない。しかしタルーはもう長いあいだタルー以外の人たちと同じ村々に暮らしているし、これからも一緒に暮らしていかなければいけない。これからみながどうやって一緒に暮らしていけばよいのか、その仕組みをじっくり考えていかなければならない」。ヨゲラージはこの時点で民族をベースとした連邦制に懐疑的であり、さまざまな民族がすでに混ざり合って暮らしているネパール平野部で、そのような制度が導入できるとは考えていなかったようである。

しかしこの後、タルーハット運動は大きな盛り上がりをみせる。大きなきっかけは、二〇〇九年初頭に、タライに住み北インド系の言語を話す住民からなるマデシ勢力の要求を受け、当時の政府がネパールのタライ平野すべてをマデシの州にすると約束したことである。この案だとタルーをはじめとして、タライに住むマデシ以外のあらゆる集団がマデシの州に吸収されることになる。これに対して、ディリ・チョーダリを含むタルーの主立ったリーダーや組織が、タルーハット運動に合流しタライ西部における数週間にわたるゼネスト（バンダ）を含む、大規模な直接行動を行った。二〇〇九年の夏に、ヨゲラージ・チョーダリを含むベース関係者と会ったとき、彼らの論調は前年とがらりと変わっていた。ヨゲラージ自身も、タルーハット運動を積極的に支持するようになっていたのである。タルーが自分たちの州をもちたいという要求に対して、ありとあらゆる妨害が行われている、と彼はいった。彼は、その当時計画されていた西ネパールの山地部での水力発電所建設についても、それがタルーを弱める陰謀を含んだものであるといった。水力発電所の建設によって水没する村々の住人を、カイラリ郡に移住させるという計画がある。カイラリ郡は現在でもタルーがたくさん住んでいる場所で、人口の約半数を占めている。しかし、そこにパハーリーが大量に移住してくれば、タルーの人口比が減ってしまいタルーの力が弱まることになる。

その夏、ヨゲラージ以外で話をしたタルー社会活動家たちも、一様にタルーハット運動を強く支持していた。多様な民族やカーストが混じり合って住んでいる状況で、民族ベースの連邦制がどのように機能するのか、具体的な制度設計についての言及は少なかった。タルーハットが認められなければ「大変なことになる」という言葉は、繰り返し聞かれた。つい一年前にはタルーハット運動に懐疑的だったこの人たちが、二〇〇九年には熱心に支持していたことについて、どう考えればいいのだろうか。一つの手がかりとして、「紙の重要性」について振り返ってみたい。ベースという組織に集まったタルーの活動家たちにとって、タルーが紙と、紙に書かれた字の重要性を認識するということが一つの大きな課題であった。二〇〇九年に連邦制の話をしているとき、しばしば起こったのは、誰かが紙とペンを取り出し、ネパール地図の輪郭を描き、各政党や民族団体が、ネパールのどこに線を引いて、いくつの州に分けようとしているのかを示すことだった。すなわち、そこに集まったタルー活動家たちは、文字だけではなく、地図も読みまた描くことのできる人たちであった。そしてその時点の政治にとって、地図に描かれた線と、その線で囲われた面に書かれる文字が、中心的な意味をもっていることを理解していたのだといえるのではないだろうか。地図に反映されることになるあらたな制度や社会状況というよりも、まずはどのような地図が作られるかということ、地図自体が、政治の焦点となっているのだ。地図は近代のナショナリズムを構築し、ネーションを存在させるためにほぼ必要不可欠の道具であるということは、すでに多くの人によって議論されている（アンダーソン 二〇〇七、Latour 1999）。ヨゲラージが語った水力発電所建設計画がカイラリ郡の民族別人口比に与える影響の話も、近代国家統治の基本的技術である人口統計の存在を前提としたものだ（Cohn 1987; 石井 二〇〇四）。ヨゲラージを含むタルー活動家たちは、地図や人口統計が、自分たちがどのような社会空間に生きることになるかということに、重大な影響を及ぼすという理解の上で、連邦制について語っていたと考えることができる。

二〇〇九年の春に大きな盛り上がりをみせていたタルーハット運動も、夏にはリーダー間の意見の不一致など、さまざまな障害にぶちあたっていた。状況を悲観した一人のタルーは「最低でも、タルーという名前がついた州ができればいいのだが」といった。最低限必要なのは、タルーという名前のついた部分がネパールの地図に描かれることである。彼はつづけていった。「タルーという名前の州ができなければ、過去数十年のタルーの闘争も葛藤も、なかったことにされてしまう」。

このタルーたちは、一九九〇年代、タルーというアイデンティティを前面に出すのではなく、開発と人権という普遍的な価値を掲げて、国境を超えたネットワークをつくり、その活動には国内の非タルーや外国人が多く参加していた。その彼らが二〇〇九年にはタルー自治州の熱心な支持者になっていた。この状況は一見、タルー活動家たちのリベラルで開かれた主体性が、その後、排他的な民族主義的な主体性へと変容してしまったようにもみえるかもしれない。しかしこの章ではそのような見方をしていない。しばしば「主体」として語られるものは、「循環する能力」であり、それはある道具や実践からなるネットワークに「加入」することによって、得られたり、失われたりするものである(Latour 1999: 23)。人民戦争がつづくなか、開発援助団体や人権団体との関係を築きつづけたタルー活動家たちは、停戦後の「新しいネパール」の骨格を決めるための議論において、タルー民族の自治州要求を支持した。それは彼らが、その政治的モメントのなかで、地図や人口統計がもつ中心的な意味を理解し、それらが機能するネットワークに参入し、その構築に加わろうとしたのである。それはタルーが支配する「小さな国」を獲得したいという欲求につきうごかされているというよりは、数十年にもわたる開発実践と、一〇年間の人民戦争のあと、タルーハットの要求が受け入れられず、一九九〇年と同じような地図が描かれてしまえば、これまでの葛藤と努力が、「すべてなかったことになってしまう」という怖れにつきうごかされているように思えるのである。

五　おわりに

この章の初めに、マオイストの革命運動をはじめ、ネパールで生起するさまざまな運動が、開発や近代化の遅れという理由で説明されてしまう傾向があると述べた。しかし、私が西ネパールで出会ったマオイストたちは、そのような解釈を否定しているようだった。この章では、西ネパール農村部の幾人かの人々の履歴を振り返りながら、それらの運動が、開発の遅れや欠如ではなく、国民教育の浸透を含む、開発や近代化のための活動の結果である、と解釈する可能性について考えてきた。

山間部で育ったナラヤニにとっても、平野部の先住民のタルーとして育ったディリ・チョーダリやヨゲラージ・チョーダリにとっても、学校に行って、紙と読み書きの重要性を学ぶということは、新しく、また大きな経験だった。学校を出たナラヤニは、ネパールというネーションを想像し、そのなかでのマガル人の歴史を想像するようになった。ディリやヨゲラージは「人権」や「搾取なき社会」という言葉の使い方を学び、また、地図や人口統計を通じた社会空間の構築を学んだ。

ナラヤニやディリやヨゲラージが身につけていったこれらの技術や概念を、「近代の道具(means of modernity)」(Appadurai 1996, アパドゥライ 二〇一〇)とよぶこともできるだろう。これらの技術や概念は、ネパール政府や開発援助機関が主導した活動によって、西ネパール農村部の人々にもたらされた。しかし、それらの人々が、政府や開発援助機関が想定した目的のために、それらの道具を使うという保障はない。近代の道具を手にした人々は、それぞれの置かれた状況のなかで、それぞれの仕方で、それらの道具を用いるのである。それらは、ネパールというネーションの存在様態や、「搾取のない社会」「民族の自律」という理念をめぐるさまざまな想像力を彼らに与えた。このようにして、それらの技術や概念は、共産主義革命や債務農業労働者解放や民族自治の運動の構成要素となっていったのである。

参考・引用文献

アパドゥライ、アルジュン、二〇一〇、『グローバリゼーションと暴力―マイノリティーの恐怖』、藤倉達郎訳、世界思想社。

アンダーソン、ベネディクト、二〇〇七、『定本 想像の共同体―ナショナリズムの起源と流行』、白石隆、白石さや訳、書籍工房早山。

石井 溥、二〇〇四、「ネパール―「カースト」と「民族」の連続性」、青柳真智子（編）『国勢調査の文化人類学―人種・民族分類の比較研究』、古今書院。

Appadurai, Arjun, 1996, *Modernity at Large: Cultural Dimensions of Globalization*, Minneapolis: University of Minnesota Press.

Burghart, Richard, 1984, 'The Formation of the Concept of Nation-State in Nepal', *Journal of Asian Studies* 44 (1): 101–25.

Cohn, Bernard S., 1987, 'The Census, Social Structure and Objectification in South Asia', in *An Anthropologist among the Historians and Other Essays*, Oxford: Oxford University Press. pp. 224-54.

Fujikura, Tatsuro, 2003, 'The Role of Collective Imagination in the Maoist Conflict in Nepal', *Himalaya: The Journal of the Association for Nepal and Himalayan Studies* XXIII (1) : 21-30.

Hangen, Susan, 2005, 'Boycotting Dasain: History, Memory and Ethnic Politics in Nepal', *Studies in Nepali History and Society* 10 (1): 105–33.

Latour, Bruno, 1999, 'On Recalling ANT', in John Law and John Hassard (eds.), *Actor Network Theory and After*, Oxford: Blackwell.

Mikesell, Stephen L., 1993, 'The Paradoxical Support of Nepal's Left for Comrade Gonzalo', *Himal* 6(2): 31-33.

Nickson, Andrew, 1992, 'Democratization and the Growth of Communism in Nepal: A Peruvian Scenario in the Making?', *Journal of Commonwealth and Comparative Politics* 30 (3): 358-86.

Onta, Pratyoush, 1996, 'Ambivalence Denied: The Making of Rastriya Itihas in Panchayat Era Textbook', *Contributions to Nepalese Studies* 23 (1): 213–54.

Onta, Pratyoush, 1997, 'Activities in a 'Fossil State': Balkrishna Sama and the Improvisation of Nepali

Identity', *Studies in Nepali History and Society* 2 (1) : 69–102.
Onta-Bhatta, Lazima, 2000, Street Children's Subcultures and Cultural Politics of Childhood in Nepal. PhD diss., Anthropology, Cornell University, Ithaca.

六章

ガンダルバの歌うネパールの変化
——王政から国王のいない民主主義へ

森本　泉

ヴィシュヌの化身[1]、王と王妃はどこに行ったのだろう、都を離れて
二〇五八年[2]、私たちの王は時ならず亡くなった
ジェト月一九日金曜日の夜
王宮で事件が起きた
いかに［この事件の真相が］明らかにされるのだろうか
王、王妃、子供たちはみな天国にいる
兄弟、親族、みないなくなった
王、あなたの［親族は］誰も生きていない
どの神がこんな事件を起こしたのか？［以下略］

「カハリ・ラグド・ガタナ（恐ろしい事件）」（マンガル・プラサド・ガンダリ作詞）より

繰り返しは省略、［　］内は筆者注

一　はじめに

二〇〇一年六月一日夜、カトマンドゥにあるナラヤンヒティ王宮[3]で晩餐会に集まっていたビレンドラ国王（当時）夫妻を含む一〇人の王族が射殺される事件が起きた。事件直後に発足した調査委員会が発表したその真相は、ビレンドラの長男ディペンドラ皇太子（当時）が酒に酔って家族に向けて銃を乱射し、自らも自殺したというものであった。しかしながら、王族が全員集まる晩餐会に元国王の

次弟ギャネンドラだけが欠席していたこと、その息子パラスをはじめとしたギャネンドラの家族は晩餐会にいながら無事であったこと、右利きのディペンドラがピストルで頭を撃って自殺したと報告されたが利き手で撃つには困難な場所に銃痕があったこと等から、この公式見解は発表当時から信憑性に欠けるとされた。未だにその真相は謎に包まれたままである。ヒマラヤに抱かれ厳しくも豊かな自然に恵まれた王国（当時）、ないし世界最貧国のイメージが重ねられてきたネパールについて、一九九六年に開始されたマオイストの反政府武装闘争[4]のニュースが時々伝えられてはいたが、この王宮事件は、ネパール国内はもとより国外の多くの人々をも震撼させ、それまでの白いヒマラヤに抱かれた王国のイメージが激化していく武装闘争とともに血の色で塗りかえられる契機となったといえる。このときに亡くなったビレンドラ国王夫妻、長女のシュルティ、二男のニラジャンらの遺体は、事件の翌日ネパール最大のヒンドゥー教寺院パシュパティナートに運ばれ、その寺院が面するバグマティ川の河畔にある火葬場で荼毘に付された。家族が荼毘に付された日、皇太子ディペンドラは病院で脳死状態のまま国王に即位したが、彼の意識は戻ることなく六月四日に亡くなり、その叔父ギャネンドラがネパール国王に即位した。この王宮事件が起きた二〇〇一年はネパールの歴史を変える激動の年となった（小倉 二〇〇七、四七）。冒頭の「カハリ・ラグド・ガタナ」は、ネパールの楽師カースト、ガンダルバ[5]に属するマンガル・プラサド・ガンダリがこの事件で亡くなったビレンドラ元国王とその家族を想って作った歌の歌い出しである。本稿は、このような事件や出来事を歌にのせて伝えるメディアとしての役割を担ってきたガンダルバが、近年のネパールの政情変化を背景に発してきたメッセージを通して、二〇〇六年のロクタントラ・アンドーラン[6]（ジャナ・アンドーランⅡ、第二次民主化運動）によって人々が主権を取り戻すに至った道程を辿ることを目的とする。[7]

本題に入る前に、王宮事件後にネパールの政情がいかに変化したのか、国王と政党政治家、マオイストの関係に注目しながら流れを俯瞰しておこう。先述した二〇〇一年六月一日の王宮事件後、ギャネンドラの指示で設立された王宮事件の調査委員会による報告に、人々が疑問と不満を募らせるのに対し、その当時の首相であったギリジャ・プラサド・コイララが率いる政府は王室に対してなすすべもない状態にあった。その機会をとらえたマオイストが、反国王・反コイララのキャンペーンを展開するようになった。その結果ギリジャ・プラサド・コイララは辞任し、シェル・バハドゥル・デウバが首相に就任した。しかし二〇〇二年、マオイストの運動を鎮圧できないことからギャネンドラは下院を解散、デウバ首相をも解任し、国王自らが親政を敷くようになった。それでもマオイストの反政府武装闘争を鎮圧できず、二〇〇五年にはギャネンドラは内閣を解散して国家非常事態宣言を発令し、直接統治体制を完成させるに至った。その年の一〇月、ギャネンドラが一方的に地方選挙と下院選挙の実施を呼びかけると、これに対抗するために、それまで対立していた主要七政党とマオイストが連携し、一丸となって選挙をボイコットすることで合意、抗議行動を展開するようになった。これを無視して二〇〇六年二月にギャネンドラが選挙を実施すると、ネパール全体で緊張が高まり、四月には一般市民も合流して全国規模の抗議活動へと発展した。カトマンドゥでは連日大規模なデモが繰り広げられ、これに対してギャネンドラは下院復活を宣言し、専制政治は終わった。新しく発足したギリジャ・プラサド・コイララ政権で、王政廃止とヒンドゥー王国から世俗国家へ転換すること等が決定され、主要七政党連合とマオイストの間で和平合意にむけて模索が始まった。そして二〇〇六年一一月に両者の間で包括和平協定が署名され、二〇〇七年一月に暫定憲法公布、その年の四月に暫定政府が発足し、ギリジャ・プラサド・コイララが首相に就いた。制憲議会選挙は、当初の予定を数度延期した末二〇〇八年四月に実施され、マオイストが第一党に躍進して制憲議会が発足、五月二八日の初の制憲議会で王政が正式に廃止された。これで約二四〇年間続いたネパールのシャハ王朝が幕を閉じることになり、ネパールは国王のいない民主主義を選択し、連邦民主共和国となって人々の手で新しい憲法がつくられることになった。本稿では、以上の王政から国王のいない民主主義に至る激動の期間を、ガンダルバの歌を通して辿りなおすものであるが、同時にガンダルバをめぐる社会文化的変化についても考察を加える。

さて、冒頭の歌「カハリ・ラグド・ガタナ」は、王宮事件のおよそ半年後にマンガル・プラサド・ガンダリがつくったもので[8]、カセット・テープに収録されて街中のミュージック・ショップで売られた。そこでは、ビレンドラ元国王一家が二〇〇一年六月一日の夜にナラヤンヒティ王宮での晩餐会中に銃で撃たれて亡くなり、翌日バグマティ川の河畔で荼毘に付された経過と、亡き王とその家族への敬慕と哀惜の念がおよそ四〇分にわたってサランギの調べに合わせて歌いあげられている。後述するが、この「カハリ・ラグド・ガタナ」が歌われた時点では、元国王とその家族が亡くなったという事実が悲しみとともに伝えられ、ナラヤンヒティ王宮で起きた事件の真相については、事件後先述した公式見解が発表されたにもかかわらず、謎に包まれていることが示唆されている。以下では、まずガンダルバの社会文化的背景を概観してから、ガンダルバの歌う歌詞を資料として、そこからみえてくるネパールで起きた出来事と変化をみていくことにする。

二　ガンダルバ――社会文化的背景

ガンダルバの歌う行為は、彼らの生業として自他ともに認識されている。近代化社会において音楽から離れた生活をしているガンダルバもいるが、後述するように何らかのかたちで音楽に関わっている人も少なくない[9]。ガンダルバの人口は二〇〇一年のセンサスによると五八八七人で、全人口に占める割合は〇・〇三％となっている。おもに西部ネパールおよび中西部ネパールの丘陵地域から南部低地タライにかけて東西に広がって分布している。とりわけ、ガンダキ県の道沿いの村に集住し、村々で弾き語りをして人々を楽しませ、その報酬として生活の糧を得てきた。

センサスにはガイネとして分類されているが、近年、侮蔑的な意味合いを含むガイネという呼称を避けてガンダルバ、あるいはガエク、ガンダリ、ネパリ等を自称することが多い[10]。これらの呼称をめぐる用語の違いを簡単にみておこう。ガイネという用語のもつ辞書的な意味は、①ネパールの語り物を保持しながら、村を歩き、歌うことで生計を立てているジャーティ、②歌のうまい人、とされる（Pokharel 1995/1996）。①のジャーティを指示する用語としてのガイネは、彼らに特有の楽器サランギを携え村々を歩いて弾き語りながら、その報酬を乞うことから、物乞いや不可触というような形容詞を伴って語られる（Chhetri 1989: 55）。他方のガンダルバという用語は、辞書的に①歌と演奏の技術に長けている霊的存在、②歌と演奏で生計を立てるジャーティ、ガイネ（Pokharel 1995/1996）とされる。ガイネという用語が広く社会で流通しているのに対し、後者はヒンドゥーの神々の世界を想起させる用語で、前者の美称としてガンダルバ自身が積極的に用いるようになった。

ガンダルバのネパール社会における位置づけについて、先行研究を確認しておきたい。まず、ガンダルバの生業や実態を明らかにしようとする人類学的関心に基づく研究がある。そこでは、とりわけガンダルバの生業と認識されてきた村々を歩いて歌う行為から、物乞いのイメージや社会的周縁性が強調されてきた（Macdonald 1975a, b）。また、Höferは、一九世紀半ばに定められ、その後のネパール社会に大きな影響を与えたネパールの法律ムルキ・アイン（民法）においてカースト社会がいかに概念化されていたのか詳細に検討し、ガンダルバが楽師としてヒンドゥー的カースト社会において体系的に最も低い不可触カーストとして位置づけられていることを示している（Höfer 1979）。但し、ムルキ・アインに定められたようなヒンドゥー的な社会的状況は、チベット・ビルマ語系民族をはじめ非ヒンドゥー社会が混淆するネパールにおいて地域的偏差、また時代による差も大きく、全地域に同じように広がっているわけではない。

この不可触としての位置づけやガンダルバの生業とされる弾き語りに由来する物乞いのネガティヴなイメージは、同時に音楽がガンダルバに特有の文化として認識されることと表裏をなしてきた。ガンダルバの音楽が文化として高く評価されてきた側面では、音楽を通して人々にメッセージを伝えるメディアとしての役割を果たしてきたことが挙げられる。記録に残るメディアの役割として最古のものは、一七六九年にプリトゥビ・ナラヤン・シャハがカトマンドゥを征服してシャハ王朝を打ちたて、ネパールを「統一」した歴史についての歌がある。当時、ガンダルバは村々を歩き、プリトゥビ・ナラヤン・シャハの英雄譚を歌にのせて伝え、愛国心を伝播させるのに貢献した（Nepali n.d., Nepali 2003: 425-6）。「カハリ・ラグド・ガタナ」はビレンドラ元国王の家系が途絶えた事件を悲しく歌うものであるが、それよりも以前のビレンドラを称える歌もある。そこでは元国王が、インドや日本、アメリカ、イギリスで学び、ネパール全体の発展のために津々浦々を視察し、一九九〇年に民主化が達成された際に実権をネパールの人々に移譲した王として、ネパールの人々から敬愛されている様子が歌われている（Nepali 2003: 432-6）。このようなガンダルバの音楽は、ナショナリズムの隆盛[11]を背景にネパールの文化として再評価され、同時に近代化によって彼ら独自の文化とされるサランギや歌に関する技術や知識が消滅しつつあることが危機意識をもって指摘されてきた（Chhetri 1989, Sharma 2003）。この指摘は一般にノスタルジーを伴って受け入れられやすいものとなっている。一方、前近代社会においてガンダルバの生業とみなされてきたサランギの弾き語りは、近代化していく社会においては、その生業を積極的に引き継ぎ、保持しようとしているとは限らない状況にある。すなわち、今日、当事者であるガンダルバ自身が子供たちにはサランギに触れさせずに教育を受けさせるようになっているのである。

ネパール文化の担い手としての高い評価がありながら、他方でヒンドゥー的ネパール社会において不可触とされてきた状況は、ガンダルバのアイデンティティを微妙なものにしてきた。Weisethaunet は、国民的に有名な歌い手がカースト故に不可触の扱いを受けることについてアイデンティティの葛藤を指摘した（1997, 1998）。彼によると、その状況を示すのはサランギ奏者として高名なラム・サラン・ネパリを悩ませた宿命論的なディレンマであるという。ラム・サラン・ネパリが一九九六年に亡くなったとき、パシュパティナートで葬儀が執り行われ、彼の家族の他に多くの芸術家や音楽家、詩人、公的機関の文化関係者が参列し、偉大な芸術家の喪失を惜しむ様子がラジオを通して伝えられた（Weisethaunet 1997: 136）。そこには彼への高い文化的評価がうかがえるが、ラム・サラン・ネパリ自身は生前、彼に対するこの文化的評価を素直に受け取ることができなかったという。なぜなら、素晴らしい音楽家として尊敬される誇りと、ガイネとして不可触の扱いを受ける悲しみが、彼のなかでは不可分であったからだ。音楽家としてのアイデンティティを意識するときに、不可触カーストとしての扱いを受けることが不可避となる困難な状況とその葛藤を、ラム・サラン・ネパリは「メロ・カルマ（私の宿命）」という歌のなかで切々と訴えている（Weisethaunet 1997, 1998）。ラム・サラン・ネパリを取り巻く差別的な社会的状況は、そのナショナル・レベルの文化的価値とはほぼ無関係に、また差別を禁じる法的制度にかかわらず、文字通り触れてはならないという個人の身体的レベルで再生産されてきたといえる。

ここでアイデンティティについて付言しておきたい。サランギ奏者として有名なプルナ・ネパリは、ガンダルバ自身の文化喪失に対する危機感から、村々を歩くガンダルバを訪ね、歌を採録し、ガンダルバの文化として記録した。その五八三ページにわたる大著『ガンダルバ――音楽と文化』は、ガンダルバの文化的価値と社会的地位を再検討しようと試みたものである（Nepali 2003）。プルナ・ネパリ自身はネパリという姓を名乗りつつ、自身の属するジャートをガンダルバと認識し、著書のなかでガイネはガエク（歌手）と同義語であると分析する。このことから、彼自身もガンダルバをめぐる文化的評価と社会的評価のディレンマのなかにあることがうかがえよう。

ガンダルバの音楽的側面は一般に文化的価値として強調されるが、音楽家として高く評価されるガンダルバはごく一部に限られる。前近代的社会においてガンダルバの多くは村々を歩き、人々の要望に応じて歌を作り、あるいは既存の歌を弾き語ってきたが、他の職業カーストの人々と同様に土地等の生産手段をあまりもたなかったために、社会変動にあわせて、機敏に、かつ柔軟に活動を変容させてきた（Hitchcock 1975）。具体的には、他人の畑仕事の手伝いをすることで日々の糧を手に入れたり、家畜の飼育や土木工事に従事したりすることで現金収入を得てきたのである。

変動への柔軟な対応は、ガンダルバの歌う対象や内容からも読み取れる。ナショナリズムに貢献した歌について先述したが、ここで歌の種類について整理しておきたい。村々を歩いて歌を集めたNepali（2003）によると、おもなものとして、信仰や神、ヴェーダ（聖典）、マントラ等を歌ったもの、結婚式や祭り、プジャ（神々に対する宗教的行為、供養）、儀礼に関するもの、国家や社会に関するもの、出来事や事件、戦争に関するもの、英雄譚等が挙げられる。たとえば、戦争に関する歌では、戦場の兵士が故郷の家族に告げる今生の別れを友人に託す場面を想定して歌ったラフレ（傭兵）[12]の歌は今でも人々の涙を誘い、ガンダルバの代表的な歌となっている（ジャラクマン・ガンダルバによる歌「母は語る」、Nepali 2003: 412-22）。このラフレの歌は、グルカ兵を多く輩出してきたチベット・ビルマ語系民族のグルンの村で主として歌われてきたという。このように人々の心を動かすメッセージを歌い続けるには、聴衆のおかれた社会的状況を的確に判断する洞察力が不可欠であったといえよう。また、彼らがよく取り上げてきた題材に貧困問題があり、複数のガンダルバが貧困についてそれぞれ作詞したものを持ち歌にしている。歌を通じて人々の意識を喚起することもあり、後述するが制憲議会選挙の前には、憲法をつくるための制憲議会選挙の大切さと投票を呼び掛ける歌がラジオを通じて流された。この他、近代化とともにその役割が減じたといわれる一方で、彼らはネパールのフォーク・ソングも持ち歌に加え、ホテルやレストラン等のステージでも演奏をするようになったし、それらをカセット・テープやＣＤに収録して商品化するようにもなった[13]。また、歌の種類だけでなく彼らの道具であった楽器サランギが商品化され、持ち歩きやすい小型のサランギがつくられ、装飾的な彫刻が施されてネパールの土産物として消費できるようにつくりかえられてきた（森本 二〇〇〇a、二〇〇〇b）。

このような音楽の商品化過程において、不可触の扱いを受けるガイネとしてのアイデンティティではなく、ネパールの伝統的楽師カーストとして評価されるガンダルバとしてのアイデンティティを新しく確立するようになったことが大きな変化として指摘できる（Morimoto 2002）。特にトゥーリズムの展開とともにグローバル化が浸透し、ヒンドゥー的社会的価値観が薄れ、その代わりに資本主義的価値観が卓越するようになってきた都市部においてそのような傾向がみられる（Morimoto 2007）。ガンダルバの文化を消費する人々がヒンドゥー的な社会的価値観をもたない場合、彼らをネパールの伝統的楽師カースト、換言すると伝統の保持者として認識し、賞賛することがトゥーリズムの文脈において生じるようになった。新たな経済機会を求めて、消費の対象となる文化を商品化することでトゥーリズムに参入したガンダルバのなかには、出会った外国人との関係を頼って外国に出稼ぎや旅行に行く人もあらわれるようになった。私が調査をしたアイルランドに出稼ぎに行ったガンダルバの例では、アイルランドにおけるケルトの吟遊詩人になぞらえてネパールの吟遊詩人と評され、アイルランドでアイリッシュ民謡をサランギで奏でながらも、ネパールの伝統的楽師カーストとしてのアイデンティティが維持強化されていることが観察された。しかしながら、一方で先進工業国の低賃金労働者として働き、世界システムにおいて周縁化されたネパール人としての自らの位置をも認識することになった（森本 二〇〇八、Morimoto 2008）。

トゥーリズムの文脈に限らず音楽が商品化されている過程で生じている変化についても指摘しておきたい。特にネパールの都市部において、グローバル化とともに欧米の文化の取り入れも目立つようになっている。その一端として、フォーク・ミュージックがジャズやポップ風にアレンジされ、ギターやパーカッションとともにサランギが演奏されるようになった。かつてはサランギに触れればガイネになってしまうといって他のカーストの人々から忌避されてきたが、近年では他カースト・民族にもサランギを演奏する人がみられるようになった。都市部の娯楽として近年増加しているドホリ・レストラン[14]にもガンダルバは経済機会を見出し、サランギを演奏したり、歌を歌ったりしている。自立するまで親にサランギに触れることを禁じられて学校に通ったが、経済機会を求めてカトマンドゥに来て、ドホリ・レストランで働きながらはじめてサランギの弾き方や歌い方を身につけたガンダルバもいる。ネパール社会における前近代的な職業カーストの生業から脱しようとしながら、近代化していく社会にカースト的職業で適応せざるを得なかった例といえよう。この音楽の商品化は、グローバル化やナショナリズムを背景に、各民族文化が差異化されていく過程で生じていることでもある。この過程もまたガンダルバを巻き込んで起きている社会文化的変化である。

三　国王のいる民主主義と専制君主制――アンドーランしよう！

ネパールにおいて資本主義が浸透すると、音楽も多様化し、商品化されていった。村にテレビやラジオ、電話が通じるようになっていわゆる近代化が進むと、村々を歩いて歌にのせてニュースや娯楽を提供してきたガンダルバの前近代的なメディアとしての役割は減じられることになった。しかしながら、二〇〇一年以降の政情不安のなかでガンダルバの歌が耳目を集め、ラジオやインターネットを通してその視聴者の範囲がさらに広がっていった。以下では、民主化運動に貢献したと評価されたあるガンダルバの少年（当時）が歌った歌を取り上げ、ネパールで起きた出来事やその背景についてみていくことにする。

民主化運動で注目を浴びたルビン・ガンダルバは、一九九一年にネパール西部のゴルカ郡で生まれた。両親、九歳上の姉、年子の兄、三歳下の妹、および父方の祖母と一緒に暮らしていた。ルビン・ガンダルバは学校に三〜四年間通ったものの途中でやめて、八歳のとき、カトマンドゥをみたくてサランギも金ももたずに家出をした。しかし途中で警察に保護され、家に連れ戻されてしまった。翌年、九歳のときにこっそりバスに乗り込んで家出を成功させ、その当時カトマンドゥ盆地の村でサランギを弾き語っていた父親のもとへ行く。以前父母にカトマンドゥに連れてこられたことがあったので、迷うことなく父に会いに行けたという。バス・ターミナルがあって多くの人で賑わうカトマンドゥのラトナ・パークで、ルビン・ガンダルバは約三年間歌っていた。その間、二〇〇一年に王宮事件が起き、やがて冒頭のマンガル・プラサド・ガンダリの「カハリ・ラグド・ガタナ」が人気を集めるようになった。

ネパールの政情がますます緊張を増していくなかで、ルビン・ガンダルバは偶然知り合った学生組合の組合員に誘われ、政治的なメッセージを歌に込めるようになった。そしてギャネンドラが直接統治を始めた頃から、政党政治家による集会に呼ばれて政治的な歌、本人の言葉によるとクランティカリ・ギート（革命歌）を歌うようになったという。[15] ルビン・ガンダルバは歌う目的を次のように語る。

「最初は民主主義や共和制といっても分からなかった。理論では分からないが、法学を学ぶ学生が複数政党制のことも、何が悪いことなのかも教えてくれた。国家において法律が最も大きな力を有し、その次に首相が権限を握るものなのに、今のネパール政府〔国王〕は、法律よりも力がある。だから、王政を終わらせるためにわれわれは頑張らなければならない」（二〇〇七年聞き取り調査より）。この語りから、彼自身が歌を通して意識的に政治的メッセージを伝えようとしていることがわかる。彼の歌に込められたメッセージの背後に知識人や政治家がいるにしても、彼自身が歌うことによって自身に危険が及ぶ可能性や政治的な効果を意識した上で歌っていることから、歌には彼の意思が込められていると考えられよう。そのような歌の一つ、ルビン・ガンダルバの「新しいネパール」を求めるメッセージが込められた「ニランクスタントラ〔専制政治〕」の歌をみてみよう。

ニランクスタントラ〔専制政治〕は二日間　プラジャタントラ〔民主主義〕は一生涯
なぜプラジャタントラを壊すようなことをしたのか
人々をみな泣かし　一人で笑っている
あなたはプラジャタントラを口にするけど　実際は
それを壊してしまった　専制政治を行って
金儲けをしたギリという人がいた
留置場に入れようとしたらスリランカに逃げた
〔略〕
銀行からの借金を「踏み倒す人を」内閣に入れ
いろいろなスキャンダルをあんたは忘れてしまった
ジャーナリストを撃ち　大臣になってあちこち出かける

いったいどんなプラジャタントラか？　人々を留置場に入れるような
みんな、アンドーラン（社会運動）しよう！　アンドーランしよう！
［略］
愛国教育は王党派の青年たちのスローガンだった
［しかし実際には］学校に鍵をかけ　めちゃくちゃにしてしまった
反対運動をする学生たちを留置場に入れて
二〇四六［西暦一九九〇］年のプラジャタントラをなんと早く忘れてしまったのか［以下略］

「ニランクスタントラ（専制政治）」（ルビン・ガンダルバより）

繰り返しは省略、［　］内は筆者注

この「ニランクスタントラ」は、ネパールの人気歌手[16]が歌うドホリ・ギート（ドホリの歌）「森のヤマモモは　森の鳥に　お前の愛は二日間でも　私の愛は一生涯」の旋律を使ったものである。このドホリ・ギート「森のヤマモモは……」の旋律は、ガンダルバがよく利用するものの一つで、これにのせて数々のメッセージが歌われてきた（Diwasa & Bhattarai 2009: 128-9）。「ニランクスタントラ」の歌は、旋律だけを聞けば気持ちを通わせてお互いを想い合い、時に恨み節をきかせた男女のやりとりを連想させる。そのような旋律を、ルビン・ガンダルバは、プラジャタントラ（民主主義）を掲げながらも専制君主として人々を弾圧する国王に対する批判や、政治家の汚職への批判を込めて歌いあげた。

歌に即してこの頃の政治的背景をみてみよう。王宮事件後、マオイストによる武装闘争が激化するなか、二〇〇一年一一月に政府は国家非常事態宣言を発令し、ネパール王国軍（当時）を全面展開させた。それでもマオイストの運動を鎮圧できないことを理由に、二〇〇二年五月にギャネンドラは当時の首相デウバの要請を受けて下院を解散した。しかし、ギャネンドラは一〇月にはデウバ首相を解任し、内閣を罷免して自ら親政を敷くようになった。これがギャネンドラ国王による最初の「クーデター」となった。二〇〇三年に入って国王政府とマオイストが次々と停戦を宣言するが和平交渉は決裂し、マオイストによって停戦が破棄され、再び襲撃が始まった。このような状況下、二〇〇五年二月に再度ギャネンドラが「クーデター」を起こし、直接統治を行うようになった。この一連の国王による専制政治が、歌の主題になっているニランクスタントラ（専制政治）である。他方、ギャネンドラ国王が設置した汚職調査委員会の報告により、次々と閣僚の汚職が明らかにされていった。そのうちの一人が歌のなかに出てくるギリ、すなわちギャネンドラに逃亡先のスリランカから呼び戻され副首相を務めていた元首相のトゥルシ・ギリで、彼が銀行から多額の借金をしたものの踏み倒していたことが発覚、さらに彼の妻についても同様の罪が指摘された。ギャネンドラが組閣した内閣には、他にも汚職をしていた政治家が複数含まれていた。政治が混迷するなか、反体制派の政党政治家やジャーナリストに対して、監視や拘束等自由の規制が続いた。二〇〇五年夏、国王による専制政治に対し、それまで国王政府下にいたネパール会議派とネパール共産党（統一マルクス・レーニン派）がともに方針を変更し、立憲君主制の支持をやめた。このときのネパール会議派党首、ギリジャ・プラサド・コイララは、二〇〇一年の王宮事件のときに首相を務めており、王室に対して事件後何もできずに首相を辞任していた。今度はそのギリジャ・プラサド・コイララが率先して反国王キャンペーンを張るようになったのである。

国王の直接統治に対する政党政治家達の不満の高まりを背景に、ルビン・ガンダルバの歌が利用されるようになったのはこの頃であった。この歌の伝えるメッセージが共有された範囲はネパール国内にとどまらない。私はこの歌をロンドンで聞いた。ルビン・ガンダルバがロンドンに来たのではなく、インターネットを通じて多くのネパール人が政治集会でこの歌が歌われるのを視聴しており、ロンドン在住のネパール人コミュニティにおいて話題になっていたのだ。私もインターネットを通じてその様子を視聴した一人である。ネパール国内に限らず、国外でもこの歌に込められたメッセージがある程度共時的に共有されていたことは、情報産業の進展によって国境を越えてナショナリズムが展開していく現象として指摘できる。かつては、自ら村々を歩いてさまざまなニュースを伝えていたガンダルバが、ラジオやテレビの普及でその役割が減じたといわれる一方で、インターネットを通じて、歩くことなく更に広く、国境を越えて人々に影響を与えた例といえる。しかしながら、ネパールの農山村にこのメッセージが遍く広がったかどうかは確認のしようがない。このような情報は、インターネットで情報を共有できる電脳空間においては、国境を越えて迅速かつ大量に流通したが、この情報産業の進展の恩恵を十分に受けていない人々がそこから排除されていることも看過できない。つまり、ロンドンやボストンのサイバー・カフェや宿舎でインターネットを通じて政治集会で起きていることを視聴するネパール人がいる一方で、ネパール国内に住む国民が、同じ国で起きていることを知るためのパソコンやそれを起動させるための電気がなければ、またそれらがあったとしてもテレビやラジオといったメディアが情報規制されていれば、この歌を聴く由もない状況にあることは想像に難くない。実際に、ネパール国内で正確な情報が自由に入手できないために、国外のメディアにネパールの情報を求める人々がいたのも事実である。

一九八九～九〇年に民主化を要求して運動（ジャナ・アンドーラン）を起こした人々が国王（ビレン

ドラ）から主権を手に入れてプラジャタントラ（民主主義）を実現させたが、二〇〇二年と二〇〇五年の国王（ギャネンドラ）による「クーデター」によって再び国王の手に主権が移る（ニランクスタントラ）ことになった。この歌には「お前の愛は二日間でも、私の愛は一生涯」続くように、「ニランクスタントラは二日間、プラジャタントラは一生涯」続くとあり、人々の求める民主主義が永遠に続くようにというメッセージが込められている。また、ギャネンドラの専制政治に対して批判するだけでなく、その歌を聴く人々に「アンドーランしよう！」と路上で政党政治家らが繰り広げてきた反国王運動への参加を呼び掛けてもいる。このような反体制運動を呼び掛けるクランティカリ・ギート（革命歌）が歌われた背景に、二〇〇五年の二度目の国王「クーデター」の頃までは、長期にわたる政治危機のなかでもマオイスト問題を解決しようとせず、党内抗争に明け暮れてきた政党政治家の様子を目の当たりにしてきたネパール国民のなかに、国王に期待する者が少なくなかった（小倉　二〇〇七、二一二）という事情が考えられる。そんななかで「アンドーランしよう！」と呼び掛けたルビン・ガンダルバの歌は、反国王運動への支持を得ようとする政党政治家からの一般市民へのメッセージでもあったのだ。この歌でアンドーランを呼び掛けたことが、二〇〇六年に国王の特権廃止を決定した政府によってあらためて評価され、ルビン・ガンダルバは政府から経済的援助を受けて音楽学校へ通うことになった。その歌による貢献が公的に認められたことから、「ニランクスタントラ」の歌は確かにクランティカリ・ギートであったといえる。

四　ロクタントラ（国王のいない民主主義）を求めて――王宮事件から

先述したように二〇〇五年二月にギャネンドラは内閣を解散し、直接統治の体制を整えていった。国家非常事態宣言下で基本的人権が部分的に制限されるようになり、人々のおかれた状況は悪化していった。その年の一〇月に地方選挙および下院選挙を実施することをギャネンドラが一方的に宣言すると、各政党とマオイストはこれらをボイコットするために共闘路線の道を探り、抗議行動を展開するようになった。国王の専制政治を民主主義に対置させて批判した「ニランクスタントラ」の歌と政治的背景は重なるが、次に取り上げるルビン・ガンダルバの歌は、再び王宮事件に立ち戻ってそこから見据えた次の目指すべき社会が歌われた「ギャネンドラ」の歌である。

兄を殺し　兄嫁も殺した　何もしないで　王座を手に入れた
ガナタントラ（共和主義）で　これから発展させるのだ　ロクタントラ（民主主義）で
ロクタントラで　これから発展させるのだ　ガナタントラで
素晴らしい知識人たちは　犬みたいに吠えた
人を殺す専制君主が　人々の前でお辞儀をした
人々は殉国者に革命の敬礼をする
ギャネンドラが死んだら誰が遺体を火葬場へ運ぶ葬列に加わるのか

［略］
銀行を騙してブラックリストに載っているような人を内閣に入れた
さまざまな汚職事件　あんたは忘れてしまった
［略］
気をつけなさい　ロクタントラの政治家たちよ
［人々に］ひどいことをしたら、人々は忘れない［アンドーランをもう一度起こす］
［以下略］

「ギャネンドラ」（ルビン・ガンダルバ）より
繰り返しは省略、［　］内は筆者注
（二〇〇七年聞き取り調査より）

この歌を歌った集会のなかでルビン・ガンダルバの印象に残っているのは、ポカラで捕まりそうになったときと、ラトナ・パークでネパール会議派党首ギリジャ・プラサド・コイララをはじめ主要七政党の政治家達が国王の直接統治に対して抗議運動を展開していた集会であった（二〇〇七年聞き取り調査より）。この歌は、前述の「ニランクスタントラ」同様、政治家によばれ、後ろに政治家が居並ぶ集会のステージで歌ってきた。二つの歌は民主主義を希求する歌であるが、後者はロクタントラ（国王のいない民主主義）を希求している点で異なる。明確に国王のいない民主主義を訴えるようになった背景に何があったのか、王宮事件との関連で示唆されるギャネンドラに対する疑惑がその答えの一つとなろう。以下では王宮事件にまつわる疑惑の背景をみていくことにする。

冒頭でも述べたように、二〇〇一年六月一日の王宮事件後、ギャネンドラが国王に即位してから設置した王宮事件の調査委員会によって公式見解が出されたものの、当初からその信憑性について疑いがもたれていた。突然悲惨な事件によって元国王家族を一度に亡くし、「カハリ・ラグド・ガタナ」にあるようにネパール全体で悲しみが癒えぬままであったところに、ギャネンドラ国王の直接統治に対する不満が膨れ上がり、国王のいない民主主義を求める声があがるようになった。しかし、国王のいない民主主義を次の社会の在り方として主張することは、約二四〇年間シャハ王朝が続いてきたネパールにとって歴史を変える重い選択であった。そのきっかけは、ネパールの政治に大きな影響力をもっていたギリジャ・プラサド・コイララが、共産党UMLのようには民主的共和制を党是として出さなかったものの、立憲君主制（プラジャタントラ）を廃止し、国王のいない民主主義（ロクタントラ）を求める決断をしたことにある。これは、これまで長きにわたって王政を支持してきたネパールの主要政党であるネパール会議派の方針転換だけに、政情に大きな変更を加えることになった。しかしながら、「カハリ・ラグド・ガタナ」で歌われたビレンドラへの敬慕や哀惜の念からうかがえるように、人々に国王なき民主主義の支持を呼び掛けるのは容易ではなかったことが想像される。そのようなときに歌われたこの「ギャネンドラ」の歌には、いくつかのバリエーションがあるが、いずれも国王というよりもギャネンドラ個人に対する批判が強くあらわれていた。それは二〇〇一年の事件後にギャネンドラが設置した調査委員会によって公表された公式見解、すなわち元皇太子ディペンドラが九人の王族を殺害したとする報告を明らかに否定するものであり、冒頭の一言で、この歌で語られる王宮事件の別の解釈、すなわち首謀者は「兄を殺し、兄嫁も殺し」「王座を手に入れた」元国王の弟ギャネンドラであったということが理解される。もちろん、この仮説が人々に受け入れられるにはそれだけの素地が必要であった。つまり、事件直後からギャネンドラ陰謀説が囁かれ、公式見解が出された後もその噂はおさまらなかったため、この歌を聴いて人々は王宮事件の公式見解以外の解釈の可能性を受け入れることができたのである。但し、未だに王宮事件の真相は謎に包まれたままで、ルビン・ガンダルバの語りは人々が想像する解釈の一つであるとしかいえない。

ギャネンドラ首謀説に続く歌詞は、「ニランクスタントラ」同様、当時の混迷するネパール政治を示している。相変わらず政党政治家に対する批判も歌に込められているが、国王に対する期待もやがて薄れ、国王政府から主要二政党が離脱し反転して一丸となって国王を批判するようになった頃に、この歌が歌われたのである。カトマンドゥ盆地市街地において外出禁止令が出されても一般市民はそれを無視して路上に出て行きアンドーラン（反国王運動）に合流し、大規模なデモが行われるようになった。武装警官を動員してもその流れを抑えることができなくなると、ギャネンドラは二〇〇六年四月二四日に主権を国民に戻し、二〇〇二年に解散した下院を復活することを宣言した。このような社会情勢を背景に、人々にある種の意識が喚起されていく。それは、二〇〇六年五月の下院で可決された国王の権限剥奪、また二〇〇八年五月に開催された制憲議会初日に公式に宣言された王政廃止、国王のいない民主主義に向かう意識であった。

先述したが、反国王運動のメッセージを伝えるルビン・ガンダルバにとって、ステージの後ろに政治家が居並んでいようとも、歌うことは自らの身に危険が及ぶことを意味していた。集会によばれ歌っているときに、取締りに来た警官に暴行され、サランギを壊され、拘束されたこともあったが、そのことでかえって歌うことに対する恐怖心がなくなったという（二〇〇七年聞き取り調査より）。危険な目に遭っても歌いつづけた理由を彼に尋ねると、暫く沈黙して次のように語った。「二一～三〇〇年前のゴルカの時代から、現在のカトマンドゥまで［ガンダルバは］歌ってきた。カミ［鍛冶屋カースト、自称ビショカルマ］は武器をつくる他何もなく、ガンダルバはニュースを伝える他何もなく、タクリ[18]は軍の仕事のほか何もなく、ゴルカ［一八世紀］から現在まで」（二〇〇七年聞き取り調査より、［ ］内筆者補足）。二節で触れたように、この「カミが武器をつく」り、「ガンダルバが（歌に乗せて）ニュースを伝える」という表現は、かつてプリトゥビ・ナラヤン・シャハがネパールを「統一」した時に職業カーストがネパール「統一」に貢献した歴史を説明する象徴的な表現である。これに類したナショナリズムを想起させる表現は、冒頭のマンガル・プラサド・ガンダリの「カハリ・ラグド・ガタナ」のなかにもみられる。該当部分をみてみよう。

ブラーマン、チェトリ、ジャナジャジャーティ、ダリットたち、みんな
このような王［ビレンドラ］はもう決していない
四つのジャート、三六のヴァルナ、[19]いろいろな人々
同じ権利を等しく、王、人々、世界中、みなに血が流れている
二〇四六［西暦一九九〇］年に人々はアンドーランを行った
プラジャタントラを求め、どれだけの人が死んだことか

「カハリ・ラグド・ガタナ（恐ろしい事件）」（マンガル・プラサド・ガンダリ）より
［ ］内は筆者注

「四つのジャート、三六のヴァルナ、いろいろな人々」と歌う表現は、「建国の父」プリトゥビ・ナ

ラヤン・シャハが、ネパールを「四つのジャートと三六のヴァルナからなるフルバリ（花園）」とよび、多様な民族やカーストを擁した色取り取りの花で彩られる花園にたとえたことを想起させる。但しプリトゥビ・ナラヤン・シャハが当時ジャナジャーティをいかに認識していたのかについては、多文化的状況を認めていたとする見方と、そうではないとする見方に分かれる。[20]「建国の父」がその当時「ブラーマン、チェトリ、ジャナジャーティ、ダリットたち、みんな[21]」が等しく権利をもち、同じように血が流れていると考えていたかは不明であるが、その言葉がネパールの多様な文化的状況を指示するものとして今日再解釈され、翻訳されているのは確かである。一八世紀にガンダルバがネパール「統一」のニュースを村から村へと伝えたという歴史も、そのような多文化的状況を示す表現の一つといえる。「建国・統一」に貢献したガンダルバの末裔は、一九九〇年にプラジャタントラが実現した時の国王（ビレンドラ）を賞賛したものの、二一世紀になると、プラジャタントラは人々を弾圧するとして国王（ギャネンドラ）を批判し、専制政治を不要とし、国王なき民主主義を希求するメッセージを歌うようになった。「ギャネンドラ」の歌からは、それが歌われる社会に通底して王宮事件をめぐるギャネンドラ陰謀説が広がっていたことが推測される。それは同時に新しいネパールの在り方を予感させるものでもあった。

五　制憲議会選挙——皆で投票しよう！

二〇〇六年四月、国王が主権を国民に戻し、下院を復活させることを宣言すると、翌月に開かれた下院議会で国王の全特権廃止が可決された。一一月に主要七政党とマオイストの間で和平合意がなされ、一二月には暫定憲法が制定された。王政廃止が決まり新たな局面に向かって動き出したものの、政情は混迷しつづけていた。その様子は、制憲議会選挙が二度延期されたことからもうかがえる。次にみる歌は、ルビン・ガンダルバがその制憲議会選挙での投票を呼び掛けて歌ったものである。[22]

聞いて下さい、兄弟、聞いて下さい、姉妹
制憲議会は私たちのため、投票に行かねばなりません、マンシル月六日[23]
もう取り残されるなんてことはない、チャンスがどれだけあることか
私たちの幸運は私たちで書くのだ　皆で一緒に憲法をつくろう
ヒマール、マデシ、パハール、タライ、一緒に
考えて見識のある政治家を選ばなければならない

ロクタントラの動きが活発になって選挙管理委員会は熱くなった
［選挙熱が高まって］マオイストが［それを］冷ました［選挙を延期させた］
注意して！　ロクタントラの政治家よ、選挙がなくても人々は諦めない
包摂的なロクタントラといいながら、ジャナジャーティ、ダリットは別［にしている］
包摂的なロクタントラといいながら、ジャナジャーティ、ダリット、マデシは別［同上］
さぁ、どうしたのか、その［選挙で］おかしくなった頭
八政党はアメリカのポケットのなか［アメリカの言いなり］

「ニルバチャン（選挙）」（ルビン・ガンダルバ）より
繰り返しは省略、［　］内は筆者注
（二〇〇七年、二〇一〇年聞き取り調査より）

ルビン・ガンダルバが投票に行くよう呼び掛けるメッセージに、新しいネパールの目指すべき方向性がみえてこよう。その方向性とは、ネパールの全ての人々があらゆる立場から政治に関われるような、包摂的な参加を前提としたロクタントラ（民主主義）であり、それが自らの定める憲法で保障されているような国家である。ここで注目したいのは、次の二点である。まずヒマール、マデシ、パハール、タライという四つの地理的領域をネパールの地域として取り上げている点である。おおよそヒマラヤの南斜面に位置するネパールは、標高の高い順から、ヒマール（山岳地帯）、パハール（丘陵地帯）、タライ（南部低地）の三地帯に分けられてきたが、ルビン・ガンダルバの歌では、これら三地域にマデシを加えている。マデシとは、タライに領域的に重なるネパール南部に東西に広がる低地（マデシュ）に住み、北インド系の言語を話し、ネパールよりもインドに近いアイデンティティを有する人々を指す。今日、自治を要求し、武装運動を展開しているマデシに特に言及しているのは、マジョリティのネパールのパルバテ（山地）・ヒンドゥーとの関係において緊張が高まっていることを背景に、マデシとともにネパールをつくるのだという展望とも、マジョリティとしてのパルバテ・ヒンドゥーに対する警告とも考えられる。次に、どのような立場の人々が政治に関わるのかということに注目したい。ルビン・ガンダルバが歌のなかで言及するのはパルバテ・ヒンドゥー社会におけるマイノリティであり、非ヒンドゥーのジャナジャーティ（民族）、ヒンドゥー的階層社会の低層に位置づけられ虐げられてきたダリット（元不可触カースト）、上述のマデシであった。歌ではこれらの人々がマイノリティとして言及されているが、包摂的民主主義といいながら結局マイノリティを可視化しているにすぎないといって、差別のなくならない現状への批判がうかがえる。また、ネパール社会におけるマイノリティは、これらにとどまらず多様である。例として、選挙管理委員会が準備した歌詞をメッセージとして人々に伝えたカドガ・ガンダルバの歌で、その該当部分をみてみよう。

制憲議会選挙が近づいてきた　これまでネパールになかった
憲法をつくるための仕事だ　新しいネパールをつくるために……［中略］
あらゆる性別[24]、ジャート、ジャーティ、あらゆる宗教
外国に住んでいる人々も自国へ帰ろう

「チュナブ（選挙）」（カドガ・ガンダルバ、作詞　選挙管理委員会）より
繰り返しは省略
（二〇〇七年聞き取り調査より）

この歌で取り上げられている人々は、グローバル化する民主主義社会におけるマイノリティである。あらゆる性別の人々、民主化以降、その運動が高揚するようになった民族（エスニック・グループ）や元「下位」カースト（ジャーティやジャート）、それと連動して顕在化してきた多様な宗教を信仰する人々、さらにマオイストによる武装闘争開始以降に急増した外国に住むネパール人が挙げられている。ルビン・ガンダルバの歌との共通点として指摘しておきたいのは、政治にマイノリティが加わる

こと、これまで排除されてきた人々を可視化し、あらゆる立場から人々が参加する包摂的な民主主義を築いていくべきであることが明示されていることである。特にカドガ・ガンダルバの歌にある「外国に住んでいる人々」として指示する範囲に、二〇〇三年に設立された在外ネパール人会（Non-Resident Nepali Association、略称ＮＲＮＡ）[25]に所属する人々、つまり国外でグローバルにネットワークを広げて活動をしている人々が含まれ、その影響力がネパール国内の政治家も看過できないものになってきていることを示唆している。国内外に住むネパール人が、多様な立場から参加して憲法をつくっていくことが、新しいネパールの基盤となることがうかがえる。しかしながら制憲議会発足後も政情は安定せず、当初予定していた期日、二〇一〇年五月二八日に憲法制定は間に合わず、二〇一五年二月現在、新しい憲法は未だ制定されていない。

六　おわりにかえて

二〇〇八年四月一〇日に実施された制憲議会選挙で選ばれた議員六〇一人のなかに、選挙の投票を呼び掛けるなかで歌われたマイノリティの人々も入って制憲議会が発足した。そのこと自体は包摂的な参加を前提とした民主主義の在り方として望ましいことである。ただ、それぞれの立場から権利が要求されるようになり、そのことがまた別の摩擦や対立を生じ、うまく調整されずに政情は混迷している。

ダリットとしてマイノリティに位置づけられ、社会的にも経済的にも周縁化されてきた存在であるガンダルバは、政治家となってメッセージを訴えることは現状では非常に困難であろう。だが、これまでみてきたように、背後に知識人や政治家がいるにしても、彼らは政治的メッセージを、その口から人々に伝えてきた。本稿を閉じるにあたって、そのような政治的メッセージを人々に伝える役割が今日でも認められていることを踏まえつつ、激動するネパール情勢を背景に、ガンダルバの社会文化的変化を考察することでおわりにかえたい。

ルビン・ガンダルバは歌を通じて人々に特定のメッセージを伝えてきた。その歌は単なる消費される文化ではなく、政治的な効果が期待されるようなメッセージとして受け入れられた。歌う行為は、同時に、そのような「ニュースを伝える」役割をガンダルバのアイデンティティとして彼自身に自覚させることになった。「ニュースを伝える」役割があるなら、「ニュースを聞く」役割もあるはずで、ガンダルバの歌を人々が受け入れたのは、社会にそのような慣習があったからに他ならない。一八世紀のプリトゥビ・ナラヤン・シャハのネパール「建国」の頃のナショナリズムを想起させる表現を、二一世紀になってルビン・ガンダルバがヴィシュヌの化身である国王のいない民主主義を希求しながら使うのは、一見矛盾するかもしれない。しかし、歌うことでナショナリズムに貢献するという行為を取り出せば、その行為を従来の社会的実践の延長上に位置づけることは可能である。歌うことで自身の社会的役割、ないし自らのアイデンティティを確認することは、新しいネパールにおける新たなアイデンティティの可能性を拓くことになるだろう。そのアイデンティティとは、二節で概観した、ラム・サラン・ネパリのように高名な音楽家であると同時にガイネであるディレンマに苛まれるものではなく、レストランやホテルで演奏する商品化された「伝統的ネパール文化」の保持者としてのものでもない、政治的文化的に状況依存的で可変的なものといえよう。そのために、あるときは国王を賞賛し、別のときには国王を批判することもある。社会が変わればその伝えるメッセージの内容も変わってくる。しかしながら、ガンダルバがヒンドゥー王国の歴史の延長上に自らを位置づけ、サランギの音色にのせてメッセージを伝えるメディアとしての役割を意識することは、ヒンドゥーの神が世俗化によって色あせていく今日のネパールにおいて、自らを何らかのディレンマに陥らせることになるのかもしれない。

注

1 ネパール国王はヒンドゥーの神ヴィシュヌの化身とされてきた。

2 ネパールで使われている紀元前五七年から始まる太陽太陰暦のビクラム暦で、二〇五八年ジェト(第二月一九日は西暦二〇〇一年六月一日にあたる。

3 当時、ネパール国王家族が住んでいた王宮。

4 その当時の正式名称はネパール共産党(マオイスト)、二〇〇九年より統一ネパール共産党(マオイスト)となった。

5 四弦弓奏楽器サランギ(四弦撥弦楽器アルバジも含む)を弾き、歌を語ることが生業として認識されてきたヒンドゥー的ネパール社会における職業カーストの一つで、一般にガイネという呼称で知られる。

6 一九九〇年時に達成したジャナ・アンドーランが国王を戴いた民主主義であったのに対し、ロクタントラ・アンドーランは国王のいない民主主義を求めたことから区別してよばれる。

7 本研究の基盤となったネパールでの調査の一部は以下の科学研究費補助金により行われた。平成一八年度~二一年度科学研究費補助金(基盤研究(A)代表三尾稔 一八二五一〇一六「南アジア地域における消費社会化と都市空間の変容に関する文化人類学的研究」（二〇〇六、二〇〇七年度）、平成一九年度〜二一年度科学研究費補助金（若手研究（B））森本泉　一九七二〇二二〇「ネパール西部ヒマラヤ地域における人口動態とその影響に関する研究」（二〇〇七、二〇〇八、二〇〇九年度）。

8　歌ったのはベガン・ガンダルバである。

9　男女ともに同じように活動をするわけではなく、一般に男性が村々を歩いてサランギの弾き語りをし、女性は村で家事や育児、畑仕事や家畜飼育等に従事していることが多い。

10　本稿では、直接引用の場合を除き、彼／彼女らが自身のカースト名称として認識している呼称、ガンダルバを用いることにする。

11　一八世紀のネパール「統一」の際に、鍛冶屋カーストは戦うための刀を、仕立屋カーストは衣服を縫製し、皮革職人カーストは靴を作り、ガンダルバは歌を歌って愛国心を伝播させ、建国に貢献したとされ（Nepali n.d.他）、ナショナリズムの文脈において職業カーストの果たした役割が再評価されている。

12　イギリス統治下のインドで始まったネパール人の傭兵で、グルカ兵として知られる。

13　ネパールのフォーク・ソングの代表としてレサム・フィリリ（絹がひらひら）が例として挙げられる。作者はガンダルバではないが、近年ガンダルバが作る音楽CDには、「本物のガンダルバの歌」を謳って意図的に外さない限り必ずといっていいほど入る曲目である。

14　ドホリとは、男女で歌のやりとりをする歌垣のことを意味する。村では即興で女性たちと歌をやり取りしあい、歌の後に食事や酒をご馳走になっていたというが、近年、都市部でドホリをライブで行うドホリ・レストランが増加している。ガンダルバはその生業のイメージ故に、伴奏者や歌手として雇われるための競争において有利な立場にあるといえる。

15　これまでも反体制的な歌を歌うガンダルバはいたが、ルビンは政治家や公衆を前に革命歌を歌うガンダルバとして有名になったはじめてのガンダルバといえる（二〇〇七年、二〇一〇年聞き取り調査より）。

16　シュリジャナ・ビラヒ・タパが作曲し、ラジュ・パリヤール、シュリジャナ・ビラヒ・タパ、ビマ・クマリ・ドゥラによって歌われた。
17　ゴルカとは、一八世紀半ばにカトマンドゥ盆地を征服してネパール王国を建てた政治勢力のことを意味する。
18　ネパールの王家が含まれるカーストで、軍人、官吏が多い。チェトリ・カーストに含まれる。
19　実際には四つのヴァルナと三六のジャートであると考えられる。
20　この表現について文化の多様性を認めたとする評価（Sharma 1997）と、多文化主義を賞揚したとは考え難いと批判する見方（Gellner 1997）がある。
21　ただし、「ジャナジャーティ」「ダリット」の用語は当時使われていなかった。
22　前半は選挙管理局に依頼されたティルタ・バハドゥル・ガンダルバがつくり、後半は選挙が延期されてからルビンが集会で歌うために加筆したものである。
23　二〇〇七年一一月二七日。当初の予定では二〇〇七年六月二〇日に制憲議会選挙が行われる予定であったが、選挙の準備が整わずその年の一一月二七日になり、更にもう一度延期され、実際に実施されたのは二〇〇八年四月一〇日であった。
24　二項対立的な構図で認識され、社会的規範に則ってその役割を担ってきた性別（男性／女性）に加えて、それ以外に可視化されるようになった性のあり方を意味している。
25　ＮＲＮＡホームページ：http://www.nrn.org.np/nrna/intro.php（二〇一〇年三月二三日閲覧）。

参考・引用文献

小倉清子、二〇〇七、『ネパール王制解体―国王と民衆の確執が生んだマオイスト』、日本放送出版協会。

森本 泉、二〇〇〇a、「旅の吟遊詩人から『出稼ぎ者』へ―ネパールの楽師カースト　ガンダルバの国際ツーリズムへの包摂」、『旅の文化研究所研究報告』九、一六一-七一頁。
森本 泉、二〇〇〇b、「ネパール地域像の再構築―楽士カースト集団ガンダルバの表象と実践」、熊谷圭知・西川大二郎（編）、『第三世界を描く地誌―ローカルからグローバルへ』、古今書院、一三一-四八頁。
森本 泉、二〇〇八、「トゥーリストのきた道を遡行する―アイルランドに渡った出稼ぎネパール人ガンダルバの事例」、『お茶の水地理』、四八、七三-八九頁。
Chhetri, Gyanu, 1989, 'Gaineko Sarangi Euta Magne Bhado ki Nepali Samskritiko Amga? Ek Samajsastriya Drstikon', *Contributions to Nepalese Studies*, 16-1, pp. 55-69.（「ガイネのサランギは物乞いの道具か、ネパールの文化か？　社会学的一考察」）
Diwasa, Tulasi and Govinda Raj Bhattarai（eds.）, 2009, *Gandharba Folklore and Folklife*, Kathmandu: Nepali Folklore Society,（*Gandharba lokbarta tatha lokjiban*, Kathmandu: Nepali lokbarta tatha samskriti samaj, 2064 B.S.）
Gellner, David N., 1997, 'Ethnicity and Nationalism in the World's only Hindu State', in D.N. Gellner, J. Pfaff-Czarnecka, and J. Whelpton（eds.）, *Nationalism and Ethnicity in a Hindu Kingdom: Politics of Culture in Contemporary Nepal*, Amsterdam: Harwood Academic Publishers, pp. 3-31.
Hitchcock, John T., 1975, 'Minstrelsy: A Unique and Changing Pattern of Family Subsistence in West Central Nepal', in Dhirendra Narain（ed.）, *Explorations in the Family and Other Essays*, Bombay: Thacker & Co., LTD, pp. 305-23.
Höfer, András, 1979, *The Caste Hierarchy and the State in Nepal: A Study of the Muluki Ain of 1854*, Innsbruck: Universitätsverlag Wagner.
Macdonald, Alexander W., 1975a, 'The Healer in the Nepalese World', in A. Macdonald（ed.）, *Essays on the Ethnology of Nepal and South Asia*, Kathmandu: Ratna Pustak Bhandar, pp. 113-28.

Macdonald, Alexander W., 1975b, 'The Gaine of Nepal', in A. Macdonald (ed.), *Essays on the Ethnology of Nepal and South Asia*, Kathmandu: Ratna Pustak Bhandar, pp. 169-74.

Morimoto, Izumi, 2002, 'Adaptation of the Gandharbas to Growing International Tourism in Nepal', *Journal of the Japanese Association for South Asian Studies*, 14, pp. 68-91.

Morimoto, Izumi, 2007, 'The Development of Local Entrepreneurship: A Case Study of a Tourist Area, Thamel in Kathmandu', in H. Ishii, D.N. Gellner and K. Nawa (eds.), *Nepalis Inside and Outside Nepal* [*Social Dynamics in Northern South Asia*, Vol. 1], Delhi: Manohar, pp. 351-82.

Morimoto, Izumi, 2008, 'The Changes in Cultural Practices and Identities of a Nepali Musician Caste: The Gandharbas from Wandering Bards to Travelling Musicians', *Studies in Nepali History and Society*, 13-2, pp. 325-49.

Nepali, Moti Lal, n.d., *The Status of Dalit in Nepal at a Glance*, Kathmandu: Dalit Sewa Sangh.

Nepali, Purna, 2003 (2060 B.S.), *Gandharba Sangit ra Samskriti*, Samyukta Rastriya Saiksika, Baigyanik tatha Samskritika Samstha, Kathmandu: UNESCO Office Kathmandu (「ガンダルバ音楽と文化」).

Pokharel, Balkrisna (ed.), 1995/1996, *Nepali Brihat Sabdakos*, Kathmandu: Nepal Rajkiya Pragya Pratishthan (「ネパール語大辞典」 カトマンドゥ：ロイヤル・ネパール・アカデミー).

Sharma, Beena, 2003, Continuity and Change among the Gandharva Community in Kathmandu, A Dissertation submitted to the Faculty of Humanities and Social Sciences, Central Department of Sociology/Anthropology for the Partial Fulfilment of the Requirements of Master's Degree in Anthropology, Tribhuvan University.

Sharma, Prayag Raj, 1997, 'Nation-Building, Multi-Ethnicity, and the Hindu State', in D.N. Gellner, J. Pfaff-Czarnecka, and J. Whelpton (eds.), *Nationalism and Ethnicity in a Hindu Kingdom: Politics of Culture in Contemporary Nepal*, Amsterdam: Harwood Academic Publishers, pp. 471-93.

Weisethaunet, Hans, 1997, "'My Music is My Life': The Identification of Style and Performance in Gaine Music', *European Bulletin of Himalayan Research*, 12-13, pp. 136-51.
Weisethaunet, Hans, 1998, *The Performance of Everyday Life: The Gaine of Nepal.* Oslo: Scandinavian University Press.

カセット・テープ

Kahali lagdo ghatana, Mangal Prasad Gandhari（「恐ろしい事件」）
Jhalakaman Gandharbaka lok gitaharu（「ジャラクマン・ガンダルバの民謡」）

第二部　マオイストの政党化とネパール社会

第１回制憲議会選挙の投票の様子（ナワルパラシ郡、2008年４月10日 撮影 南真木人）

七章

マオイストの国家論と制憲議会選挙公約

谷川昌幸

一　マオイスト国家論と制憲議会選挙公約

マオイスト（ネパール共産党マオイスト、ＣＰＮ-Ｍ）は、さまざまな文書や声明のなかで党の国家論やそれに基づく具体的な国家構想について多かれ少なかれ触れているが、それらのなかでもっとも簡潔でわかりやすいのは、二〇〇八年三月七日発表の選挙公約、『制憲議会選挙のためのネパール共産党（マオイスト）公約書』（CPN-M 2008）である（以下『公約書』と略記し、引用・参照は括弧内に同書該当ページのみを記す）。ここでは、この『公約書』を中心に、マオイストが二〇〇八年制憲議会選挙の段階においてどのような国家の実現を目指していたかをみていくことにする。[1]

マオイストの『公約書』は、二〇〇八年四月一〇日実施の制憲議会選挙のために作成され、三月七日の発表後、全国に配布されたＡ５判四〇ページの小冊子である。

表紙（写1）をみると、上部左端には赤地に鎌と槌の共産党旗、右端にはマルクス、エンゲルス、レーニン、スターリン、毛沢東の肖像をアレンジした赤の楕円形マーク、そしてそれらの間に「世界の労働者よ団結せよ！　マルクス主義・レーニン主義・毛沢東主義・プラチャンダの道万歳!!」のスローガンが掲げられている。中央には、鎌と槌を丸で囲んだマオイスト選挙シンボルマークが描かれ、その上下に『公約書』の正式タイトル「制憲議会選挙のためのネパール共産党（マオイスト）公約書」が大きな文字で印刷され、その下には「新しいネパールのための新しい思想と新しいリーダーシップ」、そして、最下部には赤地に白抜きの文字で「ネパール共産党（マオイスト）中央委員会、中央

写1　『公約書』表紙

写2　『公約書』うら表紙

広報委員会」と書かれている。

うら表紙（写2）をみると、そこには黒のサングラスをつけ、黄金色マリーゴールドの花輪を三重に首からかけ、右腕を直角に曲げ拳を握って上に突き上げているプラチャンダ（プスパ・カマル・ダハル）議長の上半身写真が印刷され、その下に赤地に白抜きで「共和制新ネパール初代大統領候補　同志プラチャンダ議長」と記されている。黒色サングラスは、ネパールでは政治家、高級官僚、学者など、地位のある人々が公の場でも好んでかけることが少なくない。また、右腕を直角に曲げ、拳を握って上に突き上げるのは、マオイストが他のポスターなどでもさかんに用いているネパールではお馴染みのスタイルである。

この『公約書』には目次はないが、各章の見出しを並べると、表1のようになる（括弧内は該当ページ）。全体として、かなり本格的な体系的構成といってもよいであろう。

このように『公約書』のおもて表紙・うら表紙

表１ 『公約書』の章見出し

親愛なるネパールの姉妹・兄弟へ（1-2）
Ⅰ 民主主義運動と制憲議会—歴史は何を語るか？（3-11）
Ⅱ 新憲法の本質—自治と人民志向の連邦民主共和制（12-16）
Ⅲ マオイストの政策目標—繁栄する新しい共和制ネパールの設立（17-35）
Ⅳ なぜマオイストとプラチャンダ同志なのか？（36-38）
選挙スローガン（39） 選挙シンボルマーク（40）

と章見出しをみただけでも、マオイストがどのような理論により政策をつくり選挙に臨んだのかがよくわかる。マオイストは、マルクス、エンゲルス、レーニン、スターリン、毛沢東の共産主義理論をネパールにおいて継承した「プラチャンダの道（Prachanda Path）」を党の基本方針とし、これにより具体的な政策を構築して選挙を戦い、政権を取ることによってプラチャンダ議長を初代大統領とする連邦民主共和国を実現しようとしたのである。

このマオイスト国家論の基礎となっている「プラチャンダの道」は、二〇〇一年二月の第二回党大会において採択された党の基本指針である。マオイストは、二〇〇〇年に入ると軍事的攻勢を強め、九月には大規模なドゥナイ攻撃を敢行し、一二月にはルクム郡人民政府を設立した。第二回党大会は、こうした軍事的、政治的成果を受けて開催され、ここで革命闘争を次の段階へと高めるための重要な決定がいくつか下された。第一に、従来の書記長にかえて「議長」職をおき、プラチャンダを全会一致で初代議長に選出した。議長は党と軍と幅広い統一戦線を統括し指導する。また、党中央には中央委員会を置き、その下に政治局と常任委員会を設置することになった。第二に、党のイデオロギーは「マルクス主義・レーニン主義・毛沢東主義」であり、政治路線は「プラチャンダの道」であることが確認された。第三に、人民戦争は地方の根拠地を強化しつつ、中央に人民政府を樹立することを目標とすることになった。以上のような第二回党大会の決定により、プラチャンダの党指導体制がほぼ確立されたのである（Karki et al. eds. 2003: 257）。

しかし、その一方、「プラチャンダの道」については、内容が必ずしも明確ではなく、異論も少なくなかった。プラチャンダに批判的なモハン・ビクラム・シンによれば、第二回党大会で「プラチャンダ思想」が提案されたが、これが否定されたので、プラチャンダ自身が「プラチャンダの道」を提案し、これが満場一致で採択されたという（Ibid: 337）。もし「主義」とすると、マルクス、レーニン、毛沢東と同じ序列となる。また、「思想」としても問題がある。中国ではまだ憲法でも「毛沢東思想」が使われており、たとえネパールや他の南アジア諸国では一般に「毛沢東主義」とよばれるようになっているとしても、「プラチャンダ思想」とすると、内外でプラチャンダを毛沢東と同等視していると批判される怖れがある。そこで、プラチャンダ自身がインタビューで説明しているように、「まだ『思想』のレベルにまでは発展していない一組の諸理念」（Ibid: 276）という意味で、「道」を採用したのであろう。

理論的には、「プラチャンダの道」は「マルクス主義・レーニン主義・毛沢東主義の第四段階」、「マルクス主義・レーニン主義・毛沢東主義の普遍的諸原理のネパール革命実践への適用」、二一世紀世界革命の「新しい高峰」などと説明されている（Ibid: 260, 338-9）。あるいは、プラチャンダ自身の説明によれば、「プラチャンダの道」はネパール革命闘争のなかから生み出されたものであり、「右派修正主義とセクト教条主義の双方に反対する新しい創造的マルクス主義」である（Ibid: 276）。革命戦略としては、「プラチャンダの道」は、毛沢東主義の地方根拠地に依拠する持久戦と、レーニン主義の都市武装蜂起による中央権力奪取の二つを効果的に組み合わせたものであり（Ibid: 258）、またより具体的にはそれは次のような戦術をとることを原則としている（Pyakurel 2007: 101）。

①人民戦争重視だが、大衆運動にも取り組む。

②非合法闘争重視だが、合法闘争にも取り組む。

③軍事組織重視だが、統一戦線組織の構築にも取り組む。

④地方重視だが、都市でも活動する。

⑤国内活動重視だが、世界へ向けても訴えかける。

このようにみてくると、マオイスト国家論の基本指針が「プラチャンダの道」であったことは明白であるが、ここで問題になるのは、理論と実践、理念と現実の関係である。他の途上国と同様、ネパールでも一般に両者の乖離は大きく、理論や理念は単なる建前であり、それらをいくら分析しても実際の政治行動の理解にはまるで役立たない場合が少なくない。マオイストにもそのような側面が多々あるが、しかし少なくとも彼らの革命闘争の基本的部分については想像以上に理論に忠実に実践し、成果を上げてきた。たとえば、一九九六年二月、人民戦争開始直前に王国政府に突きつけた「四〇項目要求」（Ibid: 137-41）では民主的制憲議会による新憲法制定、国王特権全廃、人民による軍の統制、国家世俗化、女性差別撤廃、民族自治、諸言語の平等、土地改革、最低賃金保障、対インド不平等条約改正などが掲げられていた。当初、これらは単なるスローガンとみられていたが、人民戦争の結果、わずか十数年後の二〇〇八年五月、ネパールは王制を廃止して世俗の連邦民主共和国となり、制憲議会において新憲法も制定されることになった。マオイスト理論ないし「プラチャンダの道」は、少なくとも旧体制の破壊においては、換言するならば二〇〇八年春の制憲議会成立・共和国宣言の段階までは、その政治的有効性が相当程度実証されたといえるであろう。

したがって、『公約書』の選挙公約も、少なくともマオイスト自身にとっては単なる観念的・空想的プロパガンダではなく、「プラチャンダの道」の豊かな実践経験に裏打ちされた、新国家構築のための具体的な青写真であった。マオイストは、制憲議会選挙での勝利を確信し、選挙後は、自らが中心になり、『公約書』に従い新国家の建設を進めていくことができると考えていたのである。[2]

二　マオイスト国家論のイデオロギー的特質

マオイストの目指す国家は、「世俗の連邦民主共和国」であった。しかし、この点では、ライバルのネパール会議派も共産党UMLも、ニュアンスの差はあれ、制憲議会選挙の時点では基本的には同じである。それは、これら主要三政党が王政の打倒で共闘をくみ、「世俗の連邦民主共和国」の設立を共通の目標とすることになったからである。

たとえば、会議派、UMLを中心とする議会派七政党とマオイストが締結した「一二項目合意」（二〇〇五年一一月二二日、Pyakurel 2007: 152-5）では、専制王政廃止、完全民主主義（absolute democracy）、複数政党制、人権保障、国民統一、独立主権国家、制憲議会開催などが宣言されている。また、その「一二項目合意」に基づき闘われた「人民運動Ⅱ」（二〇〇六年春）の半年後に締結された「包括和平協定」（同年一一月二一日　Ibid: 175-91）では、「一二項目合意」が再確認され、さらに人民主権、包摂民主主義（inclusive democracy）、制憲議会による王制存廃の決定などが明記された。そして、翌年一月一五日公布施行の「二〇〇七年暫定憲法」では世俗国家が定められ、さらに改正により連邦制（第一次改正二〇〇七年四月一三日）と共和制（第三次改正二〇〇七年一二月二八日）も明文規定された。つまり、「世俗の連邦民主共和国」は反国王で共闘した全党派の共通の政治目標となっており、したがって少なくとも建前としては、選挙公約では三政党ともそう書かざるを得なかったのである。

さらにイデオロギー的にみても、会議派、UML、マオイストはいずれも社会主義を目標としている。会議派は、社会民主主義ないし民主的社会主義を党是とし、「社会主義インターナショナル」の正規メンバーでもある。会議派の『制憲議会選挙声明書』（NC 2008）には、「ナショナリズム、民主主義、社会主義」が党の目指す目標と明記されている。UMLは、正式党名「ネパール共産党（統一マルクス・レーニン派）」が示すように、マルクス・レーニン主義の共産主義政党であり、同党の『制憲議会選挙マニフェスト』（CPN-UML 2008）でも「社会主義」の実現が政策目標として掲げられている。したがって、マオイストだけでなく、会議派もUMLも社会主義の実現を目標としており、三政党の政策が特に社会、労働の分野では似通ってくるのは当然である。

しかし、社会主義の実現を目標にするとはいえ、会議派は西欧型社会主義、UMLは社会民主主義に近い共産主義、マオイストは急進的毛沢東主義をとっており、実際には三政党の立場は重要な点で相互に鋭く対立していた。会議派によれば、マオイストは「過激主義」であり「暴力の政治」を放棄していないし、またUMLも共産主義に固執し続け、民主主義憲法の立場に立つのかどうか信用しきれない（NC 2008: 8-9）。これに対し、UMLはマオイストを「暴力により権力奪取をねらう冒険主義者」「過激左翼」と激しく攻撃するが、その一方、会議派のような「現状維持の改良主義」にも反対し、自らはそれらのいずれでもない「人民複数政党制民主主義」を政策目標として掲げている（CPN-

UML 2008: 5-6)。ところが、マオイストによると、一方の会議派が「資本主義的議会制民主主義」の立場をとり、本質的に自ら譲歩していく「敗北主義」の政党であるのに対し、他方のUMLは「極めて日和見主義的で信用できない」政党であり、その「人民複数政党制民主主義」も「資本主義的改良主義」にすぎないということになる(五)。

このように、会議派、UML、マオイストの主要三政党は、「世俗の連邦民主共和国」の設立を目指すという建前では一致しているものの、その国家を具体的にどのように構築していくか、換言するなら、これまでの一九九〇年憲法体制をどの方向に、どこまで変えていくのかについては、考え方が大きく異なっていたことがわかる。マオイストが『公約書』に掲げている国家構想についても、急進的毛沢東主義という特質を十分踏まえて分析・評価することが必要になってくるのである。

三　マオイスト国家論の基本構造

こうした観点からマオイストの『公約書』を概観すると、それは内容的には次の表2のような国家構想になっていることがわかる。

この表2をみると、マオイスト国家論の概要と特質がよくわかる。そこで、以下では、それを踏まえた上で、マオイスト国家論の骨格をなす共和制、民主制、連邦制、新移行期経済の四点に的を絞って議論を進めていくことにする。

表２　『公約書』の国家構想

<table>
<tr><td>国家の形態</td><td colspan="2">共和制、連邦制、大統領制、世俗制</td></tr>
<tr><td>主権の所在</td><td colspan="2">人民</td></tr>
<tr><td>統治の形態</td><td colspan="2">資本主義的人民志向民主主義／複数政党制、代議制、包摂民主制</td></tr>
<tr><td>大統領</td><td colspan="2">国家元首／人民直接選出、２期まで</td></tr>
<tr><td>首相</td><td colspan="2">議院内閣制／議会選出、２期まで</td></tr>
<tr><td>行政</td><td colspan="2">連邦政府—州政府（—準州政府）—自治区政府</td></tr>
<tr><td rowspan="3">立法</td><td>連邦</td><td>上院（州代表）、下院（人民代表）</td></tr>
<tr><td>州</td><td>州議会（１院制）</td></tr>
<tr><td colspan="2">選挙権は16歳以上</td></tr>
<tr><td rowspan="4">司法</td><td>連邦</td><td>最高裁判所</td></tr>
<tr><td>州</td><td>高等裁判所</td></tr>
<tr><td>郡</td><td>郡裁判所—人民法廷・調停センター</td></tr>
<tr><td colspan="2">家庭裁判所（女性・家族・子供のために設置）</td></tr>
<tr><td rowspan="2">軍</td><td>連邦</td><td>国軍（旧王国軍と人民解放軍を統合）／開発・国土建設にも動員／全人民（18歳以上）に軍事教育し、帰属集団別比例採用</td></tr>
<tr><td>州</td><td>準軍隊（民兵隊）</td></tr>
<tr><td>人民の権利</td><td colspan="2">基本的な自由権（財産権を含む）・社会権・参政権以外に、二重国籍、公的機関職員の帰属集団別比例採用、少数民族文化保存権、第三の性の権利、ムスリムの権利、無料基礎保健受益権、農地保有耕作権などを幅広く保障</td></tr>
<tr><td>教育</td><td colspan="2">後期中等教育まで無償、技術系など実学教育重視、各州に大学設置、通信制大学設置</td></tr>
<tr><td>経済</td><td colspan="2">新移行期経済／社会主義志向民族資本主義／協同組合、労働者経営参加、公民連携（PPP）／小規模金融</td></tr>
<tr><td>外交</td><td colspan="2">独立・主権・国民統合維持／平和五原則、印中架橋外交／グルカ兵廃止</td></tr>
</table>

三・一　共和制

マオイストの国家は、何よりもまず共和制（ganatantra）でなければならない。『公約書』の冒頭でマオイストは「封建制と君主制の暗黒時代が終わり、資本主義的民主主義と共和制の新しい時代がいま始まりつつある」（二）と高らかに宣言している。

ネパールは、プリトゥビ・ナラヤン・シャハ王が一七六九年に国家統一して以来、二四〇年余にわたってシャハ家の王が君臨する君主国であった。前近代的専制王政は一九九〇年「人民運動Ⅰ」（民主化革命）により打倒され、立憲君主制となったが、それでもなお国王の権限は大きく、特に二〇〇一年六月の王族殺害事件後即位したギャネンドラ国王は、国王の特権を乱用し、二〇〇二年五月に議会解散、二〇〇五年二月には首相を罷免し直接統治を開始するなど、民主主義を否定するような動きを強めていった。

これに対し、会議派やUMLは、立憲君主制の一九九〇年憲法体制をつくった勢力であり、国王の権力乱用には抵抗しても、君主制（王制）そのものの否定にはなかなか踏み切れなかった。会議派はもともと立憲君主制をとっており、君主制廃止を党議決定したのは、二〇〇五年八月になってからのことである。UMLは、マルクス・レーニン主義であり、当然、共和制が目標だが、一九九〇年憲法の立憲君主制は認めており、また党幹部は会議派以上に高位カースト寡占体制であったため、君主制廃止が党の多数意見になったのはやはり二〇〇五年八月のことであった。

マオイストも、たしかに一九九〇年憲法体制を根本から否定する人民戦争を闘ってはいたが、しかし一九九六年の「四〇項目要求」では、王制廃止ではなく、国王特権全廃の要求にとどまっていたし、「プラチャンダの道」確立後の第三回和平交渉（二〇〇一年一一月一三日）でも共和制の要求は撤回している。また、会議派とＵＭＬが王制廃止に踏み切るまで、さまざまなルートを通して秘密裏に国王側と交渉していたことも事実である。

しかし、二〇〇五年二月の国王クーデター以後、もはや国王との交渉の余地はなくなり、マオイストは会議派、ＵＭＬを中心とする議会派七政党を王制打倒、共和制樹立に向けて糾合し、二〇〇六年春の「人民運動Ⅱ」を成功させ、そして二〇〇八年五月の制憲議会での王制廃止、共和制宣言を実現することになるのである。

共和制は、もともとres publica（公共のもの）という意味であり、政体としては君主制をとることも可能である。むしろ伝統的には、カントもいうように、民主制よりも君主制の方が共和的であるとさえ考えられていた。毛沢東ですら、イギリスの君主制や日本の天皇制を「虚君共和」とよび、君主が国家権力を直接行使しないという点で一定の評価をしている（矢吹 一九九六、六五）。しかし、ネパールでは、国王側のあまりの頑迷さにより、この「虚君共和」のチャンスさえも失われた。マオイストの目指す共和制は、いかなる君主も認めない民主主義的共和制となったのである。

三・二 民主制

マオイストの目指す共和国は、統治形態としては民主制（loktantra）をとる。『公約書』によれば、マオイストが主導した二〇〇六年「人民運動Ⅱ」はこれまでの民主化運動のクライマックスであり、その成果としての制憲議会は「資本主義的民主主義の最高形態」である。マオイストは、この民主的制憲議会を通して「競争的複数政党制民主主義」を実現することを目標としていたのである（一〇-一二）。

しかし、ここで注意すべきは、マオイストにとって制憲議会で作り出される民主制は資本主義的なものであって、社会主義（samajbad）の前段階にすぎない、ということである。

『公約書』によれば、これまでのネパールは「半封建的・半植民地的国家」（一〇）であり、二つの「巨大な山塊」（三）が上から重くのしかかり、人民を抑圧してきた。第一の山塊は封建制であり、国王と高位カーストが「単一制国家（unitary state）の権力」を独占し、他のカースト、民族、文化、言語、宗教、地域などを上から抑圧していた。第二の山塊は、帝国主義、特にインド大国主義である。インドは不平等条約などによりネパールの人々と資源を搾取し、ネパールを半植民地状態に陥れてきた。ネパール国内には、このインドや他の先進諸国の帝国主義支配に寄生し利益を得ている買弁資本家や官僚資本家がたくさんいる。したがって、ネパール革命の現段階での目標は、これら二つの巨大な山塊としての封建制と帝国主義を打倒し、ネパールを半封建的・半植民地的隷従状態から脱却させること、つまり資本主義的民主主義を完成させることなのである。

この民主主義は、『公約書』では「人民民主主義」ではなく「人民志向民主制（janamukhi loktantrako paddhati）」とよばれている。おそらく「人民独裁」のニュアンスが強くなりすぎないよう、「人民志向（people-oriented）」の民主制としたのであろう。したがって、ここでは主権ないし国家権力は完全に人民のものだが、人民はあくまでも選挙された代表を通してそれを行使する。選挙は普通成人選挙であり、政党活動の自由も認められる。また、この民主制は実質の伴わない「形式的民主主義」ではなく、社会的・経済的・文化的差別を無くしていく「実質的民主主義」である（一九）。

この「実質的民主主義」は社会民主主義といってもよく、現代では西欧を中心に広く認められているが、しかしマオイストにとっては、それが最終目標であるわけではない。『公約書』でも、マオイストは資本主義的民主主義の段階を乗り越え、社会主義の実現を目指すことを繰り返し明言している。ただし、その社会主義がどのようなものかは必ずしも明らかではない。『公約書』では、「プラチャンダの道」に従い、社会主義になっても競争的複数政党制が認められると説明されているが、毛沢東主義型社会主義においてそれがどのようなかたちで制度的に認められるかについては何の説明もない。

三・三　連邦制

連邦制（sanghabad）は、共和制とともにマオイストの国家制度論を支えるもう一つの根本原理である。共和制は、国家形態としては単一制（unitary system）を採ることもできるが、マオイストは当初からその可能性を否定し、『公約書』でも連邦制の採用を明確に宣言した。

『公約書』によれば、ネパールはこれまで二四〇年余にわたり単一制の王国であった。それは封建的・中央集権的国家体制であり、人民はそのなかに組み込まれ、差別・抑圧されてきた。したがって、単に王制を廃止し共和制にするだけでは単一制国家の中央集権構造は残り、人民の解放は実現しない。人民の真の解放には、単一制そのものを否定し、多様な人民の自治を可能にする連邦制に移行しなければならないというのである。

このマオイストの連邦制論は、理論的には正統的なものである。一般に連邦制は国家統治権を国家全体と地域に分割し、前者を連邦政府、後者を支邦政府に分担させる統治制度である（岩崎 二〇〇七参照）。連邦国家は対外的には独立した国際法人格を維持しつつ、対内的には連邦政府と支邦政府がそれぞれ専管領域をもち、その管轄内での権限行使についてはそれぞれが独立であり最終決定権をもつ。また、連邦を構成する支邦も原則として相互に独立・平等である。連邦制は民族的・地理的多様性をもつ国に適した統治形態であり、成立形態としてはアメリカのような「統合による連邦」とベルギーのような「分割による連邦」の二つがある。マオイストは、このような正統的連邦制論をほぼそのまま受け入れ、その観点から従来の単一制国家を州に分割し連邦制国家へと再編統合することを目標とすることにしたのである。

マオイストの提案する連邦制国家は、まず権限についてみると、その連邦と州への配分は次のようになっている。

①連邦政府の権限 ― 国境管理、国軍、外交、州間交易、通貨と中央銀行、関税、大規模水力発電、航空行政、国道、国立大学など

②州政府の権限 ― 地方交通、地方税、教育、保健衛生、地方資源など、および残余権限

この権限配分をみると、連邦政府の権限が大きく単一制に近い連邦制といわれているインドの連邦制によく似ているが、インドの場合、残余権限が連邦（ユニオン）政府にあるのに対し、マオイスト案では州に残余権限が付与されている。連邦制では、残余権限をもつ側が時間的・論理的に先在すると考えられているので、マオイスト案は、現実の力関係は別として、少なくとも建前としては州優位の理論構成をとっているといえる。

つぎに、連邦制国家の管轄区分についてみると、マオイスト案では、連邦制国家は、垂直方向では

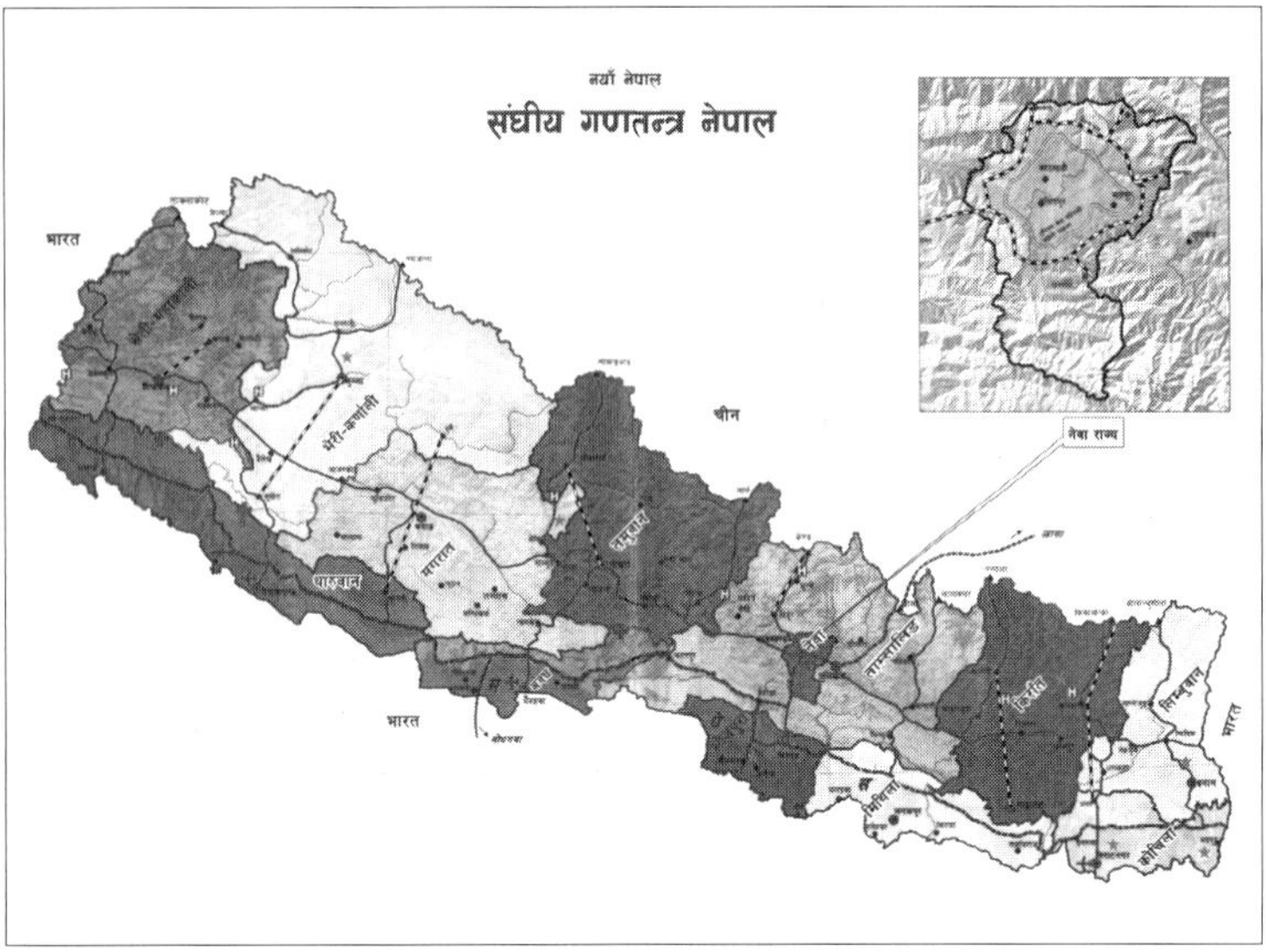

⊙ 首都　◉ 州都　● 地域中心地　主要空港　H 主要水力発電事業
＋ 主要多目的水利事業　★ 主要工業地帯　━━ 国道　‐‐‐‐ 鉄道・国道
‐‐‐‐ ケーブルカー　━━ トロリーバス

図1　『公約書』綴じ込み地図「ネパール連邦共和国」

中央（連邦）―州―地区の三層（三レベル）に区分され、水平方向では民族（ジャーティ）、言語、経済、地理を基準に次の一一州に区画される（二一―二二、図1参照）。

①地理区画による州（2）―セティ‐マハカリ、ベリ‐カルナリ

②民族区画による州（9）―マガラート、タルーワン、タムワン、ネワ、タムサリン、キラート、リンブーワン、コチラ、マデシュ（準州―ミティラ、ボジプラ、アワディ）

また、州内に他の民族が集住する場合は、自治区が設置される。

①山地の自治区―ビャンシー、ヒマーリ（ラマ／ボテ）、シェルパ、タカリーなど

②丘陵の自治区―バラム、ブジエル、チェパン、チャンテル、ドゥ

ラ、ハユ、ヒョルモ（ヨルモ）、ジレル、レプチャ、スヌワル、タミなど
③ビトリ・マデシュの自治区 ― マジ－ボテ、ダヌワル、ダライ、クマールなど
④タライの自治区 ― ディマル、ジャンガド－キサン、メチ、ムンダ－サンタル、コチ－ラジバンシなど

このマオイストの連邦制案[3]は、権限分割方法についても州区分方法についても議論の余地が多分にあるが、そのなかでも特に問題となるのがこの案の核心をなす民族による州区分である。マオイストは州区分の基準として民族を用いているが、いったい「民族」、つまりネパール語でいうところの「ジャーティ（jati）」とは何なのか。マオイストはこうした疑問が出ることを予想して、『公約書』では、ジャーティ・アイデンティティ（jatiya pahican）を次のように定義している。「ここでいう『ジャーティ』は、特定のプラジャーティ（prajati）やナスラ（nasla）あるいはジャートパト（jatpat）を指すのではない。それは、共通の言語、共通の地理、共通の経済、共通の心情をもつ人々からなる、安定した集団ないし『ラーストリヤタ（rastriyata）』を意味する」（二〇）。

この定義は複雑かつ微妙であるが、前後関係からみて「ジャーティ」は生物学的な「人種」（ナスラ）ではなく、またヒンドゥー教的な意味での「カースト」（ジャートパト）でもない、といってよい。さらに、それは「サブ・カースト」ないし「エスニック集団」（プラジャーティ）でもない。ここでいう「ジャーティ」は「ナショナリティ（nationality）」（ラーストリヤタ）のことであり、つまりは国を形成しうる民族ないしネーション（nation）にほかならない。マオイストにおいては、この意味での「ジャーティ」のみが州形成の主体たり得るのである。

この「ジャーティ」の定義は、当然といえば当然だが、スターリンの有名な民族定義の引き写しで

ある。スターリンによれば、「民族とは、言語、地域、経済生活、および文化の共通性のうちにあらわれる心理状態、の共通性を基礎として生じたところの、歴史的に構成された、人々の堅固な共同体である」（スターリン 一九五二、三二九）。この定義の核心は「地域の共通性」であるが、こうしたいわゆる属地主義的民族定義はスターリン以前からあり、それについてはすでにK・レンナーが、属人主義の立場から、「民族は、領域とは本質的な関連をもたない。民族存在の中核は、定住共同体ではなく、文化‐言語共同体である。それゆえ属人団体として構成することができる」（レンナー 一九九七、五六）と原理的に厳しく批判していた。たしかに、属地主義をとると、領域内の少数民族が抑圧される一方、各地に散在する民族は一つの民族として認められないおそれがある。こうした属地主義批判は、マオイストの「ジャーティ」概念にもそのまま当てはまるといってよいであろう。

むろん、マオイストもこの危険性は十分認識していた。『公約書』では、前述のように州内に少数民族が集住する場合は、自治区を設置して民族自治を行う権利を認めている。しかし、国家統計（CBS 2002: 72-73）でさえ一〇二の「カースト／エスニック集団」を認めており、このそれぞれに自治権を付与すると、国家や州の組織が複雑になり、統治効率が落ち、経費も際限なく増大する。また、人口流動化が加速度的に進行する現代では、地理的属地主義的民族概念はますます現実に合わなくなりつつある。スターリンの属地主義的民族概念に依拠して州区分を行うというマオイストの公約は、結局は、少数民族は国家を形成しうる「歴史的民族」に吸収されざるを得ないというエンゲルスのような大民族中心主義に向かわざるを得なくなるであろう（エンゲルス 一九六六、一五八‐一六一）。

それともう一つ、マオイスト連邦制論にとって難しい問題となるのが、民族（ジャーティ）と階級の関係である。マオイストは、人民の解放には単一制国家の解体が不可欠だと主張するが、これは決して民族や地域社会の解体は意味しない。近代のブルジョア革命においては、社会契約論者たちが、歴史や文化を否定し、いったん既存の国家社会をばらばらの原子的個人にまで分解し、そうして析出される自由・平等・独立の諸個人から民主的・合理的に国家を再構築すべきだと主張した。ところが、ネパール・マオイストは、そうは考えない。封建的中央集権的単一制国家は徹底的に解体されなければならないが、それは原子的個人への解体ではない。既存の単一制国家の解体は、そこで支配・抑圧されている民族や地域社会の解放を意味する。マオイストは、そうして解放された民族や地域社会をもとに州や準州や自治区をつくり、これらを連邦制国家へと再編統合していくべきだと主張しているのである。

このマオイストの連邦制論は、民族や地域社会が強固な社会集団として存続しているネパールにおいては社会契約論よりもはるかに現実的な考え方である。現在のネパールでは、既存社会を個人にまで完全に解体し、そこから民主的・合理的に新国家を構築するといった社会契約論のようなラディカルな考え方は受け入れられないであろう。マオイストは、ネパールが多民族・多文化社会であるという歴史的社会的既成事実を否定しないばかりか、むしろ民族や地域社会をほとんど実体化しかねないほどの熱心さでもって擁護し、それらを当然の前提として連邦制論を展開しているのである。

しかし、民族の解放は、民族からの解放ではなく、労働者階級の解放とは必ずしもつねに両立するとは限らない。というよりもむしろ、もし民族を、それぞれが固有の存在意義をもつ文化的地理的人間集団と考えるならば、それは近代的・合理的な階級とは相互に矛盾する場合が少なくない。では、民族と階級が対立する場合、マルクス主義者はどうするのか。

そのような場合、マルクス主義は、結局、階級の立場に立つ。マルクスは、共産主義者は「民族の別にかかわらないプロレタリアート全体の共通の利益を強調し主張する」のであり、「プロレタリアートの支配はこの［諸民族が国々に分かれて対立している］状態の消滅をいっそうはやめるだろう」と宣言している（マルクス＝エンゲルス 一九七三、七八、八四）。またスターリンによれば、民族は「自治的にやっていく権利」や「分離する権利」すらもっているが、それらは「階級」の利益が前提であり、地方自治も「人々を民族的に分けたり、民族的障壁をめぐらしたりしないで、――反対にこの障壁を破壊して、住民を結合し、こうして他の種類の区分に、すなわち階級による区分に道をひらく」ものである。だから、プロレタリアート指導の「完全民主主義」が実現すれば、「民族的結合の必要」はなくなるというのである（スターリン 一九五二、三四六、三九九-四〇三）。

この階級優先は、ネパール・マオイストの依拠する毛沢東においても全く同じである。毛沢東ないし中国共産党は、一九四九年以前は連邦制を考え、諸民族に連邦への参加権だけでなく連邦からの離脱権さえも認めていた。たとえば、一九四五年の第七回党大会報告「連合政府について」において、毛沢東は、少数民族の「言語、文字、風俗、習慣、宗教信仰は尊重されなければならない」と述べ、諸民族の平等と自決権に基づく「中華民主共和国連邦」の樹立を提唱していた（毛沢東 一九七二、三六六、毛沢東 一九九四、二七）。ところが、革命により一九四九年に実際に成立したのは、すべての諸民族を統合した単一の「中華民族」からなる単一制の中華人民共和国であり、そこでは限定的な「民族自治」が認められたにすぎなかった。さらに一九五八年七月五日、毛沢東は「民族問題の本質は階級問題である」という指令を出し、また一九六三年にも「民族闘争は、結局のところ、階級闘争である」と述べ、階級優先を一層明確にした（毛沢東 一九九五、四三、王柯 二〇〇一、四八-五〇）。以後、これは中国の「社会主義民族論」の根拠となり、「民族融合」つまりは少数民族の抑圧・同化のために利用された。この「階級」による「民族」の民主化・社会主義化は、文化大革命（一九六五～七七年）において頂点に達したが、毛沢東の没後、文革の終結とともに批判が高まり、少数民族の権利の回復への動きが始まった（王柯 二〇〇一、五二）。

このように毛沢東においても「階級」闘争が「民族」闘争に優先することは明白であり、そのことはネパール・マオイストにも当然わかっていた。しかも、ネパール・マオイストは、文化大革命を高く評価し、文革終結以後の改革・開放路線を毛沢東主義からの逸脱、修正主義として拒否する立場をとってきた。したがって、ネパール・マオイストの民族（ジャーティ）理論が「民族問題の本質は階級問題である」とする毛沢東のそれを基本的に踏襲することになったのは、至極当然といってよいであろう。マオイストは、いまなお前近代的な多民族・多文化社会であるネパールにおいて、被抑圧諸民族のための解放闘争を闘いつつも、他方ではそれを近代的な「プロレタリア階級」の革命に従属させようとしてきたのである。

『公約書』でも、最初は、「階級（barga）」は「ジャーティ」などと並んで列挙されている。たとえば、「階級、ジャーティ、地域、性、言語、宗教、文化の搾取と抑圧」（四）、「長年の階級、ジャーティ、地域、性、ダリットの搾取」（五）、「社会に存在する階級、ジャーティ、地域、性、その他の差別」（一四）など。ここでは「階級」は筆頭に掲げられているものの、「ジャーティ」や「地域」など、他の属性と特に区別はされていない。

ところが、議論が進むと、「階級」と「ジャーティ」などとの関係が意識され始める。たとえば、マオイストこそが「ジャーティや地域の抑圧の問題を階級抑圧と関係づけて提起してきた政治勢力である」（二〇）とされ、また州内少数民族の権利は「すべてのジャーティや地域への権利配分を同意に基づき新しい憲法と法律に規定し、階級を基礎に、諸々のジャーティを統一すること」(二〇)により守られるとされている。

なぜ「ジャーティ」や「地域」だけでなく、「階級」が必要なのか。『公約書』によれば、「抑圧されているジャーティや地域の解放は、そのジャーティや地域の労働者の指導(netrtwa)によってのみ可能である」(二〇)からであり、もしこの労働者階級の指導を見失うと、マデシュ運動に見られるように、封建地主や反動的官僚資本家あるいは外国勢力に被抑圧諸民族・諸地域の解放闘争を利用されることになるからである。

さらにまた、これ以上に根本的な理由もあった。おそらくマオイスト自身も、その理由、すなわち「ジャーティ」や「地域」への自決権付与それ自体がもつ大きな危険性に気づいていたからこそ、一般民衆向けの『公約書』においてすら近代的・普遍的な労働者「階級」への訴えに比重を移さざるを得なくなったのであろう。マオイストの連邦制論に対しては、そもそも当初から、それはネパールの国家統一・国民統一を弱体化させ、国家解体への道を歩むものだという批判が、繰り返し出されていた。これに対し、マオイストはそのつど反論し、『公約書』においても、民族・地域に自決権を認めたために分裂した国家は一つもないと述べ、また、それは離婚の権利を認めたからといって妻が夫と離婚するとは限らないのと同じことだといった卑俗な譬え話さえ繰り出して、懸命に防戦している(二一)。しかし、この議論は明らかに事実に反する。民族自決により分離独立した国家はオーストリア、ラトビア、クロアチアなど少なくないし、離婚権を行使しての離婚ともなれば、それこそ無数にある。民族自決権が連邦国家を強化し、また離婚権が夫婦の絆を固めることはもちろんあるだろうが、そうでない場合も決して少なくない。民族や地域に自決権を付与して本当にネパールは国家統一を維持できるのか。この本質的な問題に対し、マオイストの表向きの説明はあまりにも根拠薄弱である。そこで、マオイストが巧妙に切り札として持ち出し、国家統一の実質的根拠としようとしたのが普遍的上位概念としての労働者「階級」である。王国が「国王」の、近代国家が「国民」の神話を必要とするように、マオイストの連邦制国家もおそらく「階級」の神話なしには存立しえないであろう。

このことは、目前の制憲議会選挙のためにつくられ広く配布された『公約書』においては、それほどストレートには語られていない。しかし、マオイストが本質的に「プロレタリア階級の政党」であることはいうまでもない。たとえば、党設立直後の中央委員会文書「人民戦争の歴史的開始の理論的前提」（一九九五年九月）にはすでに「プロレタリア階級の独裁のもとに」革命を前進させ、社会主義を実現するという目標が掲げられていた（CPN-M 1996）。これを理論的に緻密に展開しているのが、マオイスト・イデオローグのバブラム・バッタライである。彼によれば、人民戦争は「新しい進歩的諸階級（労働者、農民、プチブル、民族資本家）が「封建的・買弁的・官僚的諸階級」を打倒し、新民主主義体制を打ち立てることを目標にしている（Bhattarai 1998: s.4.0）。彼においても、マルクス・レーニンがいうように資本主義から共産主義への移行期は「プロレタリアートの革命的独裁でしかありえない」（レーニン 一九六五、一一〇）のであり、したがってネパールの移行期国家も「プロレタリアート独裁あるいは被抑圧人民の独裁となる」というのである（Bhattarai 2004: s.3）。

このことは統一革命人民評議会（ＵＲＰＣ）の「共通基本政策と綱領」（二〇〇一年一一月頃採択、CPN-M 2003）でも明確に宣言されている。「新民主主義共和国ないし人民民主主義共和国の基本的性格は、人民独裁である。民族資本家、被抑圧諸民族を含むすべての進歩的諸階級がそこに参加するが、それはプロレタリア階級の指導の下にある労働者・農民同盟を基礎にするものとする」（s.I-1.）。「アーリア・カス民族に支配・抑圧されてきたすべての民族に自決権が認められるが、彼らの諸問題は新民主主義／人民民主主義体制内の民族自治の枠内で解決されなければならない」（s.VIII, 60）。

このように、マオイストはあくまでも階級政党であり、「民族」の自決や自治をいくら唱えようが、決定的段階では自らが指導する「階級」が優先される。『公約書』でも、「鎌と槌」を選挙シンボルマークとし、「民族」ではなく、結局は「農民・労働者階級」の党への投票を呼び掛けていることを忘れてはならないであろう。

三・四　新移行期経済

マオイストの提唱する経済政策は「新移行期経済政策（New Transitional Economic Policy）（一五）とよばれるものであり、『公約書』でも大きなスペースを割き図付きで説明されている（図1参照）。前述のように、マオイストによれば、現在は半封建的・半植民地的王制を打倒して「人民志向成熟民主主義」を樹立する段階であり、制憲議会は「資本主義的民主主義の最高形態」（七）となる。したがって、この段階の経済は社会主義そのものではなく、その前段階としての「社会主義志向民族産業資本主義（samajbad unmukh rastriya audyogik punjibad）」（一六）となる。

『公約書』によれば、この新移行期経済はまだ資本主義であるから私有財産も私企業も認められるが、半封建的・半植民地的生産関係は廃絶される。また、国際機関や先進諸国が強要している新自由主義的経済政策は拒否し、雇用重視の国内産業の振興が図られる（一六、二四―二五）。あるいは、これまでの開発は企画・立案から実施まで国際機関や外国に依存することが多く、開発事業が一部特権階級の利権を生み出すばかりで、ネパール人民の生活向上にも雇用促進にも寄与せず、ネパールの対外債務を増大させるだけであった。新移行期経済では、外国援助を求めるにしても、開発事業はネパール自身が人民の立場から主体的に立案し実施するようにする（一八、二五）。この革命的経済改革により、ネパールは帝国主義諸国やその手先としての国内買弁資本家・官僚資本家の支配から抜けだし、雇用創出的・生産的な社会主義志向の民族産業資本主義となるというのである。

具体的には、まず農業においては、「革命的土地改革」（二六）が断行される。「土地を耕作者に」（二四）の原則に基づき、封建的土地関係を廃止し、地主の土地は基準を設けて没収し、解放カマイヤ（債務農業労働者）、土地なし農民らに無償で分配するという（二六）。このマオイストの土地没収・再分配政策は、停戦以前には人民政府支配地域で実際に試みられていたが、「包括和平協定」（5-1-8）により、地主への返却が定められた。『公約書』では、その「革命的土地改革」を再び実施することを公約しているのである。

また、このような土地改革を実施すれば、多くの小農民が生まれるが、マオイストは彼らを協同組合（sahakari）に組織し、これにより農業の共同化、商品作物の生産販売など、農業の近代化を促進することも公約している。政府は、灌漑普及、農道建設、肥料増産、保冷施設ネットワークの拡充などに取り組む一方、農産物最低価格保障制度を導入する。資金については、農業銀行、土地開発銀行、中小企業開発銀行などを設立し、農民を支援する（二七）。

商工業についても、国内民族産業保護育成、雇用創出の観点から、外資規制や協同事業化が推進される。贅沢品の輸入を制限し、資金を国内産業に回す。外資は歓迎だが、合弁事業への外資投資は四九％以下に規制する。一方、産業経営については、国家の指導の下での協同事業化が促進される。電話、電力、水道などの公的事業には利用者が、私企業には従業員が小規模投資し、事業に参画する。こうした協同事業化や公民協力（Public Private Partnership）が、マオイストの新移行期経済の基本枠組みとなるのである（二八）。

『公約書』によれば、この新移行期経済政策によりネパール経済は飛躍的に成長する。観光産業振興のため、ラサーカトマンドゥールンビニ鉄道が建設され、これにより外国人観光客は現在の年五〇万人から二〇〇万人に増加する（二七）。文化については、国家映画政策が策定され、ネパール映画産業の保護育成が図られる。輸出産業のためには、北部国境と南部国境の近くに「経済特区」（二八）が設置される。

インフラ整備も進められる。発電能力は一〇年以内に一メガワットとし、地方も全村全戸を電化する。上水道は五年以内に全国民に普及させる。タライ東西横断道路・電車、南北縦断道路（五～六本）、ラサーカトマンドゥールンビニ鉄道、丘陵地道路網（カルナリ・中西部・東部）などを建設し、各州にはモデル都市を建設、これを七五の各郡にも拡大する。地方には、近代的住宅地を造成し、住民の集住化を促進する。カトマンドゥについては、衛星都市を建設して過密を解消し、またメラムチ水道事業を五年以内に完成させ、首都圏の水不足も解消する。遠隔地とは、各地に空港を建設整備することによって、アクセス向上を図る。通信については、すべての村落開発委員会所在地に電話線を引き、モバイルは全国通話可能とする（二七―三〇）。

『公約書』は、以上のような移行期経済政策により、「ネパールは一〇年以内に中進国、二〇年以内に先進国、そして四〇年以内に最先進国の開発レベルに達する」とゴチック文字で強調し、経済政策でもマオイストを支持するよう訴えている（二四）。

この『公約書』におけるマオイストの経済政策は、国家統制や協同組合化、あるいは労働者経営参加の側面が強く、その意味ではたしかに「社会主義志向」である。しかし、その一方、「経済特区」設置や大規模国土開発による高度経済成長を唱える点では資本主義的ともいえる。

こうしたマオイストの経済政策については、あまりにも楽観的・空想的と批判されたが、マオイスト自身にとっては、それは決して選挙のための単なるプロパガンダではなかった。マオイストは支配地域で土地没収・再配分、農業共同化、協同組合事業経営、道路建設などを実行してきたのであり、その「実績」をもとにこの経済政策は立案されている。グローバル資本主義の観点からはいかに非現実的とみえようとも、マオイスト自身は社会主義志向経済への移行を目標とし、その実現のため全力で闘う決意を『公約書』において宣言しているのである。

四　マオイスト国家論の二面性

マオイストの「人民志向民主主義」国家論は、これまでみてきたように、既存国家の破壊においては、極めて有効であった。

しかし、この人民志向民主主義国家を実現するための人民戦争においては、人民は、死者約一万三〇〇〇人とその何倍もの負傷者、拉致、監禁、拷問、レイプ、子供兵徴用、財産破壊など、甚大な犠牲を強いられた。これについて、マオイストは『公約書』において、多くの誤りや無実の人々への攻撃があったことを認め謝罪しつつも、アメリカ、フランス、ロシア、中国の革命を引き合いに出し、画期的な革命には犠牲が伴わざるを得ないと述べ、人民戦争の歴史的正当性を力説している（六–七）。

しかし、マオイスト人民戦争は本当に避けられない戦争であったのだろうか。マオイストとは異なり、会議派やUMLは、一九九〇年憲法体制は改良可能だという立場をとり、体制擁護のため、警察や武装警察隊、そして最後には陰に陽に国王配下の軍隊まで使って人民戦争を力で鎮圧しようとした。たしかに一九九〇年憲法は、立憲君主制、議会制、複数政党制、議院内閣制を定め、基本的人権もきちんと保障しており、それ自体は決して非民主的な憲法ではなかった。もし会議派とUMLが体制内改革に成功しておれば、人民戦争の拡大は防止され、多くの犠牲を生み出すこともなく、ネパールは漸進的に民主化されていたであろう。

しかし、政治家の責任はM・ウェーバーがいうように、あくまでも結果責任である。体制内改革の可能性は二〇〇五年二月の国王クーデターまでは、あるいはそれ以降ですら、たしかにあった。ところが、それにもかかわらず、会議派もUMLも改革の機会をことごとく見過ごし、利権争いや党派抗争に明け暮れた。結局、彼らはマオイストが『公約書』で厳しく批判したような、「敗北主義的」あるいは「日和見主義的」な存在であったのであり、彼らこそがその行動によりマオイスト国家論の正しさを結果的に論証してしまったのである。

その意味で、マオイストの国家論は、会議派やUMLのそれよりも旧体制の認識においてより正確で現実的であり、したがってマオイストはその国家論に基づく革命闘争によって旧体制内改良の会議派やUMLを圧倒し、旧体制を破壊することに成功したのである。しかし、ここで注意すべきは、破壊と建設は別であるということである。特に政治においては、破壊者・革命家は、多くの場合、新秩序の構築者にはなれない。

マオイストの場合も、そうである。マオイストは、覚醒させ、解放し、革命に動員した被差別カースト・民族・地域社会などを、旧体制破壊後、彼らの構想する新国家へと再統合できると考えていたが、そう考えるに十分なだけの準備があったわけではなく、これは彼らの願望であるにすぎなかった。むろん、マオイストには郡人民政府におけるかなりの統治経験があるにはあった。しかし、これは郡レベルの「人民独裁」による統治であり、はるかに複雑で、しかも複数政党制の国家統治にはその独裁的手法は使えない。マオイストは、既存の「ヒンドゥー教王国」を破壊し暫定的に「連邦民主共和国」の最低限の外形だけはつくったものの、包摂（inclusion）や州区画の方法あるいは土地再配分や公民協力（PPP）の仕組みなど、社会諸集団の新国家への再統合に不可欠の重要課題については、実際には、踏み込んだ検討をほとんど行ってはこなかったといわざるを得ない。マルクス主義者たちが結局「民族」の要求に屈服することになってしまったことは歴史が示すとおりであるし、経済についても、社会主義化の困難はソ連・東欧諸国の崩壊や中国の「社会主義市場経済」への移行が如実に物語るとおりである。ネパール・マオイストも、もし『公約書』の国家論にそのまま固執し続けるなら、前車の轍を踏む恐れは十分にある。

しかしながら、たとえマオイストが新国家の具体的な構築・運用に失敗するにせよ、少なくとも彼らが「プラチャンダの道」により旧体制を破壊し積年の桎梏から人々を解放したことは歴史的に高く評価されるし、またその国家論も開発途上国における革命国家の理念型の一つとしての政治的意義をいささかも失うものではないであろう。

注

1 二〇〇九年一月、マオイストは統一センター・マサル派と合同して「統一ネパール共産党（マオイスト）」となり、翌年五月「ネパール人民連邦共和国憲法（案）」を発表した。

2 二〇〇八年制憲議会選挙においてマオイストは全議席の三八％、二二九議席を獲得し、第一党となった。

3 統一ネパール共産党マオイストは二〇一〇年二月、この一一州案を修正した一四州案を制憲議会に提出し、同年五月の同党憲法案ではさらにそれを一二州案に変更した。

参考・引用文献

岩崎美紀子、二〇〇七、「連邦制と主権国家」、岩波講座『憲法3』、岩波書店、二三一―四六頁。

エンゲルス、一九六六、「労働者階級はポーランドについてなにをなすべきか」（一八六六）、『マルクス・エンゲルス全集16』、大月書店、一五五―六五頁。

王柯、二〇〇二、「『少数民族』から『国民』への道程」、『アジア研究』、四四―四、アジア政経学会、三九―六二頁。

スターリン、一九五二、「マルクス主義と民族問題」（一九一三年）、『スターリン全集2』、大月書店、三二三―四〇四頁。

マルクス＝エンゲルス、一九七三、「共産党宣言」（一八七二年）、『マルクス＝エンゲルス8巻選集』第二巻、大月書店、四六―九九頁。

毛沢東、一九七二、「連合政府について」（一九四五年）、『毛沢東選集3』、外文出版社、一九三―三八九頁。

毛沢東、一九九四、「連合政府論」（一九四五年）、毛利和子・国分良成（編）、『原典中国現代史1』、岩波書店、二六一八頁。
毛沢東、一九九五、「アメリカ帝国主義の人種差別に反対するアメリカ黒人の正義の闘争を支持する声明」(一九六三年)、竹内実訳『毛沢東語録』、平凡社。
矢吹 晋、一九九六、『巨大国家中国の行方』、東方書店。
レーニン、一九六五、『国家と革命』(一八一八年)、全集刊行委員会訳、国民文庫。
レンナー、カール、一九九七、『諸民族の自治』(一九一八年)、太田仁樹訳、御茶の水書房。
Bhattarai, Baburam, 1998, 'Politico-Economic Rationale of People's War in Nepal', (n.d.), in *The Worker*, No.4. http://www.cpnm.org/worker/issue4/article_dr.baburam. htm
Bhattarai, Baburam, 2004, 'The Question of Building a New Type of State', (n.d.), in *The Worker*, No.9. http://cpnm.org/new/English/worker/9issue/article_baburam.htm
CPN-M [Communist Party of Nepal (Maoist)], 2008, *sambidhansabha nirbahcanka lagi nepal kamyunist parti (maobadi) ko pratibaddhata-patra* (『制憲議会選挙のためのネパール共産党(マオイスト)公約書』[『公約書』と略記し、引用・参照の該当ページのみ括弧内に記す])
CPN-M, 2003, 'Common Minimum Policy and Programme of United Revolutionary People's Council', (n.d.), in *The Worker*, No.8. http://www.cpnm.org/worker/ issue8/urpc.htm
CPN-M, 1996, 'Theoretical Premises for the Historic Initiation of the People's War' (Sep. 1995), in *The Worker*, No.2. http://www.cpnm.org/worker/ issue2/w2_2p.htm
CPN-UML [Communist Party of Nepal (United Marxist-Leninist)], 2008, *Election Manifesto of Communist Party of Nepal (United Marxist -Leninist)*.
CBS, 2002, *Population Census 2001 (National Report)*, Kathmandu: Central Bureau of Statistics, HMG.
Karki, Arjun and D. Seddon (eds.), 2003, *The People's War in Nepal*, Delhi: Adroit Publishers.
NC [Nepali Congress], 2008, *sambidhansabha nirbacan 2064 nepali kangresko ghosana-patra* (『二〇六四年制

憲議会選挙ネパール会議派声明書』)
Pyakurel, Uddhab P., 2007, *Maoist Movement in Nepal: A Sociological Perspective*, New Delhi: Adroit Publishers.

八章

市民の至上権は新しいネパールにおける包摂的政治の道しるべとなるか

——二〇〇八年制憲議会選挙における各政党の得票の動向から

マハラジャン、ケシャブ・ラル
マハラジャン、パンチャ・ナラヤン

一　はじめに

ネパールでは、二〇〇六年にネパール共産党毛沢東主義派（マオイスト Communist Party of Nepal-Maoist）が武力闘争や地下活動をやめ、政治の表舞台に参加しだした。それまで国政を担っていた政党とマオイストは、国家のあり方における一つの新しい方向づけを導き出そうと政治的対話を行った。対話のプロセスにおける厳しい駆け引きの末、両者は共通の政治的合意として、一二項目の合意と包括的和平協定に調印した。それは、一〇年以上にわたるマオイスト闘争を終わらせるだけではなく、民主主義を度外視した国王による政権掌握をも終わらせ、平和を構築し、あらゆる不平等を無くし、社会が安定するような経済発展を成し遂げるため、包摂的民主主義に基づく政治制度の確立を目指すものとされている。この合意の精神に基づいて暫定政府ができ、暫定議会が再開され、暫定憲法も公布された。その後の一連の法的手続きによってネパールは生まれ変わることになり、新しいネパールの国名も「ネパール王国」から「ネパール連邦民主共和国」となるよう提案された。新しいネパールでは、民主主義法治国家として法の支配を重んじ、その後できる制度と秩序をもって国を運営することの重要性を認識し、暫定憲法の精神を基に早急に新憲法を制定することが重視された。そのためには、民意を反映した制憲議会の成立が不可欠であり、総選挙をもってそれを成立させることとされた。[1]そして、二〇〇八年四月一〇日に総選挙が行われた。この選挙では、大方の予想を覆し、マオイストが第一党になった。その結果、同党がリーダーシップをとる連立政権ができ、その党首P・K・ダハル（Dahal）が首相になった。そして、初の国会において暫定議会で決められた国名「ネパール連邦民主共和国」を改めて議決し、共和国を宣言して国王を国家元首から追放し、「新しい国（Naya Nepal = New Nepal）」として第一歩を踏み出した。その後、国民によって政府・議会に負託された新憲法制定の作業は、順風満帆とはいかなくとも一歩ずつ前進しているように見受けられた。ところが、政権を取ってから一年も経たずにダハル内閣は政権運営に躓き、二〇〇九年二月にダハル首相が突然辞意を表明し、政権を放り出した。マオイストは下野し、新しい連立政権ができるが、新憲法制定の作業は順調ではなく、暫定議会・憲法の精神を汲んだ、そして新国名に相応しい新憲法が公布されるか疑問視されている。制憲議会は一回目の期限（二年間）が過ぎ一年間延長され、さらに小刻みに三回、計一年間延長された末に、二〇一二年五月に解散され、新しいネパールには議会が存在しないという状況になった。その際、現内閣が大統領の特例により暫定内閣となり、二〇一二年度の予算案をはじめ、各法律は、特例的に大統領に内閣が付議して成立する。ところが、その過程はスムーズではなく、政争の一因ともなり、重要な法案はほとんど成立しない。新しいネパールの政治はいったいどうなるのか、皆が知りたいところである。

本章では、新しいネパールに相応しい新憲法を制定することに専念するとした第一党マオイストのダハル政権が突然倒れ、政権を放り出し下野したことに着目し、その理由について、その前後の政治的動向に注目しつつ考察を行う。とりわけ、ダハル首相が辞意を表明した際に大義名分とした「市民の至上権」について詳細に分析する。その際、「市民の至上権」の裏づけとなる国民の支持を選挙における獲得票、議席数、議員の属性、そこから推察される支持母体から分析するとともに、暫定憲法ないしその前の包括的和平協定における一二項目の合意など政治的合意で取り上げられた課題の実現の行方について考察し、今後の課題について言及する。

二　市民の至上権とは

政治において「力」、すなわち支配する権力は重要な要素であり、政治と権力は一体的存在であるといえよう。古今東西において政治は権力であり、権力は政治である。権力をめぐる多様な説について論じる紙幅はないが、自由民主主義においてよくいわれる「主権在民」的思考によれば、人々は自らの権力をその厚生と安全保障のため、統治者である政府に総意として託すものである。それによれば、権力の主源は一般市民＝国民にあり、選挙における投票行動によって負託の意思があらわされる。ゆえに、選挙で（より多く）負託を受けた個人・団体（政党）がその期間中政権を担い、国家権力をなし、国民の利益（厚生と安全保障）のために努める。このような思考・制度において一般市民は直接ないし間接的に最終的意思決定者となり、政治家や政党に対して一票を投じて審判を下すことができる。この決定権は「市民の至上権（Nagarik Sarbocchata=People's Supremacy）」である。このような制度では、民主主義、自由、平等、公正、個人の権利や基本的人権が重視され、社会全体として少数意見を尊重しつつ多数決をもって意思決定が行われる。

一方、共産主義的思考において一般市民・農民＝国民（人民）から支持される「人民政府」は上記の国家権力と対照的に用いられる概念で、この場合、たとえ「民主主義（人民）共和国」であっても、基本的に一党支配制度が維持され、集団的意思決定権が重視され、あらゆる生産要素・産業が国有化され、資本家が支配する生産構造＝資本主義、市場経済の廃止が主眼に置かれ、あらゆる搾取構造から人民＝国民を解放し、平等と安定をもって国民の厚生と安全保障が確保されるものとされる。その任務を果たすのは人民に支持（負託）された組織（党）となる。

同じ、「市民の至上権」といっても両者による理解と解釈、その説明と応用には違いがあり、時局によってはそれが相反することになることもあり得る。革命的変化の際には後者が顕著になることがある一方、その他の改革において前者が顕著になることもあろう。前者はまた、議会制、大統領制、中央集権制、連邦制、共和制等諸制度によってもその体制、実行方法が異なり得る。とりわけ、複数政党からなる議会制民主主義においてその主権は議会を通じて実行される。また、後者における人民の力（市民の至上権）は統治者からその国家的権力を奪還する際に利用されるものである。以降の考察の理解において二者の違いについて記憶しておこう。

三　市民の至上権が注目される直接の事件

ダハル首相が突然政権を放り出した直接の理由は、政府の閣議決定により解任されたカトワル軍総参謀長を国家元首である大統領（兼軍総司令官）がその決定を却下し、そのまま任務に就くようにしたことである。ダハル首相は、大統領のこの行為は有権者（の意思）を侮辱するもので、（人民）市民の至上権の侵害であるとし、それを正せない状況において首相として政府に残り続ける意味がないとして辞任したのである。この事件について以下簡単に整理する。

ダハル首相は、「カトワルはマオイストおよびそのシンパをテロリストとし、虐殺を含め厳しく対処した旧体制において軍の中枢におり、ギャネンドラ国王が時のデウバ首相を『無能』として解任し、自ら権力を掌握し君臨したとき、その強権体制について不満を表し、立ち上がった国民の反対運動を弾圧した軍総参謀長でもある。本来ならば道義的責任をとって辞任すべき人物であるが、新しいネパールになってもそのポストに居続けている『問題』人物である」と主張した。さらに、問題はそこにとどまらず、「国民の負託を得ている政権の意思決定や命令に従わないカトワルの態度は、まったくもって放置しておけないことであり、彼には一刻も早く職を辞してもらうか、政府の命令・閣議決定に従ってもらうかしかない」という。

ダハル首相は、「これは軍の文民統制の問題にまで波及する重大な問題であり、その意味においてこれは『市民の至上権』を侵す問題でもある」と主張する。旧体制において、軍隊は国王に忠実な王国軍だったため、以上の主張は新しいネパール社会においておおよそ理解され、一定の支持も得ている。

さらに、ダハル首相がひきいるマオイストは、本来なら政治的決断を下すと想定されていない国家元首としての権力を行使し、カトワルを解任する閣議決定をひっくり返した大統領の対応に対しても強い不満をあらわし、二重において国民の負託を踏みにじるものとして承服できない問題だとして大統領に厳しく辞任を迫った。しかし、大統領は出身政党であるネパール会議派（Nepali Congress 野党）の全面的支持を盾に辞任の圧力に屈することなく、職を全うする振る舞いを見せつけた。議会で大統領に対する不信任案を提出してもネパール会議派が反対することが自明で、可決するに必要な三分の二の支持を得られず、無駄足を踏むだけになる。そこで、大統領が辞めないならば首相自らが辞め、道義的責任をとるという形の戦術的・政治的対応がとられた。マオイストは、一旦下野し、暫定憲法第三八条第一項により、自党の指導の下、コンセンサスに基づく挙党体制の政権を作るもくろみをもっていた。ところが、その後の事態は、暫定憲法第五修正後の同条第二項により、第一位の選択ができないときにやむを得ないものとして選択される、多数派による連立政権が樹立される運びとなった。すなわち、その連立政権はネパール会議派の参加も得、ネパール共産党統一マルクス・レーニン派（Communist Party of Nepal - Unified Marxist and Leninist ＵＭＬ）のリーダーシップの下、マダブ・Ｋ・ネパールを首相とする形になった。この政権で野党になったのはマオイストだけである。

ネパールの近現代史では、その重要な政局において、インドが調停役の形で一定の影響を及ぼしてきた。その影は、今回も在ネパールインド大使が一日何人もの重要人物との面会等で多忙だという、毎日のようにつづいた報道により容易に理解される。インド自身の安全保障と国際戦略、とりわけ対中国の戦略において、「中立地帯」として、ネパールがインド寄りであることは重要で、中国政府に近寄るような政権はインドにとってはできる限り阻止したいことであろう。また、インド軍と密接な関係にあるネパール軍にできるだけ政治的影響が直接及ばない状況を保証しておきたいという狙いも常にあるとみられる。そのため、インド大使は懸命に動いたとされる。このことはネパール国内だけでいわれているのではなく、インドの政治、軍事問題について著名な日本人研究者も「ネパールでマオイストが政権を握っていた時、デリー中枢部の関係者はあまり平静ではなく、マオイストが下野した時には彼らは一様に胸をなでおろした」という。[2]

結果として、市民の至上権という観点からすれば、二重の矛盾が生じた。一つ目の矛盾は、二つの小選挙区から立候補しながら両方で落選し、比例代表選でも選ばれず、党の推薦（本来ならば選挙で選ばれなかった（選ばれにくい）少数民族を制憲議会に代表させるための装置）により国会議員になったネパール氏が首相になったことである。もう一つの矛盾は、国民の負託を最も得て第一党になったマオイストが下野し、憲法制定過程の中枢からはずれたことである。このような矛盾を放置できないとし、マオイストはその後も、「市民の至上権を尊重するため」、事態打開に向けて大統領に辞任と話し合いによるコンセンサスに基づく政権の樹立を要求し、国会の開催を長く妨げた。その結果、憲法制定の作業はかなり遅れ、平和構築の目処が立たなくなっただけではなく、国会運営もままならなかったため、色々な歯車が狂い始めた。絶えない交通スト、一向に改善しない電力不足による長時間の停電、人口移入によりあふれるカトマンドゥ盆地の生活環境・ライフラインの悪化、交通渋滞・事故の増加、それらのことによってますます脆弱化される生活インフラや飲料水不足など、市民生活は困難にさらされ悪化する一方である。こうした生活悪化に苛立っている国民は増加している。他方、政府の統治能力は低下し、社会的秩序は乱れ始め、誘拐、殺人事件等も増加し、総じて国民の生活はますます不安定化している。

以下の節では、二〇〇八年の総選挙の結果を、政党による得票と獲得議席数及び議員の属性、国民の投票パターン等の面で検討し、また、主要な政党の主張について検証する。その際、必要に応じてそれ以前の総選挙結果についても吟味する。さらに、最近の各党の動向に目を向け、国民の政党に対する不信感が極端に高まっていることについても言及する。そしてそれらを通して「市民の至上権」と政党および国民との関係性について考察する。

四　総選挙

二〇〇八年の制憲議会選挙はネパールにとって久しぶりの選挙であった。というのも、旧体制において、一九九九年の総選挙の後、五年の任期満了で二〇〇四年に総選挙を行うべきだったが、政争のため、連立内閣のデウバ首相（ネパール会議派・デウバ派）は議会を解散し、選挙を延期し、内閣が国を直接統治するようにしたからである。その後、国王の直接統治、国民の反対運動、七政党とマオイストとの間の政治的包括的合意、マオイストの武装闘争の放棄と政党として表舞台での政治参加、暫定政府と暫定議会の発足、暫定憲法の公布等を経て、この制憲議会選挙が実施されたわけである。

この選挙は、小選挙区で二四〇議席、比例代表で三三五議席の議員を組み合わせて選ぶ選挙である。五〇の政党・団体が小選挙区、比例代表合わせて三九四六名の立候補者を立てた。さらに、事後的に推薦される二六議席が加わり、結果的に計六〇一議席による制憲議会が組織される。推薦議席は、憲法制定において自ら属するグループ、地域、民族、政党などの代表としての意思を新憲法に反映するために必要と判断される人を各党が議会における勢力に応じて得た枠の範囲で確保し、推薦する。少数先住民、僻地住民、憲法制定に一定の役割を果たしうる非政治家等、選挙で選ばれなかった（選ばれにくい）人がその対象になるとみられた。なお、憲法制定期間中、制憲議会は国会としての機能も果たす。

選挙は二〇〇八年四月一〇日に内外の多様な団体の選挙監視団の参加も得て実施された。各投票所には選挙管理委員、党代表、治安当局、ボランティアが配置され、有権者の協力によって投票が行われた。投票は特段の大きな事件もなく、南アジアの他の国で行われる選挙よりもトラブルや暴動が少なく、順調に実施された。選挙管理委員会によればこの選挙における有権者数は一七六一万一八三二人（女性、八六二万〇四七三人）で、小選挙区選における投票率は六一・七％、有効票の割合は九四・八五％、比例代表選における投票率は六三・二九％、有効票の割合は九六・三四％であった。一〇年ぶりの国政選挙としてまずまずの国民の参加を得た選挙といえよう。

この選挙では大方の予想に反してマオイストは大勝利を収めた。マオイスト自身も、一定の手ごたえは感じていたものの、こんなに勝つとは思ってもいなかったようである（筆者らとマオイストの幹部との非公式会談による）。

小選挙区の選挙では、マオイストは全投票数の三〇・五二％を獲得し、二〇〇九年四月一二日の補欠選挙結果も踏まえ、小選挙区全議席の過半数を超える一二〇人の候補者を当選させた（表1）。つまり、マオイストは三割の得票率で効率よく五割の議席を獲得している。彼らは東西の山間地、とりわけ一番僻地とされ、マオイスト運動の拠点でもある中西部の山地において大勝利を収めた。また、大都会を擁し人口密集しているカトマンドゥ盆地、ポカラ市のあるカスキ郡においても配分議席の約半分を獲得した。東部のジャパや西部タライにおいても一定の勝利を収めた。マオイストは全国的に戦略的に重要なほとんどの地域で勝利したのである。

その次に多く票を獲得したのはネパール会議派（二二・七九％）で、獲得議席数は三七（一五・四二％）である。共産党（UML）はその次で、獲得票は二一・六三％、獲得議席は三三（一三・七五％）である。一九九〇年の民主化以降ネパールの政治を担ってきた両大政党は大きな打撃を受けたわけで

表 1　2008年制憲議会における各政党の得票及び議席

政党	小選挙区		比例代表		議席数				
	得票数	%	得票数	%	小選挙区	比例代表	推薦	計	%
ネパール共産党毛沢東主義派（マオイスト） Communist Party of Nepal - Maoist	3,145,519	30.52	3,144,204	29.28	120	100	9	229	38.10
ネパール会議派 Nepali Congress	2,348,890	22.79	2,269,883	21.14	37	73	5	115	19.13
ネパール共産党 - 統一マルクス・レーニン派（UML） Communist Party of Nepal - Unified Marxist-Leninist	2,229,064	21.63	2,183,370	20.33	33	70	5	108	17.97
マデシ人民権フォーラム・ネパール Madhesi Jana Adhikar Forum, Nepal	634,154	6.15	678,327	6.32	30	22	2	54	8.99
タライ・マデシュ民主党 Tarai Madhesh Loktantrik Party	345,587	3.35	338,930	3.16	9	11	1	21	3.49
国民民主党チャンド派 Rastriya Prajatantra Party - Chand	310,214	3.01	263,431	2.45	0	8	—	8	1.33
ネパール共産党 - マルクス・レーニン派（ML） Communist Party of Nepal - Marxist-Leninist	168,196	1.63	243,545	2.27	0	8	1	9	1.50
ネパール友愛党 Nepal Sadbhawana Party	174,086	1.69	167,517	1.56	4	5	—	9	1.50
人民戦線ネパール Janamorcha Nepal	136,846	1.33	164,381	1.53	2	5	1	8	1.33
ネパール共産党（連合派） Communist Party of Nepal - United	39,100	0.38	154,968	1.44	0	5	—	5	0.83
国民民主党ネパール Rastriya Prajatantra Party Nepal	76,684	0.74	110,519	1.03	0	4	—	4	0.67
国民人民戦線 Rastriya Janamorcha	93,578	0.91	106,224	0.99	1	3	—	4	0.67
国民民力党 Rastriya Janashakti Party	79,925	0.78	102,147	0.95	0	3	—	3	0.50
ネパール労働者農民党 Nepal Majdur Kisan Party	65,908	0.64	74,089	0.69	2	2	1	5	0.83
連邦民主国民フォーラム Sanghiya Loktantrik Rastriya Forum	36,060	0.35	71,958	0.67	0	2	—	2	0.33
ネパール友愛党 - アナンディデビ派 Nepal Sadbhawana Party - Anandidevi	45,254	0.44	55,671	0.52	0	2	1	3	0.50
国民人民解放党 Rastriya Janamukti Party	38,568	0.37	53,910	0.50	0	2	—	2	0.33
ネパール人民党 Nepali Janata Dal	17,162	0.17	48,990	0.46	0	2	—	2	0.33
ネパール共産党（統一派） Communist Party of Nepal - Unified	51,928	0.50	48,600	0.45	0	2	—	2	0.33
ダリット・ジャナジャーティ党 Dalit Janajati Party	31,444	0.31	40,348	0.38	0	1	—	1	0.17
ネパー国民党　Nepa Rastriya Party	11,352	0.11	37,757	0.35	0	1	—	1	0.17
社会民主人民党・ネパール Samajbadi Prajatantrik Janata Party, Nepal	13,246	0.13	35,752	0.33	0	1	—	1	0.17
チュレ・バワル国民統一党ネパール Chure Bhawar Rastriya Ekta Party Nepal	18,908	0.18	28,575	0.27	0	1	—	1	0.17
ネパール民主社会党 Nepal Loktantrik Samajbadi Dal	10,432	0.10	25,022	0.23	0	1	—	1	0.17
ネパール家族党 Nepal Pariwar Dal	—	—	23,512	0.22	0	1	—	1	0.17
無所属 Independents	123,619	1.20	—	—	2	—	—	2	0.33
その他の党	60,396	0.57	267,448	2.49	—	—	—	—	—
合計　Total	10,306,120	100.00	10,739,078	100.00	240	335	26	601	100.00

出典：Nirbachan Ayog, *2065. Sambidhansabha Sadasya Nirbachan, 2064 Nirbachan Parinam Pustika*, Nirbachan Ayog, Kathmandu, Nepal.（Election Commission, Constitution Assembly Members Election, 2064（2008）: Election Results Book, Election Commission, Kathmandu, Nepal, June 2008、ネパール語）.

ある。それとは対照的に、マオイスト同様に躍進したのは南部タライ平野部においてマデシと総称される地域住民（山地ヒンドゥーや諸民族と異なり、ボジプリ、マイティリ、アワディ等のインド・アーリア系言語話者）がつくったばかりのマデシ人民権フォーラム・ネパール（フォーラム）という政党である。この党が獲得した票はたった六・一五％だが、獲得議席は三〇（一一・五％）で、上記二大政党に迫る勢いである。局地的ではあるが議席獲得の効率の良さはマオイスト以上である。同様に、基本的支持母体を南部タライ平野部とする新しくできたばかりのタライ・マデシュ民主党やネパール友愛党もそれぞれ九議席と四議席を獲得し、マデシュ／マデシ（マデシュの人）を支持母体とする政党の小選挙区での獲得議席の合計は四三にもなり、ネパール会議派を抜いて二番目の勢力となった。その他、議席を獲得したのは人民戦線ネパール、ネパール労働者農民党、国民人民戦線など革新系政党が五議席、無所属が二議席である。パンチャーヤット時代の政治を引き継ぐ国民民主党系の各派は一議席も獲得できなかった。[3]

議会制民主主義において各党が得票をいかに効率よく議席の獲得につなげるかというのは一つの大きな課題であり、選挙区のサイズ、時の政治状況、国民が抱えている問題、選挙運動、選挙協力等々多くのことにもよるが、必ずしもうまくいくとは限らず選挙ごとにその結果が異なり得る。その都度、それぞれの国民が厚生と安全保障のため、政党に自らの権利を負託すべく、どのような投票行動を取るかということによるのである。一九九〇年以降、過去三回の総選挙の結果をみると、ネパール会議派は一九九一年と一九九九年の選挙において、今回のマオイストと同様、三割台の得票率で五割以上の議席を獲得している（表2）。一九九一年の得票率は今までの選挙における同党の最多得票率でもある。いずれの場合においてもネパール会議派は過半数の議席を獲得し第一党となり政権についた。

表2　1991年以降の国政選挙における主要な党の獲得議席及び得票率[1]

政党	1991			1994			1999			2008（小選挙区のみ）		
	議席数	議席率	得票率	議席数	議席率	得票率	議席数	議席率	得票率	議席数	議席率	得票率
ネパール会議派　Nepali Congress	110	53.66	37.75	83	40.49	33.38	111	54.15	36.14	37	15.42	22.79
ネパール共産党－統一マルクス・レーニン派 Communist Party of Nepal - UML	69	33.66	27.98	88	42.93	30.85	71	34.63	30.74	33	13.75	21.63
国民民主党チャンド派 Rastriya Prajatantra Party - Chand	3	6.56	6.56	20	9.76	17.93	11	5.36	10.14	—	—	3.01
国民民主党タパ派[2] Rastriya Prajatantra Party - Thapa	1	0.49	5.38				—	—	3.33	—	—	0.78
ネパール友愛党　Nepal Sadbhawana Party	6	2.92	4.10	3	1.46	3.49	5	2.44	3.13	4	1.67	1.69
人民戦線ネパール　Janamorcha Nepal	9	4.39	4.83	—	—		1	0.49	0.84	2	0.83	1.33
ネパール労働者農民党 Nepal Majdur Kisan Party	2	0.98	1.25	4	1.95	0.98	1	0.49	0.55	2	0.83	0.64
国民人民戦線　Rastriya Janamorcha							5	2.44	1.37	1	0.42	0.91
ネパール共産党（民主派） Communist Party of Nepal - Democrat	2	0.98	2.43	—	—	—	—	—	—	—	—	—
ネパール共産党毛沢東主義派（マオイスト） Communist Party of Nepal - Maoist										120	50.00	30.52
マデシ人民権フォーラム・ネパール Madhesi Jana Adhikar Forum, Nepal										30	12.50	6.15
タライ・マデシュ民主党 Tarai Madhesh Loktantrik Party										9	3.75	3.35
無所属　Independents	3	1.46	4.17	7	3.41	6.18	—	—		2	0.83	1.20
合計　Total	205	100		205	100		205	100		240	100	

出典：*General Elections in Nepal 1991*, Election Commission, Kathmandu, November 1992. *House of Representative Elections 1994: Election Result*, Election Commission, Kathmandu, 1994. *House of Representative Election-2056: Election Result*, Election Commission, Kathmandu, 1999. *Sambidhan Sabha Sadsya Nirbachan- 2064: Nirbachan Parinam Pustika*, Nirbachan Ayog, Kathmandu, 2065（Constituent Assembly Members Elections- 2008: Election Results Book, Election Commission, Kathmandu, 2008）.

注1：有権者は1994、1999、2008の選挙において直前の選挙よりそれぞれ0.15%、9.67%、30.28% 増加した。

注2：2008年に国民民力党　Rastriya Janashakti Partyに改名。

しかし、政権与党であるネパール会議派が分裂騒動で解散に追い込まれた一九九四年の選挙においては、共産党（UML）が、以前の選挙と得票率はさほど変わらないのに、より効率よく議席を獲得し、過半数には届かなかったものの第一党となり、少数派による内閣をつくり政権をとった。両党はこれまでは得票率を上回る議席を獲得していたが、今回はその逆で、党員・協力者などの一定の支持を得たものの、議席獲得率は得票率をかなり下回っている。得票率の減少もさりながら、獲得議席率が半分以下、ネパール会議派においては三分の一以下に減少したのは、小選挙区制の弊害を勘案しても、国民からかなり重い「ノー」というパンチを食らったことと理解される。これはやはり、今まで両党が国民に満足してもらえるような政治、国家のかじ取りをしてこなかったためであり、国民の不信感が高まっていたと理解される。また、マオイストやフォーラムの台頭により大きな影響を受けたともいえる。つまり、一九九〇年の民主化以降、国民は自らの「権力」をこの二大政党に負託してきたが、その役割をこれらの党が果たせなかったのである。ゆえに、国民は既存の政党に「権力」を負託する気になれないため、まだ試していない新しい政党を期待をこめて選択した。マオイストの選挙キャンペーンのスローガンも、「今まで（の票）は何回も他党に（入れた）、今回はマオイストに（入れて）Arulai dherai patak, Maobadilai yas patak」であった。

比例代表選においてもマオイストは一番多くの得票率（二九・二八％）で、一〇〇議席を獲得した（表1）。ネパール会議派は二一・一四％の得票率で七三議席を得た。同様に共産党（UML）は二〇・三三％の得票率で七〇議席を得た。この三党は全国的にまんべんなく票を得ている。フォーラムは六・三二％の得票率で二二議席を得た。タライに基盤をもつ他のマデシ系の党（タライ・マデシュ民主党（一一）、ネパール友愛党（五）、ネパール友愛党－アナンディデビ派（二））も合わせて一八議席を得た。これらの政党は小選挙区で局地的に強い基盤をもっているところで比例代表選の票も多く獲得している。また、小選挙区では一議席も取れなかった国民民主党各派も計一五議席（チャンド派（八）、王制支持派（国民民主党ネパール　Rastriya Prajatantra Party Nepal）（四）、旧タパ派（国民民力Rastriya Janashakti Party）（三））を得た。同様に小選挙区で議席を取れなかった共産党系の各派が計一五議席（マルクス・レーニン派（Marxist-Leninist）（八）、連合派（united）（五）、統一派（unified）（二））

を得た。それに国民人民解放党（Rastriya Janamukti Party）の二議席を入れると革新系少数派が獲得した合計議席は二七にもなる。その他、社会・民主主義等の主張をかかげる少数党が計六議席、特定の社会的集団を代表とする党（ネパール人民党、ダリット・ジャナジャーティ党、ネパー国民党、社会民主人民党・ネパール、チュレ・バワル国民統一党ネパール、ネパール民主社会党、ネパール家族党）[4]も計八議席を獲得した。大方の予想通り比例代表選によって小選挙区で代表を当選させられなかった、異なる主義主張をもつ一六の政党が国会に議員を送り込み、憲法制定に参加する機会を得た。その結果、制憲議会には二五の政党が国民の負託を受け、その代表となる議員たちが憲法制定に取り組んだ。

比例代表選はネパールでは初めての試みだが、一定以上得票できれば、薄く広く分散する支持であれ、地域特異的な支持であれ、死票が少なく、その票に比例して議席を獲得できることから、多民族・多言語・多文化国ネパールにおいて、この制度は今後とも注目をあびるに違いない。

一方、国会における各党の勢力に基づいて推薦され、閣議決定をもって議員になったのは二六人で、マオイストは九人、ネパール会議派と共産党（UML）はそれぞれ五人、フォーラムは二人、そして、タライ・マデシュ民主党、ネパール共産党マルクス・レーニン派、人民戦線ネパール、ネパール労働者農民党、ネパール友愛党－アナンディデビ派がそれぞれ一人を推薦した。このように推薦を得た人たちは、二〇〇八年五月一五日にネパール先住民連合（Nepal Federation of Indigenous Nationalities NEFIN）が提案した、いずれの選挙においても選ばれにくい少数グループ（諸民族、貧民等）が推薦されることには必ずしもならず、むしろ財界人、M・K・ネパール元首相やスジャータ・コイララ元外相（コイララ元首相の実娘）のように小選挙区でも比例代表でも落選した人の推薦が目立った。

以上の結果、議会における各政党の議席配分は、マオイスト三八・一％、ネパール会議派一九・一

%、共産党（UML）一八%、タライ・マデシュを基盤とする政党一四・五%（フォーラム九・〇%、タライ・マデシュ民主党三・五%、ネパール友愛党（両派）二%）で九割以上を占め、ほぼ四大勢力となった。選挙後の動向においては、この四勢力がかなり重要になるので記憶に留めておこう。

五　選挙直後の政治――コンセンサスか多数派工作か

暫定憲法は上述の組閣に関する条項の他、第三三条において、国家建設のおもな精紳として、各政党が話し合いによって合意形成をし、まずもってコンセンサスによる政治的意思決定を行う習慣をつくり、可能な限り全政党一致の体制で新憲法制定にあたるとしている。そして、それが不可能な場合のみ、多数派の意思を尊重し、ものごとを決めていくとする。試練は制憲議会選挙直後いきなりやってきた。とりわけ、制憲議会、国家を運営していくために、制憲議会（立法府）議長、国家元首（正副）、行政府の長（首相）を選ぶうえで、各ポストの性格、職務内容、権限等について多様な議論が交わされた。議長、正副大統領、首相を「包摂」の精神に基づいて、多民族、多言語、多文化社会である国の現状をなるべく反映するように、多様な属性から、しかるべき人物を選ぶことと決めた。

トップの重要なポストは三つで、三大政党が各党の党首格の人物をあて、仲良く分け合う話になると思われた。しかしながら、各ポストにおける三党の思惑の違いにより、なかなかコンセンサスには至らなかった。とりわけ後述するようにマオイストとネパール会議派が重要な幾つかの点において対立し続け、暫定憲法の精神とは裏腹にお互いに不信感を増幅させていった。

五・一　マオイストとネパール会議派の主導権争い――多勢に無勢

まずマオイストの単純明快な主張は、自分たちは一番多くの国民に選ばれ、その負託を受け第一党になったのだから、コンセンサスづくりにおいて、それまで旧国会において多数派を占めていたネパール会議派が果たしてきた役割、すなわち、主導権は当然ながら移すべきで、それが民主主義の基本だとした。これに対してネパール会議派を筆頭とする政党がマオイストにつける注文は、以下のようなことである。武装闘争したゲリラ集団から早急に完全な政党として脱皮してほしい。民主主義の根幹となる個の自由と権利に裏づけられる主権在民を尊重してほしい。加えて、人民解放軍の解体、国民を脅かすマオイストの青年部（Young Communist League ＹＣＬ）の活動の自粛、特に地方における人民裁判の廃止、人民政府による二重の統治の即刻廃止、政府への武器の受け渡し、略奪も含め強制的に実効支配している個人の財産の返却、国民（マオイスト不支持者）への脅迫の即時停止、憲法改正には絶対的過半数（三分の二）ではなく単純過半数で可能である条文を加える条項を入れる等、目に見える形で実現してほしいとつづく。これらは、マオイストが政権を担うなら、速やかに実現されなければならないとするネパール会議派等の七つの要求である。さらに、第一党になってもマオイストは過半数には至っておらず、得票率は三割程度のものであるがゆえに、あとの七割の有権者の負託を受けているマオイスト以外の代表者（議員）を無視することはあってはならないと注文をつける。これに対してダハル首相をはじめマオイストのリーダーたちはマスコミなどを通じて以下のように二段構えで応じる。

「私たちは武装闘争をやめ、時の政党・政府と包括的和平協定を締結し、複数政党による政治を受け入れ、その合意の根幹でも包摂の精神を尊重し、国民の信頼と支持を得、虐げられてきた人々の生存権を確保し、恒久平和、持続的発展を追求し国づくりに専念する。武器はすでに手放し、それらは現在国連の監視団の下で管理されている。人民解放軍兵士の取り扱いについては、国軍や（今後組織され得る）話題の国境警備隊、産業警備隊などの国家治安部隊への統合、彼らの生存権の確保などの厚生に関する政治的合意、国家的対応が重要である。人民政府は過去のことであり、党青年部の活動は基本的にボランティア的なもので特に問題とされることはない。二重の統治とはいわれなき誤解にすぎない。一部の粗野な対応は長い間の野外生活のためと思われ、そのうち改善される。

私的財産の強制的実効支配はなかったとはいわない。もとはといえばそれは人民を搾取して蓄財されたものである。われわれは、それを人民に戻すのを手伝っただけであり、マオイストが保有しているものはない。土地などのそのような財産は多くの貧民にわたってしまい、それを戻すには彼らの生存権保護の観点からの手当ても必要となる。そのため、両方の人権が守られるような包括的対策が必要とされる。国民への脅迫は空想的作り話で、あり得ない。寄付も、常に合意の下で受けている」

筆者たちが遭遇した色々なケースを考慮すれば、直接国民と多く関わる後の二つの件、つまりマオイスト（青年部）による脅威と寄付の強要については、マオイストがたとえそれを否定しても、全くないとはいえない。脅威は与えたつもりがなくとも、受け手には感じられることもあり得る。マオイストの存在そのものが、武装闘争の過去があるだけに、ある意味においては国家権力と同様、あるいはそれ以上に強制的権力（暴力的装置）として脅威が感じられるものである。そのような状況下、人々は日常的に非日常的なことが行われたりすると、たとえそれが直接的に害を生むようなことではなくとも、脅迫と感じるかもしれない。寄付金の要求もそれと密接に関連する。たとえある人が脅迫され、やむを得ず現金等をだしたと思っていても、それを受け取ったマオイストは、お願いして良心的に出してくれたというにちがいない。強制的であったかどうかを判断するのは難しい。実際、寄付が要求されるとき、粘り強く巧みな話術を交わすことができれば、納得のいく額で済む場合もある（著者らの直接間接的経験）。その意味において寄付は双方の合意の下で譲渡されたといえる。一方、話し合いができず悪循環に陥って、リンチにあうことも想定し得る。報道される多くの事件はこの類のものであろう。

他方、国民の負託を得ていることに関してマオイストは、確かに過半数にまでは至らないが、国民から一番多く負託され、二位以下の党には倍以上の差をつけた第一党である事実は変わらないとする。制憲議会（国会）における勢力はネパール会議派と共産党（UML）を合わせてもマオイストに及ばない。マオイストは色々な局面においてこのことを引き合いに出し、他の政党や国民に対してアピールする。

なお、マオイストは国民を代表する議員選定の際も包摂や暫定憲法の精神を守ってできるだけ多くの属性（女性、諸民族、先住民、ダリット等）の人々が参加できるようにし、この国の現状に一番合うやり方をもって憲法制定に取り組んでいると応える。このことは他の政党には真似できることではないがゆえに、連邦制においてもマオイスト以外の政党ははっきりとした策を打ち出せないと加える。

さらに、マオイストのリーダーたちはマスコミを通じて、「ネパール会議派は共和制にも踏み出しきれず、時や場を変え、度々王制を復活させる案等（ベービー・キング説、ビレンドラ国王の血縁者のつきとめ）を党首など責任のある人が言い出す。これは国民を欺くことで、時代と逆行する。一連の政治的合意を全部無視する行為であり、そのような思考をする人や政党にこのような大事な時期の政治主導権を渡すことはできない」とする。

五・二　目覚めたマデシュ――キャスティング・ボートで存在感を

こうした一連のプロセスにおいてマデシュの人々や政党は、蚊帳の外におかれ、無視されていると主張し、自分たちが提示しているマデシュの問題に耳を傾けてもらえない状況は、自分たちを選び、負託をしたマデシ（マデシュの住民）への侮辱であると厳しく反発した。タライ・マデシュに基盤をもつ政党が一丸となり、現状のマデシュ問題の無視は暫定憲法の精神に反するとして、連続的な国会妨害も含め、激しく抵抗した。これに対して多くの少数党派も道義的に賛成を表明した。マデシュは一つの州にすべきというスローガン「エク・マデシュ、エク・プラデシュ」を全面的に主張し、マデシやマデシュ団結の象徴とし、その他の国民や政党と区別するアイデンティティを確立するように動き、マデシュの参加がない、あるいは自らに不利となる、もしくは自らの主張と異なる動きには徹底的に反対した。これは、国民の負託を得ているのは三大政党のみではないということを改めて示すことになった。タライ・マデシュに基盤をもつ政党が、無視できない第四の勢力としてその地位を不動のものにし、大政党と同様の地位・扱いを得るようになり、これ以降、四大政党・グループとしてものごとが運ばれるようになったのである。マデシュはあらゆる重要な局面において、キャスティング・ボートを握るグループとして注目されるようになった。これは国の重要な各ポストを決める際に顕著にあらわれた。

マデシ系の政党は会議派とマオイストとの確執を実にうまく利用し、キャスティング・ボートを握るグループとして、その議員の数を活用し、正副大統領（大統領はネパール会議派の候補者でマデシ系の政党が推薦した）や議会運営、組閣において自らのグループに有利な状況を引き出すことに成功した。

その結果、正副大統領にマデシが当選し、マデシュの人々の士気・自信の高揚につながった。それはまた、マオイストに対して非常に効率的に「市民の至上権」を見せつけることでもあった。

この対決において、マオイストがコンセンサスづくりや多数派工作に失敗したことは明らかである。一番多くの国民の負託を得、二位以下に大差をつけた第一党でありながら、この敗北はマオイストにとって屈辱的なものであったに違いない。その後、このままだと国会議長のポストを共産党（UML）に取られるだけではなく首相の座もどこかへ飛んでしまうことになるかもしれないという悪夢がマオイストをよぎるようになる。このような状況を招いたのはマオイストの第一党としての過信であり、他の政党からみたとき、マオイストは思い上がっていると映り、話し合いをできる相手ではなくなってしまっていると受け止められている。

その後、政権づくりにおいてマオイストも慎重になり、それまでの行為を検証し、各党派からの信頼回復に努めた。とりわけ共産党（UML）とは慎重に関係を修復するようになった。そして、自らのリーダーシップで政権づくりをするためにコンセンサスづくりに努めた。約三週間の努力の末、ネパール会議派とは最後まで折り合いがつかなかったが、共産党（UML）、フォーラムをはじめ、国会の二〇の政党から支持を取りつけ、マオイストはプラチャンダ（ダハル）を首相に推薦した。ネパール会議派は対抗馬としてデウバ元首相を推薦した。同年八月一五日の投票の結果、プラチャンダが四六四票を得て首相に選ばれ、デウバはネパール会議派のみの一一三票で次点となった。

紆余曲折を経ながらようやく一番多くの国民の負託を得た第一党が主導権を握る連立政権ができた。主要閣僚ポストは連立を組む政党が、マオイスト（九）、共産党（UML）（六）、フォーラム（四）、少数諸党派（四）と分け合い、共産党（UML）は副首相のポストも得た。フォーラム党首が外相となり、後に副首相も兼ねた。一方、ネパール会議派は「建設的野党」になることを誓った。新内閣は、憲法制定のほか、包摂性を念頭に置きながら持続的発展、恒久平和、国民の厚生と安全保障を確保・確立するため、ナショナリズム、共和制、連邦制、社会経済の改革を重要な国家的課題として掲げた。それは、独立主権国家としての領土の保全、全国民の平等を保証した国家、複数政党の競争と定期的選挙による政治、法の支配のある社会、貧困と失業をなくすための労働者と雇用者の関係が良好な社会、官民共同による産業経済の推進等をうたったものである。国家治安当局に対しても現在のマオイストは武装闘争時代のマオイストと違うことをアピールし、協力を要請した。そして（人民解放）軍の統合は早急に実現すべき課題であると強調した。

新内閣に一番先に祝福のメッセージをだしたのは、外でもなく対ネパールにおいて主流と異なる独自のスタンスを取る、元インド首相I・K・ガジュラルだった。ガジュラルは八月二〇日に、マオイストがタライ・マデシュ系政党の意向を汲み、連立政権を樹立して、二級市民としての扱いを受けてきたマデシをネパールの平等な国民として正当に処遇したことを評価し、これまで国王、ネパール会議派等ができなかったことをやり遂げたと絶賛した。そして、共和制を制度化することと経済発展を成し遂げることは今後のネパールの重要な課題になるとしながら、インドの人脈をうまく活用するよう促した。これは、ネパールに対するインド外交の多面性を理解するため、上述の在ネパールインド大使がすすめた反共、反マオイスト的なロビー活動と合わせて捉えておく必要がある。

六　包摂性と国民の負託

マオイストは、この選挙で得た国民の支持＝負託は、量的に大きいだけでなく、中身が広く、質が高いという。とりわけ暫定政権下で中心的話題になったものに各政党が重要な課題として取り組まなければならないとされた社会の包摂性がある。つまり、ネパール社会は一種特殊な構造をもっており、一部支配カースト／グループが権力を独占しており、多くの弱者たち、たとえば女性、ダリット（元不可触カースト）、ジャナジャーティ（諸民族）、僻地住民等は排他的に支配・搾取され、それが現在のネパールの脆弱な体制を成し、あらゆる問題の根幹になっているといわれる。このような状況を改善する第一歩は、支配・抑圧されてきた人々の包摂的社会参加であり、政治はその場を提供すべきであるとされる。その具体策として重要なのは政治参加であり、制憲議会選挙においては、支配・抑圧されてきた人々を多く参加させ、その意思を反映させるべきであるとされた。暫定政権下、制憲議会における女性の代表性について、全議員の三分の一は女性であるべきとされた。ダリット、ジャナジャーティ、僻地住民等の代表性についても各党が包摂的に対応すべきとされた。

以上のことを念頭に、同選挙における女性立候補者および当選者を党別にみると、マオイストの場合、小選挙区における二四〇名の立候補者のうち四三名（約二割）が女性で一番多い。ネパール会議

表3　2008年制憲議会における女性議員の割合

政　党	小選挙区		比例代表		推薦		計	
	議席数	割合	議席数	割合	議席数	割合	議席数	割合
ネパール共産党毛沢東主義派（マオイスト） Communist Party of Nepal - Maoist	24	10.0	50	14.9	3	11.5	77	12.8
ネパール会議派　Nepali Congress	2	0.8	36	10.7	1	3.8	39	6.5
ネパール共産党－統一マルクス・レーニン派 Communist Party of Nepal - UML	1	0.4	36	10.7	2	7.7	39	6.5
マデシ人民権フォーラム・ネパール Madhesi Jana Adhikar Forum, Nepal	2	0.8	11	3.3			13	2.2
タライ・マデシュ民主党　Tarai Madesh Loktantrik Party	1	0.4	5	1.5			6	1.0
国民民主党チャンド派　Rastriya Prajatantra Party - Chand			4	1.2			4	0.7
ネパール共産党－マルクス・レーニン派 Communist Party of Nepal - ML			4	1.2			4	0.7
ネパール友愛党　Nepal Sadbhawana Party			2	0.6			2	0.3
人民戦線ネパール　Janamorcha Nepal			2	0.6			2	0.3
ネパール共産党（連合派）　Communist Party of Nepal - United			2	0.6			2	0.3
国民民主党ネパール　Rastriya Prajatantra Party Nepal			2	0.6			2	03
国民人民戦線　Rastriya Janamorcha			1	0.3			1	0.2
国民民力党　Restriya Janashakti Party			1	0.3			1	0.2
ネパール労働者農民党　Nepal Majdur Kisan Party			1	0.3			1	0.2
連邦民主国民フォーラム　Sanghiya Loktantrik Rastriya Forum			1	0.3			1	0.2
ネパール友愛党－アナンディデビ派 Nepal Sadbhawana Party - Anandidevi			1	0.3			1	0.2
国民人民解放党　Rastriya Janamukti Party			1	0.3			1	0.2
ネパール人民党　Nepali Janata Dal			1	0.3			1	0.2
ネパール共産党（統一派）　Communist Party of Nepal - Unified			1	0.3			1	0.2
合計　Total	30	12.5	162	48.4	6	23.0	198	33.2

出典：表1と同じ。

派、共産党（UML）、国民民主党（チャンド派）ではそれぞれ二〇名強は女性立候補者だった。フォーラムなどタライ系の党の女性立候補者は数人にすぎなかった。その他の党においてもその数は多くなかった。そして全体の立候補者三九四六名に対して女性は三六九名と一割にも満たなかった。

小選挙区の女性当選者だけでみると、マオイストの場合女性立候補者の半分をこえる二四名が当選している。それに対してネパール会議派とフォーラムは二名ずつ、共産党（UML）とタライ・マデシュ民主党は一名ずつで、計三〇名にすぎない（表3）。つまり、小選挙区においてマオイストが一番女性の参加を促し、立候補させ、結果に結びつけ、他党とは大きく差をつけた。この点はマオイストが自負するように、評価に値する。

表４　ネパールの国会における女性議員の割合

選挙年度	国会議席総数（小選挙区）	女性議員数	割合
2008	240	30	12.5
1999	205	12	5.8
1994	205	8	3.9
1991	205	7	3.4
1981	112	2	1.8
1959	109	1	0.9

出典: Grishma Bahadur Devkota, *Nepalko Rajnaitik Darpan (Political Mirror of Nepal)*, Kathmandu, pp. 79-111. Also in Pancha N. Maharjan, *Electoral Politics in Nepal: A Study of 1981 and 1986 National Panchayat Elections* (Ph.D. Dissertation), Banaras Hindu University, Varanasi, India, 1994, p. 103. Nirbachan Ayog 2039. Rastriya Panchayat tatha Sthaniya Panchayat Nirbachanka Umedbarko Namawali 2038-39. (*National Panchayat and Local Panchayat Election Candidates Namelist - 1981*, National Election Commission, Kathmandu, 1981. *General Elections in Nepal 1991*, Election Commission, Kathmandu, November 1992. *House of Representative Elections 1994: Election Result*, Election Commission, Kathmandu, 1994. *House of Representative Election - 2056: Election Result*, Election Commission, Kathmandu, 1999. *Sambidhan Sabha Sadsya Nirbachan - 2064: Nirbachan Parinam Pustika*, Nirbachan Ayog, Kathmandu, 2065 (Constituent Assembly Members Elections - 2008: Election Results Book, Election Commission, Kathmandu, 2008.

一方、比例代表選の結果をみると、時の世論の後押しも受け、三三五議席に対して、一六一名（約半分）の女性が当選した。比例代表の半数近くを女性が占めたわけであるが、それを実現させたのは、名簿提出、割り当て議員の選出の両段階で各党とも半数を女性としなければならないという規則であった。マオイストはここでも五〇名と一番多くの女性議員を当選させた。他の党もそれぞれ比例得票に応じた女性議員を出した。それに推薦議員のなかの女性六名を加えると女性議員は一九八名となり、かろうじて三分の一に達した。

ちなみに、ネパールにおける今までの小選挙区（国会）総選挙で当選した女性議員の割合は非常に低く、一九九〇年の民主化後も数％に過ぎなかった（表４）。制憲議会における大幅な女性議員の増加の背景として、上述の規則を活用したマオイストの戦略と努力が大きかったことは評価に値する。

同様に、制憲議会における抑圧されたカースト・民族等の割合をみると、マデシ（マデシュを居所と

表５　2008年制憲議会におけるカースト・民族等議員の割合

カースト・民族等	小選挙区	比例代表	推薦	計	
				議席数	割合
マデシ	58	91	8	157	26.2
カースト	44	57	5	106	
ジャナジャーティ	12	26	3	41	
ダリット	2	8		10	
ジャナジャーティ	67	113	6	186	30.9
バフン・チェトリ	104	93	11	208	34.6
ダリット	5	30	—	35	5.8
ムスリム	6	8	1	15	2.5
合計	240	335	26	601	100.

出典：表１と同じ。

表６　ネパールの国会におけるカースト・民族等議員の割合

カースト・民族等	1959		1981		1991		1994		1999		2008	
	議員数	割合	議員数	割合	議員数	割合	議員数	割合	議員数	割合	議員数	割合
マデシ	11	15.1	20	17.8	37	18.1	33	16.1	38	18.5	58	27.9
カースト			10		20		16		28		44	
ジャナジャーティ			10		17		17		10		12	
ダリット											2	
ジャナジャーティ	16	21.9	30	26.8	46	22.4	36	17.6	40	19.5	67	23.3
バフン・チェトリ	45	61.6	60	53.6	116	56.6	132	64.4	124	60.5	104	44.2
ダリット	—	—	—	—	1	0.5	—	—	1	0.5	5	2.1
ムスリム	1	1.4	2	1.8	5	2.4	4	1.9	2	1.0	6	2.5
合計	73	100	112	100	205	100	205	100	205	100	240	100

出典：表４と同じ。

するジャナジャーティ、マデシ系ダリットを含む）は二六％、諸民族は三一％、バフン・チェトリ（山地ヒンドゥー）は三五％でその勢力は拮抗しているといえよう。なお、山地ヒンドゥーのダリットは六％、ムスリムは三％となっている（表５）。今までの国会における各グループの勢力をみると、今回は従来少なかった、抑圧されてきた各グループがその割合を増やしている（表６）。なかでもマデシの割合は、今までは二割未満だったのが今回は三割近くとな

表７　制憲議会における政党別カースト・民族等小選挙区議席

政党	マデシ	ジャナジャーティ	バフン・チェトリ	ダリット	ムスリム	計
ネパール共産党毛沢東主義派（マオイスト） Communist Party of Nepal - Maoist	6	47	61	5	1	120
ネパール会議派　Nepali Congress	7	8	22	—	—	37
ネパール共産党−統一マルクス・レーニン派 Communist Party of Nepal - UML	5	9	19	—	—	33
マデシ人民権フォーラム・ネパール Madhesi Jana Adhikar Forum , Nepal	26	—	—	—	4	30
タライ・マデシュ民主党 Tarai Madesh Loktantrik Party	9	—	—	—	—	9
ネパール友愛党　Nepal Sadbhawana Party	4	—	—	—	—	4
人民戦線ネパール　Janamorcha Nepal	—	1	1	—	—	2
国民人民戦線　Rastriya Janamorcha	—	—	1	—	—	1
ネパール労働者農民党 Nepal Majdur Kisan Party	—	2	—	—	—	2
無所属　Independents	1	—	—	—	1	2
合計　Total	58	67	104	5	6	240

出典：表１と同じ。

り、その勢力は確実に伸びている。ジャナジャーティ（諸民族）の割合は一九九〇年の民主化後の選挙以来下降気味だったが、今回はその勢力を回復している。なかでもライ、リンブー、グルン民族の勢力伸張は顕著である。ムスリム勢力も割合こそ違うが諸民族と同様な動きをみせている。ダリットは、今まではせいぜい議員一名だったが、今回は五名も当選している。

一方、制憲議会における党別の各グループ勢力をみると、小選挙区の場合、マオイストではバフン・チェトリとその他が半々である。その他のなかでは、諸民族が八割を占め、マデシとダリットが続く。ムスリムも一名いる（表７）。ネパール会議派や共産党（ＵＭＬ）では、バフン・チェトリがそれぞれ約三分の二を占め、三分の一はジャナジャーティとマデシである。老舗のこの二党にはダリットやムスリムの当選者はいない。また、タライ・マデシュ系の党の議員は全員マデシであり、フォーラムでは数名の

表8　2008年制憲議会における政党別カースト・民族等比例代表議席

政党	マデシ	ジャナジャーティ	バフン・チェトリ	ダリット	ムスリム	計
ネパール共産党毛沢東主義派（マオイスト） Communist Party of Nepal - Maoist	20	38	29	11	2	100
ネパール会議派　Nepali Congress	15	27	23	7	1	73
ネパール共産党－統一マルクス・レーニン派 Communist Party of Nepal - UML	13	24	21	9	3	70
マデシ人民権フォーラム・ネパール Madhesi Jana Adhikar Forum, Nepal	17	4	1	—	—	22
タライ・マデシュ民主党 Tarai Madhesh Loktantrik Party	10	—	—	—	1	11
国民民主党チャンド派 Rastriya Prajatantra Party - Chand	—	3	3	1	1	8
ネパール共産党－マルクス・レーニン派 Communist Party of Nepal - ML	1	3	3	1	—	8
ネパール友愛党　Nepal Sadbhawana Party	4	1	—	—	—	5
人民戦線ネパール　Janamorcha Nepal	2	1	1	1	—	5
ネパール共産党（連合派） Communist Party of Nepal - United	1	1	3	—	—	5
国民民主党ネパール Rastriya Prajatantra Party Nepal	1	2	1	—	—	4
国民人民戦線　Rastriya Janamorcha	—	1	2	—	—	3
国民民力党　Rastriya Janashakti Party	1	1	1	—	—	3
ネパール労働者農民党 Nepal Majdur Kisan Party	—	1	1	—	—	2
連邦民主国民フォーラム Sanghiya Loktantrik Rastriya Forum	—	2	—	—	—	2
ネパール友愛党－アナンディデビ派 Nepal Sadbhawana Party - Anandidevi	2	—	—	—	—	2
国民人民解放党　Rastriya Janamukti Party	—	2	—	—	—	2
ネパール人民党　Nepali Janata Dal	2	—	—	—	—	2
ネパール共産党（統一派） Communist Party of Nepal - Unified	—	1	1	—	—	2
ダリット・ジャナジャーティ党 Dalit Janajati Party	—	—	—	1	—	1
ネパー国民党　Nepa Rastriya Party	—	1	—	—	—	1
社会民主人民党・ネパール Samajbadi Prajatantrik Janata Party, Nepal	—	—	1	—	—	1
チュレ・バワル国民統一党ネパール Chure Bhawar Rastriya Ekta Party Nepal	—	—	1	—	—	1
ネパール民主社会党 Nepal Loktantrik Samajbadi Dal	—	1	—	—	—	1
ネパール家族党　Nepal Pariwar Dal	—	—	1	—	—	1
合計　Total	91	113	93	30	8	335

出典：表1と同じ。

ムスリムも当選している。これらの党がマデシの受け皿になっていることは明らかである。ここでもやはりマオイストが、より多くのグループの代表者が議員になれるように配慮したことが明らかである。制憲議会全体における各グループの勢力の格差、とりわけバフン・チェトリとその他の間の格差は比例代表制によってある程度是正されている（表8）。

七　まとめ

マオイストが武力闘争や地下活動をやめ、政治の表舞台に参加しだしてから、それまで国政を担っていた政党とマオイストが国家のあり方について政治的対話を行い、一二項目の合意と包括的和平協定を締結した。それを始点とし、一連の合意プロセスを経て、新しいネパール「ネパール連邦民主共和国」ができた。新しいネパールに相応しい憲法制定のため、制憲議会選挙（総選挙）が実施された。この選挙では、大方の予想を覆し、マオイストが広く国民の支持を受け、二位以下の政党に倍以上の差をつけ、過半数党にはなれなかったが第一党となった。このような選挙結果を導いた要因として、同党が主張する包摂的社会づくりがある。マオイストは、多くの女性、ダリット、諸民族、僻地住民の人々を立候補・当選させ、結果的に憲法制定のための議会に、どの党よりも多くこれらのグループの代表を参加させた。

以上のような勝利を背景にマオイストは、国民が自分たち（の活動）をそのイデオロギーも含めて全面的に認めたものと解釈し、それまでネパール会議派等の主導の下にあった政治プロセスに物言いをつけた。すなわち、第一党であることを強く主張して主導権を取ろうとし、それまでの決定プロセスを変えようとした。彼らの合言葉として「krama bhanga　クラマ・バンガ＝今までのやり方の順序を壊す」がある。この過程においてマオイストは、自分たちが量・質ともに一番多く国民から負託を受けたという認識のもと、国家、国民全体に関わる政治的意思決定を行うようになる。それは時には強引で、コンセンサスが取れない場合、多数派工作で数の論理で押し通そうとすることもあった。正副大統領選挙はその代表例である。また、自らの主張を正当化するため、政党至上権や政府至上権ではなく市民至上権が重要だという理念を持ち出し、カトワル軍総参謀長罷免を主張した。いずれの場合もマオイストは失敗したが、後者は自らの政権崩壊にもつながり、結果的にネパールの政治全体を停滞させただけでなく、分極化も加速させた。各党はこれに敏感に反応し、常にマオイストの主張を疑う姿勢と包括的和平協定の精神を重視するという二面性をもって対応するようになった。マデシュの各党も同様である。あらゆる場面において理念なき離合集散が続けられ、政治の醜い側面を国民の前にさらけだすことになった。

その後にできた連立政権においてマオイストは野党となり、第一党でありながら憲法制定において「蚊帳の外」となり、選挙で落選した人が、連立政権を主導する共産党（UML）党首であるとの理由で、首相となり、民主主義においてある意味で二重の矛盾が起きた。国民は政治にあきれた様子である。新憲法制定の作業は滞り、（延長された期間も含め）期限内にまとめることができないまま、制憲議会は解散されてしまった。

マオイストは多くのカースト・民族、女性、地方の議員を立候補・当選させ、国政への包摂的政治参加において、どの党よりも明示的な結果を出した。しかしながら、たった一回だけの選挙結果をもって、国民がその厚生と安全保障の確保のために自らの権利をマオイストに完全に負託したというには無理がある。多くの国民は、老舗の政党をその不作為・怠慢のため、信頼できないがゆえに、庶民の視野に立って何かやってくれることを期待してマオイストに投票したにすぎないと考えられる。また、マオイストに投票しなかった国民のなかには、人民戦争時代に受けた強制的・暴力的対応による実・虚像のトラウマに曝されている人も少なからず存在する。その意味において、今回の総選挙で国民から完全な負託を受けたと解釈するマオイストの行動および言論と国民感情との間には相当なずれがみられる。カトワル事件はそのことを端的に語っている。

マオイストがいう市民至上権は軍への牽制（権力闘争）にすぎない側面と、社会主義・共産党的イデオロギーの側面との両方を持ち合わせている。いずれも理念的意義は重要で、一定の理論武装は認められるが、それは内外の政治情勢に耐えきるほど堅固ではなく、かえって混乱を招き、この点においても国民本位の政治ではなくなっている。むろん、民主主義における理念や理想からいって、国防（軍）や警察（治安）はシビリアン・コントロール下におくのが望ましい。しかし、その実現はなかなか難しく、各国は多様な課題に直面し、軍のシビリアン・コントロールの程度を政治的判断にゆだねることが多い。暫定政権など変動期においてはなおさらで、現在のネパールも例外ではなかろう。

理想もヴィジョンも戦略もない数合わせだけで離合集散の政治をつづければ、腐敗がはびこり、国民は政治からますます離れ、マオイストも含む諸政党は国民から見放される。さらに、地勢的に必ずしも主義主張が一致しない大国にはさまれているネパールは、隣国であるインドと中国から発せられる多様なシグナルを有益に活用することができなくなるだけではなく、両国の国益に翻弄されることになる可能性が高い。これはネパールの国益につながるとは限らず、むしろ政党等は分極化され、国益を失うことになるかもしれない。国内政治が分断され、他の勢力に利用されやすい状況があれば、なおさらである。そうなると、国としてfailed state（崩壊）へと進むかもしれない。政党のレジティマシーのみならず国民の自律、独立性、尊厳も失われ、もはや市民至上権の話などは無意味になる。

そのようなことにならないようにするためには、各政党が目覚める必要がある。まず、制憲議会選挙における国民の審判をマオイストが正しく理解する必要がある。国民の負託についての行きすぎた解釈とそれに基づいた行動は見直すべきである。この点はマオイストもよく理解し、包括的和平協定に基づき、国民本位のコンセンサスの政治を実施するように努める必要がある。折角より多くの国民の負託を受けているわけであるから、強権的支配を終焉させ、自信をもち広い視野に立った全国民の厚生と安全保障を確保する政治をせねばならない。人民解放軍の解体及び個人の尊厳を踏まえた社会復帰、YCLの活動の自粛、一定の合理性のもと、双方の理解のうえ、一部強制的に徴用し、再分配した私有財産を返却・保証することなどは緊急の課題であろう。

他の党は、マオイストが第一党である事実を受けとめながら、いつまでも彼らを恐れていたり、犯罪者扱いにしたりするだけでは信頼関係を築けないという認識をもって、現実を踏まえ、プラグマティックな政治をもって全体的に前進する必要がある。その際も、やはり国益、国民の公平な厚生と安全保障が第一義的に重視されるべきことはいうまでもない。以上のことを踏まえ、小異にこだわらず、直近の選挙で負託された大きな仕事すなわち憲法の素案作りを、話し合いによるコンセンサスに基づいて終え、新しいネパールの国・社会づくりの道筋を立て、それをなるべく早く国民に問うことが重要である。

最新の動向として、国連の監視団の撤退後、人民解放軍の管理が、マオイストから首相を委員長とする超党派の特別委員会の管轄に移された。この点については、今後、多くのことを期待したい。

ネパールにおいては、「投票は国民的義務で、国民の総意の負託は選挙のみによって実現可能であるため、公正公平な選挙を徹底させることが民主主義において重要である。その実現は安全で安定した平和な市民生活の構築にとって不可欠である」ことを広めることが重要である。と同時にそれが、今後とも可能になるような体制を根づかせる必要がある。その場合、国民が投票するための判断材料となるマニフェスト等の政党の公約ないしこれまでの実績、選挙後の公約の実行、少数意見を尊重しながらの議会運営、法案づくり、政策の実施が重要であろう。これらは、戦後数多くの民主的選挙を経験した日本においてはごく当たり前であるかもしれない。しかし、そのような選挙があまりなく、ましてやマニフェスト選挙ははじめてのネパールにおいて、これらを定着させるには、各方面のさらなる努力が重要となる。

そうしてはじめて、「市民至上権は市民の力なり、市民の力は市民の審判なり、市民の審判は市民の意思なり、市民の意思は投票なり」と声高々といえるようになる。世俗的連邦民主共和国となったネパールは、今まで以上に国内の情勢を安定化させ、内外の圧力に耐え、インドや中国をはじめとする国際社会との関係を相互のメリットと理解の上で成り立たせ、外交の独自性を発揮することが望まれる。不正なき選挙をともなう民主主義は、そのための必要条件であるといえよう。

注

1　マオイストの名称は二〇〇九年にUnified Communist Party of Nepal - Maoist - UCPN - Maoist.に変わった。

2　現代インド地域研究広島大学拠点における二〇一〇年度ＨＩＮＤＡＳ第二回特別研究集会『二一世紀の大国・インドをどう見るか』（二〇一〇年一一月二六日）の一演題「大国化するインド――政治的現状と今後」（演者・堀本武功、尚美学園大学大学院教授）における質疑応答。

3　本段落で取りあげている政党の原語の名称は以下のようである。
マデシ人民権フォーラム・ネパール＝Madeshi Jana Adhikar Forum, Nepal
タライ・マデシュ民主党＝Tarai Madesh Loktantrik Party
ネパール友愛党＝Nepal Sadbhawana Party
人民戦線ネパール＝Janamorcha Nepal
ネパール労働者農民党＝Nepal Majdur Kisan Party
国民人民戦線＝Rastriya Janamorcha
国民民主党チャンド派＝Rastriya Prajatantra Party - Chand

4　この括弧のなかの七つの政党の原語の名称は以下のようである。
ネパール人民党＝Nepali Janata Dal
ダリット・ジャナジャーティ党＝Dalit Janajati Party
ネパー国民党＝Nepa Rastriya Party
社会民主人民党・ネパール＝Samajbadi Prajatantrik Janata Party, Nepal
チュレ・バワル国民統一党ネパール＝Chure Bhawar Rastriya Ekta Party Nepal
ネパール民主社会党＝ Nepal Loktantrik Samajbadi Dal
ネパール家族党＝Nepal Pariwar Dal

参考・引用文献

Devkota, Grishma Bahadur, 1980, *Nepalko Rajnaitik Darpan* (*Political Mirror of Nepal*), Kathmandu: Arjun Bahadur Devkota.

Election Commission, 1992, *General Elections in Nepal 1991*, Kathmandu: Election Commission.

Election Commission, 1999, *House of Representative Elections-2056: Election Result, Kathmandu*: Election Commission.

Election Commission, 1994, *House of Representative Elections 1994: Election Result*, Kathmandu: Election Commission.

Election Commission, 1981, *National Panchayat and Local Panchayat Elections-1981*, Kathmandu: National Election Commission.

Election Commission, [2039] 1981, *Rastriya Panchayat tatha Sthaniya Panchayat Nirbachanka Umedbarko Namawali 2038-39* (*National Panchayat and Local Panchayat Election Candidates Namelist-1981*, Kathmandu: Election Commission.

Election Commission, [2065] 2008, *Sambidhan Sabha Sadasya Nirbachan- 2064: Nirbachan Parinam Pustika,* (*Constituent Assembly Members Elections-2064*: *Election Result Book*, Kathmandu: Nirbachan Ayog (Election Commission).

Democracy in South Asia / Nepal Chapter in collaboration with International Institute for Democracy and Electoral Assistant.

Held, David, 2002, *Democracy and the Global Order*, Oxford: Polity Press.

International Crisis Group, 2007, *Nepal's Troubled Tarai Region*, Asia Report No. 136.

Kumar, Dhruba (ed.), 1995, *State, Leadership and Politics in Nepal*, Kathmandu: Center for Nepal and Asian Studies (CNAS).

Kumar, Dhruba (ed.), 2000, *Domestic Conflict and Crisis of Governability in Nepal*, Kathmandu: CNAS.

Kumar, Dhruba 2008, *Nepali State, Society and Human Security: An Infinite Discourse*, Bangladesh: Bangladesh Institute of International and Strategic Studies and the University Press Ltd.

Kumar, Dhruba, 2009, 'Crisis Decision Making under the State of Exception', *Contributions to Nepalese Studies*, Vol. 36, No. 1, pp. 1-35.

Kumar, Dhruba, 2010, *Electoral Violence and Volatility in Nepal*, Kathmandu: Vajra Publications.

Li, Onesto, 2005, *Dispatches from the People's War in Nepal*, London: Pluto Press.

Linder, Wolf, 1998, *Swiss Democracy: Possible Solutions to Conflict in Multicultural Societies*, New York: Palgrave Macmillan, (2nd edition).

Linz, Juan J. & Alfred Stephan, 1996, *Problems of Democratic Transition and Consolidation: Southern Europe, South America, and Post-communist Europe*, Baltimore: The Johns Hopkins University Press.

Maharjan, Pancha N. and Keshav L. Maharjan, 2007, 'Negotiating Peace in Nepal', *Journal of International Development and Cooperation*, Vol. 14-1, pp. 67-101.

Maharjan, Pancha N., 1994, *Electoral Politics in Nepal: A Study of 1981 and 1986 National Panchayat Elections* (Ph.D. Dissertation), Varanasi : Banaras Hindu University.

Marks, Thomas A., 1994, *Making Revolution: The Insurgency of the Communist Party of Thailand in Structural Perspective*, Bangkok: White Lotus Co. Ltd.

Marks, Thomas A., 1998, *Maoist Insurgency since Vietnam*, London: Frank Cass.

Ministry of Law and Justice, [2030] 1973, *Nepal Ain Sangraha- 2030* (*Collection of Nepalese Laws* (*1973*) *with military and security acts*), Kathmandu: Book Management Committee, Ministry of Law and Justice,

His Majesty's Government of Nepal (HMG).

Ministry of Law and Justice, [2056] 1999, *Nepal Ain Sangraha- 2056, Part 3* (*Kha*) (*Collection of Nepalese Laws* (*1999*) *part 3 with military and security acts*), Kathmandu: Book Management Committee, Ministry of Law and Justice, HMG.

Ministry of Law and Justice, [2067] 2010, *Nepalko Antarim Sambidhan, 2063* (*Interim Constitution of Nepal, 2006*), Kathmandu: Adarsha Book House, Kathmandu.

Mitra, Subrata K., Mike Enskat, & Clemens Spie (ed.), 2004, *Political Parties in South Asia*, London: Praeger, London.

Piya, Luni and Keshav Lall Maharjan, 2009, 'Protracted People's War in Nepal: An Analysis from the Perspective of Azar's Theory of Protracted Social Conflict', *Journal of International Development and Cooperation*, Vol. 15, pp. 185-203.

Shah, Saubhagya, 2009, 'Sovereign Deficit: Fragmented Polity, Defense Dilemma and the Battle for Civilian Supremacy in Nepal', *Contributions to Nepalese Studies,* Vol. 36, No. 2, pp. 169-211.

Sharma, Sudhir, 1994, *Nepali Sena: Nagarik Niyantranka Chunauti* (*Nepal Army: Challenges in Civilian Control*), Kathmandu: Martin Chautari.

Wanlass, Lawrence C., 1977, *Gettell's History of Political Thought*, Delhi: Surjeet Publications.

九章

民族運動とマオイスト
——マガルの事例から

南　真木人

一　はじめに

マオイスト運動は地域社会あるいは民族の活動にどのような影響をもたらしたのか。一九九六年から一〇年間つづいたマオイストの武装闘争のあいだ、ネパールの村々はどのような状況におかれていたのか。本稿はマガルという民族が暮らすある村でのマオイストとの関わりとマガル民族運動とマオイストとの関係を記述し、マオイスト運動とはどのようなものであったのかについて理解を深めようとするものである。

ネパールの統一ネパール共産党（マオイスト）（以下、マオイスト）運動の研究は、マオイスト系の諸団体や支持者、マオイストの実効支配地域を対象とするなど、どうしてもその影響が強いところの事例が多くなりがちである。たとえば、マオイストはカム・マガル人のことを元来、原初的なコミュニズムともいえる共同性を兼ね備えた、生まれながらの潜在的なマオイストであるとみなし、中西部ネパールに本拠地を据え彼らを戦闘員として動員してきたとされる（Lecomte-Tilouine 2004: 116）。どちらが先かは不明だが、こうした本質主義的な言説は、カム・マガル人自身も語るまでに広がっているようで、小倉（二〇〇七、一二六―一三五）も彼らを好戦的で、差別が少ない「自然のコミュニズム」ともいえる社会システムをもつ人々として描き、「彼らがいたからこそ、マオイストは全国で武装活動を展開できるほどの組織力をもちえた」とその能力を評価する。このようにカム・マガルとマオイストとの関係や中西部ネパールの状況（アターラ・マガラート「一八のマガルの土地」とよばれる）は、注目を集めそれなりの研究が蓄積されてきたのである。

だが、他方でネパールにはマオイストに反旗を翻したり、静観したり、やり過ごしたりしてきた地域や人々も実は少なくない。そこにはマオイスト支持者や支配地域とはまた違ったマオイストとの関わりや影響がみられるはずだが、これまであまり記述されてこなかった。マガルに引き寄せていえば、西部ネパールのバーラ・マガラート（「一二のマガルの土地」）とよばれる地域に暮らすマガルについては報告が少なく、マオイストの影響を受けて変わるマガルの民族運動やマガル協会の動向も十全に記述されてこなかった。そうしたマオイストに同調しない人や組織は、保守的で過去のものとみなされる強迫観念が蔓延しており、研究者にもそれが乗り移っていたのである。

そこで本稿では、私がかねて調査してきた、マオイストの影響が少ない西部ネパールのマガルの村における、人々とマオイストとの関わりを日常（二節）と制憲議会選挙前後（三節）に分けてまず記述する。この二・三節は地域社会への影響を探る試みである。それに対し、四節はネパール・マガル協会という民族団体と人民解放党という政党を対象に紹介するもので、五節ではそれらがマオイストとの関係でいかに変わってきたのかを考察する。この二つの節は民族の活動へのマオイストの影響を扱うものである。

二　ボジャ村の人にとってのマオイスト

西部ネパールのナワルパラシ郡ダーダジェリ行政村のボジャ村は、一五所帯、人口約一一〇人のマガル人のみが住む村である。マハーバーラット山脈の北面、カリガンダキ川を見下ろす標高七三〇メートルの尾根上に位置するこの村は、街道沿いに位置せず村外の人が用事もなく立ち寄るところではない。村が含まれる行政村には警察の詰め所はなく、隣のブリンタール行政村にあった詰め所は既に二〇〇〇年にはマオイストの襲撃を受けて焼け落ち、警察官も全員退去していた。その点でこの地域は、官憲の目を避け北のタナフ郡からカリガンダキ川を渡し舟ないしは吊り橋で渡り、南のナワルパラシ郡のインナー・タライに抜けるには好都合の立地である。

　村人からの伝聞によると、この行政村にはじめてマオイストが大挙してやって来たのは二〇〇三年のことだったという。ボジャ村に約二五人、隣のラムコート村に約五〇〇人の人民解放軍兵士が来て約一週間滞在した。これに対し一般人に変装したネパール王国軍兵士がインナー・タライから様子をみに来たが、何もせずに戻ったという。一方、ボジャ村に最も多くの人民解放軍が滞在したのは、二〇〇四年のサウン月（七／八月）だった。軍服を着た約二〇〇人のマオイストが、援助団体ユナイテッド・ミッションの診療所があった空き家二棟に一週間滞在してトレーニングをし、半分は南のインナー・タライへ、もう半分はマハーバーラット山脈南面を東へ移動していった。兵士は男女半々くらいで、マガル人もいたがこの地域のマガルと違ってマガル語が話せない人が多く、村人が知っている人はチュリ・ボジャ村のマガル数人だけだった。[1] 彼らは村の住人全員の氏名を聞き取り、記録していったという。村の人にとって驚きだったのは、彼らが持参した四頭のオウシを殺して調理し、食べたことだった。宗教上の食物タブーを気に留めないマオイストの実践に、自らは牛肉を食さない村人は話題に挙げるほどには驚いたが、それにことさら嫌悪感をいだいたりすることはなかった。他方、二〇〇五年ジェト月（五／六月）には、南からネパール王国軍の兵士約一五〇人がマオイストを探しにやってきたという。

少人数のマオイストが来ることはその頃、年に数回あった。彼らは「私たちは貧しい人民のために戦っています。だから協力してください」といい食糧の提供を要求した。五〜六人であれば食事をつくってあげたが「皆さんが普段食べているものを出してください」といい、贅沢はいわなかった。二〇人くらいのときは、マオイストが自ら調理するので各所帯から米、トウモロコシ、ダル用の豆などを提供した。あるおばあさんは「女性兵士が多いことと彼女らが銃を肩にかけ立ったまま食事をしたことに驚いた。それにドブロクや酒を一杯だけでもとすすめても、けっして飲まなかった」という。マオイストが禁酒を厳守していることは広く知られていたが、おばあさんはマガルの接客の文化として孫のような世代の青年たちに酒をすすめずにはいられなかったのだと息子は笑う。マオイストの兵士たちが酒を飲まず、ご馳走とされる肉も要求しないことは、治安部隊がそれらを要求したことと対照的に語られ、農民の苦労を知っている清貧なマオイストという好印象が特に食事を用意する女性たちのあいだで形成されてきた[2]。

村人にとってマオイストは、時々やってきて食糧を要求する厄介者ではあっても、危害を加える怖い人たちではなかった。かといって、マオイストへの共感や積極的な支持の動きが生まれることはなく、両者にはかなりの距離があった。現にこの村の若者は誰一人としてマオイストに感化されず、人民解放軍や義勇軍に入隊した人も皆無だった。そこにはいくつかの偶発的な要因が考えられる。一つはマレーシアや中東湾岸諸国への移住労働がこの辺りでは二〇〇三年頃から一挙に広がり、村に二〇歳代の青年男子がほとんどいない状態が続いてきたからだ。また、人口が少ない村における家族周期の偶然によるが、その頃一〇学年前後で学ぶ、マオイストに影響されやすい多感な年齢層の若者が男女ともに少なかったことも関わるだろう。例外として、ブリンタールの高校の一〇学年に寄宿して通っていた女子学生がいたが、彼女は焼け落ちた警察の詰め所に駐在していた警察官に求婚され、結婚してこの土地を離れた。彼女はマオイストとではなく、その対策として増員された警察官のほうと「出会った」のである。他方、マオイストの側でもこの行政村で、村人を動員する歌舞を含む文化プログラムを開催したりすることはなかった。それは後述する、選挙キャンペーンで候補者が誰一人遊説にこなかったことと同様、人口の少なさにより非効率と判断されたためであろう。

とはいえ村でもマオイストによる勧誘がなかったわけではない。一〇学年卒の学歴をもつ三〇歳代の男性は、マオイストに見込まれ国のために一緒に戦おうと誘われた。だが「私は農民です。米をつくってあなた方に提供しています。米をつくる人がいなかったら、あなた方はどうやって戦えるでしょう」というと引き下がったという。他方、ボジャ村にはマオイストが敵視するネパール会議派と共産党(UML)(統一マルクス・レーニン派)の支持者もいる。だが、彼らはマオイストが糾弾の対象とするような有力な地位の党員ではなく、この村にはマオイストの暴力による被害者も、糾弾や脅迫を恐れて他所に避難せざるを得ない人もいなかった。

このようにボジャ村におけるマオイストの影響は小さいもので、それ故また逆に、村人が警察や武装警察、ネパール王国軍からマオイストの嫌疑をかけられ連行されたり拷問を受けたりする事態も生じなかった。マオイスト運動の影響や浸透がこの村および行政村においてかなり限定的であったことは、次にみる二〇〇八年の制憲議会選挙の様子や結果などからもうかがい知ることができる。

三　二〇〇八年制憲議会選挙

三・一　制憲議会選挙に向けて

二〇〇六年一一月に成立した七政党とマオイストの包括的和平合意の後、マオイストは政治の表舞台に登場するとともに、各地に政党事務所を開設するなど一般社会にその存在を誇示し始めた。マオイストは反政府武装勢力から暫定政府に閣僚を出すほどの有力な政党に変貌し、七政党とともに新憲法を制定する議会選挙の制度設計と選挙準備へ邁進することになった。とはいえ、ダーダジェリ行政村においてはマオイスト支持をあからさまに表明する人はあらわれず、ダリット（もと不可触カースト）である仕立師カーストのある人がマオイスト支持者らしいと噂されるくらいだった。他方、隣のブリンタール行政村では、仕立師カーストの人がミシンをおく作業場にマオイストの政党旗を掲げるようになり、巷間でいわれてきたように、この地域でもダリットの人々のなかにマオイスト支持者が少なくないことがみて取れるようになった。

こうして二〇〇八年四月一〇日、制憲議会選挙（第一回）をむかえることになった。それ以前の選挙運動と今回のそれで大きく変わったことは、マオイストの青年組織ＹＣＬ（Young Communist League）の四人が地域外から選挙キャンペーンに来て他党の不正にも目を光らせたため、選挙違反が縮小したことだ。ある政党の選挙キャンペーンの集会では、参加した四つの村の人々に軽食代として一〇〇〇ルピーずつが配られ、集会後の飲み代に使われたという。だが、以前のようにスイギュウ一頭を調理して、肉を有権者に振舞うようなことは自粛された。「マオイストのせいで（選挙の）肉が食べられなくなった」と露骨にいう人がいるほど、かつてここでは飲食による買収が蔓延していたのである。マオイストの青年組織YCLは食糧を持参するか、持参しないときは代金を払って調達し模範を示したが、「もしマオイストが食糧をただで要求してきたら、人民戦争のときあれだけ提供したのに選挙キャンペーンでもまだせびるのか」といってやると豪語する人もいた。

　他方、以前の選挙と変わらないこともあった。それはこの選挙区から出馬したネパール会議派、共産党（UML）、マオイストいずれの候補者も、この行政村に自ら遊説にくることがなかったことだ。インナー・タライに比べ人口が少なく、人口密度も低いマハーバーラット山脈北面の山地部は、選挙活動の効率によって、今回の選挙でもないがしろにされたのである。

　この選挙を私は調査村ボジャの人々が行く投票所である、ダーダジェリ行政村ターディ村のデヴァ・バラチュリ小中学校で観察した。ナワルパラシ郡第一選挙区にあたる投票所は、ダーダジェリ行政村の全有権者一九二八人が投票する会場で、入口となかは二つに区切られ、偶数ワードの村と奇数ワードの村の人別に二つの投票センター（受付と投票箱）が設けられていた[3]。私は投票所担当官の主任が投票日にその場で与えてくれた「外国人ボランティア」という資格とIDカードで、投票所内の自由な立ち入りを許可された。

三・二　投票日前日

投票日前日、投票所となった校庭の木陰で打ち合わせがもたれた。出席者は投票所担当官六人と行政村事務所の役人一人、政党ないしは立候補者の代理人（以下、代理人）四人、警備担当の武装警察官主任で、それぞれ自己紹介し投票所担当官がもつ帳簿に署名した。この選挙区では小選挙区制に一政党の一一人が立候補したが、参集した代理人はネパール会議派の行政村内のマガル男性一人、共産党（UML）のボジャ村のマガル男性一人、および郡内の他地域から派遣されてきたマオイストのバフン（ブラーマン）とマガル男性二人のみだった。投票所担当官は「今回の選挙は包摂（多様な属性の人々の参加）がキータームなのだから、打ち合わせもそうあるべきだ」といい、有識者としてヘルスポストの職員およびダリットの代表として近くに住む仕立師カーストの男性に臨席を頼んだ。公開の打ち合わせには、マオイスト代理人に同行してきた青年組織YCLの一七〜一八人やボジャ村のUML支持者、通りがかりの人など常に十数人の傍聴者がいた。

投票センターには各政党が推薦する投票立会人（以下、立会人）一人を配置する規則がある。各政党の代理人は二つの投票センターのために立会人二人と、予備員としてもう二人の計四人の名を挙げるよう投票所担当官にいわれ、立会人の氏名と住所が記録された。この時マオイストが指名した立会人予備員の一人が、UMLが先に指名していた人と重複してしまい、明日までに別の人を推薦し直すようといわれるハプニングが起きた。はからずもマオイストは、この行政村において支持者の掌握が十全にできていないことを露呈することになった。さらに、各政党は投票所担当官の業務を補佐する一

○学年卒以上のボランティア六人の推薦を求められた。だが、行政村内の青年やその学歴に疎いマオイストは推薦を辞退せざるを得ず、ネパール会議派とUMLが青年三人ずつを指名することになった。ダーダジェリ行政村におけるマオイストの組織化の劣勢は明らかであり、それは地元出身のマオイストが不在で、フェイス・トゥ・フェイスの人間関係を構築できていないことの帰結だった。
傍聴者のなかには、マオイスト支持者かどうかはわからないが、制憲議会選挙の本質をついた質問を代理人に投げかけた人もいた。ターディ村のマガルの男性がたまりかねたように「自分は農民の子で政治のことはわからない。だが政党が互いに足を引っ張り合ってどうするのだ。敵は国王だろう。国王を切り捨てるとなぜはっきりいわないのだ」と政党に対する不満の声を張り上げたのだ。すかさずマオイストの代理人は「我が党は王制廃止を明言している。これまで国王に反旗を翻して戦ってきた」と胸をはった。ネパール会議派の代理人は「私たちは共和制を支持する。国王を置くとはいっていない」と述べた。だが、マオイストの代理人に「だがギリジャ・プラサド・コイララは儀典的王制（ceremonial monarchy）の存続を主張してきたのではないか」と質され、「党の上層部の考えはわからない」とかわす一幕もあった。他方、UMLの代理人は何も答えず無言を通した。ニュートラルに静観していた投票所担当官は、ほとぼりが冷めたところで本来の打ち合わせに話を戻した。

打ち合わせは投票所担当官から代理人へのお願いから始まった。それは「有権者名簿はコンピューター入力し印刷したもので入力ミスが無いとはいえない。年齢とミドルネームが違っていても、本人であることが確認できれば投票を認めてほしい」というものだ。これに対しマオイストの代理人は、海外に働きに出て不在の人と同姓同名の別人が、その人に成り代わって投票するようなことがあってはならないと本人確認の徹底を主張し、ミドルネームについても「KumarがKumariになっている程度の誤記であれば許されるが、Prasadになっていては別人とみなさざるを得ないのではないか」など具体例を挙げて問いただした。投票所担当官は有権者名簿のミスが判明したときには、三党の代理人を集めて対応を協議することを約束し、ただし協議の場は受付から別の場所に移し、他の人の投票を並行してすすめる合意をとりつけた。マオイストの代理人はさらに、視覚や聴覚の障碍者、介添えが必要な老人や身体障碍者、マガル語しか理解できない人への補助を誰がどのようにするかについて議論し、補助要員は投票所担当官がその必要を認めたときに本人が希望する人を同行できると確認した。また補助する人は頼まれても投票用紙を投票箱に入れてはいけないこと、万が一外にこぼれ落ちた投票用紙があったときは、投票箱に入れずに投票所担当官が別の封筒に入れるなどの規則が再確認された。

投票所担当官とは選挙管理委員会から任命され講習を受けた人であるが、この投票所に派遣されてきた六人はナワルパラシ郡内の他地域の公立高校教員であり、みな高位カーストの男性であった。打ち合わせの議事進行はそのうちの主任にあたる人が、教員らしく丁寧に、筋道立てて行った。マオイストの代理人は、教員に優るとも劣らない雄弁な人たちで、具体例を挙げつつ理詰めで意見を述べ、不正投票を防ぐための細則を示しては話し合いをリードした。しかも「ネカパ・マオバディ（ネパール共産党（マオイスト）のネパール語名）の意見はこうだが、他の政党はどうか」と常に他党の代理人の意見を求めた。だが、旧来の地元の政治的リーダーである二政党の代理人は、せいぜい「同感だ」としか返答できない。これまで、あまり考えたこともないような資格や権利の話とそのたびに意見を求められる議論の手続きに圧倒され、言葉を無くしているのだ。

さらに、打ち合わせのあいだマオイストの代理人は、投票所担当官の書記役の人と同じように、合意した細則や発言内容、発言者の氏名などをこと細かくノートし、言質をとることを徹底した。それはメモをとらず記憶に頼る他の二政党の代理人とはまったく異質の実践であり、少なくとも私はマオイストの書記の文化と文書主義を強く印象づけられた。打ち合わせは結局、四時間に及んだ。

三・三　投票日

二〇〇八年四月一〇日の投票日、銃をもった武装警察官と臨時選挙警備官一八人が投票所内外を警備し、ネパール選挙監視同盟（Nepal Election Monitoring Alliance）の選挙監視ボランティア女性一人、地元出身の男性新聞記者一人がオブザーバーとして見守るなか、一時間遅れて八時から投票が始まった。既に一〇〇人くらいの男女別の二つの列が投票センターごとにできており（計四列）、有権者はみな手に「クーポン」と英語でよばれる紙片をもつ。クーポンとは有権者名簿の頁番号、有権者連番、有権者名、年齢、父・夫の名前、行政村、ワード番号、投票センターという項目が印刷されていて、それらを記入するようつくられた紙片である。村の長が有権者名簿をみながらこれらの項目を手書きで埋め、有権者である村人に投票所入り口で渡す。有権者名簿と本人の照合を確実に、また敏速にするために用いられる有権者IDのようなものだ[4]。

有権者は投票センターに一人ずつ招き入れられると、投票所担当官によりクーポンを用いて有権者名簿と照合され、左手親指の爪の生え際に投票済みの印となるインクを塗布される。そして、まず小選挙区制の水色の投票用紙の綴りに拇印を押して投票用紙をもらい、衝立のなかで投票用紙に、この選挙区の場合、印刷された一一の政党のシンボルマークの横いずれか一つに右旋万字（swastika）のスタンプを押して投票箱に入れる。次に比例代表制のピンク色の投票用紙をもらい、全国共通の五五の政党のシンボルマークが印刷された投票用紙に一つだけスタンプを押して投票する。クーポンは比例代表制の投票用紙発行場で回収され、投票所担当官の机の背後には破られたクーポンがごみの山となる。

投票は大きな混乱もなく進んだ。マオイストの代理人は投票所内のベンチに座り、自前の有権者名簿に、投票に来ている人のチェックをするかのように何かを書いている。もっとも彼が投票にきた人がどこの村の誰かを顔を見て識別できるとは、これまでの経緯からして考えられない。あくまでこれはマオイストに投票するとした人に、票読みしていること、投票しなければ報復があるかもしれないことを印象づける威圧行為だったと思われる。有権者名簿は個人情報が載るものだが、ネパールではクーポンを記入する村の長、立候補者、政党の代理人などがふつうにもつ。これはクーポンという制度と同様に、より多くの有権者に投票してもらう活動に欠かせない情報として、政党を含む選挙関係者に提供されているためであろう。立会人は投票所内でほとんどみかけることがなく、むしろ投票所の外で個別に最後の票の取りまとめに向け、語りかけに奔走していたようだ。

私は途中ブリンタール行政村の投票所もみに行ったので、一日中この投票所を観察していたわけではないが、少なくとも三件のトラブルを観察した。一つは投票所担当官から許可を得たか定かでない、マオイスト代理人によればネパール会議派の男性がまぎれこみ、おばあさんの投票の介添えをしたことだ。私も衝立の横からその男性が自らスタンプを押すところを目撃したが、それに気づいたマオイストの代理人がこの男性を取り囲み、皆で協議して退去させることにした。また、プレムという名の男性が投票にくると、彼は既に有権者名簿上、投票済みのチェックがなされているというミスが起きた。これは同姓同名で、村では大きいプレムと小さいプレムとよんで区別されている二人を取り違えた単純ミスであった。マオイストの代理人は父親の名前をしっかり確認していれば起こらなかったことであると投票所担当官を責め、以後確認を徹底するという発言をとりつけた。

投票時間も残すところ後一時間となった四時頃、投票にくる人もほとんどいなくなったなか大きなトラブルが起きた。有権者名簿に名前はあるが、海外に働きに出ていて不在の兄に成り代わり、一八歳未満の弟が兄の名が書かれたクーポンをもって投票しようとしたのである。発覚し投票は未遂に終わったが、マオイストが打ち合わせのときに危惧していた成り代わり投票がクーポンの悪用によって確信犯的に行われようとしたのだ。マオイストの代理人は「未成年の青年を責めることはしない。だがこの青年に不正投票を仕向けた政党については徹底して糾弾しなければならない」と申し立てた。だが、長い話し合いを経ても、誰によるあるいはどの政党による不正の企てであったかは明らかにならなかった。結果的に投票所担当官の主任が投票終了後、公式に自らの管理統率の至らなさを謝罪すること、投票所担当官がこの件について公式のレポートをその場で作り、読み上げて確認後、選挙管理委員会に報告すること、さらに今後の選挙でこのような不正を再発させないという宣誓書を作り三政党の代理人が署名することを条件に、マオイスト代理人は不正追及の矛先を収めた。

五時になり投票時間が終了すると、マオイストの代理人は柵の外で見守る人々に「みなさんの協力のおかげで大過なく投票が終わりました。ネカパ・マオバディから感謝申しあげます」と叫んだ。他の二政党の代理人が同様の挨拶をすることはなかった。投票箱がプラスチック・バンドで封印されると、マオイストの代理人はバンドに刻印された数字をノートし、投票所担当官から各投票センターの投票者数を聞いて書き留めた。夜七時、綿布で包み蠟で封印された四つの投票箱は、武装警察官が担

表1　ダージェリ行政村投票所の投票者数

投票センター	小選挙区制	比例代表制	比例代表制のみ投票
Ka（偶数ワード）	657	661	4
Kha（奇数ワード）	487	512	25
計	1144	1173	29
有権者数	1928		
投票率（%）	59.3		

ぎジープが入る隣のブリンタール行政村に向かった。マオイスト代理人は「私たちの青年組織ＹＣＬも、ナワルパラシ郡の郡都パラシの開票所まで投票箱を護衛するから安心してください」といい残し、武装警察官の後を追った。

投票所担当官から発表された、ダージェリ行政村の二つの投票センターにおける投票者数は表1のとおりである。小選挙区制の投票率は五九・三％で、後日明らかになった全国値の六一・七％よりやや低かった。なお、小選挙区制と比例代表制で投票者数が異なるのは、投票所担当官、行政村事務所役人、武装警察官などの治安関係者、選挙監視人などこの地に住所がない人は、派遣先の非居住地において比例代表制にのみ投票しているからである。

三・四　選挙結果とボジャ村

選挙の結果はマオイストが六〇一議席中二三〇議席を獲得して第一党になり、ネパール会議派、共産党（ＵＭＬ）が続いた。この結果はおそらくマオイスト自らが想像していなかったものだ。というのもマオイストは、地盤固めが不十分で小選挙区制では勝てないと考え、選挙制度の設計段階でより多くの比例代表制とより少ない小選挙区制の定員を求めていたからだ。他方、地方組織に自信をもつネパール会議派とＵＭＬは、それは実は過信だったことになるが、逆により多くの小選挙区制の定員を求めて交渉に臨んでいた。つまり、どちらも情勢を見誤っていたことになる。

マオイストの勝因は、王制廃止と共和制を求める民意が予想以上に強く、それを一貫して唱えてきたマオイストに票が流れたことにあろう。また、人々の内戦終結への願いと新しいネパールへの期待が大きかったことのあらわれでもある。選挙管理委員会はこのたび「今回は新しいネパールをつくるための制憲議会選挙です。老若男女みな投票しましょう。自らの代表を議会へ送りましょう」と盛んに呼び掛け包摂の民主主義を説いた。これに対しマオイストの選挙スローガン「他はもうみた何回も、マオイストをみよう今回は」は、新しいネパールをもたらすのは新しい政党マオイストしかないという印象操作に成功した。一方、共産党（UML）の選挙スローガン「また太陽（UMLのシンボルマーク）、今回もまたUML」のほうは、「また（フェリ）」で始まることが既に変化を望む世論からかけ離れていたといえる。

マオイストが議席を取った小選挙区は半数を数えるのでほぼ全国に広がる。だが、東部ネパールの高地と山地、西部ネパールの山地、極西部ネパールの山地、東部から中部と西部ネパールにかけてのタライ低地では、スポット的に隣接した複数の選挙区で他の政党が議席をとった。それらはマオイストが浸透しきれず敗北したスポットということになる。

ダーダジェリ投票所が含まれるナワルパラシ郡第一選挙区は、ちょうど西部ネパール山地のマオイスト敗北スポットにあたり、小選挙区制においてネパール会議派でコイララ・ファミリーの一員として知名度が高いササンカ・コイララという医師（五一歳）が当選した。有効票数四万五二四六票のうち、コイララは三八・五％の一万七四三〇票を獲得しての当選だった。マオイストの候補者は落選したものの一万四九七二票を得て二位につけ、三位はUMLの候補者（八六四八票）だった。

ダーダジェリ行政村投票所の開票結果は残念ながら明らかでない。だが、少なくともボジャ村の有権者が誰一人としてマオイストに投票しなかったことは確かであり、票はUMLとネパール会議派にほぼ二分したと考えられる。なぜなら村における選挙では、所帯ごとに支持政党がほぼ確定していて周知の事実であり、投票行動に個人の裁量が加わることがまずないからだ。行政村レベルの開票結果でも似たような傾向がみられたであろうことは、マオイストの組織化の劣勢から推し量ることができよう。

ボジャ村のある男性に今回の選挙でどの党に投票したかを尋ねたところ「今回は太陽に入れた。だが次の選挙では家（人民解放党のシンボルマーク）に入れるつもりだ。人民解放党はなにせマガルの指導者が主導しているのだから」と答えた。これは二重の意味で考えさせられる回答である。ここではマオイストの影響が浸透していないばかりか、マガルの民族運動をリードしてきた人民解放党の影響も未だ浸透していないことを示しているからだ。次節で詳述するが、人民解放党はマガルの民族運動家が民族の解放を主張してその代表を国会に送ろうと活動してきた政党なのである。

だとすればマオイストの影響が浸透しなかった、さらにはマガルの民族運動や人民解放党の支持が広がらなかったボジャ村の地方政治の状況もみておく必要があろう。ネパール・マガル協会の前身的協会は一九八二年に創設され、以来「*Langhali*（村人）」「*Lapha*（友人）」などマガル語の誌名がついた、マガルの民族運動を広報する雑誌が出版されてきた。だが、私は村でこれらの雑誌が読まれているのを一度もみたことがなく、マガル協会主催の講演会などがもたれたこともないなど、この地域は同協会の普及活動から疎外されてきた。同じ行政村内のターディ村からは、故ドゥルガ・バハドゥル・ラナ・マガルというマガル協会パルパ郡の会長にまでなった知識人を出しているが、彼は一九八五年には既にパルパ郡タンセンに転居して村に戻ることがほとんどなく、彼の影響も希薄だった。

むしろ当地域のマガルの村の長（「ムキヤ」とよばれた）は、一九五〇年代後半に民主化を要求し、ラナ家による独裁政治に武装闘争をしてきたネパール会議派の支持者となる人が多かった。一九九八年、ボジャ村の元ムキヤであるマスター・ブロがカトマンドゥの病院で急逝したときには、当時ネパール会議派の地元国会議員で、後に制憲議会選挙でもナワルパラシ郡第二選挙区から当選したマヘンドラ・ドジ・G・Cが、訃報を聞いて火葬場のあるパシュパティナートに駆けつけ葬儀を差配した[5]。彼はネパール会議派の同志として先輩格のマスター・ブロの最期の世話をしたが、そうした党員のあいだの結びつきと互助のつながりが堅固なのだ。他方、政治に関心をもつ新参の次世代の多くは、ネパール会議派がムキヤ筋の名士のなかに広がり地位を確立してきたことに対抗するように、UMLの支持にまわって覇権を競うようになった。

一九九一年の総選挙、一九九四年の中間選挙、一九九九年の総選挙において、ネパール会議派とUMLの支持所帯は選挙のたびに関係が険悪になった。一九九七年の地方選挙ではそれがピークに達し、五月にあった選挙後、時をおかず始まった田植えの交換労働では支持政党ごとにしか人が集まらず、人手不足が深刻になった。「小さな村でこんなもめ事をしていてはいけない」とマスター・ブロが調停に入り、ようやく翌年の田植えから正常に戻った。幸い今回の選挙では、二党の支持所帯間で軋轢が生じることはなかった。

こうしてみると、個人ではなく所帯としていずれかの政党を支持し、互助などのそれなりの恩恵を得てきたボジャ村の人々は、保守的になりがちで、そこにマオイストや人民解放党が入る余地はなかったといえる。こうした政治環境はダーダジェリ行政村にもほぼ共通していると思われる。一九九七年の地方選挙では、同行政村に九つあるワードの長のうち五人がUMLから、四人がネパール会議派からの当選者であり、それ以外の政党が出る幕はなかったのである。

三・五　選挙からみたマオイスト

共産党（UML）の代理人がボジャ村の人であったことは既に述べたが、彼が推薦した二人の立会人も同じ村の若者であった。投票終了後、UMLの代理人はターディ村の簡易な飲み屋に立会人を連れて行き、酒二本をご馳走して慰労し、政党からの謝金一五〇ルピーを二人にそれぞれ手渡した。私も同席したが、彼は酔いも手伝いマオイスト代理人の不正追及の手法はやり過ぎだったなどマオイストの批判を始めた。マオイスト代理人に面と向かってではなく、後になってしばしば飲酒してはじめて反論や批判を始めることは、ことを荒立てず、対立を表面化させない術として当地のマガルの人々が身につけてきた習慣といえる。同じようなことは、投票日前日の打ち合わせのときにもあった。UMLの代理人はその任を引き受けて出席していたにもかかわらず、投票所担当官の呼び掛けにすぐに名乗り出ず、少し間をおいて「誰もいないなら私がやります」といったのだ。こうした出しゃばらず、周りをさぐるような謙譲の態度も、彼の個性というより当地のマガルの人々が美徳とみなしてきた文化とよべるものだろう。

これらに比べると何事にも直截にいうマオイスト代理人の言動は、スマートとも逆に粗野ともいえるほどに異質なものだ。そしてそれは、従来のマガル人の村の習慣や文化、すなわち対立を避ける言動やそこから派生する共同性、謙譲の精神、曖昧な資格や権利意識、ノートやペンなどもたない記憶・口承の文化などを際立たせる。こうしてみると、マオイストがマガル人の村にもたらしたものは、論理的に話す、あるいは書き留めるといった広義のリテラシーと、権利や公正、正義を追求するといった「近代」の価値観そのものであった。ボジャ村では結局、誰もマオイストに投票しなかったことは既述したが、それはこの村では一〇年生を卒業し、高校卒業資格試験に合格して大学へ進学した人がまだ一人しかいないことと無縁ではないだろう。マオイストの主張とそれを伝える論法、つまり近代的な言動に共感できるには、受け手の側にも一定レベルの高等教育が必要だと考えられるからだ。これは人民解放軍の兵士に、一〇年生を卒業した高校卒業資格試験の不合格者、つまり進学を断念した人が多いといわれることとの裏返しでもある。

逆にいうと、今回の選挙におけるネパール全体でのマオイストの勝利は、一九九〇年の民主化以後、人権意識や正義の拡大という近代化が確実に進展した証とも読みとれるだろう。これまで社会的に抑圧され、政治的な権利を奪われてきた民族やダリット、女性のあいだにも「開発」や教育が普及したからこそ、近代化としてのマオイズムが受け容れられ、これほどまでに支持者を増やしたと逆説的に推論できるのである。

四　マガルの民族運動

四・一　ネパール・マガル協会とマオイスト

マガルの民族としての意識の啓蒙、団結、地位向上と文化の維持・継承の運動を主導してきたネパール・マガル協会は、一九八二年にネパール・ランガリ・パリワール協会（村人家族協会。以下、ランガリ協会）という名で創設された民族団体を起源とする。一九九〇年の民主化以前、民族名を冠した団体は登録できなかったので、マガル語のランガリ（村人）という単語を入れて民族性を付与していた。ネパール・マガル協会（以下、マガル協会）に改称したのは一九九一年、第四回全国大会からになる。協会は中央委員会、全一四県におく調整委員会、六五郡の支部（ネパールは七五郡からなる）と在外マガル人の各国支部からなり、中央委員会会長が協会会長を兼ねる。中央委員会は一四県の代表委員と会長をはじめとする執行部役員五人で構成され、三年おきに開催される全国大会において委員と役員は改選される。

一九九一年から二〇〇四年まで四期一二年間にわたりマガル協会会長を務めたゴレ・バハドゥル・カパンギ・マガル（以下、カパンギ）は、それまでの会長三人が財力のある退役グルカ兵であったのに対し、生え抜きの民族運動家であり、協会の発展に大きく寄与した。マガル協会の全盛期ともいわれる同期間、協会は反バフンバード闘争（バフンによる支配に抗する運動）、マガルの脱ヒンドゥー化、マガル仏教徒宣言（仏教への改宗の勧め）、ダサイン祭廃止、母語維持などマガルのアイデンティティを強化するための多くの社会改革に取り組んだ。[6]

マオイストとの関連でいえば、第七回マガル協会全国大会（二〇〇一年）は、急進化するマオイストの動向を受け、マガル協会がどのような見解を表明するのか報道関係者から注目が集まった。というのもマオイストの武装闘争が発生した中西部ネパールのロルパ郡とルクム郡は、カム・マガルという人々が多く居住する地域で、人民解放軍には多数のマガルが含まれ、戦闘に巻き込まれる被害者の多くもマガルだったからだ。だが、多様な政治的信条をもつ人々からなるマガル協会は、マオイストの人民戦争について賛否の価値判断を下さなかった。[7] その代わり政権に対して、マオイストの影響で国内避難民化した人へシェルターを用意すること、マオイストの嫌疑で投獄されているマガル人を釈放すること、マオイスト問題の解決を最優先としそれまで他の政策を停止することの三つを要求した。

カパンギによれば、一九九六年マオイストが活動を始めた当初、政府の要請を受けマガル協会は、マオイスト発祥の土地であるロルパ郡ジャルバン行政村に七人の調査団を派遣し、カム・マガルの一部が武装してマオイストになっている状況と今ならばまだ対策が取れることをレポートにまとめ内務大臣に報告した。だが、当時のネパール会議派デウバ政府はマオイストに対する危機感が薄く、レポートを放置して提言を活かした対策をとろうとしなかった。以来、マガル協会は政権を利するようなマオイストとの関与を避けているという。もっともカパンギは二〇〇一年に日本の豊田市で行った講演において以下のように語り、武力を用いない闘争（英語でstruggleと発言）を常に唱えてきた。「ネパールの歴史においてマガルはたくさんの血（グルカ兵あるいはマオイスト人民軍として）を流してきた。だが、そうして支配を手に入れるのは、常に他の人（バフン）なのだ。……略……私はブッダに祈る。マガルの血をこれ以上流させないようにと。そして、これからマガルが歩む道は平和に近づく道、平和の道を歩もうと私は言う」（南 二〇〇八、二七五–七六）。

さて、マガル協会のこうした活動は、マオイスト支持のマガル人が協会の運営に影響をもたらすようになった二〇〇七年の第九回全国大会以降、大きく変化した。まず中央委員会の役員が、共産党（UML）とマオイストなど政党の色がついた人々で占められるようになった。会長は二〇〇七年以後、三期三人ともUMLの党員ないし支持者がつづいてきたが、マオイストの影響も強く、無神論者の彼らはこれまで協会が推進してきた仏教への改宗運動に消極的になった。マガル仏教徒宣言の基礎となった、M・S・タパによるゴータマ・ブッダ＝マガル説、同氏によって創られたマガル語を表記するためのアッカ文字についても証拠がないと懐疑的でかえりみず、協会が行ってきた日々の生活を改善することにより社会改革を達成するという路線は大きく後退した。[8] マガル協会の活動はそれまでも、文化的なものであっても十分に政治的であったが、ここにきて政党化し始めたのである。

カパンギが会長に再選された第七回マガル協会全国大会において、登壇して演説するマガルの指導者たちは、口々に「マガル協会は民族の文化、伝統、歴史を発展させる団体だ。政治をもちこむな」とか「党員である前に、まずマガルであれ」などと語り、政党色が強くなることを牽制してきた。多くの人が、それが協会の求心力の低下につながることを自覚していたのである。マガル協会の政党化によりシュプレヒコールになっていた「マガル・エクタ（マガルは団結せよ）」は、もはや風前の灯になってきた。

とはいえカパンギが政党と無縁の人物であったわけではない。それどころかマガル協会の会長在任中、彼は人民解放党のナンバーツーである事務局長でもあった。それでも政治的偏向につながるといった批判が起こらなかったのは、人民解放党がカパンギとM・S・タパらのマガル指導者がマガルのために結成した政党だったからである。さらにいえば、人民解放党は国政選挙で負け続ける弱小政党で、他の主要な政党を支持するマガル人が気をもむ相手ではなかったからでもあろう。マガル協会、人民解放党、「カパンギとM・S・タパ」は、三位一体のようにしてマガルの民族運動を表象し、かつ体現してきたのである。

四・二 民族運動家、政治家としてのカパンギ

ここでカパンギの略歴をみておきたい。表2に示すように、彼は一九四六年に東部ネパールのウダイプル郡に生まれた。英語教師をしながら苦学して修士課程単位取得まで学び、校長職を経て、教員組合の創設に関わり役員を務めた。当時は非合法であった共産党(ML)(マルクス・レーニン派)に入党し、同党の投獄者情報センターの長をしていたが、地方への出張が多くじっくり勉強する時間をもらえなかったという。他方、入党した同期のバフンは本を読む時間を与えられ、どんどん力をつけていくという差別的な待遇を経験する。[9] 共産党(ML)は民族を軽視し、階級が民族より先にあるとするが、その主張になじめず一九八三年頃には足が遠のいた。ちょうどその頃、マガル協会の前身であるランガリ協会の中央委員会役員に選出され、以来マガル協会の活動に没頭してきた。

一九九〇年の民主化後、政党政治が復活すると、彼はいち早く弁護士のM・S・タパらとともに国民人民解放戦線(ネパール・ラストリヤ・ジャナムクティ・モルチャ)という政党を創設し事務局長になった。[10] 一九九一年には戦線を党に改め、今日につながる人民解放党(ネパール・ラストリヤ・ジャナムクティ・パーティー、通称ジャナムパまたはRJP)になった。[11] 人民解放党は一九九一年から選挙に参戦し、カパンギ自身も一九九九年に出馬するが落選、二〇〇八年の制憲議会選挙まで一人の国会議員も当選できずにきた。カパンギはよく講演で「南アフリカの黒人は一九九四年、はじめての選挙で

表2　ゴレ・バハドゥル・カパンギ・マガル略歴

1946	東部ネパールのウダイプル郡生まれ
1963～	教職（英語）につく、R.R.M.campus卒
1973～1979	ラメチャップ郡公立高校校長、非合法の共産党（ML）に入党
1977	パンチャーヤット議員に立候補、落選
1979～1987	ネパール全国教職員組合創設、執行部
1980	共産党員として14ヵ月投獄
1982～	ランガリ協会（後のマガル協会）中央委員会役員
1983頃	共産党（ML）を離党
1990	人民解放戦線（後の人民解放党）創設
1992	マガル協会会長（第４回全国大会）
1995	マガル協会会長（第５回全国大会）
1998	マガル協会会長（第６回全国大会）
1999	人民解放党から選挙に立候補、落選
2001	マガル協会会長（第７回全国大会）、来日 反人種主義・差別撤廃会議（ダーバン）出席
2002	国王の任命で女性児童社会福祉大臣就任
2003	同大臣退任
2004	人民解放党を離党、Prajatantrik Janamukti党創設
2008	Lok Kalyakari Janata党から制憲議会選挙に立候補、落選
2009	人民解放党に復党、来日
2011	人民解放党党首選に立候補、落選 同党を離党、Nepali Janata Party創設
2013	交通事故で入院（現在に至る）

マンデラに投票し自分たちの代表を国会に送った。だが、マガルは何度選挙を繰り返しても、マガルの候補者に気づかない」と述べ、笑いを誘いながらマガルの覚醒を訴えてきた。

彼の名がマガルを越えて一般のネパール人にも知られるようになったのは、二〇〇二年ギャネンドラ国王による指名で、ロケンドラ・バハドゥル・チャンド勅令内閣の国務大臣に就任してからだろう。だが、それが転換点にもなった。マガル人にダサイン祭の廃止を説いてきたカパンギだが、就任直後のダサインの日、慣例どおりに他の閣僚と王宮を表敬訪問し、国王から祝福を受けたのである。これを境にカパンギはその言行不一致をメディアから批判され、親国王派あるいは復古主義者とよばれるようになった（南 二〇〇八、二七四）。さらに、チャンド首相がBBCネパール語放送で内閣に参加している閣僚の政党を尋ねられた際、人民解放党の名を挙げ忘れるという一件が起こり、人民解放党幹部は激怒した。そして、自党の存在を首相に記憶させていない、あるいは訂正がうまくなされない責任をカパンギに追及し、除名騒ぎにまでなった（Magar, S.L. 2006: 133）。結局カパンギは大臣退任後、人民解放党を辞めざるを得ない状況になり、離党して新たにプラジャタントリック・ジャナムクティ党（民主人民解放党）を結成した。

人民解放党の弱点は、人によってはマガル民族運動の弱点とまでいうが、カパンギとM・S・タパの不仲であった。演説に長け、文字が読めない老人にも分かりやすく、かつ面白く伝える能力をもつカパンギと筆が立つ研究者肌のM・S・タパは、傍目には役割が異なり相補うリーダーにみえる。だが二人は久しく、少なくとも私が知る二〇〇一年以降、集会などで壇上に同席しても会話もしない間柄だった。マガル協会会長のカパンギと人民解放党党首のM・S・タパという双頭で、かろうじて均衡がとれていた二人の微妙な関係は、カパンギの大臣就任で崩れてしまったようだ。M・S・タパはカパンギが自分より先に大臣になったのが面白くなかったのだ、という人もいたが真相はわからない。だが、それが根も葉もない勘繰りとも思えないのは、ギャネンドラ国王が直接統治をしていた二〇〇五年、勅令内閣の大臣候補を一般公募したとき、自薦しに参じた人のなかにM・S・タパもいたという報道がなされたからだ[12]。人民解放党は制憲議会選挙前にこそ共和制支持を宣言したが、それ以前は立憲君主制を謳っていたのである。

二〇〇八年の制憲議会選挙直前、カパンギは自らの新党である民主人民解放党と人民解放党の統一、それがだめでも選挙協力を結ぼうと申し入れたが、人民解放党側に拒否された。仕方なく、立憲君主制派で世俗国家ではなくヒンドゥー至上主義のロク・カルヤンカリ・ジャナタ党（民衆繁栄人民党）に合流する道を選び、比例代表制から出馬した。だが、制憲議会選挙では立憲君主制の存続を擁護する政党は軒並み敗北し、同党の候補者も全員落選した。

人民解放党を支持するマガル人は、カパンギが離党して以来カパンギとM・S・タパの和解を両者に懇願し、さまざまな機会をとらえて二人の仲裁を試みてきた。その甲斐あってカパンギは、二〇〇九年に人民解放党に復党が許された。ところが、それも長くは続かなかった。二〇一一年の第四回人民解放党全国大会においてカパンギは、M・S・タパが立候補しないという情報を基に党首選に立ち、直前に急きょ立候補を表明したM・S・タパに三九票差で敗れた。さらに、党首選の敗者は党のいずれの委員会の委員にもなれない決定が下ると、彼はもはや居場所がないと再び離党。新党ネパリー・ジャナタ党（ネパール人民党）を創設した。インドにおけるヒンドゥー至上主義の保守政党、インド人民党（バーラティヤ・ジャナタ党）と瓜二つの政党名をつけた真意は定かでない。だが、カパンギの言動は親国王派や復古主義者というレッテルが単なるレッテルとは思えない方向に進み、彼はマガル民族運動におけるこれまでの貢献に敬意は表されても、影響力を低下させていった。他方、制憲議会議員となったM・S・タパは二〇一二年、マオイストのバブラム・バッタライ連立内閣の改組において労働交通管理大臣に任命され念願を果たした。

民族が中央の権力を奪取することは人民解放党の目標であり、大臣のポストを取ることはある意味その象徴であったといえよう[13]。だが、大臣を経験したカパンギは私に「国の政策決定にジャナジャーティ（民族）は関われない。官僚にもジャナジャーティはいない。大臣の私などゼロでもない。ゼロならまだ存在する。だが私は無だ。不可視だ。バフンの元大臣であれば、退任後も官僚に電話して指示できる。だが私にはそんなルートもない」と民族が負わされた構造的な限界を語る。そして、だからこそマガルの人々に権力を与える運動をつづけていかなければならないと確信したという。

四・三 人民解放党

人民解放党はネパール初の民族政党とよべるものの一つである。一九九〇年憲法第一一二条三には「宗教、社会集団、カースト、部族もしくは地域を基礎にして組織された政治団体または政党に対し、選挙管理委員会は承認を与えてはならない」とあった。だが、民族をベースとする人民解放党とタライ地域をベースとする友愛党（サドバーワナ党）の二つは、例外的にこの条項を潜り抜けて選挙管理委員会から登録が認められ（Bhattachan 1995: 131-2, ICG 2011: 5）、一九九一年、一九九四年、一九九七年、一九九九年の選挙で闘うことができた。

同党の候補者や支持者はほぼ民族の人々に限られ、たとえば一九九四年の総選挙における八二人の候補者中八〇人は民族で、残る二人はダリットとマデシ（タライ地域出身者）の人であった（Hangen 2010: 45）。同党は一九九一年の総選挙で五〇人の候補者を擁立し、一人の当選者も出すことができなかったものの、同党候補者の総得票は三万四五〇九票（有効票の〇・五％）に上った。さらに一九九九年の総選挙では一三〇人の候補者を立て、やはり当選者は出せなかったが、その総得票は九万二二五六七票（同一％）に達して一定の支持を得るまでに躍進した。選挙制度が小選挙区制だけでなく比例代表制並立に変わった二〇〇八年の制憲議会選挙では、同党は比例代表制で五万三九一〇票（同〇・五％）を獲得し、M・S・タパとチャマ・ライという女性が当選した。比例代表制の導入のおかげで、ついに人民解放党は国会議員を出したのである。

人民解放党の選挙キャンペーンをマガルの調査村で観察した人類学者のアハーンは「一九九七年の地方選挙で、人民解放党の三人がそれまでネパール会議派が独占してきた四つのワードの長の席を奪った（もう一席はＵＭＬ）」のを受け、「私は今でも、一九九三年のジュニ村におけるカパンギの演説は、村の政治史の転回点であったと思う」という（Ahearn 2001: 7）。人民解放党は、先述したようにボジャ村ではまだ次の選挙で投票するといわれ支持が伸びていないが、パルパ郡などのマガルが集住する村では一定の支持を集め、ローカルな政治を変えてきたのである。

人民解放党の党是は、諸集団の人口に基づく比例代表制により中央の権力を奪取して他と分け合い、平和的に平等で公正な社会を実現しようとするものである。解放すべき人民とはそれ故、これまで権力に近づくことができず虐げられてきた諸集団、すなわち民族を主として女性や宗教的マイノリティなどになる。人口に基づく比例代表制は国会議員にとどまらず、教育、雇用、公務員採用、産業などの部門にも適用し、そのために積極的な差別是正制度の一つである留保制度を取り入れるとする。独創的なのは「諸集団の人口に基づく」比例代表という点である。たとえば、民族のなかで最も人口が多いマガルは、国レベルではその全人口比約七％に準じた比例代表枠が与えられ、郡レベルでマガルが占める割合が約四九％と最も高いパルパ郡であれば、郡の議会定員が一〇〇人として四九人がマガルに割り当てられるという発想だ。

今回の制憲議会選挙の比例代表制では、マオイストの強硬な主張により、非公開候補者リストに載せる候補者は、民族三七・八％、マデシ三一・二％、ダリット一三％、後進地域四％、それ以外三〇・二％、それら各カテゴリーの半数は女性というクォータ配分で選ぶことが義務化された[14]。こうして多様な属性の人々が議員になる機会を与えられ、包摂の民主主義がかなりの程度担保された。だが、民族全体、ダリット全体という大きなカテゴリーで留保枠を設定すると、そのなかで既に政治的、社会経済的な力のある特定の集団がそれを占有してしまうことが起こり得る。[15] 人民解放党はそれを避けるために、諸集団（民族個別）の人口比という小さなカテゴリーに留保枠を設ける、より緻密な比例代表を構想しているのだ。

他方で、民族政党として重要な論点であり、党内でもさまざまな意見があって方針が変転してきたのが連邦制と地方分権、自治に関わる方針である。カパンギとM・S・タパは結党当初から、開発のための地理的領域としての連邦制や行政単位としての連邦制は賛成だが、民族区分に基づく連邦制（民族自治州）やアイデンティティの政治につながる連邦制の導入には反対してきた。民族自治州は内紛や分離闘争の元となり、特定の民族にのみ自治州を与える根拠も曖昧であるなど、ぼやけた（英語でblurryと発言）政策だと考えるからだ。むしろ、民族の人口に基づく比例代表制が確実に履行できれば、ある民族が多数を占める地域の議会は、自ずとその民族が多数派になると主張してきた。

だが、故カジマン・カンダンバ（リンブー）をはじめとする人民解放党創設時の役員の一部は、一二の民族自治州からなる連邦制を公約とすべきだと主張した。カパンギとM・S・タパらはそれを承諾せず、一九九一年、カンダンバらは離党し新たにネパール・ラストリヤ・ジャナジャーティ党（民族党）を結成した。[16] だが、この党は選挙管理委員会から政党としての承認を得られず、裁判に訴えても敗訴し登録できなかったため、彼らは人民解放党に復党した。ただし一部の人は復党せず、ネパール・ラストリヤ・ジャナ党（人民党）に改名して登録し直し、一二の民族自治州を公約にして選挙に出馬した。[17]

ところが、しばらくすると、幸か不幸か（カパンギの発言そのまま）、ほとんどの民族団体が民族自治州を要求するようになり、人民解放党としてもそれに対応せずにはいられなくなった。そのためカパンギらは不本意ながら、独自に創った一二の民族自治州という連邦制を公約することを党の中央委員会で決議した[18]。これはカパンギがまだ党員であったときのことなので、二〇〇四年以前のことになる。だが、話は二転三転する。二〇〇八年の制憲議会選挙前に作成された人民解放党のマニフェストをみると、民族自治州という言葉は消えて自治州に置き換わっていたのである。中央連邦政府と地理的領域に基づく自治州政府からなる連邦制を採用するというのだ。この間にどのような議論がなされ、結党時の方針に戻したのかはさらなる調査が必要だが、結果だけをみればこうだった。

とはいえ、二〇〇九年に五年ぶりに人民解放党に復党したカパンギが目にしたのは、民族自治州は必要だと主張する派閥ができており、党のイデオロギーが派閥ごとにばらばらな現状だった。カパンギは民族自治州を求める若い党員に「三〇〇〇年前は確かに、民族はそれぞれ故地に分かれて住み、民族自治州を設けるのにふさわしかっただろう。だが、プリトゥビ・ナラヤン・シャハがネパールを統一して以来、私たちはネパール全土に拡散して他の民族やカーストの人とともに暮らすようになった。多様な人々との混住と共生が現在のネパールだ。過去を現在に持ち込むな。時計の針を逆戻りさせてはいけない」と説く。さらにカパンギは「（権力のシェアリングを通じて）中央の権力を奪取しなければいけないのに、民族の名がついた土地（民族自治州）を取ろうとするのは、取り引きにはまることだ。一〇〇〇ルピーの代わりに、二〇〇ルピーをもらって喜ぶようなものだ。権力がないからこういう発想になるのだ。人民解放党の党是は人々の解放のために闘うことであって、マガラートといった土地の解放のためではない」と訴える。だが、もはやなかなか賛同を得ることができないのだそうだ[19]。

五　考察

五・一　連邦制と民族自治州

第一回制憲議会の失効による実質の解散（二〇一二年五月）から明らかになったのは、新憲法制定を頓挫させている核心的問題は、マオイスト人民解放軍のネパール軍への統合や解体でも、共和制（大統領制）でもなく、連邦制の形であったということだ。もっといえばそれは民族区分に基づく連邦制を採用するのか、すなわち民族自治州を設けるのかという政治的判断であった。暫定憲法（二〇〇七年）では、連邦共和制への移行は最初の制憲議会で決議したうえで実施に移すと明記され、翌年そのように決議されはした。だが、どのような連邦にどのような自治権を与えるのかという肝心な中身までは熟議されておらず、政党間でさらには政党内でも合意が困難になっているのである。

そもそも民族自治州の問題は、本稿でも民族政党である人民解放党において方針が二転三転してきたことをみてきたように、民族運動家のなかでも意見が分かれる微妙な問題である[20]。実際、カパンギのみならずマガルの民族運動家のなかにも、民族自治州は非現実的だという反応を示す人が少なくない。ましてやネパールに後から移入してきたため国内に故地と呼べるような集住地域がなく、自らのカースト名がついた自治州が得られないと予想されるバフンやチェトリなど高カーストのコミュニティの反発が大きいことは明らかである。

だが、二〇〇四年、マオイストは民族を動員して勢力を拡大するため、加えて行政機構を確立するため、マガラート自治区を皮切りにタルーワン、タムワン、タマン、マデシ、キラートという民族に基づく自治区を設け、地方人民政府を樹立した[21]。小倉（二〇〇七、一三七-九）が「民族の問題はマオイスト自身が体内に抱える爆弾でもある。……略……自治区の樹立は、マオイスト自身が党内に紛争の種をまいたことになる」と指摘するように、民族自治区の樹立はマオイストの党幹部がバフンやチェトリの男性が大半を占めるなか、民族に対する懐柔策と疑われても仕方がないものだった。カパンギはまさにこうした中央の権力の代わりに、土地と小さな権力をもらうことを「取り引きにはまることだ」と批判したのである。

マオイストによる民族自治区の樹立は、武力によって成し遂げられたものだが、民族運動家に実現可能なモデルを提供することになり、それを既成事実化させることにつながった。民族団体を傘下におくネパール先住民連合（NEFIN）が、オム・グルンが会長の時の二〇〇七年、マオイストを含む暫定政府とのあいだで、来る制憲議会に「民族（jati、英語版ではエスニシティと訳される）、言語、地理的地域、経済的指標と文化的特殊性に基づく連邦州の仕組み」を答申する委員会を設立することに合意するなど、民族自治州の要求は民族問題の一丁目一番地のように考えられるようになった。マオイストはまさに民族問題という「パンドラの箱」を開いてしまったのである。

ここで注目したいのはハンゲンが指摘する、モンゴル・ナショナル・オーガニゼーション党（以下、MNOと省略）の党首ゴパール・グルンが、連邦制自体には賛成でも民族自治州には反対であったことだ。反対の理由は、ゴパール・グルンやこの党の支持者であるグルン、タマン、マガルなどの民族とは、故地を離れ東部ネパールのイラム郡に移住した人々であり、この案では自らがマイノリティとしてリンブーワン（リンブー自治州）に暮らすことになるからである（Hangen 2010: 157）。カパンギもやはり西部ネパールのマガラートではなく、東部ネパールのウダイプル郡に生まれ育った移入者の子孫であり、他の民族の自治州に暮らすことになるマイノリティの不安や痛みを共有する。彼の場合さらに進んで、他のカーストや民族と仲良く暮らす（ミリジュリ・バスヌ）共生の経験が、ネパールの現状を混住としてむしろ肯定的に捉える認識を生んでいる。

ハンゲンは制憲議会選挙で票を伸ばした民族政党およびマデシ系政党は、それぞれ民族自治州とマデシ単一自治州の導入を謳ったところばかりであり、ＭＮＯ敗北の主要因は民族自治州に反対したことにあると分析する（Hangen 2010: 157）。だが、ＭＮＯと同様に民族自治州の要求を公約としなかった人民解放党は二議席を得ており、またそれが主要な争点であったならば、民族自治州を公約で明示したマオイストのみならず、それを主張した民族政党の票がもっと伸びてもおかしくなかっただろう。民族運動家や民族団体がではなく、一般の民族の人々がほんとうに民族自治州を求めているかは、その論点のみの国民投票でも行わない限りわからないといわざるを得ない。

新憲法制定が民族自治州の導入問題で膠着しているなか、ゴパール・グルンやカパンギなど東部ネパール出身の一部の民族運動家が自らの経験から描く混住の現状認識、および民族自治州の導入反対という抑制が効いた主張は、私はもっと評価されてよいと思う。ゲルナーが述べるように、現在のネパールは民族やカースト間の通婚も少なくなく、単一の民族・カーストとか単一の宗教に回収できない帰属意識をもった人が増えているのであり、文化的、生物学的な混交（hybridity）が進んでいる（Gellner 2005: 7）、からである。民族自治州内に住む他の少数民族などの諸集団には自治州内にサブ自治区を与えるといった案も盛んに議論されてきたが、ぼやけた政策であるというカパンギらの批判はますます正鵠を射たものにみえる。

五・二　マオイスト運動とマガル民族運動

マオイスト運動と民族運動との関係を考えるとき、タマンの論文は示唆に富む（Tamang 2006）。そこで、まずは彼の論文に依拠して概観したい。マオイスト以前の共産党系の各政党は、ネパール会議派に比べると民族の問題に関心を寄せてきたとはいえ、あくまで階級闘争が先にあり民族の問題は二の次とされてきた。それに失望した、また冷遇されてきた民族出身の党員が離党し、新たな政党を結成する事例が多かったことは既述してきたとおりである。これに対して、マオイストは一九九六年には既に、実質の宣戦布告となった「四〇項目の要求」において、民族やカーストに基づく差別をなくすための要求を掲げていた。それは、世俗国家の宣言（一八項）、カーストに基づく搾取と偏見の撤廃およびある民族が多数を占める地域ではその集団に自治権を与えること（二〇項）、不可触制の撤廃（二一項）、すべての言語に同等の地位を与えること（二二項）である。そこにはネパール先住民連合（NEFIN）の創始者の一人で初代事務局長であり、後にマオイストに入党したスレシュ・アレ・マガルなどの民族運動家の意見や助言が大きく関わっていたといわれる。さらに武装闘争において民族がその要員として有能かつ重要であることに気づいたマオイストは、民族を取り込むための政策をおしすすめた。その究極のものが先述した、民族に自治権と自己決定権を与える民族自治区の樹立であった（以上はTamang 2006に基づく）。

こうしてみるとマオイスト運動はその原動力と母体を民族に負い、民族運動と表裏一体となって進んできたことが明らかになる。民族自治州や自己決定権などは元来、一部の民族運動家が主張し民族政党において政策として掲げられてきたものであるが、いみじくもB・K・ラナ・マガルがいうように、マオイストの民族政策はその借り物だったといえよう（Magar B.K. 2011）。マオイストは階級を民族にすり替えて、彼らをうまく武装闘争に利用してきたといわれるが、それればかりか民族運動家が構想してきた民族に関する政策をもうまく流用し、しかも武装下において、そのいくつかを実現させてみせたのである。加えてマオイストは、一九五〇年代からコミュニストが席巻してきたがゆえに政府から迫害され、マガル協会もまた見下して民族運動から疎外されていたロルパ郡とルクム郡のカム・マガルの村にベース・エリアをおき、抑圧されていた彼らを動員することに成功した（Sales 2000: 61）。小倉（二〇〇七、一二六）が「ネパールにタバンという村がなかったら、そして、タバンがマガル族の村でなかったら、ネパールにマオイストが生まれることはなかっただろう」と核心を突く指摘をしたように、マガル協会がかえりみない間隙にマオイストは生まれたのである。[22]その意味でマオイストの出現と台頭は、マガル協会の、そしてマガル民族運動の敗北でもあった。

こうして民族運動の最前線をマオイストにもっていかれた民族運動家は、自らの主張を取って代わって実現させるマオイストに対して、両義的な態度をとらざるを得ない立場に追いやられた(Lecomte-Tilouine 2004: 125-9)。なぜなら、両者の政策の起源は同じなので目指すゴールも近似してくるが、かといってマオイストを全面的に支持することは、自身の存在を否定することになるため、できないからである。こうなると極左を除く民族運動とマオイストが大きく異なる点は、民族の解放を実現するのに武器をもたずに闘うか、それとも武器をもって戦うかという方法論の違いだけになる。

主張は同じでもアプローチが穏健な平和主義の民族運動は、マオイストという過激な武装勢力の登場により相対的に保守的で弱腰とみられるようになり、マガル協会がそうであるようにマオイストの影響力が民族運動家のそれを凌駕するようになった。そして元々非政治団体であったはずのマガル協会は政党化し始め、求心力を失ってマガルの団結を弱化させた。

民族運動の分裂がマオイスト首脳の目的であったというのは憶測に過ぎないが、結果的にそれがマオイスト運動の副産物になったことは間違いない。ここで注意しておくべきは、マオイストが異なる民族やカースト間の結婚を奨励し報奨金を与えるなど、民族・カースト区分の混交ないしは解体を目指すような共産党ならではの政策を一方では進めていたことである。それは、民族自治区の樹立という民族区分を保護する立場と真っ向から対立する政策に他ならない。民族にとってマオイストは信頼に足る政党なのか、あるいは民族はマオイストに利用されるのではなくマオイストを利用して、民族運動が求めてきた平等な権利を享受できる社会を実現できるのか。「ネパールの歴史においてマガルはたくさんの血を流してきたが、他者に利用されただけだった」というカパンギの警鐘は、今なおその効力を失っていないといえる。

六　おわりに

マオイストの影響をほとんど受けなかった地域としてのボジャ村の事例は、マオイスト運動や武装闘争のイメージを画一的なものにしないために有用なものであろう。マオイストのイメージにしても、殺傷を繰り返す怖い人々ではなく、村人に寄り添おうとしてきたことがわかる反面、選挙におけるマオイスト代理人は、近代主義、個人主義、合理主義の猛者のようにも映る。それに比べてボジャ村を含む当該地域のマガルの人々は、そのようなピリピリしたマオイスト代理人をいなしているかのようだ。もしそこに、村人対マオイスト、優対劣という対比が感じられたとしたら、それは私の意図するところではない。たとえば、書記の文化一つとっても、それを取り入れることによって、いかに多くの口承の文化にまつわる能力を失ってきたかは自覚しているつもりである。

マガル協会の記述ではカパンギとM・S・タパだけを取りあげることになったが、他にも多くのマガルの指導者がいることはいうまでもない。ただ、この二人はマガルの民族運動の象徴的な存在であったことは誰しもが認めるところであり、マオイストの台頭によって影響力が低下した二人でもあった。それはまたマガル協会の活動が低調になったこととも重なる。本人の口から私は聞いたことがないが、カパンギは「マオイストとのつながりを否定したが、さらに問いただすと、イデオロギー的には彼らに近いことを認めた」とされ、マオイストに対する両義的な態度の一例に挙げられている(Lecomte-Tilouine 2004: 129)。確かに彼が演説でよく使う言葉は、マオイストが使う言葉と重なることが少なくなかったが、つくづく民族運動とマオイスト運動は紙一重の差であったことに気づかされる。まだダーダジェリ行政村をはじめナワルパラシ郡山地部を訪ねたことがないというカパンギであるが、その日がくることを切に願う。

注

1　徒歩半日のデウチュリ山麓にあるもう一つのボジャ村。私が調査してきたボジャ村は、そこと区別する際テーレ・ボジャとよばれる。

2　サールも警察がニワトリと酒を要求するのに対し、マオイストはトウモロコシと塩しか求めず好感がもたれており、警察と違いマオイストは貧しい人々に危害を与えないという評判を得ていると指摘する（Sales 2000: 65)。ちなみにグルカ兵を多く輩出してきたマガルのような民族では、とくに高齢の人々のあいだで兵士や軍服に対する抵抗感が希薄なようだ。かつてグルカ兵は故郷に錦を飾る成功者の代名詞だったこともあり、兵士のイメージは概して悪くない。

3　ナワルパラシ郡は六つの選挙区に分かれており、最東に位置する第一選挙区は一二の行政村からなる。ダーダジェリ行政村は一行政村一投票所だが、人口が多い行政村には複数の投票所がある。ワードとは行政村のなかの地区のことで、一から九のワードに分かれる。偶数ワードとはワード番号二、四、六、八のワードを、奇数ワードとはワード番号一、三、五、七、九のワードを指す。

4　選管法や立会人マニュアルにクーポンに関する規定はない。だが、有権者はアイデンティティを証明するものをもつのが望ましいとされ、その延長線上にクーポンの発行という行政サービスが位置づけられる。どの機関がクーポンを用意したかは未確認であるが、おそらく投票率を上げ、公正な選挙を実現しようとする役所がつくり、行政村事務所を通じて村の長に有権者名簿と併せて配布されたものと推測される。

5　G・Cは文字どおり「ジーシー」と読み、Gharti Chetriの頭文字からきている。チェトリ・カーストのなかのサブグループ名でかつその人の姓である。他にも、K・C「ケーシー」Khatri Chetriという姓がよくみられる。

6　ネパール・マガル協会の運動とその意味については南（二〇〇八、二七三–四）を参照のこと。

7　ルコント・ティルィンによれば、既に一九九八年、カパンギはマガル協会とマオイストは無関係であることを公に宣言していたが、そうせずにはいられないほどマガルの民族運動はマオイストにより評判を落としていた、あるいは関連するものとみられていた（Lecomte-Tilouine 2004: 113）。
8　M・S「エムエス」と読む。Malbar Singhというファースト・ネームの略だが、本名のフルネームはほとんど使われず、本人を含めエムエスのほうがよく使われる。インドやネパールで日常的によくみられる名の短縮の仕方で、五節に出てくるB.K. Rana Magar「ビーケー・ラナ」などは私もフルネームを知らない。
9　タマンは一九九〇年以前の共産党における民族およびダリット党員の冷遇や不満について記述し、その一人としてカパンギの例を挙げる（Tamang 2006: 275-6）。
10　当初は国民民族解放戦線（ネパール・ラストリヤ・ジャナジャーティ・ムクティ・モルチャ）を名乗ったが、政党の要件に抵触するため、ジャナジャーティ（民族）を外しジャナ（人民）にすげかえた。カパンギによれば、人民解放党の創設者には他にPrem Dubho Gurung, Bayan Singh Rai, Gopal Khambu（=Gopal Vikram Rai）がいたという。Gopal Khambuは離党し、一九九二年にKhambuwan Rastriya Morchaを創設しカンブーワン自治州を求めて武装闘争を開始した。その後、彼はKirat Rastriya Morchaに合流、さらにマオイストに入党した。
11　結党当初は人民解放（janamukti）をPeople's Liberationと訳し英語の党名にしていたが、マオイストが人民解放軍（Janamukti Sena、英語名People's Liberation Army）を創設し、武器をもって戦うイメージが広がった。そのため、それと区別するため党名の英語訳をPeople's Emancipation Partyに変更した。
12　M・S・タパによれば、人民解放党が自分を大臣に推薦したが、彼自身は国王に面会することはあっても自薦はしていないそうだ。報道は人民解放党を親国王派として貶める印象操作だという。
13　たとえパンチャーヤット時代のことであっても大臣経験者は、その後生涯にわたり公的な催しなどで、「元大臣の何某」という称号つきでよばれ主賓として敬われる。これが大臣ポストの呪縛というものであろう。
14　クォータは比例代表制定員の三〇％（一〇一人）以上の候補者をリストに挙げる政党に適用され、一一政党が該当した。比例代表選の参加要件は最低三四人（定員の一〇％）の候補者を挙げることだが、三四人から一〇〇人までの候補者を挙げる政党はこのクォータを勘案しなくてよい。ただし、女性は三分の一以上でなければならない。この細則により、人民解放党をはじめとして候補者を一〇〇人までにおさえる党が増加した。

15 実際に試験的に行った医学部生の留保制度では、ジャナジャーティ枠を民族のなかで優位にあるネワールが独占してしまうことが起きた（Gellner 2005: 5）。

16 カパンギによれば、民族党の事務局長に就任したKajiman Kandanbaの他には、党首になったKagendra Jan Gurung、パンチャーヤット時代の元大臣で、会計担当になったBhadra Kumari Ghaleがいたという。

17 バッタチャンによれば、人民党が要求した一二の民族自治州とは、民族とカーストに基づくリンブーワン（リンブー）、カンブーワン（ライ）、タンバ・サリン（タマン）、ネパール（ネワール）、タム・ディないしタムワン（タム／グルン）、マガラート（マガル）、カサーン（カス）、および地域あるいは言語域に基づくジャダン、マイティル、ボジプリ、アワディ、コチラである（Bhattachan 1995: 132）。

18 カパンギによれば、人民解放党が構想した一二の民族自治州とは、民族とカーストに基づくリンブーワン、カンブーワン、タンバ・サリン、ネワ（ネワール）、タムワン、マガラート、カサーン、タルーハット（タルー）、ダリット、および地域あるいは言語域に基づくルンビニ、ボジプラ、コチラである。前の注の人民党との違いは、タルーとダリットの自治州とブッダの生誕地ルンビニが加わり、ジャダン（ダリットと置換）、マイティル、アワディがないことである。

19 実際その後、第二回制憲議会選挙（二〇一三年一一月）における人民解放党のマニフェストでは、民族とカーストに基づくリンブーワン、カンブーワン（キラート）、タマンサリン、ネワ、タムワン、マガラート、カサーン、タルーハット、および地域あるいは言語域に基づくルンビニ、ミティラ、ボジプラ、サイパル（カプターン）の一一自治州の設立が公約とされた。ただし、人民解放党が二〇一三年夏に作成した自治州地図においては、サイパルのところがダリットと記されていた。同党は第二回制憲議会選挙においても比例代表制で二名の議員を当選させた。

20　ルコント・ティルインは、マガラート解放戦線（ヒット・バハドゥル・マガル）とマガラート国家解放戦線（ロク・バハドゥル・マガル）のマガラート構想の違いを比較している（Lecomte-Tilouine 2004）。そこからは親マオイストの民族自治州賛成派のあいだでも意見の違いが大きいことがみてとれる。

21　小倉（二〇〇七、一三七-九）による。この他に、地域に基づくセティ・マハカリ自治区、ベリ・カルナリ自治区が樹立された。これにネワ自治区（樹立せず）を入れて九つの自治政府が構想された。マオイストの第一回制憲議会選挙マニフェストでは、民族に基づくリンブーワン、キラート、タムサリン、ネワ、タムワン、マガラート、タルーワン、および地域あるいは言語域に基づくベリ・カルナリ、セティ・マハカリ、アワダ、ボジプラ、ミティラ、コチラの一三の自治州成立が公約された。

22　私の調査地ダーダジェリ行政村もマガル協会にかえりみられることがなかった地域であると先に述べたが、ロルパ郡やルクム郡とナワルパラシ郡山地部の地勢の違いは強調しなくてはならない。後者には、地下潜行の武装闘争には欠かせない無人の広大な森林や後背地となるヒマラヤ南面が、前者と違って、ないのである。

参考・引用文献

小倉清子、二〇〇七、『ネパール王制解体―国王と民衆の確執が生んだマオイスト』、日本放送出版協会。

南　真木人、二〇〇八、「マガル―仏教への集団改宗をめざす先住民」、綾部恒雄（監修）、金基淑（編）『講座世界の先住民族　三―南アジア』、明石書店、二六二-七八頁。

Ahearn, Laura M., 2001, '"We Were Kings Here Once": Gendered Constructions of Magar Ethnicity in a Speech by Gore Bahadur Khapangi', *Himalayan Research Bulletin*, 21 (1), pp. 7-10.

Bhattachan, Krishna B., 1995, 'Ethnopolitics and Ethnodevelopment: An Emerging Paradigm in Nepal', in Dhruba Kumar (ed.), *State, Leadership and Politics in Nepal*, Kathmandu: CNAS, pp. 124-47.

Gellner, David N., 2005, 'Ethnic Rights and Politics in Nepal', *Himalayan Journal of Sociology and Anthropology*, 2, pp. 1-17.

Hangen, Susan I., 2010, *The Rise of Ethnic Politics in Nepal: Democracy in the Margins*, London and New York: Routledge.

ICG: International Crisis Group, 2011, *Nepal: Identity Politics and Federalism* (Asia Report 199).

Lecomte-Tilouine, Marie, 2004, 'Ethnic Demands within Maoism: Questions of Magar Territorial Autonomy, Nationality and Class', in Michael Hutt (ed.), *Himalayan People's War: Nepal's Maoist Rebellion*, Bloomington and Indianapolis: Indiana University Press, pp. 112-35.

Magar, B. K. Rana, 2011, 'M.S.Thapa Magar's Role in Current Politics', *Rajyasatta: Talking about an Identity since 1993*.
(http://rajyasatta.com/rajyasatta-dialogue/2384-ms-thapa-magars-role-in-current-politics)

Magar, Sanjog L., 2003, *Nepalko Rastriya Chintan* (Speculation for Nepal State: Political Interviews of Gore Bahadur Khapangi Magar), Kathmandu: private printing.

Sales, Anne de, 2000, '"The Kham Magar Country, Nepal: Between Ethnic Claims and Maoism', *European Bulletin of Himalayan Research*, 19, pp. 41-72.

Tamang, Mukta S., 2006, 'Culture, Caste and Ethnicity in the Maoist Movement', *Studies in Nepali History and Society*, 11 (2) , pp. 271-301.

十章

チトワン郡チェパン村落における政党支持と抑圧の顕在化

橘　健一

一　はじめに

二〇〇八年四月一〇日に実施されたネパール制憲議会選挙で、ネパール共産党マオ派（以下マオイストとする）が第一党となった。マオイストは、もともと武装闘争を目指す地下政党を出自とし、山村中心に人民戦争を展開して支配を広げていった組織である。そのため、選挙直前までに全国的な支持基盤を確立していたとは考え難く、何がマオイストの全国的勝利を可能にしたのかという疑問が、選挙後、多方面から湧きだした。マスメディアはそれに答えようとさまざまな分析を展開し、ネパールの一般市民も、喧喧諤諤の議論を繰り広げた。

筆者は二〇〇八年五月にカトマンドゥと東ネパールを訪れたが、その際、マオイスト以外の政党支持者たちが、マオイストによる投票の妨害や暴力的な誘導などがあり、それがマオイストの直接、あるいは間接的な勝因だと主張するのを聞いた。一方、妨害、誘導などはなかった、あるいはあったとしても自分は知らない、他の政党にも不正はあるなどとし、国民のマオイストへの期待、あるいは他の政党への失望によってマオイストが選ばれたのだというマオイスト支持者の意見も聞いた。

その後、筆者は二〇〇九年二月に、ネパール・チトワン郡の先住民チェパンの人々が暮らす農村[1]（以下M村とする）で、インタビュー（一九九〇年以降の国政、地方、制憲議会選挙における政党支持について）を行う機会を得た。その村でもマオイスト支持が拡大していたが、マオイストによる暴力的誘導は確認できなかった。また、その村に限らず、周辺の都市域でも同様にマオイストに期待して投票したという多くの人に出会った。ここでネパール全国レベルにおけるマオイストによる暴力的誘導などの有無、あるいはその影響の大きさについて判断することはできないが、暴力的誘導と関わりなく、自発的にマオイストを支持したネパール国民が多く存在するのは間違いない。

では、マオイストを自発的に支持する人、あるいは逆に支持しない人は、なぜその選択に至ったのだろうか。単純に考えれば、マオイストの示す政治的理念や具体的政策に共感（反感）を覚えたから、ということになるだろうが、そのような政治的共感（反感）は、日常的な生活世界という基盤によって支えられているはずである。

以下では、まずラナ家の専制政治の時代（以下、ラナ時代）から国王親政的なパンチャーヤット制の時代（以下、パンチャーヤット時代）を経て、民主化後の複数政党制に至るまでのM村の政治状況の変遷を示す。ついで、筆者がM村に長期滞在していた際に実施された一九九七年地方選挙の状況について解説する。そこからマオイスト台頭の時代を迎え、村人たちとマオイスト達とのあいだで、どのような直接的なやりとりがなされたのかを確認し、そのあとで、前述のインタビューの結果を示す。その際、筆者がM村で一九九〇年以来行ってきた村人の生活に関する調査資料を加え、農村のどのような生活や社会的実践が、どのようなかたちでマオイストや他の政党（共産党UML、ネパール会議派、国民民主党）の政治的理念の受容や支持に結びついたのか、結びつかなかったのかを明らかにしたい。

政治的認識に結びつく生活や社会的実践の内容をあらかじめ理論的に求めることも可能だろうが、本稿では、農村の個別的な状況を重視し、M村の人々の政党支持理由や政治状況に関する言説に見出される経済状況、年齢、親族関係、民族といった要素を取り上げた。そこから民主化以降の農村における微細な政治的運動の流れと、制憲議会選挙におけるマオイスト支持（不支持）とが、どう結びついているのか、検討する。

二　調査地について

調査地のM村は、パンチャーヤット時代から、行政上チトワン郡S村パンチャーヤットを構成する九つの区のなかの一区となり、民主化以降は、S村落開発委員会の一区（第六区）となり現在に至っている（村パンチャーヤットと村落開発委員会は基本的に領域が重なるので、特に区別する必要がない限り、以下では両者を行政村とする）。

M村を含むS行政村は、地理的にはマハーバーラット山脈の南斜面で、ラプティ河上流域にあたる地域に位置し、M村は、ラプティ河支流が流れる渓谷と渓谷に挟まれた一つの丘からなる。またM村という枠組みは、一部の例外を除き、始祖を共有すると考えられている父系の血縁的な単位でもあり、地神に対する祭り（現在はキリスト教化により廃止）も行っていた信仰の単位でもあった。そうした経緯もあり、M村は単なる行政的な地区ではなく、古くから「村（gaun）」とよばれてきた領域だと村人はいう。

M村は、二〇〇七年現在七四所帯、人口七五〇人からなり（村の教会による調べ）、すべての住人がチベット・ビルマ語系の先住民チェパンである。チェパン社会では、一般に家を意味するキム（kim）とよばれる父系的な親族集団（以下、親族集団とする）が、政治、経済、宗教活動で重要な役割を果たしているが、M村は一二の父系親族からなる。[2]

チェパンの比率はＳ行政村全体でも高く、一九八九年の資料では所帯数、人口の八五％を占め、それにタマンが所帯数で一二・五％、人口で一一・八％とつづく。ネパールのマジョリティであるパルバテ・ヒンドゥーは鉄鍛冶職人として働く七所帯と、高位カーストのチェトリが一所帯のみである。

この地域でチェパン人口の比率が高い理由の一つは、ラナ時代が終わるまで、Ｓ行政村とその周辺がチェパン・キパット（kipat）[3]とよばれ、土地保有権がチェパンの父系親族に限られていたことにある。[4]また、ラナ時代の後に展開した親王制的なパンチャーヤット制度下で、Ｓ行政村出身の郡議Ａ氏（タマン出身）が、現在のＳ行政村と隣接するＫ行政村とで一つの行政村となっていたのを、「チェパンが支配的な領域はチェパン自立のために分けるべきだ」として郡に働きかけ、分離させたこともＳ行政村の人口がチェパン中心になっていることに大きく関わっている。[5]

とはいえ、この地域でチェパンが一つの民族集団としてまとまって特定の政党支持をしたことはなく、その意味で、住民がチェパンであることが特定政党の支持に直接つながっているとはいえない。また、二〇〇八年制憲議会選挙で比例代表としてチェパンの議員が二名（共産党ＵＭＬから男性一名、マオイストから女性一名）選出されたものの、そうした村レベルを超えて活動するチェパンの政治家が、Ｍ村周辺で政治的影響力を発揮した形跡もない。むしろ、チェパンが一九七〇年代から「生活に困窮している」などの理由で開発の対象とされ、この地域でさまざまなプログラムが実施され、多くの住民が自らを「貧しい」と形容している点が、政党支持に関わるこの地域の特徴だと考えられる。

三　民主化以前の政治体制と政党支持

ラナ時代には、徴税の基本単位となる領域は、モウジャー（mauja）とよばれ、M村は谷を隔てた近隣の二つの「村」とともに一つのモウジャーを構成していた。当時、各モウジャーで村人のなかから徴税役、副徴税役、秘書官が国によって任命され、それらの役は父系で世襲されていた。M村の古老達によれば、徴税役、副徴税役は、各家族から税金や家畜などを集めて当時の郡の首長に届けるだけでなく、喧嘩の仲裁、泥棒に対する審判などを行っていた。また、村人たちから労働奉仕を年に一、二度受け、さらに父系の跡継ぎの絶えた家族の土地を自らのものとするなどして、一般の村人と比べ経済的にも優位に立っていたという。ラナ時代末期では、徴税役を務めた男性よりも副徴税役の男性のほうが「弁が立つ」人で、村の決めごとでは力を発揮していたそうである。そうした徴税役、副徴税役とその親族集団に属す人達が、ラナ時代まで政治的、経済的な中心だったということは、M村の人々のあいだでは広く共有されている。

ただし、筆者がパンチャーヤット時代以降に確認した駆け落ちや賠償問題など紛争解決の事例では、訴える側のほとんどが行政の長に話をもっていくと主張したものの実際にはそうせず、親族集団間の対等な話し合いで解決していた。また、そうした方法がラナ時代でも行われていたとの話を複数の古老から聞くことができた。つまり、親族集団の徴税役を中心とした階層的な関係だけでなく、そうした対等な関係も併存していたということで、これは日常的な農作業の互酬的な関係にも当てはまる。

前述の元郡議A氏の父は、ラナ時代にタマンが多く住む区の区長を務め、父の死後、その後を継いだ。A氏は父の力で教育を受け、やがて現在のS行政村周辺で教師として働いた。その後、M村の学校設立にも関わり、パンチャーヤット制度に移行後はS行政村の村長に、さらに郡議まで務め、この地域で一定の政治基盤を確立した。

パンチャーヤット時代には、同時にネパール会議派の支持者も広がっていたが、M村とその周辺でその中心となったのが、行政村で用務員として勤めたK氏であった。M村には他にもネパール会議派支持を明言していた男性がいたが、その人も現役の公務員であった。この二人は、仕事でM村の外部の人々と関わり、話を聴くなかでネパール会議派支持者になったという。同じ行政村のタマンで、この人たちと同世代（A氏より若い世代）の男性にも、ネパール会議派支持者が多く、それがK氏をはじめとしたM村のネパール会議派支持に影響したとも考えられる。

パンチャーヤット時代の末期には、M村にはネパール共産党ML（共産党UMLの前身）を支持する若者C氏もあらわれた。彼はM村の元徴税役の親族集団に属すが傍系で、父親の兄弟が多かったため相続した農地が僅かになり、経済的には恵まれていなかった。また、当時村で最も学歴が高く（八年生まで進学）、職を求めて村の外部に出かけることが多かった。彼も、近隣に住むタマンの共産党の活動家と知り合いになり、「貧しい者を助ける」という共産党の理念に賛同し、自らも支持するに至ったと話す。

四　一九九〇年民主化と支持政党

一九九〇年の民主化で複数政党制が開始されると、元郡議のA氏は王政を含めた旧体制支持の色合いの強い国民民主党の政治家として活動するようになり、教師時代の教え子たちに対する影響を維持した。元副徴税役の親族に属し、M村で最も裕福な人のうちの一人とされるG氏もA氏の教え子で、そのG氏を中心に教え子たちとその家族の支持は固まっていた。G氏の父系の甥で、広い農地を所有する中年男性P氏は、A氏の教え子世代が高齢化してきたため、その後継者と目されていた。

S行政村と隣接する前述のK行政村では、パンチャーヤット時代に行政村長を務め商店経営で成功したネワール出身の人物がネパール会議派の支持者となり、S行政村の人たちが頻繁に行き来するK行政村内のバザールでもネパール会議派支持者が目立つようになった。M村でも、前述の行政村用務員K氏などの親族を中心にネパール会議派は支持を得ていたが、それ以外の親族に広まるような目立った動きはなかった。

他方、M村の共産党UML支持者はC氏の属す元徴税役の親族集団を中心に、確実に広がった。特に元徴税役に直系でつながり、M村で最も広い土地を所有する中年男性N氏が共産党UML支持になると、そのN氏を中心に元徴税役親族集団はもとより、近所で暮らす別の親族の一部も共産党UML支持にまわった。N氏の姻戚で元区長だったL氏も、この頃には共産党UML支持者となっていた。元徴税役親族集団の選択が、その元区長L氏の共産党UML支持に影響した側面もあるだろうが、弁が立ち政治的な経験が豊富な彼の言動は、N氏や他の元徴税役親族集団の人たちに、大きな影響をもたらしたようである。

それまでチトワン郡で活動する共産党UML政治家はS行政村に来ると前述のC氏に連絡をとり、C氏も郡庁周辺まで頻繁に政治家に会いに行っていた。民主化以降、M村の共産党UML支持者の中心はC氏からN氏に移り、N氏が村外から来訪する共産党UML政治家を受け入れ、村内の共産党UML支持者の動向を左右するようになった。

五　一九九七年地方選挙

一九九一年の国政選挙、一九九二年の地方選挙ともに、ネパール会議派が半数を超える議席を獲得し勝利していた。それが一九九四年の国政選挙では、共産党UMLがやはり半数を超える議席を獲得、勝利した。一九九七年の地方選挙が近づくと、M村でも共産党UML支持者が、他の政党に入れても票が無駄になると主張するなど、その言動に勢いがあった。そのような状況で、国民民主党からはP氏が、ネパール会議派からはK氏が、共産党UMLからはN氏が区長として立候補することになった。また、区議候補として立候補した男性たちは、村内を廻って自らへの投票と、それぞれの支持政党の行政村長立候補者への投票を訴えた。選挙は、その三氏を軸に展開するようにみえた。

ところが立候補者締め切りの前々日、M村の政治が大きく動く。それは、元副徴税役親族集団直系のP氏と元徴税役集団直系のN氏が、郡庁に学校の机、椅子の費用を受け取りに行ったときのことだった。N氏が、P氏が共産党UMLから立候補することを条件に、自らは共産党UMLの立候補者から降りることを申し出たのである。P氏はそれを承諾、M村の徴税役親族集団とその姻戚に元副徴税役親族集団が加わり、大勢は共産党UML支持でほぼ固まった。区議候補者として、元徴税役親族集団から一名とその姻戚L氏、副徴税役親族からもP氏以外の一名が決まった。[6]

選挙後、N氏にこの行動について訊いてみると、村が一つにまとまった方がよいと考えP氏に譲ったという旨、話していた。またP氏は「〈犁〉（国民民主党の印）から立候補するといって村を廻ったが、誰も自分を支えるために（国民民主党の）区議になる（よう立候補する）と言わないし、〈犁〉では勝てそうもないから辞めました」と語った。

他方、P氏が共産党UML支持に廻ったために急遽自らが国民民主党から立候補した前述のP氏の父方叔父G氏は、「P氏を立てて自分は立候補しないつもりだったのに、P氏が共産党UMLについてしまい自分がこうしてあちこち歩かなくてはならなくなってしまい大変です。年を取って耳も遠くなってしまったのに」とこぼしていた。

区議候補者として、P氏は、別の父系親族の同年配の男性二名を立てた。ネパール会議派からは、K氏の親族以外で元徴税役、副徴税役親族集団の暮らす地域から遠い集落に暮らす若者二名が区議候補として立候補した。

M村で前述の事態が起こるなか、投票が行われた。行政村全体の結果は、表1のようになった。表2はそれをさらにまとめたものである。

共産党UMLからの立候補者は、最多の四五人、そのうち七割以上が当選し、同党は圧勝した。行政村長、副行政村長の席を共産党UMLが獲得し、全議席の七〇%以上を共産党UMLが占めること

表1　S行政村における1997年地方選挙立候補者・当選者のカースト・民族、年齢、所属政党

役職	当選者			落選者					
	カースト・民族	年齢	所属政党	カースト・民族	年齢	所属政党	カースト・民族	年齢	所属政党
行政村　村長	チェパン	34	UML	タマン	50	NC	チェパン	29	RPP
行政村　副村長	チェパン	35	UML	チェパン	52	NC	タマン	42	RPP
第一区　区長	タマン	60	RPP	チェパン	31	UML			
区議	タマン	47	NC	チェパン	37	UML			
	タマン	38	RPP	タマン	30	UML			
	タマン	27	NC	チェパン	24	UML			
女性区議	タマン	42	NC	チェパン	53	UML			
第二区　区長	タマン	46	UML	タマン	46	NC	タマン	27	RPP
区議	タマン	34	UML	チェパン	21	NC	タマン	48	RPP
	チェパン	26	UML	チェパン	39	NC	チェパン	21	RPP
	チェパン	24	NC	スナール	46	UML			
女性区議	タマン	37	NC	マガル	37	UML	タマン	46	RPP
第三区　区長	チェパン	35	UML	タマン	63	NC			
区議	チェパン	26	UML	チェパン	36	NC	チェパン	46	RPP
	チェパン	46	RPP	チェパン	32	NC			
	チェパン	25	NC						
女性区議	チェパン	45	UML	チェパン	77	NC			
第四区　区長	チェパン	27	UML	チェパン	37	NC			
区議	チェパン	45	UML	チェパン	21	NC	チェパン	44	RPP
	チェパン	26	UML	チェパン	32	NC			
	チェパン	26	UML						
女性区議	チェパン	31	UML						
第五区　区長	チェパン	31	UML	チェパン	34	NC			
区議	チェパン	21	UML	チェパン	25	NC	チェパン	48	RPP
	チェパン	32	UML	チェパン	26	NC			
	チェパン	45	UML						
女性区議	チェパン	41	UML						
第六区　区長	チェパン	36	UML	チェパン	33	NC	チェパン	53	RPP
区議	チェパン	33	UML	チェパン	23	NC	チェパン	39	RPP
	チェパン	35	UML	チェパン	26	NC	チェパン	58	RPP
	チェパン	35	UML	チェパン	31	NC	チェパン	49	RPP
女性区議	チェパン	42	UML	チェパン	47	NC			
第七区　区長	チェパン	24	UML	チェパン	30	NC			
区議	チェパン	50	UML	チェパン	27	NC			
	チェパン	46	UML	チェパン	32	NC			
	チェパン	26	UML	チェパン	21	NC			
女性区議	チェパン	28	UML	チェパン	48	NC			
第八区　区長	チェパン	43	UML	チェパン	29	NC	チェパン	50	RPP
区議	チェパン	50	UML	チェパン	37	UML	チェパン	50	RPP
	チェパン	51	RPP						
	チェパン	28	UML						
女性区議	チェパン	42	UML	チェパン	41	NC			
第九区　区長	タマン	39	NC	タマン	38	UML	チェパン	26	RPP
区議	チェパン	46	NC	チェパン	46	NC	マガル	28	RPP
	チェパン	29	UML	チェパン	49	NC	タマン	37	RPP
	チェパン	35	UML	チェパン	33	UML	チェパン	34	RPP
女性区議	チェパン	44	RPP	チェパン	41	UML			

凡例：UML＝共産党UML、NC＝ネパール会議派、RPP＝国民民主党

表２　各政党別立候補・当選者数と平均年齢、チェパン比率

政党名	立候補者			当選者			
	人数	平均年齢	チェパン比率	人数	当選率	平均年齢	チェパン比率
UML	45	35.4	86.7%	34	75.6%	34.9	89.7%
NC	37	36.6	78.4%	8	21.6%	35.3	37.5%
RPP	24	42.3	66.7%	5	20.8%	47.8	60.0%
合計	106	37.4	79.2%	47	44.3%	36.5	87.2%

凡例：UML=共産党UML、NC=ネパール会議派、RPP=国民民主党

となった。他方、ネパール会議派、国民民主党ともに立候補者のうち約二割しか当選せず、惨敗であった。

このように拡大した共産党ＵＭＬの支持理由について、支持者たちは、選挙期間中「貧しい者には共産党ＵＭＬがよい」「ネパール会議派は賄賂を使う」「今度は別の選択を」と宣伝して廻っており、上述のような親族関係を軸とした村内政治に、そうした主張が結びついて、票を伸ばしたともいえる。共産党ＵＭＬを批判する人たちは、「コミュニストになると個人の財産が無くなってしまう」と不安に訴えたが、結果的に、それはさほどの効果をもたなかったといえる。

そうした支持政党の移行にともないあらわれた変化の一つが、立候補者の低年齢化である。国民民主党からの立候補者の平均年齢が四二歳、当選者の平均年齢が四八歳であるのに対し、ネパール会議派は立候補者平均が三七歳、当選者平均が三五歳、共産党ＵＭＬは立候補者、当選者ともに平均年齢が三五歳と最も若い。このように全体として行政村内、あるいは各区の政治は、長老格の年配者から中年、若者中心に移行した。当時聞かれた「当選したのは若者ばかり」とか「年寄りはもう役に立たない」などといった言説は、それを端的に示している。

「年寄りは役に立たない」というのは、パンチャーヤット時代から学校教育の浸透、特に読み書きの能力に関わる言説で頻繁に確認されたもので

ある[7]。学校で読み書き能力をつけた若者に比べ、読み書きできない年配者は役立たずだ、という類の話である。また、この頃、宗教儀礼の場でも酒に酔った若者が「儀礼に関わることを年寄りは何でも勝手に決める」と文句を言いながら取り乱す、という事件も起きていた。年配者に対抗しようとする若者の意識は、日常に広がっていた、といえる。

当選者の発表に際して、「チェパンが多くなった」ともいわれていた。表1、2でわかるように、ネパール会議派、国民民主党の当選者は、共産党UMLに比べ、非チェパン、特にタマンの比率が高い。単純化すれば、両党の支持者の中心はタマンで、共産党UMLを強く支持したのはチェパンだといえる。また、共産党UMLの立候補でも、チェパン以外からの立候補者で当選したのは、わずか二人（落選は四人）で、ここからもチェパンと共産党UMLとの結びつきがみえる。

地理的には、第三区から第八区までで、立候補者のすべてがチェパン、当選者のすべてが共産党UML所属となっているが、この地域はS行政村で前述のK行政村から遠い位置にあり、ここがチェパン居住の核となり、共産党UMLの躍進を支えたことがわかる。逆に、ネパール会議派、国民民主党の当選者が出ている他の行政区は、バザールがあるK行政村に近接し、その影響もうかがわれる。

投票が終わると、政党ごとに村人たちが投票所の周辺に集まり、政党から給付されたとされる資金で打ち上げの宴会が開かれた。村人たちが分かれて座る様子をみていた古老の一人は、「民主化されて、村はバラバラになってしまった」とこぼしていた。そうした言説は、選挙運動期間にもしばしば聞かれた。

六　マオイストの台頭と移住問題

その後、一九九六年にマオイストが西ネパールを中心に人民戦争を開始したが、一九九九年にも国政選挙が行われ、M村およびS行政村では、共産党UMLが大勢を占めたとされる。二〇〇一年にマオイストに対して国が軍を派兵し内戦状況が全国に広がるなか、S行政村と各区の行政機能もほぼ停止状態に陥った。そのような状況下でS行政村にも武装したマオイストが押しかける。

当時の状況を村人たちに聞いてみたが、マオイストは時折やってきては武器を預けて家の奥に隠させ、また武器を取りに来る、という繰り返しだったという。さらにマオイストに対する印象も訊いてみると、ほとんどの人が「何でもなかった」「無償で食事を求められて迷惑だった」といい、人によっては「かわいそうだった」ともいっていた。マオイストは国軍に追われ、とても恐れていたから、とのことだった。

ただし、マオイストの来訪によって、取り返しのつかない被害を受けた人もいた。元区長L氏の息子のR君である。小学生の彼は、学校近くに落ちていた手榴弾を弄っているうちにそれが爆発し、片手の指数本を失った。マオイストは治療費として五〇〇〇ルピー支払ったそうである。L氏は、弄っていた子どもも悪いといって、それ以上マオイストを責めず、村全体でも反マオイスト的な流れは生まれなかったが、R君はそれ以来、片手を常にポケットに隠して歩いている。

また、マオイストは、S行政村の隣のK行政村の政府林に人民解放軍駐屯地を切り拓いた。その近隣出身のあるチェパン男性によると、その際、マオイストは周辺に暮らすチェパンを集めて一緒に森の伐採を行い、駐屯地の部分は自分たちが支配するが、隣接する森は開墾を手伝ったチェパンが支配してもよいと、土地を与える約束をしたとされる。

その詳細はわからないが、実際に駐屯地の隣接地域（個人所有地を含む）で、土地無し層には農地が与えられることになったとして居住する家族が多数存在した。そうした家族は、マオイストだけでなく他の政党も一緒になって自分たちに土地を与えてくれたのだという。S行政村はじめ周辺の多くのチェパン所帯が（そして他のカースト・民族も）定着し、その土地はすでに売買の対象となり、購入した土地に移住したという人も少なくなかった。だが、逆に土地の不法占拠容疑で逮捕者も出ており、その一部は政治問題となっている。この問題に関する情報は錯綜しており、正確な実態把握にはさらなる調査が必要だが、いずれにしても、マオイストの存在が少なくとも貧しい所帯に、土地が得られるという期待感をもたせたのは確かである[8]。

七　二〇〇八年制憲議会選挙

二〇〇六年の停戦、和平の合意から、二〇〇八年にようやく制憲議会選挙が行われた。S行政村はチトワン第二選挙区に属すが、そこでの制憲議会選挙の結果は表3の通り、マオイストの勝利に終わった。

S行政村全体での票の流れを今回は調査できなかったが、M村のマオイスト支持者は、マオイスト

表3　2008年制憲議会選挙チトワン第2選挙区の結果

Ram Bahadur Thapa Badal	マオイスト	21409票	当選
Ak Nath Ranabhat	ネパール会議派	13009票	落選
Kashi Nath Adhikari	共産党UML	11312票	落選

表4　M村における2008年制憲議会選挙投票結果（全74所帯、750人中）

政党名	支持所帯数	支持			
		人数	比率	男性	女性
CPN-M	17	27	50.9%	19	8
UML	13	20	37.7%	14	6
NC	3	3	5.7%	3	0
RPP	1	1	1.9%	1	0
棄権	2	2	3.8%	0	2
合計	36*	53	100.0%	37	16

凡例：UML＝共産党UML、NC＝ネパール会議派、
RPP＝国民民主党、CPN-M＝マオイスト
※そのうち4所帯では支持政党が割れている

が勝利したと主張していた。共産党UML支持者は、党の調査で共産党UML三〇〇人、マオイスト二〇〇人、ネパール会議派はごく僅か、という結果になったとしていた。

M村内ではどのような結果になったのか、二日間で三二所帯（一九九〇年時点では、所帯が分裂しておらず三〇所帯だった）の五三人（男性三七人、女性一六人）にインタビューを行い確認した。インタビューは、主に農作業や家の建築などの共同作業後に人が集まっている状況で行い、補足的に個別に自宅を訪問して行った。[9]

全体としての傾向をまとめたのが表4で、一七所帯二七人がマオイスト支持、一三所帯二〇人が共産党UML、三所帯三人がネパール会議派、一所帯一人が国民民主党をそれぞれ支持、棄権が二人となった。

この調査は、個人を対象に実施したものだが、インタビューをつづけるうちに、村人がお互いにどの政党に票を入れたのか把握しているとい

表５　2008年制憲議会選挙におけるM村マオイスト支持者

個人記号	性別	年齢(歳)	自給率(順位)	集落(記号)	父系親族	家族関係	1997年地方選挙	1999年国政選挙	2008年選挙における政党支持理由
1	男	32	2	GK	副徴税役	2の弟で3の夫	UML	UML	
2	男	39	2	GK	副徴税役	1の兄で父はRPP	UML	UML	
3	女	36	2	GK	副徴税役	2の妻	UML	UML	新しい政権をみるため
4	女	28	2	GK	副徴税役	1の妻		UML	
○5	女	42	7	GK	副徴税役	48の妻	UML	UML	CPN-Mは貧しい者のため、女性を外に連れて行ってくれる
6	男	22	8	DS	副徴税役				新しい政権をみるため、駄目だったら次は別の政党に入れる
7	男	17	19	GK	副徴税役	31、32の長男			少し上の世代がCPNなのでそれに従った
8	女	17	19	DS	副徴税役	49の娘で7の姪			
9	男	45	39	SD	副徴税役		UML	UML	
10	男	27	50	GK	副徴税役				新しい政権をみるため
11	男	29	6	SD	徴税役	34の長男			新しい政権をみるため
12	男	47	30	SD	徴税役				CPN-Mは土地なし層に土地をくれる
13	男	43	13	DS	他	14の夫	RPP	UML	新しい政権をみるため
14	女	40	13	DS	他	13の妻	RPP	UML	夫と同じにした
○15	男	32	14	BS	他	16の夫		UML	CPN-Mは民衆に権利を与え民族を平等に扱うから
16	女	35	14	BS	他	15の妻		UML	新しい政権をみるため
17	男	27	17	MP	他				
18	男	55	29	MK	他	19の父	RPP	UML	
19	男	36	29	MK	他	18の長男		UML	新しい政権をみるため
20	男	55	31	MK	他			UML	新しい政権をみるため
21	男	45	32	MK	他		UML	NC	新しいシステムをみるため、以前から他の人にあわせている
22	男	34	35	MK	他			UML	NCは金持ちの党、この集落は皆CPN-M
23	男	50	41	MK	他			UML	新しい政権をみる
24	男	40	46	MP	他	25の夫で26の兄		UML	新しい政権をみる
25	女	40	46	MP	他	24の妻		UML	夫と同じにした
26	男	27	46	MP	他	24の弟で26の夫			
27	女	25	46	MP	他	26の妻			夫と同じにした
平均		35.7	＊25.75						

凡例：UML＝共産党UML、NC＝ネパール会議派、RPP＝国民民主党、CPN-M＝マオイスト
　　○＝地区リーダー
＊個人ではなく調査対象となった17所帯の平均
1994年の国政選挙での投票先についての資料は得られなかったため、割愛した

表6　2008年制憲議会選挙におけるM村共産党UML支持者

個人記号	性別	年齢(歳)	自給率(順位)	集落(記号)	父系親族	家族関係	1994年国政選挙	1997年地方選挙	1999年国政選挙	2008年選挙における政党支持理由
○28	男	48	7	GK	副徴税役	29の夫で42の父	RPP	UML	UML	
29	女	43	7	GK	副徴税役	28の妻	RPP	UML	UML	夫と同じにした
30	男	54	8	GK	副徴税役		RPP	UML	UML	従兄弟がUMLに移ってから自分も支持を変えた
31	男	75	19	GK	副徴税役	32の夫				CPN-Mが多いので別にした
32	女	47	19	GK	副徴税役	31の妻				夫と同じにした
33	男	43	33	SD	副徴税役			UML	UML	
34	男	50	6	SD	徴税役		UML	UML	UML	
35	男	45	15	SD	徴税役			UML	UML	
36	男	40	40	SD	徴税役	37の夫	UML	UML	UML	
37	女	38	40	SD	徴税役	36の妻	UML	UML	UML	夫と同じにした
38	男	34	40	SD	徴税役	36の弟	UML	UML	UML	
39	男	25	40	SD	徴税役	36、38の弟	UML	UML	UML	
40	男	48	44	SD	徴税役			UML	UML	開発をたくさんくれる、NCは賄賂を使う
41	男	32	10	GK	他					
42	女	20	13	DS	他	28の娘				父と同じにした
43	女	30	20	MP	他	50の妻で44の嫁		UML	UML	
44	男	55	20	MP	他	45の夫		UML		
45	女	45	20	MP	他	44の妻		UML		夫と同じにした
46	男	55	21	GK	他		UML	UML	UML	王もCPN-Mも人を殺したがUMLは殺さない
47	男	50	34	TN	他		NC	NC	NC	もうNCでは勝てないので
平均		43.85	＊20.77							

凡例：UML＝共産党UML、NC＝ネパール会議派、RPP＝国民民主党、CPN-M＝マオイスト
○=地区リーダー
＊個人ではなく調査対象となった13所帯の平均

表7　2008年制憲議会選挙におけるM村ネパール会議派支持者

個人記号	性別	年齢(歳)	自給率(順位)	集落(記号)	父系親族	家族関係	1994年国政選挙	1997年地方選挙	1999年国政選挙	2008年選挙における政党支持理由
○48	男	45	7	GK	副徴税役	28の弟	RPP	UML	UML	大統領もNC、UMLは自分に何も訊いてこない
49	男	44	19	DS	副徴税役		RPP	UML	UML	リーダーの従兄と同じにした
50	男	32	20	MP	他					
平均		40.3	15.33							

凡例：UML＝共産党UML、NC＝ネパール会議派、RPP＝国民民主党、CPN-M＝マオイスト
○=地区リーダー

うことと、票が所帯内で一致しない場合に答えた本人が訊かれなくてもそれを表明したり周辺が指摘したりする、ということが明らかになった。票は基本的に所帯で一致すべき、あるいはそうなっているのが標準的だと考えられているのである。つまり、インタビューの回答者のうち、所帯内で支持政党が異なるとされた例以外は、ほぼ同一所帯内で支持政党が揃っているとみなすことができるので、村内の所帯の四三%が対象となっているこの統計は、村内の票の流れを十分示しているといえる。マオイストと共産党UMLが拮抗しつつマオイストがやや優勢という集計結果は、M村の村人が語る政党支持の全体的な傾向と一致していることも、それを裏づけている。

インタビューの詳細を各支持政党別にまとめたのが表5（マオイスト支持者）、表6（共産党UML支持者）、表7（ネパール会議派支持者）である。各政党の支持理由のほかに、各個人の属す所帯の経済状況、親族間の政治経済関係を考える上で歴史的に重要な要素となってきたラナ時代の役職、徴税役・副徴税役についての情報を加えた。

なお、経済状況として、一九九〇年に行った全五三所帯のトウモロコシの年生産量と消費者数から算出した自給率の順位（橘 一九九二）を示した。各所帯は、トウモロコシ以外に商品作物を作付け、販売したり、ヤギなどの家畜の飼養、販売、半栽培の油脂植物の種の販売なども行っているため、その自給率が、完全に各所帯の経済状況を示しているわけではないが、村人のどの所帯が金持ち、貧しいという評価に鑑みても、その自給率の違いが、概ね各所帯の経済状況を示しているといえる（二〇〇八年現在の各所帯の経済状況は調査できなかったが、数人の村人に訊いた範囲で大きな変動はなかったようである）。

表5をみると、マオイスト支持者は、ほとんどが共産党UMLからの転向者で、全体としては元徴

税役、副徴税役親族集団以外の親族集団が多い。ただし、元徴税役、副徴税役親族集団の支持者もいないわけではなく、親は共産党UML、国民民主党支持で、子どもはマオイスト支持といった例（自給率六位の所帯では個人記号11の男性はマオイスト支持で、父親は共産党UML支持、自給率一位の所帯では息子夫婦がマオイスト支持で父親は国民民主党支持など）もあった。この例からは、マオイストが若者中心に幅広い親族集団の人達を惹きつけているといえる。元副徴税役親族集団に属す四〇代のマオイスト支持者もいるが、その人達は傍系の男性と直系の家に嫁いだ女性で、直系の中高年男性支持者は確認できなかった。

なお、村の女性の多くが夫や父親と同じ政党を支持しているなか、マオイスト支持者になった女性は、夫がネパール会議派支持であるにもかかわらず、マオイストの理念への共感から夫と別の選択をした、としている。そうした政党の理念により、家族に支持政党を合わせることを拒む、という現象は、他の政党支持者には確認できなかった。

M村内部の集落間の差異をみると、マオイスト支持者は、元徴税役、副徴税役親族集団の所帯が全く住んでいないMK集落の所帯が一番多く、それに隣接する元副徴税役親族集団が多いGK集落が続く、という結果になっている。集落は、一般に農作業の労働交換の単位となっており、さらに肉の共同購入など日常的な交流により友好関係が築かれ、政党支持も一般に揃う傾向があるとされる。異なる集落でも、近隣であれば、労働交換や交流が見られ、さまざまな影響を相互に受けている。そこから、マオイスト支持者は、MK集落中心に近隣に支持者が広がっていったと考えられる。

マオイスト支持の理由としては、「新しい政権をみてみるため」というものが一一例と他の理由より圧倒的に多い。また、経済階級間、民族間、男女間の平等という理念に惹かれている支持者も目につく。なお、マオイスト支持を所帯の経済的序列からみるとその平均順位は、二四・六位で、共産党UML支持よりも低く、貧困がマオイスト支持と結びついている傾向がみてとれる。

表6に示した共産党UML支持者は、ネパール会議派から乗り換えた人が一人いるだけで、それ以外ほとんどが一九九七年から変わらない支持者である。従来通り、元徴税役、副徴税役親族集団とその姻戚に属す人達が中心で、平均年齢は四三・九歳と三五・七歳のマオイストより高い。居住地域でみるとGK集落と徴税役親族の多いSD集落の所帯が中心的で、一三所帯中一〇所帯が両集落に位置する。また、支持所帯の自給率をみると、低位の所帯もあるものの、その順位の平均は、二〇位（一九九〇年の記録で五三所帯中）で、中上位所帯が主となっていることがわかる。共産党UML支持の理由として、ネパール会議派に比べ賄賂を行わず開発をよく行うこと、マオイストに比べて非暴力的であること、など確認することができるが、支持を変えていない人が多いこともあり、支持理由はあまり積極的には語られない。

表7のネパール会議派の支持者は、M村ではもともとあまり多くなかったが、それまでの支持者は、支持者を増やすことができなかったことなどを理由に共産党UMLとマオイスト支持にまわった。今回確認された新たな支持者三人の男性のうちの一人は、従来支持していた共産党UMLが自らを軽視することを転向の理由にあげている。この人は共産党UMLで区長となったP氏の弟であり、これは政党そのものより、兄をはじめとした共産党UMLの中心的人物たちに対する不満を意味していると考えるのが妥当である。五〇番の男性からは、時間が無く、残念ながら支持理由を訊くことができなかった。

国民民主党支持者として確認できたのは前述のG氏一人のみで、彼の調査時の年齢は六〇歳とすでに高齢で、所帯自給率（一九九〇年の資料に基づく）は二位と高い。居住集落名はGK、所属する親族は副徴税役である。なお、長男、次男夫婦ともマオイスト支持者になっている。支持を大きく失ったG氏は、「自分は年寄りでもうだめだ」と盛んに語り、他の政党支持者の多くも国民民主党を「年寄り」の党と語っており、国民民主党支持者（おそらくネパール会議派支持者も）が勢力を失った背景には、一九九七年地方選挙の「年寄りは役に立たない」という言説の流れがつづいていたことがあるといえる。

なお、表4の棄権二人はともにDS集落に暮らす女性で、所帯自給率は上位に位置する。そのうち一人は七五歳と高齢で、所帯自給率九位の副徴税役親族に属す。もう一人は五〇歳の未亡人で副徴税役親族に属している。前者は、「子どもが行けば十分だから」、後者は「ウシやヤギの世話で忙しい」という理由で棄権している。

八　まとめ

これまでのS行政村とM村の選挙における政党支持の動向を俯瞰すると、共産党UMLとマオイストとを合わせた共産党系の勢力が、パンチャーヤット時代に支持基盤がほとんどなかったにもかかわらず、圧倒的なものになったことがわかった。

それを支えているのは、この地域の人々の経済的格差の是正、さらには農地獲得、あるいは汚職のない清潔な政治への期待感だといえる。それは、共産党支持者として、あるいは従来の野党支持者として当然ともいえるものである。

だが、そのような認識を下支えするものとして、国民民主党やネパール会議派のリーダーとなっていた人物、他の民族へのある種の反目、あるいは、それらからのチェパンの自立という流れがみて取れた。また、長老格の中高年男性に対する、学校で読み書きの能力を身につけた若者の反目や自立を目指した実践、あるいは父親や兄の支持する旧来の勢力への抵抗も確認できた。

こうした民族間、世代間の軋轢が、一九九七年頃からのS行政村のチェパン集住地域の政治を動かしてきたといえる。

そうはいっても、二〇〇八年制憲議会選挙においてもM村の政党支持は、夫婦関係、親子―家族関係、親族関係、同じ集落に暮らす地縁的関係といった社会関係の枠組みを再生産するかたちで選択されるのが一般的であった。そこには妻は夫と同じ政党を、子は親と同じ政党を支持する、甥や姪は叔父にしたがう、などといったかたちで、非対称的な権力関係、妻は夫に従うが、夫は妻に従うわけではない、といった関係が示されている。

だが同時に、表5の個人番号2番、5番の事例をみるとわかるように、マオイスト支持者のなかに、父に異を唱える息子、夫に異を唱える妻がいるのを見過ごすわけにいかない。若者や妻の親や夫への反乱が徐々にではあるが起きているのである。5番の妻は、48番ネパール会議派支持の夫と人目憚らず論争すらしていた。

マオイストの掲げる理念として、経済階級間、ジェンダー、民族・カースト間関係の平等を実現する、ということがある。そうした理念やそれを支えるための実践（暴力を伴うことが少なくなかったが）に、若者や気丈な妻が惹きつけられて、マオイストを選択しているのだとみることももちろんできるし、本人もそのように語っている。

実際には兄（28番）の支持する共産党ＵＭＬから弟（先に取り上げた48番）がネパール会議派に転向した例をみてもわかるように、既存の一方的な関係に抵抗することを志向して政党を選択するとき、必ずしもマオイストを選択する必要はない。だが、そうした平等を求め、抵抗する場合に、マオイストが示す理念の力が強いのは、支持者の数とその支持理由をみれば明らかである。

Ｍ村で、そのような抵抗を示した最も大きな動きが、もともと非徴税役・副徴税役だった親族集団（より正確にはそうした親族のみからなる集落の住民）によるマオイスト支持である。ラナ時代に親族集団間で平等な関係を保ちながら、徴税役・副徴税役中心の階層的な論理を受け入れてきた他の親族は、民主化以降にもそうした元徴税役・副徴税役親族集団が中心となった村内政治を受け入れてきた。その人々が政治、経済的な別の可能性を求め動き出した流れと、元徴税役・副徴税役親族集団の若者などの抵抗の流れが結びついた結果が、Ｍ村の制憲議会選挙におけるマオイスト優位という情勢に繋がったと考えられる。

民主化以降の複数政党制は、農村の人々に日常のなかで構造化した社会的実践を改編する可能性を予感させた。そして、それぞれの状況で野党におかれた政党は、貧しい者の声を聞く賄賂のない政治など別の実践の可能性を感じさせることで次の選挙で勝利してきた。マオイストは、そうした流れのなかでさらなる平等を訴え、妻、子供、若者たち、経済的、政治的に不利な状況にあった親族を目覚めさせ、抑圧を顕在化した。マオイストの全国的な勝利は、そのような民主化以降の流れと平等を訴える言説の効果により、不利な状況にある人たちの微細な政治運動を引き起こした結果だといえる。

本書の共著者である藤倉は、その著書のなかで、ネパールで民主化が始まった一九五〇年代から近年までの開発や民主化の展開を「目覚めの言説」として捉え直し、マオイスト運動をそうした「目覚め」の一部に繋がるものとして分析している（Fujikura 2013）。M村の微細な政治運動も、そうしたネパール全体の開発や民主化と「目覚め」の広がりの一つのあらわれなのである。

だが、マオイストへの支持は、未だ固まったものとはいえない。とりあえず「新しい政権をみるため」という支持理由が多いことが示すように、マオイストに対する信頼も、全体としてみれば希薄である。

「新しい」選択がなくなったとき、誰がどのようなかたちで抑圧を顕在化し、解消への道筋を示すのだろうか。今後もネパールの政治、人々の微細な政治運動から目を離すことはできない。

謝辞

本稿の作成に当たり、編者の石井溥東京外国語大学名誉教授、ならびに南真木人国立民族博物館准教授から文章表現について、田中雅子上智大学准教授からは女性区議の地方自治上の位置づけについて有益な助言を頂いた。また、S行政村、とりわけM村の皆さんの永年にわたる協力なしに、本稿の作成はとうてい不可能であった。末筆ながらこれらの関係各位に感謝申し上げたい。

注

1 筆者は一九八九年から九〇年までの約一年間と一九九五年から九七年までの約二年間、当該のチェパン農村で長期のフィールドワークを行っている。

2 チェパンの父系的な親族=キムについては橘(二〇〇九)を参照。

3 キパット制度については、Regmi(1978)が参考になる。他のキパットの事例は、南(二〇〇八)もマジ・キパットで他の民族への土地売買が禁止されていた状況を報告している。

4 この地域には、タマンが集住する村もあり、その村周辺には別の制度が敷かれていたことが知られている。

5 A氏の弁による。他方、K行政村の元村長は、A氏は自らの政治力を盤石にするため、政治力の及ばない領域とS行政村の領域の分離を働きかけたのだとしていた。ただ、いずれにしても、A氏の働きかけで、行政村が分離したということは、地域住民の共通認識となっている。

6 女性区議の立候補者については、筆者の調査が不十分で、親族関係を確認できなかった。なお、ここでいう女性区議(表1の項目も含む)は、各区に一名ずつ与えられた女性「のための留保議席」の区議を指し、一般「議席」で選出された女性の区議とは異なる。

7 橘(二〇〇八)を参照。

8 別の近隣行政村の男性は、以下のような事件があり、村人はマオイストには投票しなかったという。
「ある日、マオイストが三〇~三五人やってきました。山の下から、国軍がそれを追ってきました。マオイストは森へ逃げていきました。森で木の皮を集めていた村人たちが家に帰ってきたとき、国軍はそれをマオイストと勘違いし、三人撃ち殺しました。皆チェパンです。マオイストは、誰も死なず、皆逃げました。五人村に残っていたのですが、一人は肥料を運び村人になりすましていました。グルンのマオイスト女性は、どこに行くのか、家はどこかと国軍から聞かれましたが、隠れていた家を、ここが家だといって誤魔化しました。他にも乳搾り、家畜の放牧などをして、村人を装ってその場をしのいでいました。

マオイストたちは移動する時には野菜を背負っていきました。国軍に見つかって『どこに行くのか』と訊かれると『野菜を売りに（バザールへ）』といい、『いくらで売るのか』と詰問されると『私たちのような貧乏人にそんなことわかりません』と答えてやり過ごし、国軍から離れるとすぐに荷を捨てて逃げていったのです。マオイストは、山の頂き近くの家に逗留し、私たちはそこまでコメやトウモロコシを運ばされ、彼らの荷物もバザールまで運ばされました。彼らは皿は自分たちで洗いますが、ご飯を炊くことを強いられて、苦労しました。

その頃、マオイストのいうことを聞かないと、骨を折られたり、どこかに連れて行かれたりしたので、若者は恐れて村を離れ、カトマンドゥでセメントを運んだり、道路建設の仕事をしていました。最近ようやく村で若者の顔をみることができるようになりました。村では彼らの制度になると、畑を耕す人も、飼い葉を取りに行く人も、ご飯を炊く人も、皆毎日八時間働かなくてはならなくなるし、個人の土地、財産もなくなるといっていました」

9　男性が多いのは、家の建築作業に男性が多かったことなどによる。また、まとめて数人に訊くようなかたちになったこともあったが、直接質問に答えた人以外は確認を怠ったため、空欄とした。過去の選挙における投票先は、状況をみて無理に質問しなかったため、答えにばらつきがある。

参考・引用文献

橘　健一、一九九二、『山地民チェパンの生業複合の変化―ネパール中部丘陵地帯における生業の生態史的研究』、筑波大学大学院環境科学研究科提出修士論文。
橘　健一、二〇〇九、『〈他者／自己〉表象の民族誌―ネパール先住民チェパンのミクロ存在論』、風響社。
南　真木人、二〇〇八、「マジとボテ―『川の民』と呼ばれる先住民」、綾部恒雄（監修）、金基淑（編）『講座世界の先住民族―ファースト・ピープルズの現在3　南アジア』、明石書店、二七九–九七頁。
Fujikura, Tatsuro, 2013, *Discourses of Awareness: Development, Social Movements and the Practices of Freedom in Nepal*, Kathmandu: Martin Chautari.
Regmi, Mahesh C., 1978, *Land Tenure and Taxation in Nepal*, Kathmandu: Ratna Pustak Bhandar.

十一章

「寡婦」が結ぶ女性の繋がり
――ネパールにおける寡婦の人権運動

幅崎麻紀子

一　はじめに

結婚は多くの社会において、男性にとっても女性にとっても重要なライフイベントである。特に女性にとってはネパール社会においても、他の南アジア社会と同様に、人生最大のイベントである。娘が結婚適齢期に達すると、家族や親族は娘の結婚への関心を高め、配偶者選びに奔走する。ヒンドゥー系女性にとって、とりわけ高カーストの女性の場合、誰といつ結婚するかは、両親の意向に基づいているといっても過言ではない。女性にとって結婚は、自身の意思を超えた、いわば、避けられない運命として捉えられている。

かつて、ネパールのヒンドゥー系社会では、幼児婚の習慣が行われてきた。幼児婚の場合、一〇歳にも満たない初潮前の少女たちが、両親にいわれるがまま籠に乗せられ、婚姻儀礼に赴き、そのときにはじめて夫となる男性と結婚するのが一般的であった[1]。現在では、見合い婚[2]であっても、両親が娘の結婚を強引に進めることはしない。当人が相手の顔を知らないまま結婚するということは少なくなった。恋愛結婚や「ラブ・アレンジ婚[3]」とよばれるような、新たな結婚スタイルも出現している。現代社会を生きる女性たちは自分の意見を述べ、配偶者を選び、結婚後も仕事をつづけるなど、彼女らの母や祖母の時代にはみられなかった人生を歩みつつある[4]。

結婚が本人や家族の意図のもとに計画される一方で、配偶者の死は期せずして突然に訪れる。そして夫の死は、残された妻に寡婦としてのさまざまな文化的社会的規範への遵従をもたらすことになる。

夫を亡くした女性と夫が存命している女性を名称や外見で区別し、配偶者を亡くした女性のみが遵守せねばならない役割や規範を設けている社会も少なくない。[5] ネパール社会、特にパルバティア社会[6]においては、配偶者を亡くした際の行動規範は性別によって大きく異なり、夫を亡くした女性は、衣服や装身具などの制約や行動の制約が厳格に求められる。

寡婦は「ビドワ」、あるいは蔑みを込めて「ラディ」とよばれる。[7] 寡婦であることは、女性にとって、自身のアイデンティティを示すものではないにもかかわらず、寡婦であることが、彼女の生活を大きく左右することになる。寡婦は赤やピンクなどの暖色系の服やアクセサリーを身にまとうことを抑制され、結婚式などの祝いの儀礼から排除されることを通して、いやが上にも自分が寡婦であることを自覚させられていく。その上、しばしば夫の両親や親族から、夫の死を引き起こした元凶であると糾弾されることもある。

一方、妻を亡くした男性の生活には、それほど変化はない。服装も変わらず、社会的な行動制限を受けることもなく、寡夫とよばれることもない。再婚も難しいものではない。[8]

夫が存命する女性は、ヒンドゥー社会のなかで女性として、母として妻として、人生を謳歌することができるが、配偶者を亡くした女性は、社会や家庭内での位置が一変し、寡婦としての人生を送ることが求められる。言い換えれば、文化的社会的に「女性」としてではなく「寡婦」として生きることが求められているのである。

しかし、近年、こうした社会的規範に、当事者である女性たち自身が異を唱え始めている。寡婦に課せられた規範に異議を申し立て、寡婦となることで失った名誉や権利を取り戻す運動を起こし始めたのである。その運動を喚起した背景には、ネパールにおける女性の権利運動の歴史とともに、ネパール社会に大きな影響を与えたマオイスト運動、そして一九九六年から一〇年間続いたマオイストと治安部隊による内戦があったことは疑いない。本稿は、ネパールにおける「寡婦の人権運動」と寡婦をめぐる社会の変容を、同時代に起こったマオイスト運動と内戦に目配りしながら、寡婦の「繋がり」の視点から考察することが目的である。

二　寡婦を捉える視点

二・一　社会システムのなかで寡婦を捉える

人類学においては、婚姻・親族研究の枠組みのなかで寡婦の研究が蓄積されてきた。婚姻を扱った古典的研究では社会や集団の結合や交渉などの視点から、集団と集団関係を維持する社会的制度として婚姻を捉え、婚姻による集団間の人や財の移動、女性のセクシュアリティに関する権利などに焦点をあててきた。機能主義的分析からは、婚姻によって集団間の結合や交渉が成立するものとして、そして構造主義的には、婚姻を集団間の交換のシステムとして捉えた[9]。一方で、婚姻の数多くの研究と比較すると、離婚や死別に関する研究は、婚姻研究ほどには蓄積がない。その理由は、寡婦はごく一部の少数の女性の状況であり、社会制度の「例外」「マージナルな存在」として位置づけられていたからである（椎野 二〇〇三、一一〇）。加えて、離婚や死別が、婚姻ほどには学者にとって、興味深い様相を呈していなかった点も挙げられる。

多くの社会において、音楽やダンスに彩られ、さまざまな象徴がちりばめられる結婚は、学問的興味を引きつけたに違いない。それに比べ、離婚や配偶者との死別の際には興味を惹く儀礼などを行うことは少なく、たとえ離婚の儀礼を行う社会であっても、その儀礼はひっそりと行われる。死別については、葬送儀礼の一部として行われるため、婚姻関係の終結の儀礼として捉えられることはない。配偶者と死別することへの関心の低さゆえに、夫を亡くした女性たちの声や日常的実践は、民族誌に記述されることがほとんどなかった。[10]

しかし、配偶者が死別した場合の処遇を社会的システムのなかに用意している社会は少なくない。死亡した夫の兄弟が寡婦と婚姻関係を結ぶ「レヴィレート」は、夫のリネージと妻のリネージとの関係性の継続、そして、妻のセクシュアリティとその子の親権継続を保証する社会制度である。[11] レヴィレート制度は、世界各地にみられる制度であることが報告されており、南アジアにおいても、中位から低位カーストの人々のあいだで行われている。[12] 幽霊婚や女性婚などの制度も、配偶者亡き後の相続やセクシュアリティの権利を永続するための制度として分析されている。だが、これらは寡婦に焦点をあてて分析されるのではなく、集団間の関係維持のための婚姻制度の一つとして捉えられている。

二・二　社会問題として寡婦を捉える

寡婦についての研究は一九六〇年代以降のフェミニズム運動の隆盛を受けて進みつつある。Lopata（1987）らの研究グループは、寡婦についての通文化的比較研究を進めた。[13] 南アジア研究においても寡婦についての研究は進んだが、関心の中心は、葬送儀礼において妻自身も生きたまま荼毘に付される「サティー（寡婦殉死）」であった。

夫のいる妻は吉なる存在として敬われ、夫が死亡した女性たちは、不吉な存在として蔑まれるヒンドゥー社会において、寡婦が人々に尊敬される存在となる方法がサティーである。夫の遺体を火葬する炎に包まれながら自らの死を選択することは、女神すなわち永遠に吉なる存在として崇められる唯一の方法として受け入れられてきた。一方、西欧諸国からは南アジアの女性の地位の低さを表す慣習として、女性の人権侵害、女性への暴力問題として関心を集めている[14]。

しかし、南アジア社会のなかでも、寡婦の処遇は地域・カースト・民族によって異なる。ネパールでは、一部の王侯貴族のあいだでサティーが行われていたという記録はあるものの、一般民衆のあいだでは行われていなかったようである（Majupuria 1991）[15]。

サティーに代表されるようなセンセーショナルな慣習への注目に比べ、夫の死後に女性が直面する寡婦差別や貧困の問題については、注目の度合いが著しく低く、彼女たちの日常生活は、ほとんど知られていない[16]。彼女たちは寡婦であるがゆえにさまざまな問題に直面する。特に、誰とどこでどのように暮らしながら生計を営むのか、夫の遺産をどうするのかなどは解決せねばならない深刻な問題である。もし成人した息子がいるなら、親族から財産分与を受け比較的に暮らしは安定するものの、息子のいない場合、寡婦は夫の家族から疎まれ蔑まれ、夫の親族から生活の支援を受けることはほとんどない（Chen 1998: 13）。社会はサティーのようなセンセーショナルな寡婦の扱いについては、強い抗議を示すが、何百万人もいる寡婦が日々経験する「痛み」については、関心を示さない（Chen 1998: 19）。だが、近年寡婦への差別を社会問題として捉えるため、彼女たちがどのような日々を送っているのか、その日常的実践への関心が高まっている。

二・三　文化的枠組みから寡婦を捉える

ヒンドゥー系社会において、寡婦は不吉な女性として侮蔑の対象とされてきた。夫が存命する女性はセクシュアリティを高めるため、明るい赤色のサリーを着用し、ポテとよばれるビーズのネックレスを身に着け、髪の分け目に朱粉を塗り、縁起のよい吉なる女性であることを表現する。一方、寡婦の場合、セクシュアリティを高めることに繋がる装飾品を身に着けることが禁じられている。

ヒンドゥーの世界観によると、女性のセクシュアリティをコントロールできるのは夫であり、寡婦の場合、夫のコントロールがなくなったゆえに、彼女のセクシュアリティは夫の家族やコミュニティや他者を破壊する力をもつ存在と捉えられている（八木 二〇〇七）。この力は、コントロールされているあいだは、女性に生得的な聖なる力として強調されるが、コントロールされない状態にある場合は、危険な力として表現される。危険な力をもつがゆえに、寡婦は、食事や衣服、行動が厳格に制限されているのである（Chen 1998: 49. さまざま制限や差別に直面する寡婦の状態を、Lamb（2000）は「人生において最も困難な時期」と表現し、Chakravarti（1998）は「社会的な死（Social death）」の状態と表現する）。

ネパール社会においても、寡婦は、夫によるセクシュアリティのコントロールを欠いた危険な存在であると捉えられている。さらに、夫の親族にとっては、もはや子どもを産むこともなく、生活の面倒をみなくてはならない厄介な存在である（Bennett 1983: 243-4）。寡婦はそれゆえに蔑まれ、差別されてきた。

しかし、寡婦に課せられた厳格な行動規制は、全てのカーストにおいてみられるものではなく、規制の程度もカーストによって異なる。高カーストの女性の場合、夫の死後、感情の源となる「熱い」食べ物（肉、ニンニク、タマネギ、トマトなど）を食べてはならず、宝飾品や明るい色のサリーを着てはならないが、低カースト社会においては、再婚することが可能であり、再婚し夫をもつことで、不吉な寡婦の状態を脱している（Cameron 1998: 149-50）。

さらに、近年では、自らの生きる場を選択して、差別をうけないように戦略的に生活する寡婦や、「愛人」関係を結んだり、都市へ移動するなどの新たな寡婦の姿を描写する研究（Galvin 2003、八木二〇〇七）もみられるようになってきた。つまり、社会的文化的差別の犠牲者としての寡婦の描写や、イデオロギーや伝統によって裏打ちされた従順な存在としての女性の描写に異論を唱え、寡婦の日常実践やエージェンシーにも注目し始めたのである（Sato 2007: 207-8）。

本稿においても、寡婦をイデオロギーの犠牲者として静的に捉えるのではなく、女性たちの多様な生活と日常に着目して現代に生きる寡婦の姿を捉えるものである。すなわち、本稿では社会と交渉し始めた寡婦の現在について、彼女たちの日常的実践、特に「寡婦グループ」の活動に着目して考察する。

三　寡婦からエッカルマヒラ（単身女性）へ——寡婦運動の展開

三・一　女性運動の高まり

ネパールにおける女性運動の歴史は長く、その始まりは二〇世紀初頭に遡る。一九一七年にタライ地域のシラハ郡にネパール最初の女性団体「女性委員会」が女性の政治的社会的啓発活動を目的として組織された。時の政府（ラナ政権）による圧力のため、一年半しかつづかなかったが、当時、一部の人々が行っていたサティー（寡婦殉死）の習慣を廃止するよう政府に働きかけを行い、一九二〇年にサティーの廃止に成功している（Malla 2011: 46）。

ネパールにおける女性運動の目的は、いずれも女性の自由と平等を勝ち取ることであった。一九四〇年代後半のラナ政権打倒のための民主化運動のさなかにも「ネパール女性協会」「模範的ネパール女性協会」が組織され、王政復古が図られた一九五〇年代には「全ネパール女性機構」「汎ネパール女性組織」、西洋文化からネパール女性を守ることを目的とした「アーリヤ女性協会」が設立されるなど、女性運動が活発に展開されている。[17] 活動の中心にいたのは、いずれも高カーストに属し、政党活動をしている家系の女性たちであった。女性運動のリーダーさえもが、貞淑な妻や娘としての役割を果たしながら、家族の男性政治家の許可と支援のもとに女性運動を展開しており、いわば、伝統的なジェンダー構造を踏襲しながら男性の庇護のもとに女性の権利を唱える活動であった（Ibid: 48-9）。

一九六二年憲法によるパンチャーヤット・システムにより、政党活動が禁止されたことを受けて、全ての女性団体が政府主導の「全ネパール女性機構」にまとめられ、女性運動も停滞した。その活動内容も社会福祉活動に終始した。一九七六〜一九八五年の「国連婦人の一〇年」には、政府の主導のもと、女性の地位の実態調査をするための研究所がネパール国内に設立された。

そして、一九九〇年四月の民主化以降、女性たちもまた社会運動を活発化させてきた。特に、女性の政治的、社会的、経済的権利を確保するための活動が活発に行われている。一九九〇年一一月には新憲法が制定され、憲法のなかに女性は男性と同等の権利をもつこと、性別をもとに差別してはならないことが明記された。そして、国会議員の五％を女性議員に割り当てるクォータ制が導入され、社会福祉協議会に一〇〇〇を超える活動団体が登録をするなど、女性の権利運動が活発化したのである。

一九九〇年代の女性運動の特徴は、女性全般の問題を扱うのみならず、ダリットの女性問題、人身売買、ドメスティック・バイオレンス、寡婦差別問題など、特定の問題に取り組み始めた組織があらわれたことである。そして、その中心人物には、これまでの女性運動を支えてきた高カーストの政治家の家系出身以外の女性も含まれていた[18]。

マオイストの女性たちも、マオイストが政党として成立する以前から女性運動を展開している。一九九〇年にカトマンドゥでの開催が予定されていた第一回ビューティーコンテストを阻止し、女性のレイプ被害やポルノ普及防止活動を行った。毎年、三月八日の国際女性デイを祝い、女性への暴力に結びつく飲酒反対キャンペーンや女性の権利についての政治的声明を発するなど、当初より女性の人権運動を展開していた。女性の解放と権利の平等は、マオイストの関心の一つだったのである[19]（Yami 2007）。

そして、寡婦の女性たちも同時期に「ビドワ（未亡人）ではなくエッカルマヒラ[20]である」と名乗り、社会運動を展開し始める。本稿で取り上げる寡婦の人権運動を全国的に展開する当事者団体Women for Human Rights（WHR）は一九九四年にカトマンドゥで設立された団体である。

三・二　寡婦運動の目的

ＷＨＲは、ネパール国内で活動する寡婦の当事者団体のなかで最も活発な活動を展開している団体であり[21]、そのネットワークはネパール全土に広がる。二〇一一年現在、七三郡に延べ八万四〇〇〇人[22]が参加するネパール最大の寡婦当事者組織である。カトマンドゥに本部、そして郡ごとに「オフィス」があり、その下に個人が加入する小グループ（サムハ）が組織されている。創始者のＴ氏は軍医の夫を一九九一年に湾岸戦争で亡くした寡婦で、ネパール軍将校の父をもち、現在も親族がネパール軍高官に名を連ねる名家の出身である。国内の女子大学で学んだ後に結婚、その後夫の薦めにより当時ネパールで唯一の高等教育機関であるトリブバン大学で修士号を取得した。夫を亡くし、寡婦としての社会規範に則って暮らさねばならないことに疑問を感じ、寡婦のための人権運動を開始したそうである[23]。

ＷＨＲは寡婦の置かれた状態を、「①女性の人生として不自然な状態であり、家族や社会から社会的経済的に排除されるものと印づけられ、②行動規範や衣服の色の規制、その他伝統的な慣習があり、③子育てや生計を営む上で複合的な重荷を抱えており、④寡婦の多くが困窮し、⑤若年層の寡婦はセクシャル・ハラスメントの対象とされ、⑥寡婦は財産の相続権をもつことさえ知らない状態」と表現する（Women for Human Rights: n.d.）。

そして、寡婦に向けられた暴力問題、寡婦は家庭内においても社会においても意思決定の場にほとんど加われないこと、相続や所有において権利を行使することができないことなどを問題視し、「単身女性の生活が向上し、エンパワーされた社会の創造」を目的に、①ネパールの単身女性とその家族の社会的経済的地位の上昇、②開発や人道主義平和構築イニシアティブにおいて、単身女性の権利を主流化すること、③社会的経済的政治的領域の全ての意思決定レベルにおいて、単身女性の参加を保証するよう支持を得ること、④単身女性の能力や自信、自尊心を高めること、を目的として、全国的な活動を展開している（Women for Human Rights: n.d.）。

すなわち、WHRの主たる目的は、寡婦の社会的経済的地位の向上と権利を獲得すること、そして自尊心を高め、寡婦自身がエンパワーすることである。そのための方法として、人権や法律についての学習、職業訓練（漬け物、ろうそく、小物づくり、椎茸栽培、美容師研修など）、マイクロ・クレジットの実施、そして、寡婦が身につけることのできなかった朱色のサリーとティカをつける活動を通して、女性たちを支援している。政府への働きかけ（ロビー活動）も行っており、政府の公式文書にある「ビドワ（未亡人）」という単語を、「エッカルマヒラ」に改めさせるなどの成功を収めている。地方政府や国際機関へのロビー活動も同時に行っている。

三・三　寡婦と寡婦グループ

WHRに参加する女性たちの状況は個人によって異なり、息子の有無[24]、生家の支援の有無、年齢、経済状況などの個人的な状況に加え、当人の属する社会による差異も大きい。しかし、寡婦の人権運動には年齢や民族・カースト、社会階層の異なる女性たちが参加しており、民族や社会階層による差異を超えて、「エッカルマヒラ」として活動している。そして当事者である寡婦の他に、活動を支える職員とボランティア・スタッフが参加する。

寡婦グループは、「寡婦であること」を軸に集まった集団であり、寡婦であることを成員としてのアイデンティティの中心に据えている。それまで、寡婦であると周囲から同定されることはあっても、自ら「寡婦である」とは名乗ってはこなかった。むしろ、寡婦であると同定されることを忌避してきた女性たちである。しかし、その寡婦であることこそが、この団体と活動を支えている一方、寡婦であることのみを共有するため、そこに集まる個々の女性たちを結びつける繋がりは希薄である。他の女性団体と比較するなら、ダリット女性の当事者団体であるＦＥＤＯ（Feminist Dalit Organizationフェミニスト・ダリット協会）の場合、家族や親族も同じＦＥＤＯに参加し、その社会運動の経験を家族が共有する。また、参加者どうしがダリットとして共有する言葉や習慣もある。「ワーキング・ウィメン・ジャーナリスト（ＷＷＪ）」などのような職業団体の場合は、文化的背景は異なるが、ジャーナリストであるとの強固な職業アイデンティティによって結びついている。これらの女性団体と比較しても、寡婦グループの場合、当事者どうしを結びつける繋がりや共通点は脆弱なものと想定される。では、何が彼女たちを結びつけているのだろうか。次節では、寡婦を結びつける過程と要因について考察する。

四　寡婦運動を展開するアクター

四・一　寡婦グループ――本部、郡グループ、サムハ

ＷＨＲはカトマンドゥにある本部、その下に各郡グループ、さらに個々のサムハが連なるアンブレラ構造になっている。各郡グループが成立した際に、本部から二〇〇〇ルピーの資金が支給される。その資金を使って、「オフィス」を開設する。本部から各郡グループには約一年間、活動費や事務費用として月に一〇〇〇ルピーが送金される。

入会は、寡婦であれば、年齢やカースト・民族を問わず、誰でも入ることができる。地域によっては準メンバーとして離婚した女性や未婚の女性が参加することができるが、実際には寡婦以外のメンバーはほとんどいない。

郡グループは各サムハをまとめる上位組織であり、自治体や本部から来た支援プログラムや研修の案内が、各郡グループから各サムハのリーダーへ伝えられる。また各サムハで集めたマイクロ・クレジットを管理するのも郡グループである。郡によっては、オフィスに常駐スタッフを雇用している所もあり、自分たちのビルを所有するグループもある。

四・二　寡婦グループへの参加

サムハ形成の経緯は、本部や郡グループの主催するワークショップ、あるいはトレーニングへの参加をきっかけとしてWHRのメンバーとなり、その女性が自分の地域で寡婦に声をかけ、サムハとして形成するのが一般的である[25]。彼女たちは知人や村役場の人から、寡婦向けのイベントが開催されることを教えられ、そのイベントで入会することを勧誘される。本人たちも、寡婦グループに入ることで、何か得るものがあるのではないかと期待をもって入会し、自分の地域でもサムハを形成するのである。

二九歳のチェトリのJの場合、「近所の学校で先生をしている人が、WHRの女性が地区に来て寡婦がいないかどうかを聞いてきたので、私の名前を伝えた。彼から、寡婦グループのミーティングがあるので行くようにいわれた」そうである。彼女も地域でサムハを作り、郡グループの中心メンバーとして活動する。

兄弟姉妹が寡婦グループの情報を伝えることもある。チェトリの女性D[26]は、兄と兄嫁から寡婦グループのワークショップがあることを教わったが、寡婦ゆえに外出するのを躊躇っていた。そこへ兄が外出用の明るい色の服をもってきてくれたので、思いきって参加することにしたそうである。

入会するとすぐに研修がある。研修では、WHRの監修したテキストに沿って、現在の寡婦の置かれた状況がいかに人権を侵害された状況であるかを学ぶ。研修で人権教育をするのもまた寡婦である。「世話人（サハヨギ・サティ）」とよばれる女性たちが、各サムハで講義をし、サムハ単位で行っているマイクロ・クレジットのお金の回収をする。研修日程はサムハによって異なり、週に一回行うグループもあれば、週に二回行うグループもあり、その期間も異なる。世話人には毎月一〇〇〇ルピーの活動費が一年間を限度に支給される（二〇〇七年現在）。

四・三　寡婦の生活状況

寡婦グループに参加する女性たちの生活状況は、個人によって異なる。成員の中心的年齢層は二〇～四〇歳代である。特に郡グループとサムハのリーダーは、子供をもつ三〇歳代後半～四〇歳代が中心である。

夫の死亡原因で最も多いのは病気だが、殺害、戦死、自殺も含まれており、内戦がその原因であることも少なくない。夫方居住のパルバティア社会の場合、夫が死亡した後も婚家で夫の両親と暮らすことが一般的であるが、寡婦グループに参加する女性の場合、農村にある夫の家を出て、都市部に間借りをしながら子供と居住する女性も多い。

カーストや民族は多様であり、チェトリ、バフン、ネワール、タマン、グルン、ダリットなどの女性が参加している。しかし、郡グループのリーダー、郡オフィスの事務として有給で活動しているのは、比較的高学歴（SLC試験[27]をパスするなど）のチェトリ、バフン、ネワールの女性たちである。

女性たちの収入源は①軍や警察で働いていた夫の遺族年金、②自分自身のサラリー（たとえば、寡婦NGOのスタッフとして働いている者、職業訓練を受けトレッキング・ガイドや美容師として働く者、公務員として働く者など）、③自分自身の営む商売（たとえば、八百屋やタバコ屋、コスメティック・ショップ、手作りのドブロク販売、仲間同士で仕立て屋を開業している者など)、さまざまである。経済的に余裕がないという点は共通の特徴である。

五　寡婦運動がもたらす生活への影響

寡婦グループに属し、活動に参加することで、女性たちの生活には変化がみられる。本節では、その変化について記述する。[28]

五・一　寡婦の権利についての知識の習得と活用

寡婦グループに加入すると、寡婦の法的権利を記した小冊子が配布される。そのなかには近代法の知識、特に財産相続や婚姻登録の方法とその効果が記載されており、新規に加入した女性は、その小冊誌に書かれた寡婦の権利について学ぶ。ほとんどの女性にとって、近代法の内容を教わるのははじめてであり、寡婦であっても妻として夫の財産を相続する権利をもち、娘として両親の財産を相続する権利をもつことをそこではじめて教わる。

自治体や他のNGOの協力を得た職業訓練も行われている。WHR独自の職業訓練を行うこともあるが、自治体や他のNGOと交渉して、人気のある講習に寡婦枠を設けてもらい、優先的に職業訓練を受けられるような仕組みをつくっている。これまでに、美容師になるための研修、クラフトづくり、縫製などの研修が行われている。研修に参加した女性は、「研修に出て、色々なことを知って、考え方が変わった。法律の話も研修に出る前までは知らなかった。(先生からは)夫の遺産を平等に相続できるのだから、息子の名前ではなく、私の名前で財産相続をしなさいといわれた。遺産相続の件はとても不安だったし、苦痛だったので、法律のことを聞いて、気持ちが楽になった」と語る。

五・二　社会に対する恐れの解消

研修を受けることで彼女たちの意識は変わりつつある。女性たちの多くが研修を通して、たとえ寡婦であっても、好みの色の服を選んで身に着けてもよいということを学ぶ。朱色は夫が生存している女性しか着てはならないものと信じていたため、朱色を身に着けたりアクセサリーを身に着けることを諦め、夫が亡くなった際、それまで身に着けていた明るい色の衣服を、親族の女性たちに譲渡したそうである。

一人息子と暮らす五〇歳代のバフン女性のUは、夫が亡くなった後、いつも青色か緑色のサリーを身に着けていた。あるとき、村で行われた結婚式に赤い色のサリーを着用して来たので、赤いサリーについて尋ねてみると、長女がプレゼントしてくれたという。彼女は寡婦である自分が赤いサリーを身に着けると村の人たちが非難すると考えていた。しかし長女に赤いサリーをプレゼントされ、寡婦であっても赤い色のサリーを着ることができること、そして、自分が世間を恐れさえしなければ、誰からも叱責されることはないことを教えられ、赤いサリーを着ることができるようになったという。

二三歳のバフン女性のKは、いつも額に朱色のティカをつけ、華やかな色のクルタ・スルワール[29]を身に着けている。彼女もまた、当初は華やかな色を身に着けることを躊躇したという。ヒンドゥー教の司祭が「若いのだから、たとえ寡婦でも赤いティカをつけるべきだ」と村人の前で話したという。夫の両親は今でもその意見に反対しているが、寡婦グループに来て、「好きな色のサリーを着てよい」という話を聞き、華やかな色の衣服を身にまとうことにしたそうである。[30]

依然として、寡婦に特別な行動規範を課そうとする社会であることに変わりはないが、彼女たちは社会や伝統的規範を恐れずに、寡婦自身が好みの色の衣服を選び、規範を再解釈し始めたのである。

五・三　人生設計の変化

夫の死は、女性たちの人生設計にも大きな影響を及ぼしている。女性たちのなかには、将来を見据えて大学へ行き始めた女性もいる。二三歳のMは、学位を得て外国へ行こうと着々と準備を進めている。「私は学位を取るつもり。夫は学校に行かせてはくれなかったけど、今は自由だから、学位を取る。それから外国へ行くことも考えている。コンピューターのトレーニングを六ヵ月受けた。息子は母に預けるか、学校のホステルに入れて、イスラエルか韓国へ行こうと思っている」と語る。

また、夫が亡くなったことで、自分自身で収入の道を作らねばならず、経済的自立のために職業訓練を受講し、運転免許を取得してドライバーとして働き始めた女性もいる。その他にも、トレッキング・ガイド養成校を卒業しガイドとして働き始めた女性、美容師として働き始めた女性など、女性たちは収入を確保し将来的にも安定した生活ができるよう、将来に向けた行動をとるようになった。彼女たちは、夫がいるときには、自分で働くことを考えたこともなかったし、ましてや職業訓練を受講することを考えたこともなかったそうである。

五・四　痛みを共有する仲間の獲得

郡グループのオフィス[31]は、ミーティングの場所となっているが、女性たちは特別の用事がない場合にもオフィスを訪れる。女性たちはオフィスに集まり、日々の生活や子どもの将来、職業研修などの話をして過ごす。

パルバティア社会の場合、女性たちが自由に外出することはなく、唯一、気兼ねなく訪問できる場所は実家に限られる。それ以外の場所に出かけようとすると、どこに行くのか、なぜ行くのかと尋ねられ、悪い噂を立てられることも少なくない。特に、寡婦の場合、不要な外出は陰口をいわれる元となる。そのようなとき「オフィス」は、彼女たちにとって悪口をいわれないで済む数少ない外出先であり、寡婦として受ける痛みを共有する仲間と会い、痛みを分かち合う場となる。「オフィス」は寡婦に外へ行く機会を与えているのである。息子や娘も、寡婦グループのオフィスに行くことを後押しする。

「こういう所に来たら、つらいことや悲しいことをみんな打ち明けることができる。みんな同じ寡婦だから、友達になることもできるし、嫌なことを考えなくてすむ。一日中家にいたら、寝て食べて一日中テレビをみて、タイムパスをしているのだけれど、ここに来たら友達がいる」と四〇歳のRは語る。

しかしながら、オフィスに集まる女性たちが、全ての経験を共有するわけではない。彼女たちの経済状況や家族状況、社会での位置づけは異なる。経験を共有しないにもかかわらず、「痛みを共有する」ことができるのは、寡婦ゆえに同じような境遇であろうと考える女性たちの想像力ゆえであり、その想像が仲間をつくっているのである。

五・五　社会と交渉する女性への転換

女性は夫の死後、独立して生計を営むことを期待されておらず、夫の親や兄弟の庇護のもとで暮らしていくものと社会では捉えている。しかし、寡婦グループに参加する女性たちの語りからは、夫の死後、親族との葛藤に直面し、夫の親族から独立して生計を営むことを選択する女性が少なからずいることがわかる。そして、寡婦グループの一人の女性は、その出来事を「私を賢くしてくれた」経験として語る。

前述のチェトリの女性Jの場合は、夫の弟がインド軍で働いていた兄の遺族年金欲しさに、彼女を兄の配偶者ではないと村社会に訴え始めた。正式な妻と認められなければ、夫の遺族年金は夫の両親へ支払われることになる。それゆえ彼女は役場発行の結婚証明書を取得し、近隣の人々からも自分が正式な妻であることの口頭証言を得ることに成功した。現在彼女は義父母と別れて暮らしているが、このときに役立ったのが、寡婦グループで学んだ法律知識であり、同様の経験をもつ寡婦の女性たちの話であった。

三九歳のネワール女性Pの場合、夫の名義であった土地家屋を自分名義に変更することに成功した。夫の親族は、夫の死後、夫所有の不動産は妻が相続するのではなく、息子が相続すべきだと主張した。

しかし、彼女は自分自身の名義にすることにこだわった。その理由は、息子の名義では夫の親族に財産を乗っ取られる可能性があったからだという。Ｐは、カスキ郡で寡婦グループ形成に奔走したメンバーの一人であり、カトマンドゥの本部に出入りしていた。夫が亡くなる前から自分で美容室を経営するなど、もともと活動的な女性でもあったが、ＷＨＲ本部の精神的な助けもあり、財産問題について臆することなく夫の家族と交渉したという。最終的には、夫の両親と話し合い、家屋を自分名義にすることができた。

こうした女性たちの経験は、研修やミーティング、雑談の機会を通して伝えられることになり、寡婦の間を伝播していく。

本節では、寡婦グループの成員となり、研修やミーティング、会話を通してもたらされる影響や効果について考察してきた。ここで一つの疑問が浮かび上がる。寡婦グループの女性たちは、寡婦という共通項がなければ、互いに知己を得ることのない人々の集まりである。各々のオフィスへの出入りの頻度も異なり、サムハや郡グループでの位置づけも異なっている。こうした多様な事情や背景を抱える女性たちのなかで、寡婦グループで活動する個々のアクターがどのように繋がっていくのだろうか。それを可能にしているのが、寡婦として集まり、寡婦として運動することで共有する経験、すなわち、社会に働きかけそれが社会を動かしているという「成功の経験」ではないだろうか。次節では、寡婦運動によってもたらされつつあるネパール社会の変化について記述する。

六　寡婦運動がもたらす社会変化

六・一　内戦とマオイストによる女性政策

一九九六年から一〇年に及ぶ内戦では、一万三三〇〇人以上の国民が犠牲となった。そのなかには女性と子供が一一％含まれ、多くの女性に影響を及ぼしたという。生計手段を脅かされ、レイプや不当逮捕、誘拐、夫や息子の死亡など、精神的にも身体的にも経済的にも追い詰められた上に、住む場所を追われた例も少なくない（Malla 2011: 58-9）。内戦は特に多数の若年層の女性を寡婦にした。寡婦の増加は、寡婦運動を後押しするとともに寡婦を取り巻く環境にも影響を及ぼしている。

先に述べた通り、マオイストは当初より女性問題への関心が高く、伝統的な家父長制に異を唱えてきた。女性の財産相続権の行使、女性に課せられた男児出産の強要の防止、自分自身で結婚相手を選択する恋愛婚の奨励、複婚の禁止、ドメスティック・バイオレンスの抑止と速やかな加害者への処罰など、ジェンダー平等とリプロダクティブ・ライツのための行動を行ってきた（Yami 2007）。

ジェンダー平等を標榜するマオイストは、内部においても、男女の区別なく組織運営をしていると主張して、軍事組織にも可能な限り多くの女性が入ることを奨励している。実際に人民解放軍（ＰＬＡ）の約二〇％はマガルやタマン、グルンなど、非アーリア系の民族出身の女性兵士が占めている。

マオイスト運動に参加する女性たちの多くは、経済的にも政治的にも不利な状況に置かれてきた少数民族出身である。マオイスト運動に参加する以前は教育も受けておらず無学で無知な女性たちと評されていたが、運動に参加することで、都市部の教育を受けた女性と何ら政治的にひけを取らない自信に満ち溢れた独立した女性たちとなっていたという（Yami 2007: 112-3）。マオイストの政策は、女性自身を変化させていたのである。

とはいえ、マオイスト内部において、女性の平等は完全に達成されていたわけではない。党の中央委員会や政治局で活躍する女性はごく僅かで、二〇〇三年の政府との和平交渉の際には女性が一人も入っていない。ジェンダー平等を謳うマオイストでさえも、依然としてジェンダー平等は達成されていなかったのである（International Crisis Group 2005）。

しかし、マオイストはジェンダー平等政策を表明しつづけている。内戦終結後の二〇〇八年に制憲議会選挙に向けて発表したマニフェストのなかでは、女性が財産権を含め生活の全てにおいて男性と同等の権利をもっていること、女性の政治参加および紛争による犠牲者遺族に向けた特別なプログラムを提供することが明記されている。

マオイストは、二〇一〇年五月に発表した憲法草案の、第四八条「社会正義に関する権利」において、「人民運動、人民戦争およびマデシ運動の犠牲者、行方不明者および負傷者の家族は、すべての国家組織に参加する権利、ならびに公共サービスの特別の措置、教育、健康、雇用、住居、社会保障、救済および年金の権利を有する」と明記している。つづく第四九条「社会保障に関する権利」においては、「貧困層、心身障害者、子供、老人等とともに、単身であり扶養者のいない独身女性がその保障を受ける対象」と明記する。また、第四四条「女性の権利」では、女性は「①財産相続の平等、②

女性に対する差別禁止、③生殖の決定権、④宗教、伝統、文化、慣習などの理由により身体的、精神的、性的、心理的などの暴力を女性に加えてはならない。違反者の処罰及び、被害女性の賠償を受ける権利、⑤比例と包摂原則に基づく、国家機関への参加／代表の権利、⑥積極的格差是正に基づく教育、保健、雇用、社会保障において優遇される権利」をもつとしている（Unified Communist Party of Nepal（Maoist）2010）。

ジェンダー平等に基づく女性の権利を明記したこのマニフェストは、女性運動を活性化するとともに、紛争によって寡婦となった女性たちを大いに勇気づけたに違いない。一九九〇年以降、ネパール社会に大きな影響を及ぼしてきたマオイストによる女性政策は、同時代の女性運動に大きな影響を及ぼし、その影響を受けたなかに、紛争によって生じた寡婦らが展開する寡婦運動も含まれるのである。

六・二　政府による寡婦優遇策

寡婦グループによる人権運動の展開によって、徐々に寡婦を取り巻く社会的環境や寡婦に対する認識が変化しつつある。国家政策レベルにおいて、寡婦の取り扱いに対して働きかけを行ってきたのはカトマンドゥにあるWHR本部である。国会や女性社会福祉省への申し入れなどの直接的な活動に加え、セミナーやイベントを行いながら、ネパール社会において、エッカルマヒラ運動の知名度を高めていった。

国際社会との連携により、寡婦の置かれた状況を改善する試みも行われている。二〇〇三年に設立されたSANWED（寡婦の開発エンパワーメントのための南アジアネットワーク）[32]は寡婦差別の撤廃と寡婦のエンパワーメントを目的とするネットワークで、その事務局はＷＨＲ本部に置かれている。

二〇〇五年五月には、カトマンドゥでネパール内外の活動家や当事者グループの代表、学者が集まり、寡婦を取り巻く国際的な状況について議論する「シングル女性のキャパシティ・ビルディング国際会議[33]」が開催されたが、これを主催したのもＷＨＲである。

二〇一一年一二月には、「寡婦問題のグローバルネットワーク化と主流化[34]」をテーマとする会議も、ＥＵの支援を得てカトマンドゥで開催された[35]。ＷＨＲは会議の内容をＨＰや印刷物を通して伝え、社会に向けて寡婦問題の顕在化を図っている。

ロビー活動も活発に展開している。六〇歳以上でなければ受給することのできない寡婦手当の支給開始年齢を廃し、寡婦となった時点から受給できるように改正した[36]。さらにネパール政府の二〇一一年度の国家政策プログラムに、寡婦向けの社会保障手当分の予算を割り当てることに成功した[37]。寡婦の貧困問題についても、継続的に活動を続けている。特に、夫の死亡による経済的な困窮が子供の就学を妨げ、児童労働に繋がってしまう状況を生み出していることを訴え続けている。

他にも、税金の寡婦控除や二万一〇〇〇人分の寡婦の職業訓練、担保や連帯保証なしでの寡婦へのローンの貸し出し、そして国家予算のなかに年齢にかかわらず寡婦手当を支給することを確保している。

また、寡婦に差別的な法律も改正されている。すなわち、再婚した妻は前夫から相続した財産を夫の家族へ返還しなければならなかったが、その返還の義務を撤廃した。さらに、夫の財産相続のための年齢制限（三五歳に到達しなければ、夫の財産相続ができない）、パスポートの取得のための男性親族の同意要件も廃止された。財産権を譲渡したり売却するためには、成人した息子か未婚の成人娘の同意が必要だったが、それも廃止された。子供の市民権の証明を得るための権利も、寡婦自身に与えられた。

これらの制度改革は、寡婦が直面する問題を社会に顕在化させてきたことによるものであることが大きい。そしてその成功の陰には政治家の支援があり、WHRは財務大臣や政府役人、女性国会議員、その他の内外の支援組織やメディア等を、寡婦運動への賛同者として運動に巻き込んでいく活動を巧みに進めている。

六・三　地域社会への働きかけとその影響

寡婦グループは、政府への働きかけとともに、地域社会に向けた働きかけを行っている。その一つが、地域の宗教的指導者への働きかけである。ネパール社会、特にパルバティア社会において、通過儀礼や年中行事を司る宗教者は、地域の長老として社会に影響を及ぼす存在であり、彼らへの働きかけは、地域社会の認識を変化させるためにも有効な方法と考えられている。二〇一一年六月には三二名の宗教者と寡婦が集まり、寡婦の問題への宗教者の関心を高め、差別をなくすための意識啓発の方法についての会議が開催されている。

寡婦グループによる交渉は、裁判所をも動かす力となっている。スルケット郡の寡婦グループに属する女性の息子が、大麻所持で逮捕された。息子は一七歳で、母親は日雇い労働者である。三〇日間拘束されているが、母親が息子に会いに一人で拘置所へ行っても相手にされず、息子と面会することもできなかった。そこで、寡婦グループの女性たちに相談し、息子と面会できるよう団体として交渉することになった。女性たちは集団で裁判所へ出向き、検事に母親が息子に面会できるよう直談判した。交渉の末、検事は、同人が一七歳であること、初犯であること、大麻所持の理由が自分自身の吸引目的ではないことを考慮し、女性が息子と面会することを認めた。

これは、貧しい寡婦が一人で交渉に行っても埒のあかなかった問題が、寡婦グループとして交渉することにより、社会（この場合は拘置所側）の譲歩を引き出した事例であり、寡婦グループの力が地域社会を動かすことに結びついた例である。

寡婦運動のおかげで、寡婦への誹謗中傷が軽減している点については、複数の女性が明言している。前述のチェトリの女性Jは「ラディといわれても、誰がラディなのよと言い返している。夫がいなくたって、私を侮辱することはできない。私がそのような態度（侮辱する言い方をする人に言い返している）をとっているので、今では世間では誰も私をラディとはいわない」と語る。二二歳のチェトリの女性Sや前述のチェトリの女性Dも、以前は赤い色の服やアクセサリーを身に着けるだけで、周囲から怒られたり、村八分にされていたが、今は彼女たちが赤い色の服を身に着けていても非難されることはなくなったという。

生計維持のために小商売をしている女性たちは、寡婦グループをつくる前までは、近隣の人たちから商売を邪魔されることもあった。寺院の前で、商店の軒先を借りて供物用の花飾りをつくって売っていた四八歳のダリット女性のGは、ある日、商店主から「ここで商売をするな」と怒られた経験をもつ。商店主は彼女が制止するのも聞かず、彼女の商売用の花飾りを片づけてしまった。何度も「商売をさせて欲しい」と頼んだが、とりつくしまもなかったという。しかし、その後、寡婦グループのリーダーとともに商店主の所へ行き話をしたところ、すぐに、商店主は店の軒先で元通り商売をすることに同意し、それ以来、商売の邪魔をしなくなったという。

これらは寡婦グループとして交渉することが、大きな力となった例である。寡婦である彼女らの背後には夫（つまり男性）がいないために、女性たちの要望や要求は軽視されていた。しかし、夫という後ろ盾がなくとも、「寡婦グループ」という組織があることで、地域社会の人々は彼女らを軽視しなくなったのである。寡婦グループという後ろ盾を得ることは、社会的には夫に匹敵する「力」を獲得するものであり、寡婦を取り巻く環境を変えることに繋がる。

また、寡婦グループとして交渉することで、地域社会において寡婦を優遇する施策を勝ち取ることに成功したグループもある。スルケット郡では、寡婦グループの女性たちが行政と交渉し、事務所を建設するための土地を自治体から無償で譲り受けることに成功している。事務所建築の際には、夫の勤務先であったネパール国軍から役務提供を受け、無償で柵の工事を行ってもらっている。自治体や国軍にとっても、寡婦グループは、無視することのできない影響力をもつ存在となっているのである。

教育関係機関にも影響を及ぼしている。軍や警察機関が殉職者の子弟向けの奨学金制度や就職のための優先枠制度を設けているのに加え、各地域でも独自に寡婦の子弟向けの入学優先枠や奨学金制度を設けている学校がある。これらの寡婦を対象とした制度は、寡婦グループによる社会への働きかけの成果によるところが大きい。

六・四　変わりつつある寡婦を取り巻く環境

寡婦グループの活動により、着実に寡婦を取り巻く環境は変わりつつある。年齢にかかわらず夫の財産を相続する法制度が整い、相続財産を自由に処分できるようになった。

ネパールの法制度をみると、ジェンダー平等が進んでいる国といってもよいほど、法律的には女性の地位が保障されている。財産相続は女子男子ともに均分相続であり、婚姻年齢も男女ともに二〇歳以上である。国会議員の男女比率は三三・三%であり[38]、女性の政治参画も進みつつあるかにみえるが、果たして、ジェンダー平等は人々に浸透しているのだろうか。

現実社会においては、財産均分相続は実践されていない。その理由を「娘には結婚するときにダイジョ[39]として一〇ラーク[40]は使っているから、土地や家屋は息子たちに相続させる」と人々は説明する。

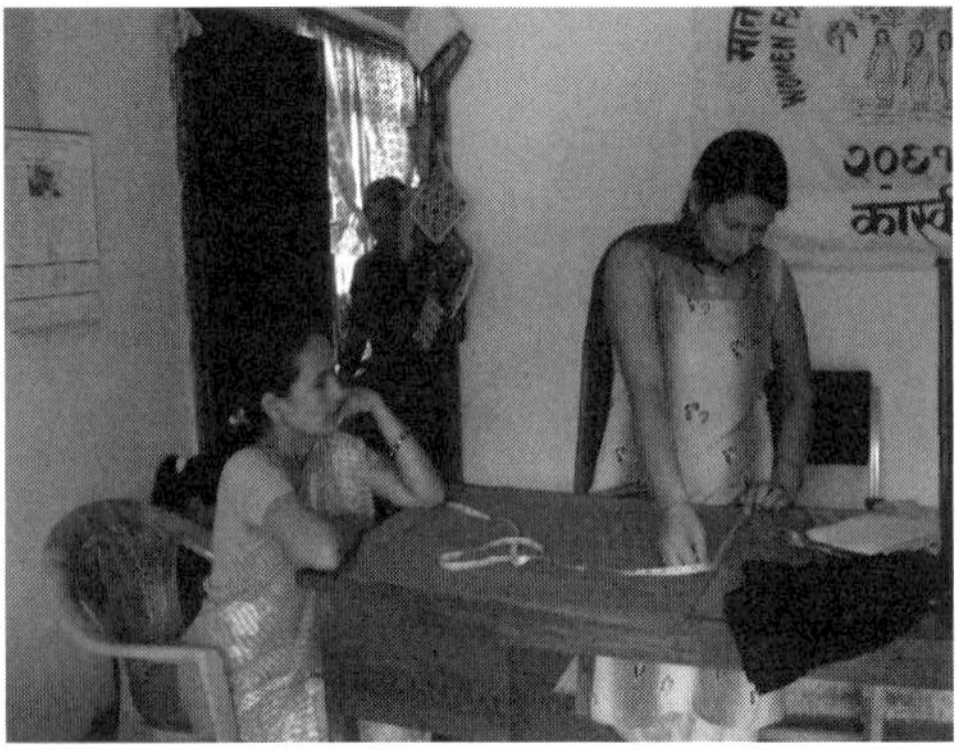

写1　寡婦仲間と開いた仕立て屋で注文を受ける女性（カスキ郡事務所）

寡婦運動によるパフォーマンスを冷ややかにみる声も少なくない。「あの人たちは赤いサリーを着てどうしようというのだろうか。赤いサリーを着て歩いたって、寡婦の置かれた状況は何も変わらない」との声も聞かれる。

また、たとえ職業訓練を受けたとしても、そこから十分な収入を確保することは難しい。WHRの広報資料には、訓練を受けて公共交通のドライバーになって活動し自活している女性が掲載されているが、大方の女性が受ける訓練は手工芸品作りやろうそく作り、漬物作り、縫製トレーニングである。それだけで自分の家族を養えるほどの収入にはならない。カスキ郡の寡婦グループの女性たちがあつまり、オフィス内で仕立て屋を開業したが、二〇〇七年現在、開業したばかりということもあり、利益は全く出ていない。スルケット郡とカスキ郡の寡婦グループ参加者を対象に筆者が実施した調査では、研修を通して得たスキルで生計を維持していたのは、五九人中一人のみであった。[41] ほとんどの女性が遺族年金や夫の建てた家の一部を間貸しして生計を維持している。すなわち、寡婦グループの提供する職業訓練が女性たちの生計維持へと必ずしも結びついてはいないのである。

しかし、寡婦が一人で歩いても、陰口をいう人が減ったこと、そして、彼女たちをみる周囲のまなざしが変化したことは寡婦運動による大きな成果である。すなわち、法制度に明記されたジェンダー平等や寡婦の権利を、社会が実現しているとはいえない状況だが、寡婦差別が徐々に緩和しつつある状況が垣間みられるのである。

七　繋がりとしての「寡婦」

これまで、寡婦の人権運動を支える寡婦グループの活動とその影響をみてきた。本節では、寡婦グループとして運動を展開していくための繋がりの形成、そしてそれを維持していくための実践に注目する。

七・一　寡婦のもつ資源と背景の相違

寡婦グループに参加する女性たちは、どのような共通の属性や資源をもつのだろうか。次ページの

表1　カスキ郡グループの成員

No.	民族・カースト	年齢	教育歴	仕事の有無	生計の手段	収入（月収）	子どもの数
1	ダリット	27	5年生	有	福祉施設のヘルパー	3000	2
2	グルン	33	5年生	有	ロキシ作り・販売	1000～2000	3
3	ダリット	40	4年生	無	遺族年金	3000	5
4	チェトリ	37	10年生	有	縫製	その他	2
5	チェトリ	32	8年生	有	縫製	その他	1
6	ネワール	39	9年生	有	縫製	不明	1
7	チェトリ	29	IA	有	WHRでの事務	1000	1
8	バフン	23	10年生	有	WHRでも有償ボランティア	1000	0
9	不明	40	10年生	有	縫製、家賃収入	不明	3
10	ネワール	22	8年生	有	トレッキングガイド	6000	1
11	バフン	33	10年生	有	花売り	1500	2
12	バフン	30	8年生	無	遺族年金	2000	1
13	バフン	40	×	有	縫製	その他	2
14	チェトリ	30	7年生	無	不明	不明	2
15	ネワール	39	IA	有	大学事務職員、自営	7000	2
16	バフン	42	10年生	有	縫製	2000～5000	2
17	バフン	36	MBA	有	自治体職員	10000	2
18	ネワール	48	IA	無	無	不明	3
19	バフン	34	IA	有	大学事務職員	5000	2
20	バフン	26	10年生	無	不明	不明	1
21	バフン	33	9年生	有	孤児院運営	30000	4
22	不明	33	6年生	有	野菜売り、下働き	3000	1
23	ダリット	39	×	無	遺族年金	5000	2
24	マガル	35	7年生	無	不明	不明	0
25	チェトリ	38	8年生	有	養鶏業	10000	2
26	バフン	49	IA	有	自治体職員	6000	2
27	ネワール	36	3年生	有	クラフト作り	1000	3
28	バフン	36	9年生	有	自営	4000	3
29	バフン	30	10年生	有	農業	その他	2
30	バフン	30	10年生	有	不明	3600	3
31	バフン	27	9年生	無	下働き（皿洗い・洗濯）	2000	1
32	バフン	32	10年生	有	商売	10000	1
33	ダリット	60	×	有	農業	その他	1
34	ダリット	33	10年生	有	コスメティックの商売	8000	2
35	マガル	38	2年生	有	養鶏場	6000	1
36	ネワール	32	3年生	有	ホテルでの雑用	3500	3
37	グルン	60	×	無	不明	5000	4
38	ダリット	53	×	有	酒作り・販売	2000	1

注　教育欄の「×」には、学校へは行ってはいないが、識字教育に通い、自分の名前が書ける場合も含まれる。
収入欄の「その他」には、「ほとんど無い」「食べるだけ」「米が足りるくらい」が含まれる。

表2　スルケット郡グループの成員

No.	民族・カースト	年齢	教育歴	仕事の有無	生計の手段	収入（月収）	子どもの数
1	チェトリ	60	×	有	野菜づくり	食べるだけ	3
2	チェトリ	47	5年生	有	農業、WHR有償ボランティア	3500（遺族年金、ボランティア）	2
3	グルン	38	10年生	有	WHR有償ボランティア	8000程度	3
4	不明	32	5年生	有	農業、WHR有償ボランティア	2000+α（遺族年金、農業収入）	2
5	ダリット	32	×	有	農業	3000（遺族年金、農業収入）	3
6	ダリット	36	×	有	砂利を集め	2000	5
7	ダリット	43	×	有	ヤギの飼育	無	1
8	チェトリ	45	×	有	農業	無	4
9	チェトリ	33	10年生	有	WHR有償ボランティア	2000	1
10	バフン	20	6年生	無	不明	不明	1
11	チェトリ	31	7年生	無	不明	不明	2
12	ネワール	32	10年生	有	WHR有償ボランティア	5600	3
13	ネワール	45	×	有	農業	食べるだけ	5
14	チェトリ	70	×	無	不明	無	5
15	ネワール	55	×	有	農業	食べるだけ	3
16	バフン	64	×	有	ヤギの飼育	300	4
17	ダリット	32	×	有	農業、学校給食調理	1200	2
18	チェトリ	23	B.ed	有	WHR有償ボランティア、学生	2000	0
19	ダリット	26	×	有	小商売（雑貨店）	無	2
20	バフン	43	×	有	農業、牛乳販売	食べるだけ	2
21	バフン	61	×	有	農業、牛乳販売	食べるだけ	8

注　教育欄の「×」には、学校へは行ってはいないが、識字教育に通い、自分の名前が書ける場合も含まれる。

表は、カスキ郡とスルケット郡で寡婦運動に参加する女性たちの属性をあらわしたものである。

カースト・民族では、バフン、チェトリ、ダリットのネパール語を母語とするパルバティアの女性たちが多数を占めるものの、ネワール、マガル、グルンなどの民族に属する女性もみられる（カスキ郡は中部山間地域、スルケット郡は西部タライ地域に位置することから、同地域に居住する民族名がみられるが、東部山間地域の場合はタマンやライなどの民族名もみられる）。年齢をみると、二〇～七〇歳までの幅広い年齢の女性が加入しており、教育歴についても、学校へ行ったことがない女性から学士号をもつ女性まで多岐にわたる。職業については、無職、役所で働く女性、小商売主などさまざまで、個人の収入がほとんど無い女性から、月に三万ルピーの収入のある女性も含まれる。

それぞれの寡婦がもつ社会的資源も異なり、その違いは、寡婦運動への参加の頻度や役割の相違に反映される。オフィスには、ほぼ毎日訪れる女性たちがいる一方、寡婦サムハのメンバーとして名前を連ねているだけで、研修や年次総会のときにしかオフィスを訪れることがない人もいる。役割についても、役職についたり、本部から依頼されるプロジェクトで雇用される人もいるが、このような役職につき謝金や給与を得るのは、比較的高学歴の高カーストの女性たちである。朝から晩まで賃労働を行っている低カーストの女性たちには、寡婦グループの活動に参加する時間がない。時間的資源の乏しい場合、活動からは疎遠になり、支援プログラムや有給ボランティアの機会を得ることもできず、寡婦グループへの帰属意識も低下する。

こうした社会的資源の異なる、属する社会も異なる女性たちの繋がりを支えているのは、「寡婦であること」のみである。払拭しようとしている「寡婦」という属性が、寡婦グループとしての繋がりをもたらす唯一共通の属性である。つまり、彼女たちは自らが忌避しようとしている属性によって繋がりをつくらねばならないのである。

七・二　差異を解消するための方法

寡婦グループの女性たちは、ときには苦痛をときには喜びを共有しながら運動を展開してきた。前項でみた通り、個々の女性たちのもつ資源は大きく異なっていた。寡婦という共通項がなければ、ともに語り合い痛みを共有する人々ではない。そのうえ、寡婦であることは、彼女たちにとって、夫の死後に付与された好まざる属性である。それゆえ、寡婦グループが寡婦であることで繋がるためには、繋がりを支える仕組みが必要となる。その一つが儀礼である。寡婦グループは、実利目的の活動以外に、グループを維持しグループの活動を外部に知らしめるための活動として儀礼を行う。その代表的な例がティージ儀礼である。

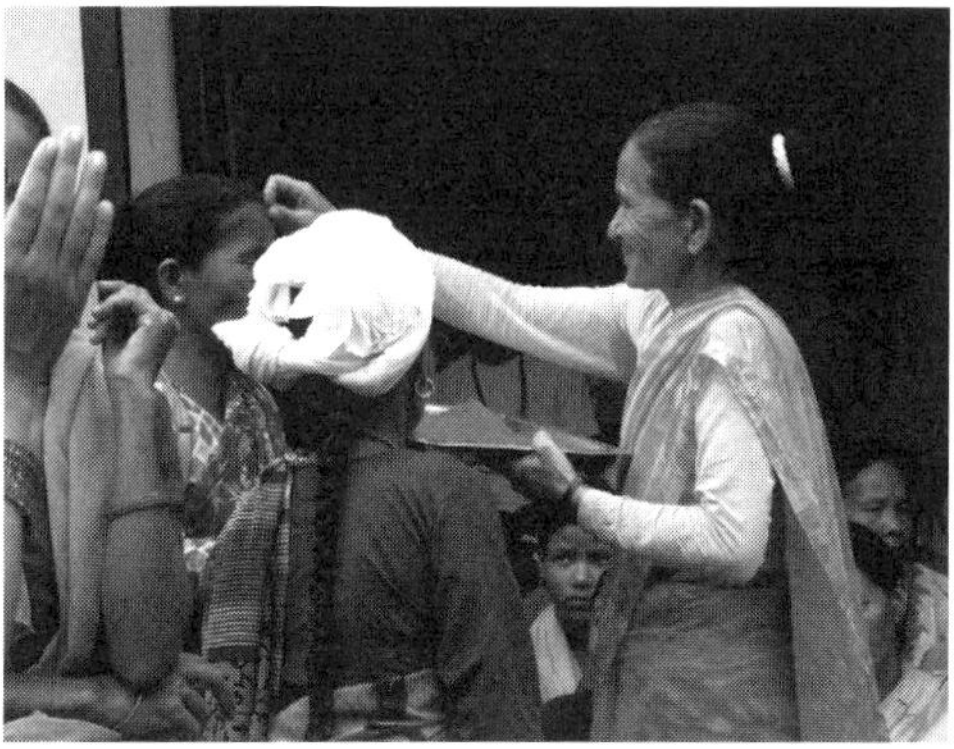
写２　ティージ儀礼にてティカをつける女性（スルケット郡事務所）

ティージはバドウ月（八月中旬〜九月中旬）に、その二日後のリシ・パンチャミとともに夫の長命を願って行う儀礼である。[42] 女性たちは断食をした清浄なる状態で、既婚女性は赤いサリーを纏い、シンドゥールを髪の分け目に塗り、最も豪華なポテ（夫が存命の女性が身につけるビーズの首飾り）を身につけ、シヴァ寺院にお参りする。その後、一日中、女性どうしが集まり歌い踊り過ごす。ティージは、ヒンドゥーの女性たちが最も楽しみにしている年中行事の一つである。女性たちがティージを楽しみにしているもう一つの理由は、ティージで歌う自作の詩に日頃の不満を込めて盛りこむことで、鬱憤を晴らすことにある。[43] 一方、寡婦にとってティージの日は、夫のいないことを身にしみて感じる日となる。寡婦が女性の輪に入って踊ることはなく、彼女たちはひっそりと家のなかですごす。

　しかし、寡婦グループの女性たちのティージは一般的な寡婦のティージとは異なる。彼女たちは伝統的なヒンドゥー女性の祭祀であるティージを、自分たちの「ティージ」として祝い始めたのである。赤いサリーを着て、ポテを身につけ、お互いに祝福の印である赤いティカを額につけ、太鼓を鳴らしながら歌を唄い踊り舞う。最初は踊るのをためらっていた女性も、他の女性が歌い踊るのをみて踊りの輪に入る。女性たちは、寡婦を差別する社会への抗議の詩を、韻を踏みながら即興で唄い、シンドゥールをつけ、寡婦であっても夫のいる女性と変わらないということを確認しあう。それは参加者に、寡婦グループの成員であること、集まっている女性が仲間であること、そして、社会から蔑まれている寡婦ではないことを再確認させ、「エッカルマヒラ（単身女性）」としてのアイデンティティを創りだすのである。

　左記の歌詞は、二〇〇六年八月のティージでスルケット郡の寡婦グループが歌っていた詩である。そこには、寡婦にも希望があり、変化が訪れていること、そしてもはや寡婦は蔑まれる存在ではないことが唄われている。それを皆で歌いながら寡婦を取り巻く社会の変化を確認するのである。

　彼女たちは楽しそうに歌を唄っていたが、その歌が終わると散り散りに帰って行った。儀礼に参加したのは、わずか一時間足らずである。寡婦グループでティージ儀礼の後、各々の家で従来の寡婦同様にひっそりとティージを過ごしていた。

　儀礼は寡婦たちに、繋がりをもつためのアイデンティティ、すなわち「エッカルマヒラ」であることを想起させる。儀礼を行わねば、「エッカルマヒラ」であること、寡婦グループであることのアイデンティティを維持することは難しい。つまり、寡婦としての繋がりは、儀礼という持続する働きか

【ティージで歌われた即興歌】

雨が強く降っている。

今年は、母の家に
行けなかった。
歌をたくさん唄うと、
心配が吹っ飛んでしまう。
寡婦だけど
今は(赤い)服を着ましょう。
さあ、歌をうたいましょう。

未亡人といって、古い時代には、蔑んでいたけど、
今は、そんなことを言うことはできない。
まずは、みんなが集まって座りましょう。
今は、全部同等よ。
赤いチュラ(腕輪)をつけなきゃいけないと言うために
寡婦の心配を理解するために

今は、一人きりではないよ。
寡婦の子どもは食べ物も足りないし、子どもを学校へも行かせられなかった。
今は、食べ物も食べさせられるようになった。

白い服を着るのよ。寡婦は。
赤い服を着て、さあ楽しもう。
私たちも希望があるよ。
子ども達を学校へ行かせるために。
以前は私たち、何もなかった。
何もなくて、泣いている人が多かった。

財産がたくさんあっても、それでも死んでしまう。
シングルの心配も、みんなで、理解しなくてはならない。

見たかい?　姉妹よ。
みんな、赤い服を着て、踊っているよ。
二年前には、寡婦には変化は訪れてはいなかった。
これからの人たちは理解しているよ。変化が来ているよ。
私たちは泣いていても、
これからの人は、そのようなことがないように。

女性が亡くなると男性は他の人と結婚する。
女性は男性が亡くなると、白い服を着る。
来年のティージは、どうなっているかしら。
今年のティージは、みんなでたくさん踊ろうよ。

二〇〇六・八・二九　スルケット郡オフィスにて録取

けがあってこそ成立する繋がりといえるだろう。

七・三　「寡婦」が結ぶ女性の繋がり

寡婦グループは寡婦への差別の撤廃と寡婦の権利の向上を目的として形成された組織である。女性たちは「エッカルマヒラ（単身女性）」として名乗りをあげ、寡婦として社会的活動や儀礼を行い、寡婦としての痛みを共有しながら社会と交渉し、「エッカルマヒラ」としてのアイデンティティを共有する。今や寡婦グループは合目的組織に留まらず、寡婦という「資源」で結び付いた繋がりといえるだろう。それは、小田（二〇〇四）[44]が共同体の概念の脱／再構築で論じるように、「あらたに作られていく出入り自在のネットワーク（小田 二〇〇四、二四一）」である。寡婦グループは人権運動としての社会の働きかけとともに、「オフィス」という場やティージという伝統的儀礼を通してネパール社会という既存の共同体へ寡婦グループを接合し、その共同体を寡婦グループに「開く」とともに、寡婦であることで場や儀礼を通して結びつくゆるやかな共同体と捉えることもできるだろう。

八　まとめ

寡婦グループに参加する女性たちは、研修において法律の知識を得るのみならず、他の女性たちが社会や夫の家族と交渉していく姿を模範とし、それを自分自身の日常生活に活用している。そこには、寡婦であるがゆえに強いられた運命に異を唱える術を得て、女性たちどうしが助けあいながら社会と交渉し始める姿があった。それは、WHRのリーダーが目指す寡婦のエンパワーメントであり、WHRの活動目的に適っている。その意味で寡婦の人権運動は成功している。

「私は寡婦グループに入ってから人間が変わったようだ。このグループに入る前には社会を恐れていた。近所の人達が、私が明るい色のサリーを着て赤いティカをつけているのをみて陰口をいっているのを聞くことがあった。近所の人が私のことを『どういうつもりなの？　夫が亡くなって二年も経っていないというのに』といっているのが聞こえていた。でも私は明るい色のサリーを着つづけた。なぜなら、私はエッカルマヒラも他の女性と同じようにどんな色のサリーを着てもよいということを知っているから。結局、近所の人は私を非難しなくなった。今は全然、怖くない。私は自分たち自身が変われば、寡婦に対する社会の認識を変えることができると信じている」。これは、カスキ郡のWHRの郡オフィスで働く女性の言葉である。

多くの女性たちが、寡婦グループに参加することで、寡婦を差別する社会を恐れなくなった。「もう怖いものはない、今は多くの人の前で話をすることができるし、社会を恐れたりはしない。なぜなら、私は力を得たのだから」「グループに入った頃とは違う。今は自分たち自身で多くのことをすることができる。私たちは多くの寡婦が成功しているのを知っているし、その成功が別の寡婦にも希望を与えている」と女性たちは語る。

その一方、寡婦グループの女性全てが、生活や人生を一変させている訳ではない。変化させることのできた寡婦は、寡婦グループの中心的な位置にいる人々、すなわち、教育歴があり読み書きができる女性、グループの活動に積極的に参加できる経済的な余裕をもつ女性に偏りがちである。寡婦グループのなかにあっても、経済的時間的余裕をもち、教育という資源をもつ女性たちは、グループの中心に位置し、本部からの支援を受けやすい。一方で、経済的余裕のない女性たちは毎日賃金労働に勤しまねばならず、オフィスに出入りする時間もお金もない。
しかし、寡婦が「エッカルマヒラ（単身女性）」として名乗り始め、従来繋がることのなかった寡婦のあいだに「繋がり」ができ始めている。そしてこの「繋がり」は、寡婦差別を解消し、彼女たちの権利と地位を向上するための運動を広めつつある。そしてネパール社会において、寡婦を取り巻く環境を変えていくに違いない。

注
本稿で用いる調査データは、二〇〇六～二〇〇七年にカトマンドゥ、スルケット郡、カスキ郡の寡婦女性団体WHR（Women for Human Rights）にて実施した聞き取り調査・参与観察に基づくものである。本調査にあたっては、多くの寡婦女性たちの協力を得た。記して感謝する。WHRの代表でもあり、自身のライフヒストリーを含めさまざまな情報を提供してくれたWHR本部のスタッフ、各郡オフィスのスタッフ、各グループのメンバーに感謝します。また、現地調査は、二〇〇六年度アジア次世代リーダーフェローシップ（国際交流基金）の支援を受けて実施した。

1　筆者の調査地であるカトマンドゥ近郊農村のB村での聞き取り調査によると、一二歳で結婚し八一歳（二〇一一年現在）になる女性は「父が私を嫁にやったので、わからない。その時にはドゥリ（籠）に入れられて、ここへ来た。八～一〇歳の頃の話だから、何が何だかわからなかった。結婚ということがわかったら、泣きたくなった。そういうときには私たちの頃はみな泣いていた」と婚姻の日の記憶を語る。

2　本稿では「マギビハ（相手にお願いをしに行って成立する結婚）」を見合い婚と訳す。

3　「ラブ・アレンジ」とは、同カーストや同じ民族集団間で見合いの相手としてもふさわしい相手を本人が選び、その相手に対し親戚が「見合い」を持ち込む方法で結婚を進めるというもの。

4　Pettigrew 2000, McHugh 2001, LeVine 2007.

5　多くの社会では、配偶者と死別した場合、それを指し示す言葉を用意している。日本語では、女性は「後家」「未亡人」「寡婦」、男性なら「ヤモオ」「寡夫」がそれにあたる。

6　パルバティアとは、ネパール語を母語とするヒンドゥー系の人々で、ネパールの多数を占めるチェトリ（クシャトリアのネパール語訛り）、バフン（ブラーマンのネパール語訛り）、ダリット（低位不可触カースト）がこの分類に含まれる。

7　男性の場合は「ビドゥル」「ラドゥ」という単語があるものの、筆者は調査地にて寡夫が「ラドゥ」とよばれるのを聞いたことがない。

8　聞き取り調査からは、「男は妻が亡くなっても、一週間とたたないうちに、別の女性と結婚するものよ」と配偶者亡き後のジェンダー差を女性たちが揶揄する語りがみられる。

9　ラドクリフ・ブラウン、フォーテス、レヴィ＝ストロースらが、この議論についての重要な論者である。

10　Borneman（1996）は離婚死別についての研究が進まない点について指摘している。

11　レヴィレートについて、エヴァンス・プリチャード（一九八五）は北アフリカのヌアー族の事例をもとに記述した。彼が配偶者を亡くした場合に焦点をあてたのは、親族集団間の人（子供、寡婦自身）や財産としての牛の相続や再生産のシステムであり、寡婦自身の言葉自体が記載されることはなかった。

12　Chowdhry（1994）, Wadley（1995）, Kolenda（2003）参照。

13　Lopata（1987）参照。

14　サティーについての議論は田中（二〇〇二）、Sen（2001）など参照。特に、一九八七年にラージャスターン州で起きたループ・カンワールのサティーは、殺人か伝統かというインド中を巻き込む大論争となった（Sen 2001）。

15　サティーの習慣が王侯貴族の間で一般的になるのは、マッラ（Malla）王朝時代である。たとえば、一七〇〇（V・S 一七五七）年に亡くなったブパレンドラ・マッラ（Bhupalendra Malla）王の葬儀の際には、八人の妻たちがサティーを行ったという。この時には、妻のみならず、母や姉妹もまた、息子や兄弟のために火に身を投じている（Majupuria 1991: 124）。

16　チェンは五〇歳以上の女性のうち、寡婦の占める割合は五〇％を超えていると指摘する（Chen 1998: 19）。

17　各組織のネパール語の名称は以下のとおりである。ネパール女性協会＝Nepal Mahila Sangha、模範的ネパール女性協会＝Adarsha Mahila Samaj、全ネパール女性機構＝All Nepal Women's Organization、汎ネパール女性組織＝Akhil Nepal Mahila Sangathan、アーリヤ女性協会＝Arya Stri Samaj。

18　ダリット女性問題に取り組むフェミニスト・ダリット協会（FEDO: Feminist Dalit Organization）は一九九四年に、人身売買問題に取り組むMaiti Nepalは一九九三年に、ドメスティック・バイオレンスに取り組むSaathiは一九九二年に設立されており、一九九〇年代半ばに特定の女性問題に取り組むＮＧＯが相次いで設立されている。女性問題を扱ったＮＧＯの多くでは、バフンやチェトリ、ネワールの女性が代表を務めているが、ＦＥＤＯの代表はダリット出身女性が務めている。

19　マオイストの女性リーダーの一人ヒシラ・ヤミは「マオイストには女性運動の文化がある」と記述している（Yami 2007: 110）。

20　エッカルマヒラとは、「一つの」を意味する「エッカル」と「女性」を意味する「マヒラ」とを繋げて作り上げた単語である。

21　STEP Nepalも寡婦の人権問題に取り組むＮＧＯであり、寡婦のためのエンパワーメント・プログラムを展開している。

22　ＷＨＲのウェブサイト（http://www.WHR.org.np/who-we-are）によると、二〇一一年一二月現在、八万四〇〇〇人以上がメンバーとして登録している。二〇〇七年に筆者がＷＨＲ本部に問い合わせた際には、三八郡に一四〇のグループ、延べ人数一万四〇〇〇人のメンバーが登録しているとの回答があり、わずか四年のうちに、六倍の人数に膨れ上がっていたことがわかる。

23　Ｔ氏へのインタビュー調査より。

24　息子をもち、さらに、その息子が成人している場合、寡婦といっても家族や社会での地位は相対的に低くはない。

25　ＷＨＲは一郡に最低一つのグループをつくることを目標に、ネパール国中でワークショップやトレーニングを行っている。

26　三七歳の女性Ｄは、一〇年生を修了した、グループのなかでは中程度の学歴をもつ女性。二人の息子を育てながら、縫製仕事とインド軍で働いていた夫の年金で生計をたてている。

27　ＳＬＣ（School Leaving Certificate）試験とは一〇学年を修了した後に受験資格が与えられる中等教育修了認定のための全国一斉試験である。ＳＬＣの合格率は六二％（二〇〇九年）～四七％（二〇一二年）と大きな幅があるものの、中等教育（八年生以上）進学率四〇％のなかでの数値であることを考慮すると、ＳＬＣをパスすることは国民のなかでも比較的高い学歴と考えることができる（資料、日本ネパール協会ＨＰ、Government of Nepal Ministry of Education 2009）。

28　筆者がスルケット郡とカスキ郡のサムハに属する女性たちに行った聞き取り調査からは、回答者五九名の全員がＷＨＲの活動に参加し、自身の身に何らかの変化を感じている。その変化は主に心理的変化である。

29　未婚女性に一般的な服装で、長いワンピースとパンツからなる衣服。現在は既婚女性も着用する姿がみられるが、正装として着用する姿はほとんどみられない。

30　年長の男性同様に、ヒンドゥー教の司祭もまた社会的規範を変化させるための重要なアクターである。

31　寡婦たちは、ＷＨＲの郡事務所を、英単語を用いて「オフィス」とよぶ。

32 South Asian Network for Widows' Empowerment in Development

33 International Conference on Capacity Building of Single Women

34 Global Networking and Mainstreaming of Widows' Issues

35 このワークショップは、二〇一二年三月にニューヨークで行われる第五六回ＣＳＷ（女性の地位委員会Commission on the Status of Women）やＳＡＡＲＣや国連機関において寡婦問題を主流化し、問題を明示するために開かれたものである。

36 最高裁判所は二〇一〇年三月一〇日に、寡婦の年齢にかかわらず、すべての寡婦に対して毎月寡婦手当を支給するよう決定を下している。

37 寡婦手当が必要であることを、広く一般に理解してもらうため、国連民主化基金の支援で、ポスターとラジオによる広報活動を行った。

38 クォータ制を導入しているため、アジアで最も女性国会議員比率が高い国となっている。詳細はAiuchi and Habazaki 2011を参照。

39 ダイジョとは娘が婚家に嫁ぐ際にもたされる花嫁持参財を指す。

40 一〇ラークは日本円で約一〇〇万円となる（二〇一一年現在）。

41 トレッキング・ガイドとして働いている女性の場合、職業訓練の受講が生計維持に結びついた例である。ガイド養成校へ入学する際に、寡婦グループと学校との交渉があり、寡婦であることを条件に学費などの面で優遇措置を受けた。

42 既婚女性のみならず未婚女性も将来良き伴侶を得ることを願ってシヴァ寺院を訪れる。Skinner（1994）を参照。

43 ティージとは、歌や踊りを楽しむのみならず、女性達が歌詞のなかに日頃の家族への不満や社会への不満を込めて歌うことが社会的に許された機会でもある。女性達は、男性優位のイデオロギーを保証するこの儀礼を行う一方で、歌詞を通して、ジェンダー関係や貧困や女性を支配する政治状況を批判する（Skinner,

Holland and Adhikari 1994: 261）。

44　小田（二〇〇四）は、他者化された「共同体」、すなわち、「市民社会」の対立概念として捉えられ、西洋近代の自由な能動的主体の対極にある概念として捉えられてきた「共同体」の脱構築を試みている。

参考・引用文献

小田 亮、二〇〇四、「共同体という概念の脱／再構築」、『文化人類学』六九（二）、二三六-四六頁。

喜多村百合、二〇〇四、『インドの発展とジェンダー――女性ＮＧＯによる開発のパラダイム転換』、新曜社。

椎野若菜、二〇〇三、「『寡婦相続』再考―夫亡きあとの社会制度をめぐる人類学的用語」、『社会人類学年報』二九、一〇七-三四頁。

田中雅一、二〇〇二、『供犠世界の変貌―南アジアの歴史人類学』、法蔵館。

日本ネパール協会ＨＰ　http://nichine.or.jp/JNS2

八木祐子、二〇〇七、「白いサリーと赤いシンドゥール―北インド農村の寡婦の物語」、椎野若菜（編）『やもめぐらし―寡婦の文化人類学』、明石書店、一七四-九二頁。

Ahearn, L.M., 2001, *Invitations to Love: Literacy, Love Letters, and Social Change in Nepal*, Ann Arbor: University of Michigan Press.

Aiuchi, M. and Habazaki, M., 2011, 'Women and Election in Nepal: Why Are Nepali Women Politically Active after the Civil War?' 北翔大学『人間福祉研究』第一四号、一-一五頁。

Bennett, L., 1983, *Dangerous Wives and Sacred Sisters: Social and Symbolic Roles of High-Caste Women in Nepal*, New York: Columbia University Press.

Borneman, J., 1996, 'Until Death Do Us Part: Marriage/Death in Anthropological Discourse', *American*

Ethnologists 23 (2): 215-35.

Cameron, M.M., 1998, *On the Edge of the Auspicious: Gender and Caste in Nepal*, Urbana: University of Illinois Press.

Chakravarti, U., 1998, 'Gender, Caste, and Labour: The Ideological and Material Structure of Widowhood' in M.A. Chen (ed.), *Widows in India: Social Neglect and Public Action*, pp. 63-92, California: Sage Publications.

Chen, M.A., 1998, 'Introduction' in M.A. Chen (ed.), *Widows in India: Social Neglect and Public Action*, pp. 19-59, New Delhi: Sage Publications.

Chowdhry, P., 1994, *The Veiled Women: Shifting Gender Equations in Rural Haryana*, New Delhi: Oxford University Press.

Douglas, E. 2005, 'Inside Nepal's Revolution' *National Geographic Magazine* November 2005: 46-65.

Escobar, A., 1995, *Encountering Development:The Making and Unmaking of the Third World*, Princeton: Princeton Univ. Press.

Evans-Pritchard, E.E., 1951, *Kinship and Marriage among the Nuer*, Oxford: Clarendon Press.

Galvin, K.-L., 2003, *Life after Death: An Ethnographic Analysis of Widowhood in Urban Nepal*, UMI Dissertation Services.

Government of Nepal, Ministry of Education, 2009, *School Sector Reform Plan 2009-2015*.
http://planipolis.iiep.unesco.org

International Crisis Group (ICG), 2005, *Nepal's Maoists: Their Aims, Structure and Strategy*, Asia Report No.104
www.crisisgroup.org/

Kolenda, P., 2003, *Caste, Marriage and Inequality: Essays on North and South India*, Rawat Publications.

Lamb, S., 2000, *White Saris and Sweet Mangoes: Aging, Gender, and Body in North India*, Berkeley: University of California Press.

LeVine, S., 2007, 'Parental Wisdom vs. Youthful Romance: Getting Married in Two Nepali Communities' in H. Ishii, D.N. Gellner, and K. Nawa (eds.), *Nepalis Inside and Outside Nepal*, pp. 223-253, Delhi: Manohar.

Levi-Strauss, C., 1969, *The Elementary Structures of Kinship*, Boston: Beacon Press.

Lopata, H. Z., 1987, *Widows*, Durham: Duke University Press.

Majupuria, T.C., 1991, *Nepalese Women*, Bangkok: Craftsman Press.

Majupuria, T.C., 2007. *Nepalese Women*. Delhi: Modern Printing Press.

Malla, M.V., 2011, *Political Socialization of Women in Nepal*, New Delhi: Adroit Publishers.

McHugh, E., 2001, 'Sliding, Shifting and Re-drawing Boundaries' *European Bulletin of Himalayan Research* 20-1: 113-17.

Pettigrew, J., 2000, 'Gurkhas in the Town: Migration, Language, and Healing' *European Bulletin of Himalayan Research* 19: 7-40.

Sato, S., 2007, 'I Don't Mind Being Born a Woman: The Status and Agency of Women in Yolmo, Nepal' in H. Ishii, D.N. Gellner, and K. Nawa (eds.), *Nepalis Inside and Outside Nepal*, pp. 191-222, Delhi: Manohar.

Sen, M., 2001, *Death by Fire: Sati, Dowry Death and Female Infanticide in Modern India*. New Brunswick: Rutgers University Press.

Skinner, D., et al., 1994, 'The Songs of Tij: A Genre of Critical Commentary for Women in Nepal' *Asian Folklore Studies* 53: 259-305.

Unified Communist Party of Nepal (Maoist), 2010, *Constitution of the People's Federal Republic of Nepal*. http://www.ccd.org.np/resources/UCPN_Maoist

Wadley, S.S., 1995, 'No Longer a Wife: Widows in Rural North India' in L. Harlan & P. B. Courtright (eds.),

From the Margins of Hindu Marriage, pp.92-118. New York: Oxford University Press.

Women for Human Rights (WHR), n.d., Brochure of Women for Human Rights.

Yami, H., 2007, *People's War and Women's Liberation in Nepal*, New Delhi: Janadhawani Publication.

あとがき

本書はネパールのマオイストが反政府武装闘争を繰り広げた「マオイスト運動」期と二〇〇六年に政党に戻り、政治の表舞台に登場した「マオイスト政治」期を取り上げ、現代ネパールの政治と社会を多面的に理解しようとする試みである。いずれの論考もマオイストの運動や政治を前景ないしは後景に置き、体制が変わる激動のネパールの諸相を描写しているが、伝えきれていないものがあるとしたらそれは、論文という形ではなかなか表現できない、人民戦争期の張り詰めた空気であっただろう。ここではそのような空気の一端を私の個人的な経験を通して紹介し、あとがきとしたい。

人々の緊迫感が一気に増し、検問にあたる治安部隊の顔つきが変わったのは、二〇〇三年一月、カトマンドゥで武装警察のシュレスタ長官夫妻とボディガードが早朝ウォーク中に射殺されるという衝撃的な事件が発生してからだったと思う。誰がマオイストか、いつどこから奇襲をかけられるかも分からない状況の下、治安部隊は極度の緊張を強いられ、疑心暗鬼になっていった。

第二回停戦を経た二〇〇三年一〇月、私は東部ネパールのジャパ郡ダマックを訪れた。その前月、バス車内を取り調べ中の武装警察官が射殺されたダマックでは、夜九時以降の夜間外出禁止令（curfewと英語で表現される）が出されており、人々の生活は著しく制限されていた。夜行バスは運休、飲食店も早くに閉まり、夜の街に響くのはパトロールする治安部隊の軍靴の音だけだった。夜になると私が泊まっていた小さなホテルには、地元の政治家が家族と連れ立って泊まりにきた。狙われやすい自宅を避け、毎晩いくつかのホテルを転々と泊まり歩いているという。ホテル滞在中のある日、深夜二時に私の部屋にノックがあった。同行していたネパール人の友人がドアを開けると、三人の武装警察官が銃を構えて立っており身元や滞在目的を尋ねられた。彼らは潜伏するマオイストを探していたのだ。友人は「武装警察官の一人が背負っていたリュックサックをみたか。あれにはマオイスト系の雑誌が入っているんだ。怪しいと感じたら先ずは発砲し、それから部屋を取り調べる。もし誤認だったら、その雑誌を遺体の周りに置いて写真を撮り、マオイストが逃亡を企てたので射殺したと報告しておしまいだ」という。真偽は定かでないが、そうした噂がたつほど治安部隊は切迫し焦燥感にかられていた。

ラジオからは、一〇月一五日の白昼一時、モラン郡ビラトナガルとスンサリ郡イタハリ間の検問所が襲撃され武装警察官が二人死亡、一人が怪我をしたというニュースが流れる。翌一六日にはスンサリ郡ダランにあるネパール銀行が襲撃、略奪されガードマン二人が死亡したと伝えられ、一七日には先の友人の知人で、私も一度会ったことがある公安警察官幹部がカトマンドゥで殺害されたという記事が*Himalayan Post*紙に載った。同日、ダディン郡ではマオイストによるバンダ（ストライキ）があったが、スト破りをした長距離バス会社アグニのバスが焼き討ちされ、マカルー社とパナス社のバスは運休という情報も入ってくる。大きな衝突ではないが、毎日どこかで何らかの事件が起きていた。

同じ頃、公共バスでの移動は困難を極めた。地方都市を通過するたびに、街区の入り口に治安部隊の検問所が設けられ、バスから下車させられた乗客は銃を構える兵士の前を両手を頭上に挙げながら五〇メートルほど歩かされ、身元確認と所持品チェックを強いられた。外国人も例外ではなく、「ハート・ウタウ（手を挙げなさい）」という指示を拒否できる雰囲気ではなかった。検問所で写真を撮ることも憚られ自制した。荷物からカメラを取り出そうものなら、拳銃を取り出したと勘違いされ、塹壕に潜む兵士に誤って狙撃されかねない恐怖があった。空のバスは、道路に大きな石や土嚢、有刺鉄線コイルで作られたジグザグの通路を徐行し、検問の先で再び乗客を乗せるので渋滞は延々とつづいた。長距離の夜行バスはネパール全土で運休がつづき、バス会社はマオイストがバスに投げ込んでくる寄付要求と脅迫の手紙への対応に追われていた。

ただし自家用車や外国人のツーリスト・バス、飛行機による国内移動ではこれほどまで厳しいチェックはなかった。つまり、公共バスにしか乗れない庶民に、対マオイスト警備強化のしわ寄せが行っていたのだ。庶民にとって治安部隊とは、自分たちを守ってくれる人というより、自分たちをマオイストかと疑ってかかる人たちに他ならなかった。このようにほぼ連日マオイストによる殺傷のニュースが流れ、怯えた要人は避難し、治安部隊による人権侵害が深刻になるなか、人々は暴力の応酬と蔓延に辟易していた。カトマンドゥ在住のある女性は、流血の報道写真をみるのが常態になり、血をみるのにうんざりして菜食主義者になる人が自分の周りで増えているという。日常の暮らしのなかで感じる圧迫感と得体が知れない怖さは、ネパールの人々の厭戦気分を醸成するのに余りあるものだった。

厭戦気分の高まりと平和を願う気運は、第一回制憲議会選挙前、多くの人に「マオイストを二度とジャングルに戻らせてはいけない。そのためには選挙で彼らにある程度勝たせなければならない」という考えを抱かせた。だからといって、自分の一票を意に染まないマオイストに投じた人が多かったとは思えないが、選挙後にはマオイストの勝利を認めたくない人々を中心に、そうした動機とその元にある恐怖が制憲議会選挙におけるマオイストの勝因であったと主張された。マオイストを捉える人々の意識についていえば、マオイスト自身もそうであったが、誰もが情勢を見誤ってばかりだったのである。本書でも明らかになったように、多様な地域や属性の人々の異なる意識や対応が、状況の全体を掌握することを難しくさせてきたといえる。その意味で本書がそうした見誤りを少しでも是正することにつながればと自戒を込めて願う。

本書は国立民族学博物館の共同研究「マオイスト運動の台頭と変動するネパール」（二〇〇六～二〇〇九年度）の成果報告の一部である。現地調査は同共同研究と班員の多くが重なる、科学研究費補助金・基盤研究（B）「マオイスト運動の台頭と地域社会への影響―政体変革期ネパールにおける人類学的研究」課題番号19401047（二〇〇七～二〇〇八年度）により実現できた。本書出版にあたり、館外での出版を奨励する国立民族学博物館の制度を利用した。同制度を利用するにあたり貴重なコメントをいただいた匿名の査読者、日本学術振興会および国立民族学博物館に対し感謝申し上げたい。

最後に、本書は出版が大幅に遅れることになり、執筆者の方々に多大なご迷惑をおかけした。諸般の事情で本書に掲載出来なくなった原稿もある。その責任はひとり私が負うべきものであり、関係の方々に、この場を借りてお詫び申しあげたい。出版を快諾してくださった明石書店会長石井昭男氏、編集の労をとっていただいた兼子千亜紀・源良典両氏に感謝申しあげる。

二〇一五年一月
南　真木人

ネパール近現代政治史略年表

一九五一年　［王政］トリブバン国王による王政復古、政党政治、実質的「開国」
一九六二年　国王親政のパンチャーヤット制開始、政党禁止
一九九〇年　［第一次民主化運動、立憲君主制］パンチャーヤット制廃止、政党政治、『新憲法』制定
一九九一年　第一回総選挙、ネパール会議派が過半数
一九九四年　第二回総選挙、ネパール共産党（UML）が第一党
一九九五年　ネパール共産党（マオイスト）設立
一九九六年二月　マオイスト「人民戦争」開始
一九九九年　第三回総選挙、ネパール会議派が過半数
二〇〇一年六月　ビレンドラ国王夫妻ほか王族一〇名射殺事件、ギャネンドラ国王即位、ネパール王国軍の出動始まる
二〇〇一年八〜一一月　マオイスト第一回停戦
二〇〇二年　［国王親政］ギャネンドラ国王が下院解散、デウバ首相解任、チャンド首相を選任、閣僚も指名
二〇〇三年一〜八月　マオイスト第二回停戦
二〇〇四年六月　デウバ首相再就任
二〇〇五年二月　［国王直接統治］ギャネンドラ国王がデウバ首相を再解任、「非常事態宣言」発令、政治家の軟禁、通信遮断、空港閉鎖、言論統制
二〇〇五年一〇月　マオイスト停戦表明
二〇〇五年一一月　マオイストと七政党が民主化に向けた一二項目合意
二〇〇六年四月二四日　［第二次民主化運動（四月革命）］ギャネンドラ国王が主権在民と下院復活を宣言

二〇〇六年五月	ネパール会議派のギリジャ・プラサド・コイララ新内閣誕生、『下院宣言二〇〇六』可決、国王の特権剝奪、国名ネパールに変更
二〇〇六年一一月	政府とマオイスト「包括和平協定」調印
二〇〇七年一月	『暫定憲法』公布
	国連安保理が国連ネパール政治ミッション（ＵＮＭＩＮ）を派遣、マオイスト人民解放軍を二八ヵ所の宿営地に待機させる
二〇〇八年四月一〇日	第一回制憲議会選挙、マオイストが第一党（ネパール会議派、共産党（ＵＭＬ）、マデシ人民権フォーラムが続く）
二〇〇八年五月	**【連邦民主共和制】** 制憲議会発足、「ネパール連邦民主共和国」誕生、王制廃止（ギャネンドラ国王が王宮を出て一般人に）
二〇〇八年七月	ネパール会議派のラム・バラン・ヤダブ初代大統領選出
二〇〇八年八月	マオイスト・共産党（ＵＭＬ）連立政権、マオイストのプスパ・カマル・ダハルを首相に選出
二〇〇九年	マオイストが共産党（エカタケンドラ・マサル）を統合し「統一ネパール共産党（マオイスト）」（ＵＣＰＮ（Ｍ））に改称
二〇〇九年五月	ダハル首相辞任、マオイスト下野
二〇〇九年五月	共産党（ＵＭＬ）・ネパール会議派連立政権、ＵＭＬのマダブ・クマール・ネパール首相選出
二〇一〇年五月	制憲議会任期一年延長
二〇一〇年六月	ネパール首相辞任、以後一七回の首相選出投票
二〇一一年一月	ＵＮＭＩＮ撤退
二〇一一年二月	共産党（ＵＭＬ）・マオイスト連立政権、ＵＭＬのジャラ・ナート・カナル書記長を首相に選出
二〇一一年五月	制憲議会任期三ヵ月再延長（八月三〇日まで）

二〇一一年八月	カナル首相辞任
二〇一一年八月	マオイスト・統一マデシ人民戦線（ＵＤＭＦ United Democratic Madhesi Front）の連立政権、マオイストの副議長バブラム・バッタライを首相に選出
二〇一一年八月	制憲議会任期三ヵ月の三回目延長（一一月三〇日まで）
二〇一一年一一月	マオイスト人民解放軍のネパール軍統合・除隊問題で四政党合意
二〇一一年一一月	制憲議会任期六ヵ月の四回目延長（二〇一二年五月二七日まで）
二〇一二年四月	マオイスト人民解放軍宿営地のネパール軍への明け渡し
二〇一二年五月	バッタライ内閣閣僚辞職、挙国一致内閣設立へ（五月五日までに）
二〇一二年五月二七日	**【制憲議会失効・解散】** バッタライ首相、制憲議会の延長断念、一一月二二日に第二回制憲議会選挙を行うと国民に呼びかけ、制憲議会は憲法公布できず失効
二〇一二年六月	マオイスト分裂、モハン・バイデャ派が「ネパール共産党（マオイスト）」（ＣＰＮ（Ｍ））を結成
二〇一三年二月	四大政党（三大政党と統一民主マデシ戦線（ＳＬＭＭ Sanghiya Loktantrik Madhesi Morcha））一一項目合意、最高裁長官を議長とする暫定選挙政府（非政党員の元官僚一一大臣による内閣）を設置
二〇一三年三月	**【暫定選挙政府発足】** バッタライ首相は実質的に辞任、暫定選挙政府の議長（首相格）に最高裁長官キル・ラージ・レグミ就任
二〇一三年一一月一九日	第二回制憲議会選挙、ネパール会議派が第一党（共産党（ＵＭＬ）、マオイスト、国民民主党（ネパール）がつづく）
二〇一四年二月	ネパール会議派・共産党（ＵＭＬ）連立政権、ネパール会議派のスシル・コイララ党首を首相選出

用語解説

アディバシ（adibasi）
先住民。他にも原住民（mulbasi）という用語も使われることがある。

行政村（VDC）
Village Development Committee（村落開発委員会）という行政の単位。複数の自然村を含む九つの地区（ward）から構成され、選挙で委員会の長と役員が選出される。ネパール語の口語では短縮してガビサ（Ga. Vi. Sa.: Gaun Vikas Samiti）と称し、地名を伴って○○ガビサとよばれる。他方、これと対となる地方自治体としての市（Municipality）は、ネパール語でNagarpalikaとよばれる。二〇一四年五月現在、ネパールには三六二三の行政村と一三〇の市がある。

郡（District）
ネパールの行政単位は、東部、中部、西部、中西部、極西部という五つの開発区（Development region）に分かれ、その下に一四の県（Zone）、七五の郡がある。ネパール語では開発地区をビカス・チェトラ（Vikas kshetra）、県をアンチャル（Anchal）、郡をジッラ（Jilla）という。ネパール郡区分図参照。

国連監視団（UNMIN: United Nations Mission in Nepal）
国連ネパール政治ミッション。制憲議会選挙に向けて、マオイスト人民解放軍の武器とネパール軍の同数の武器を保管し、人民解放軍の兵士の認定作業などを行った。日本の陸上自衛官も軍事監視要員として派遣された。

ジャーティ（jati）
民族（ネパールの法制面を中心とする用法）。詳しくは序章の【付】「民族」「カースト」「カースト・民族」などについてを参照。なお、ヒンディー語ではおもに「カースト」を意味するため、ネパール南部（タライ）の口語では「カースト」の意味に傾く。

ジャート（jat）
民族あるいはカースト。詳しくは序章の【付】「民族」「カースト」「カースト・民族」などについてを参照。

ジャナジャーティ（janajati）
民族あるいは諸民族、少数民族。一九九〇年の第一次民主化の頃から、民族運動の高まりとともに用いられるようになった。ethnic groups（民族集団）と英訳されることが多いが、「ネパール先住民連合」の訳にあらわれるように、民族運動家はあえてnationality、nationalitiesと規定する。

制憲議会（sanbidhansabha、CA: Constituent Assembly）
新憲法を起草、公布するための憲法制定議会。おもに選挙で選ばれた六〇一人の議員（sabhasad）で構成される。二〇〇八年の第一回制憲議会選挙による第一次制憲議会（二〇一二年解散）、および二〇一三年の第二回制憲議会選挙による第二次制憲議会（任期は二〇一七年まで）がある。

ダリット（dalit）
もと不可触と処遇されてきた諸カースト。インドの不可触カースト解放運動を起源とする用語であり、ネパールにおいても一九九〇年頃から用いられるようになってきた。

ネパール王国軍（Royal Nepal Army）
二〇〇一年六月、ギャネンドラ国王即位後、マオイスト掃討作戦にあたった主要な治安部隊。二〇〇六年の「下院宣言」によりネパール軍（Nepal Army）に改名した。人民戦争がはじまった当初、軽火器を携行する警察（Nepal Police）がマオイスト対策にあたったが、戦闘の激化に伴い二〇〇一年四月、重火器で武装した武装警察（Armed Police Force）が設立されマオイストに応戦。さらに、ネパール王国軍の出動に発展した。本書では、ネパール王国軍とネパール軍を使い分ける必要がない文脈では、国軍、軍、軍隊という一般的な呼称も使われる。

ネパール先住民連合（NEFIN: Nepal Federation of Indigenous Nationalities）
ネパール語名　Nepal Adibasi Janajati Mahasangh。一九九〇年に七つの民族協会が、民族の権利を主張するために創設した連合。現在は五四の民族協会が加盟する。当初は先住民という言葉を含まずNEFEN: Nepal Federation of Nationalitiesを名乗ったが、二〇〇三年に国連の先住民の権利回復の動向と結びつき改名した。

ネパール連邦民主共和国（Federal Democratic Republic of Nepal）
二〇〇八年に制憲議会の初議会で可決、制定された、王制以後のネパールの正式な国名。二〇〇六年の第二次民主化運動で国王の特権が剝奪されたとき、国名は『下院宣言二〇〇六』により「王国」をとって「ネパール」に変わっていた。ネパール語ではSanghiya Loktantrik Ganatantra Nepalという。

パンチャーヤット（Panchayat）
一九六二年から一九九〇年の第一次民主化まで続いた、国王親政で政党を禁止した政治体制、およびその行政上の地理的範囲。現在の行政村（VDC）と市（Municipality）の多くは、それぞれガウン・パンチャーヤット、ナガル・パンチャーヤットとよばれていた。行政村から市への移行により、その境界が、かつてのパンチャーヤット期のそれと異なる形になったところもある。

ビクラム暦（Vikram Sambat）
インドのビクラマーディティヤ王が創始したとされる暦でネパールの公式暦。西暦の紀元前五七年を紀元とするので、西暦に五七年を加算するとビクラム暦の年が求められる。西暦二〇一五年はビクラム暦二〇七二年である。新年は西暦の四月中旬にあたるバイサク月一日から始まる。

マオイスト（UCPN（M）: Unified Communist Party of Nepal（Maoist））
統一ネパール共産党（マオイスト）の通称で、ネパール語ではマオバディ（Maobadi）。ネパール共産党（マオイスト）として一九九六年から一〇年間、反政府武装闘争を行い、二〇〇六年に議会政党に復帰した。二〇〇九年、ネパール共産党エカタケンドラ・マサルと合流し、現在の「統一」付き政党名になった。二〇〇九年にマトリカ・ヤダブ派が、二〇一二年にモハン・バイデャ派が分裂し、それぞれは旧政党名CPN（M）を名乗る。マオイストの成立や組織に関しては一章、党の基本方針に関しては七章を参照。

マオイスト青年組織（YCL: Young Communist League）
二〇〇六年の議会七政党とマオイストの包括和平協定後、マオイストの広報、動員、警護などに関与した組織。しばしば他の政党に対し暴力を伴う威圧行動をとった。ジャナ・ミリシア（人民義勇軍）の一部や国連監視団の査察で人民解放軍の兵士と認定されなかった青年が加わったとされる。

マデシ（Madhesi）

ネパール南部平地マデシュに居住する人々。ただし、通常同地に住むタルーなどの民族や山地からの移入者は含まず、マイティリ語、ボジプリ語、アワディ語、ヒンディ語を母語とし、隣接するインドと文化的なつながりが強い人々を指す。詳しくは序章の【付】「民族」「カースト」「カースト・民族」などについてを参照。

マデシュ（Madhesh）

ネパール南部平地（タライ）。ネパールの穀倉地帯で工業化も進む。山地からの移入者も多く、全人口の約半数が暮らす人口密集地でもある。タライ平野の中でもタルーなどの民族が多く住む盆地状のインナー・タライは、ビトリ・マデシュ（Bhitri Madhesh）とよばれる。

（南　真木人）

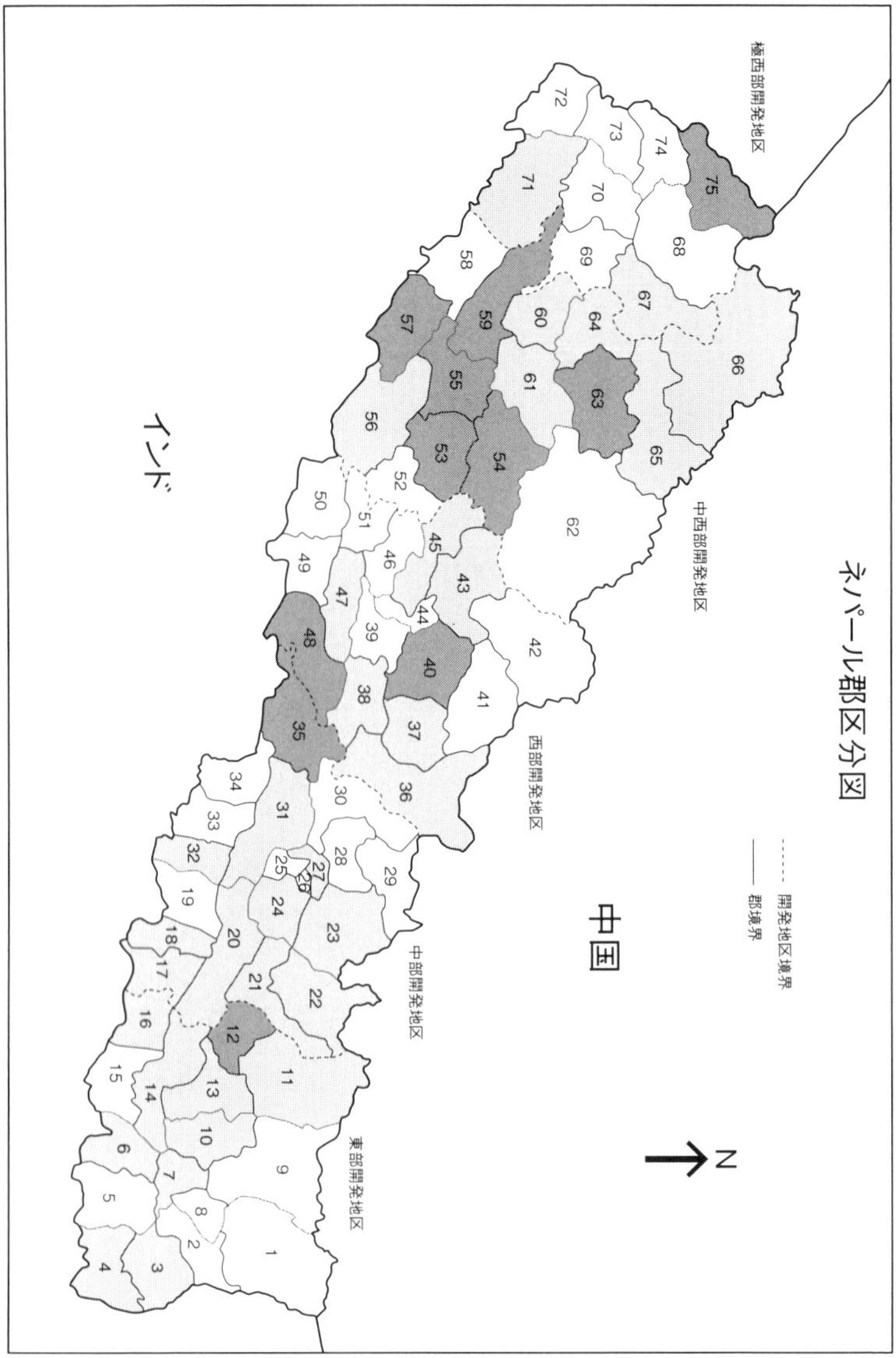
ネパール郡区分図
極西部開発地区
中西部開発地区
西部開発地区
中部開発地区
東部開発地区
インド
中国
N
開発地区境界
郡境界
1 2 3 4 5 6 7 8 9 10 11 12 13 14 15 16 17 18 19 20 21 22 23 24 25 26 27 28 29 30 31 32 33 34 35 36 37 38 39 40 41 42 43 44 45 46 47 48 49 50 51 52 53 54 55 56 57 58 59 60 61 62 63 64 65 66 67 68 69 70 71 72 73 74 75

郡区分図の郡名

No.	郡	郡	
1	Taplejung	タプレジュン	
2	Panchthar	パンチタル	
3	Ilam	イラム	
4	Jhapa	ジャパ	
5	Morang	モラン	
6	Sunsari	スンサリ	
7	Dhankuta	ダンクタ	
8	Terhathum	テラトゥム	
9	Sankhuwasabha	サンクワサバ	
10	Bhojpur	ボジプル	
11	Solukhumbu	ソルクンブ	
12	Okhaldhunga	オカルドゥンガ	2章
13	Khotang	コタン	
14	Udayapur	ウダイプル	
15	Saptari	サプタリ	
16	Siraha	シラハ	
17	Dhanusa	ダヌシャ	
18	Mahottari	マホッタリ	
19	Sarlahi	サルラヒ	
20	Sindhuli	シンドゥリ	
21	Ramechhap	ラメチャップ	
22	Dolakha	ドラカ	
23	Sindhupalchok	シンドゥパルチョーク	
24	Kabhrepalanchok	カブレパランチョーク	
25	Lalitpur	ラリトプル	
26	Bhaktapur	バクタプル	
27	Kathmandu	カトマンドゥ	
28	Nuwakot	ヌワコート	
29	Rasuwa	ラスワ	
30	Dhading	ダディン	
31	Makwanpur	マクワンプル	
32	Rautahat	ラウタハト	
33	Bara	バラ	
34	Parsa	パルサ	
35	Chitwan	チトワン	10章
36	Gorkha	ゴルカ	
37	Lamjung	ラムジュン	
38	Tanahu	タナフ	
39	Syangja	シャンジャ	
40	Kaski	カスキ	11章
41	Manang	マナン	
42	Mustang	ムスタン	
43	Myagdi	ミャグディ	
44	Parbat	パルバット	
45	Baglung	バグルン	
46	Gulmi	グルミ	
47	Palpa	パルパ	
48	Nawalparasi	ナワルパラシ	9章
49	Rupandehi	ルパンデヒ	
50	Kapilbastu	カピルバストゥ	
51	Arghakhanchi	アルガカンチ	
52	Pyuthan	ピュータン	
53	Rolpa	ロルパ	1章
54	Rukum	ルクム	1章
55	Salyan	サリヤン	5章
56	Dang	ダン	
57	Banke	バンケ	3章
58	Bardiya	バルディヤ	
59	Surkhet	スルケット	11章
60	Dailekh	ダイレク	
61	Jajarkot	ジャジャルコート	
62	Dolpa	ドルパ	
63	Jumla	ジュムラ	3章
64	Kalikot	カリコート	
65	Mugu	ムグ	
66	Humla	フムラ	
67	Bajura	バジュラ	
68	Bajhang	バジャン	
69	Achham	アチャム	
70	Doti	ドティ	
71	Kailali	カイラリ	
72	Kanchanpur	カンチャンプル	
73	Dadeldhura	ダデルドゥラ	
74	Baitadi	バイタディ	
75	Darchula	ダルチュラ	4章

本書で言及される郡

各章が主に対象とする郡

主な政党名の略語対応表

本書で用いる略語	原語	対応日本語訳
マオイスト	Communist Party of Nepal (Maoist)	ネパール共産党（マオイスト）
ネパール会議派、コングレス	Nepali Congress	ネパール会議派
共産党UML	Communist Party of Nepal (Unified Marxist-Leninist)	ネパール共産党（統一マルクス・レーニン派）
マデシ人民権フォーラム	Madhesi Jana Adhikar Forum, Nepal	マデシ人民権利フォーラム・ネパール
タライ・マデシュ民主党	Tarai Madhesh Loktantrik Party	タライ・マデシュ民主党
友愛党	Nepal Sadbhawana Party	ネパール友愛党
共産党ML	Communist Party of Nepal (Marxist-Leninist)	ネパール共産党（マルクス・レーニン派）
国民民主党	Rastriya Prajatantra Party	国民民主党
人民戦線	Janamorcha Nepal	人民戦線ネパール
共産党（連合派）	Communist Party of Nepal (United)	ネパール共産党（連合派）
労農党	Nepal Majdur Kisan Party	ネパール労働者農民党
国民民主党ネパール	Rastriya Prajatantra Party Nepal	国民民主党ネパール
国民人民戦線	Rastriya Janamorcha	国民人民戦線
国民民力党	Rastriya Janashakti Party	国民民力党
友愛党（アナンディデビ派）	Nepal Sadbhawana Party (Anandidevi)	ネパール友愛党（アナンディデビ派）
連邦民主フォーラム	Sanghiya Loktantrik Rastriya Forum	連邦民主国民フォーラム
人民解放党	Rastriya Janamukti Party	国民人民解放党
人民党	Nepali Janata Dal	ネパール人民党
共産党（統一派）	Communist Party of Nepal (Unified)	ネパール共産党（統一派）
ダリット・ジャナジャーティ党	Dalit Janajati Party	ダリット・ジャナジャーティ党
ネパー国民党	Nepa Rastriya Party	ネパー国民党
社会民主党	Samajbadi Prajatantrik Janata Party, Nepal	社会民主人民党・ネパール
チュレ・バワル党	Chure Bhawar Rastriya Ekata Party Nepal	チュレ・バワル国民統一党ネパール
民主社会党	Nepal Loktantrik Samajbadi Dal	ネパール民主社会党
家族党	Nepal Pariwar Dal	ネパール家族党

＊主な政党として2008年の第一回制憲議会選挙において議席を得た政党をその時点での政党名で示す。
＊各章では基本的に政党名の初出で対応日本語訳を用い、頻出する時には略語を用いる。
＊統一（unified）はネパール語でyekikrit、連合（united）は同sanyuktaである。チュレ・バワル党のekataも統一と訳す。

や行

ら行

わ行

ま行

な行

は行

た行

さ行

◉索　引

ABC順

50音順

あ行

か行

Conflict', *Journal of International Development and Cooperation*. Vol. 15, pp. 185-203 (2009). など。

マハラジャン，パンチャ・ナラヤン

トリブバン大学 ネパール・アジア研究所（Centre for Nepal and Asian Studies (CNAS), Tribhuvan Unversity (TU) 教授。Ph. D. 1956年ネパール・カトマンドゥ市生まれ。主な著書に，*Local Elections in Nepal, 1997*. CNAS, TU, Kathmandu (1998), *Building Peace for Building Democracy*. CNAS-HiPeC, CNAS, TU, Kathmandu (2013). 'The Nepali Congress: Party Agency and Nation-Building', in Subrata K. Mitra (ed.), *Political Parties in South Asia*. Praeger Publications (2004)，共著に'Negotiating Peace in Nepal', *Journal of International Development and Cooperation*. Vol. 14-1, pp. 67-101 (2007). など。

橘　健一（たちばな・けんいち）

立命館大学産業社会学部非常勤講師。博士（学術）。1965年東京都生まれ。主な著書に『〈他者／自己〉表象の民族誌―ネパール先住民チェパンのミクロ存在論』風響社（2009）。

幅崎　麻紀子（はばざき・まきこ）

大学共同利用機関法人 情報・システム研究機構 特任准教授。文化科学修士。1966年北海道生まれ。山形大学男女共同参画推進室助教，筑波大学ダイバーシティ推進室准教授を経て現職。主な共著に『アジアの出産と家族計画―「産む・産まない・産めない」身体をめぐる政治』勉誠出版（2014），*Marrying in South Asia: Shifting Concepts, Changing Practices in a Globalising World*, Orient Blackswan (2013) など。

David Gellner, and Katsuo Nawa (eds.), *Nepali Inside and Outside Nepal*. New Delhi: Manohar (2007).

名和克郎（なわ・かつお）

東京大学東洋文化研究所教授。博士（学術）。1966年東京都生まれ。東京大学東洋文化研究所助教授・同准教授を経て現職。主な著書に『ネパール，ビャンスおよび周辺地域における儀礼と社会範疇に関する民族誌的研究―もう一つの＜近代＞の布置』三元社（2002），『グローバリゼーションと〈生きる世界〉』昭和堂（2011，松井健，野林厚志と共編）。

藤倉達郎（ふじくら・たつろう）

京都大学大学院アジア・アフリカ地域研究研究科教授。Ph. D.（人類学）。1966年京都府生まれ。主な著書に *Discourses of Awareness: Development, Social Movements and the Practices of Freedom in Nepal*. Martin Chautari（2013）.

森本　泉（もりもと・いずみ）

明治学院大学国際学部教授。博士（社会科学）。1970年千葉県生まれ。主な著書に『ネパールにおけるツーリズム空間の創出―カトマンドゥから描く地域像』古今書院（2012）。

谷川昌幸（たにがわ・まさゆき）

元長崎大学教授。法学修士。1946年京都府生まれ。主な著書・論文に、『平和憲法と人権・民主主義』法律文化社（2012）（共著），『アジア憲法集』明石書店（2004）（共訳著），「ネパール平和省とその平和構築事業」『社会科学論叢』長崎大学教育学部（2011）。

マハラジャン，ケシャブ・ラル

広島大学大学院教授。農学博士。1959年ネパール・パタン市生まれ。広島大学総合科学部助手・助教授を経て現職。編著に，*Communities and Livelihood Strategies in Developing Countries*. Tokyo: Springer Japan（2014），共著に 'Negotiating Peace in Nepal', *Journal of International Development and Cooperation*. Vol. 14-1, pp. 67-101（2007）. 'Protracted People's War in Nepal: An Analysis from the Perspective of Azar's Theory of Protracted Social

編著者

南　真木人（みなみ・まきと）

国立民族学博物館・文化資源研究センター・准教授。学術修士。1961年北海道生まれ。同博物館助手を経て現職。共編著に *Transnational Migration in East Asia: Japan in a Comparative Focus*（National Museum of Ethnology, 2008），共著に『人と水Ⅱ―水と生活』勉誠出版（2010），『講座世界の先住民族３―南アジア』明石書店（2008）など。

石井　溥（いしい・ひろし）

東京外国語大学名誉教授。社会学博士。1943年群馬県生まれ。主な論稿に「ネパールの宗教と社会」奈良康明・下田正弘（編）『仏教出現の背景』佼成出版社（2010），「流動するネパール―あふれるカトマンドゥ盆地」鈴木正崇（編）『南アジアの文化と社会を読み解く』慶応義塾大学東アジア研究所（2011）。

執筆者（掲載順）

小倉清子（おぐら・きよこ）

雑誌編集者を経てジャーナリスト。1957年栃木県生まれ。主な著書に『王国を揺るがした60日』亜紀書房（1999），『ネパール王制解体』日本放送出版会（2007），*Kathmandu Spring*, Himal Association（2001）など。

渡辺和之（わたなべ・かずゆき）

立命館大学非常勤講師。博士（文学）。1969年埼玉県生まれ。国立民族学博物館COE研究員を経て現職。主な著書に『羊飼いの民族誌―ネパール移牧社会における資源利用と社会関係』明石書店（2009）。

安野早己（やすの・はやみ）

山口県立大学国際文化学部教授。文学修士。1952年山口県生まれ。京都大学文学部助手，在ネパール日本大使館専門調査員などを経て現職。主な著書に『西ネパールの憑依カルト―ポピュラー・ヒンドゥーイズムにおける不幸と紛争』勁草書房（2000）。主な論文に 'Abduction, Incest and Elopement in Khas Society,' in Hiroshi Ishii,

***Politics and Society in Modern Nepal: Democratization and the Expansion of the Maoists' Influence.* Edited by Makito Minami and Hiroshi Ishii, Tokyo: Akashishoten, 2015**

世界人権問題叢書92

現代ネパールの政治と社会
民主化とマオイストの影響の拡大

2015年3月31日　初版第1刷発行

編著者　南　真木人
石井　溥
発行者　石井昭男
発行所　株式会社 明石書店
〒101-0021　東京都千代田区外神田6-9-5
電話　03（5818）1171
FAX　03（5818）1174
振替　00100-7-24505
http://www.akashi.co.jp

組版　朝日メディアインターナショナル株式会社
装丁　明石書店デザイン室
印刷
製本　モリモト印刷株式会社

（定価はカバーに表示してあります）　ISBN978-4-7503-4173-6